Uwe Gerber • Wie überlebt das Christentum ?

I0875982

TVZ

Beiträge zu einer Theologie der Religionen 4

Herausgegeben von Reinhold Bernhardt

Uwe Gerber

# Wie überlebt das Christentum ?

Religiöse Erfahrungen und Deutungen im 21. Jahrhundert

Erlösung – Versöhnung – Erleichterung – Vereindeutigung – Alterität

T V Z
Theologischer Verlag Zürich

Publiziert mit Unterstützung der
Freien Akademischen Gesellschaft Basel

Die Deutsche Bibliothek – Bibliografische Einheitsaufnahme
Die Deutsche Bibliothek verzeichnet diese Publikation in der Deutschen Nationalbibliographie; detaillierte bibliographische Daten sind im Internet über http://dnb.ddb.de abrufbar

Umschlaggestaltung
Simone Ackermann, Zürich

Druck
ROSCH-BUCH GmbH Scheßlitz

ISBN 978-3-290-17470-5
© 2008 Theologischer Verlag Zürich
www.tvz-verlag.ch

Alle Rechte, auch die des auszugsweisen Nachdrucks, der fotografischen und audiovisuellen Wiedergabe, der elektronischen Erfassung sowie der Übersetzung, bleiben vorbehalten.

# Inhalt

# I. Einführung

## Religion ist (wieder) «in»

Religion ist derzeit im Gespräch. Spiritualität und geistliche Erneuerung für den Alltag sind gefragt. Interreligiöse Dialoge und Religionen-Kurse werden arrangiert von und für Politiker und Kirchenleute, für Manager und Bildungsbeflissene, für Sehnsüchtige und Zu-kurz-Gekommene. Der Dalai Lama hat als «Gott zum Anfassen», als «Inkarnation des medientauglichen spirituellen Führers», als moralische Autorität und glaubwürdiges Vorbild «in Demut und Menschlichkeit» bei seinem Besuch 2007 die Herzen der Deutschen im Sturm erobert. Die eiserne Ration eines Weltethos der Religionen und die integrationsfördernde Kraft von Religion sollen ausufernde Gesellschaften stabilisieren helfen. Kirchen-, Meditations- und Gebetstage haben Zulauf von Himmelsuchern und nach dem Sinn des Lebens Fragenden. Kirchenaustrittswellen scheinen gestoppt. Der Papst ist für alles und nichts gefragt. Die heile Welt erhält in solchen Stars partiell menschliche Gestalt. Und nicht zuletzt haben die religiös begründeten Attacken und Terroranschläge von Islamisten Religion negativ als Gewaltträger präsentiert und zugleich aus christlich geprägter westlicher Sicht positiv als Platzhalter von und für Menschenwürde und Freiheit ins Gespräch gebracht. Die Reaktionen der westlich-demokratischen Welt auf solche islamistischen Gewaltakte haben diese selbst insofern aufgeschreckt und aufgeweckt, als sie ihrerseits in ihren «offenen Gesellschaften» ihr Verhältnis zu(r) Religion, im Normalfall zum Christentum in seiner römisch-katholischen und reformatorisch-protestantischen Konfessionalität (und seinen anglikanischen, orthodoxen usw. Ausprägungen), überdenken musste und muss.[1]

Im typisch westlichen Kulturkreis, der bislang christlich geprägt war, in dem aber die Bedeutung von Religion abgenommen hat, wird eine «Wiederkehr der Religionen» diagnostiziert, die sich aber insgesamt eher

1 Vgl. U. Gerber: Auf die Differenz kommt es an. Interreligiöser Dialog mit Muslimen. Leipzig 2006, die damit hervorgerufenen Modelle einer «Theologie der Religionen» sind diskutierend dargestellt bei R. Bernhardt: Ende des Dialogs? Die Begegnung der Religionen und ihre theologische Reflexion. Zürich 2005; ders.: Literaturbericht «Theologie der Religionen» (I), in: ThR 72 (2007) 1–35; (II) 127–149.

als eine Transformation traditioneller christlicher Religionsangebote und deren synkretistischer Verbindung mit außerchristlichen Formen von Religiosität und Importen von Heilsversprechungen entpuppt.[2] Der Kern christlicher Religion verschiebt sich zusehends und deutlich vom Inhaltlichen zum Performativen, vom Rituellen zum Eventhaften, vom Zelebrieren zum Pragmatischen, vom Verbindlichen zum nützlichen Accessoire, von der Zumutung der Nächstenliebe zum Mediengerechten. Protestantisch sein heißt, in Freuden- und Notlagen aus freien Stücken evangelisch Anmutendes zu praktizieren, und katholisch sein heißt, Papst, Petersdom und den durch das dortige Weltenfenster gespendeten Segen «urbi et orbi» im TV zu erkennen und nach Möglichkeit per Rom-Wallfahrt live zu erleben. Das Medium ist die Botschaft; der christlich-inhaltliche Ursprung verdünnt sich bis zur medialen Mitpräsenz. Das Religions-Design präsentiert sich als zeitgemäße Waren-Symbolisierung von Kompetenz, indem sich christliche, überhaupt religiöse Rituale und Sachautorität(en) in Inszenierungsgehabe der Egos auflösen.[3] Bislang klare Aussagen und Vorstellungen des Glaubens wie Gott, Gnade, Heil, Kirche, Sakrament und als lebensnotwendig geglaubte und fromm vollzogene Riten wie Taufe, Konfirmation, Firmung werden mit profanen Erfahrungen und Symbolen verbunden. Modernisierungsschübe wie Pluralisierung, Individualisierung, Enttraditionalisierung weiten die bisherigen Glaubensbestände und -erfahrungen synkretistisch aus und fokussieren diese zugleich auf den Einzelnen und seine Verantwortung. Erlösung scheint zu erlöschen, wie Peter Gross und andere zeigen. Versöhnung ist nicht mehr gefragt, wohl aber Geborgenheit, wie Klaus-Peter Jörns und andere herausgefunden haben. Der Einzelne sucht sich selbst zu verwirklichen, sei es durch Ganzheitlichkeit in Geborgenheit, sei es durch rastloses Fortschreiten in sich selbst, sei es durch das Akzeptieren der

---

2 Vgl. P. Gross: Jenseits der Erlösung. Die Wiederkehr der Religion und die Zukunft des Christentums. Bielefeld 2007; F. W. Graf: Die Wiederkehr der Götter. München 2004; U. H. J. Körtner: Wiederkehr der Religion? Das Christentum zwischen neuer Spiritualität und Gottvergessenheit. Gütersloh 2006, 11–16, 119ff. zu «Christentum und Synkretismus»; Chr. Danz: Einführung in die Theologie der Religionen. Wien 2005, 107ff. zum Synkretismus-Problem; J. Assmann: Erinnertes Ägypten. Pharaonische Motive in der europäischen Religions- und Geistesgeschichte. Berlin 2007; H. Joas; K. Wiegandt (Hg.): Säkularisierung und die Weltreligionen. Frankfurt/M. 2007.

3 P. Sloterdijk: Der ästhetische Imperativ. Hamburg 2007, 138ff.

conditio humana ohne ein überschiessendes Heilsende. Überlebt das Christentum in unseren Breiten – die Situation z.B. in Lateinamerika ist eine andere als unsere westliche – als synkretistisch-verdünnte Erleichterungs-Religion? Oder mutiert es wieder zu einer vereindeutigenden Religion mit sicheren Wahrheiten, Normen und Regeln? Oder transformiert es sich in eine spätmodern-ambivalente Religion, die den «Sündenfall» (aus 1. Mose 3) als conditio humana in Begrenzung und Befreiung lebt und die das Scheitern als gelungen praktizieren und deuten kann, wie es für spät- und postmoderne Kunst reklamiert wird? Oder setzt sich die Befreiungs- und Verpflichtungsmächtigkeit abrahamitischer Religiosität aus Judentum, Christentum und Islam in einer nach-christlichen, profanen Religion der Alterität durch, die von der Begegnung des homo alter, des Anderen, des Nächsten-Fremden, des uns Menschen entzogenen Gottes (oder Göttin oder göttlichen Macht) mit uns Ohnmächtigen lebt, wie Horst-Eberhard Richter und andere vermuten und hoffen?[4]

Eine interessante Beobachtung mag diese Tendenzen verdeutlichen: Nur wenige fragten z.B. nach, als dem Terroristen Christian Klar die vorzeitige *Begnadigung* durch den Bundespräsidenten verweigert wurde, seit wann denn Gnade nicht mehr das exklusive Privileg Gottes sei, sondern eben – im 17.Jahrhundert – «säkularisierend» als Gnadenrecht an den absolutistischen Herrscher überging? Begnadigung «von oben», Erlösung «durch oben» ist in die Horizontale gekippt und lässt fragen, ob und in welcher Weise das Christentum in seinen konfessionellen und denominativen Variationen überlebt?

Rettungsaktionen und Selbstanimationen des Christentums in unserer alt- wie neu-religiösen und ebenso atheistisch geprägten Gesellschaft gibt es vielerlei. So sollen der Ruf aus Rom nach Rechristianisierung des Abendlandes und neuerdings auch vor allem des südlichen Lateinamerika, das Auslöschen befreiungstheologischer Aktivitäten, die Reanimierung der lateinischen Messe, die Abgrenzung Roms von den abgefallenen protestantischen Glaubensgemeinschaften, die nicht Kirche(n) sind,

---

4 U. Gerber: Religiöse Zugänge in der Spätmoderne, in: H. Goebel; A. Obermann (Hg.): Unterwegs in Sachen Religion. Festschrift für D. Boge. Berlin 2006, 16–32, mit entsprechender Literatur; M. Branz: Gelungenes Scheitern. Scheitern in der Postmoderne, in: Kunstzeitschrift Kunstforum Band 174/ 2005, 262–267; H.-E. Richter: Die Krise der Männlichkeit in der unerwachsenen Gesellschaft. Gießen 2006; P.Flores d'Arcais: Eine Kirche ohne Wahrheit?, bes. 103–105

und weitere Rekatholisierungsanstrengungen das Christentum als bislang doch recht bewährte Integrations- und Feier-Religion wieder auf Vordermann bringen. Ein «Weiter so» mit christlicher Pop-Musik, mit Modernisierung der traditionellen Räume und Rituale und zeitgerechten Bibel-Übersetzungen, mit zeitgemäßen Lesungen und Wellness-Angeboten für Körper, Seele und Geist, mit schärferen Profilbildungsmaßnahmen auch dem römischen Katholizismus gegenüber lässt im protestantischen Erfahrungsbereich den dort bislang dominierenden Sündenschuld-, Vergebungs- und Verpflichtungscharakter christlicher Versöhnungs-Religion vergessen. Konfirmations- und Firmunterricht setzen sich mehr mit Sozialdefiziten der Jugendlichen auseinander, als dass sie kritisch diskutierende Aneignung, Umformulierung und Ablehnung christlicher «Stoffe» anbieten. Oder transformiert sich das Christentum in (vornehmlich protestantischen) Teilen doch in eine profane Anerkennungs-Religion, deren Mittelpunkt Begegnungen und Vereinbarungen, Auseinandersetzungen und Begründungen ausmachen und die als Religion der Nächstenliebe mit Optionen wie Integration, Wellness, Selbstinszenierung aus der Sicht des Anderen umzugehen versucht? Eine Religion der Alterität also, in der die Unterstellung der Einzigartigkeit eines jeden Menschen als Geschöpf und damit die unhintergehbare Differenz zwischen uns Menschen (und der Welt) leitend sind[5]? Solche Beobachtungen finden sich christlich-theologisch beispielhaft in den Gedichten, Gebeten und Bibelauslegungen von Kurt Marti[6], in den feministisch-theologischen Infragestellungen des bürgerlich-patriarchalen Christentums durch Dorothee Sölle und Carter Heyward,[7] im Projekt einer «profanen Religionspädagogik» von Bernd Beuscher, Uwe Gerber und Dietrich Zilleßen unter Berufung auf Martin Luther, Paul Tillich, Dietrich Bonhoeffer, Emmanuel

---

5 U. Gerber: Religiöse Zugänge, 28–31.

6 K. Marti: Schöne Aussichten. Einlassungen auf biblische Texte. Stuttgart 2007; ders.: Gott im Diesseits. Versuche zu verstehen. Stuttgart 2005.

7 D. Sölle: Stellvertretung. Ein Kapitel Theologie nach dem «Tode Gottes». Stuttgart/Berlin 1965 (Neuauflage 1982); dies.: Atheistisch an Gott glauben. Solothurn 1968 (dtv 10213 ab 1983); C. Heyward: Und sie rührte sein Kleid an. Eine feministische Theologie der Beziehung. Stuttgart 1986; hierzu M. Jakobs: Frauen auf der Suche nach dem Göttlichen. Münster 1993, 142–152; U. Gerber: Die feministische Eroberung der Theologie. München 1987, 179ff.

Levinas, Jean-Luc Nancy und dekonstruktivistisch Orientierte,[8] in den «Notwendigen Abschieden» von überlieferten Glaubensvorstellungen wie vom Sühnopfertod Jesu oder der Gottebenbildlichkeit durch Klaus-Peter Jörns[9].

## Einbettung in gegenwärtige Religionsdiskurse

Einige Hinweise sollen die Einbettung dieser Beobachtungen und Überlegungen in entsprechende derzeitige Diskurse transparent machen. Christliche Religion ist in westlichen Gesellschaften mit der Reformation und dann mit der Aufklärung in Teilen selbstkritisch geworden. Sie kommt in ihren kreativ-dynamischen Ausprägungen, vor allem im Protestantismus, in das Stadium ihrer eigenen Fragwürdigkeit und Befragbarkeit und verwandelt sich im Alltagsleben der Bürger und Bürgerinnen in andere Selbstdarstellungen, Expressionen, Manifestationen, Vollzüge und Gestaltungen von gelebter und interpretierter und interpretierender Religion. Diese Problematisierungen und Selbstproblematisierungen, in denen westliche Gesellschaften derzeit stecken, vor allem in Auseinandersetzungen mit den verschiedenen Erscheinungsformen des Islam, und solche Transformationen von bisheriger Religion und sogar teilweise Verabschiedungen von bisheriger Religiosität mit ihren spezifischen Glaubenserfahrungen werden freilich nur von solchen Religionen und religiösen Bewegungen vollzogen, die sich selbst geschichtlich und damit selbstkritisch wahrzunehmen, zu verstehen und zu interpretieren vermögen. Diese Selbstumgestaltungen sind eben nur solchen Religionen und religiösen Strömungen möglich, die sich selbst ständig verändern und reformieren wollen und können und die sich den anderen Religionen und Kulturen gegenüber relativ verstehen und verhalten, also ohne einen absoluten Wahrheits- und Ausschließlichkeitsanspruch behaupten und durchsetzen zu wollen[10].

---

8 D. Zilleßen; U. Gerber: Und der König stieg herab von seinem Thron. Frankfurt/Main 1997; B. Beuscher; D. Zilleßen: Religion und Profanität. Entwurf einer profanen Religionspädagogik. Weinheim 1998.

9 K.-P. Jörns: Notwendige Abschiede. Auf dem Weg zu einem glaubwürdigen Christentum. Gütersloh 2004 (3. Aufl. 2006); ders.: Lebensgaben, bes. 14ff.

10 Das Problem der Absolutheit wird intensiv behandelt in den theologischen Entwürfen der Religionen, etwa bei R. Bernhardt: Der Absolutheitsanspruch

Die angedeuteten Umgestaltungs- und Reformierungsprozesse bilden das Movens des folgenden fünfdimensionalen Strukturierungsversuches solcher Erfahrungen, die Menschen für sich als heilsam, lebensnotwendig, heilig und damit für religiös halten. Woran ich mein Herz hänge, dies ist mein Gott, so hat Luther Religion umschrieben. Wovon ich mich gebunden fühle und wonach ich mich ausstrecke, das darf und kann nicht ich selbst gemacht haben, erläutert der Soziologe H. Joas das Phänomen Religion. Kann es für uns Heutige Religion und Glauben ohne die Jenseitstranszendenz geben, die bislang unser abendländisches Glauben, Denken und Handeln geprägt hat? Kann es für uns Gottes-Erfahrung geben ohne abendländische Metaphysik, ohne eine zweite «obere» Sphäre zu unserer Welt «hier unten», ohne versichernde jüdisch-christliche Heilsgeschichte, ohne ein festes Telos mit himmlischem happy end? Kann eine solche post-christliche, sogar nach-religiöse «Religion» ihrerseits Unterscheidungsmerkmale zu anderen Religionen und Ideologien benennen? Heißt Glauben dann: «Inhalten des Wissens, der Wahrheit oder des Sinns verpflichtet zu sein, die nicht der Rationalität entstammen»[11]? Die dahinter stehende, grundsätzliche Frage lautet: «Kann die Verabschiedung des Einen (sc. Gottes, der Wahrheit ...), kann der Übergang zur radikalen Vielheit, in der das Eine nur Eines neben Anderen ist, theologisch fruchtbar gemacht, ja überhaupt mitgemacht werden? Und sind alle Religionen gleichermaßen dazu in der Lage? Oder wäre gerade hierzu eine bestimmte Religion – etwa die christliche – in besonderer Weise befähigt? ... Es gilt künftig Phänomene religiöser Profanität ins Auge zu fassen.»[12] J.-L. Nancy liest den Protestantismus in diese Rich-

---

des Christentums. Von der Aufklärung bis zur Pluralistischen Religionstheologie. Gütersloh 1990.

11 J.-L. Nancy: Entzug der Göttlichkeit, 76; zum Problem einer Kriteriologie bei R. Bernhardt; P. Schmidt-Leukel: Kriterien interreligiöser Urteilsbildung. Zürich 2005.

12 W. Welsch: Religiöse Implikationen und philosophische Konsequenzen «postmodernen» Denkens, in: A. Halder; K. Kienzler; J. Möller (Hg.): Religionsphilosophie heute. Düsseldorf 1988, 129; vgl. H. Groschopp: Alles ist weltlich, in: humanismus aktuell Heft 16/2005, 103–114; B. Beuscher: Postmoderne, in: TRE Bd. XXVII. Berlin 1997, 82ff.; L. Hölscher: Religion im Wandel, in: W. Gräb (Hg.): Religion als Thema der Theologie. Gütersloh 1999, 45–62; M. Petzoldt: Überhaupt religiös? Zur Frage nach der Vorfindlichkeit von Religion, in: I. Dalferth; H.-P. Grosshans (Hg.):Kritik der Reli-

tung: Luthers Grundunterscheidung in den rechtfertigend-versöhnenden Gott, der uns entzogen, für uns «tot» ist, indem er sich selbst inkarnatorisch als allmächtiger Gott aufgibt, und in Gottes profane Schöpfung konkretisiert sich in der ständigen Selbstüberschreitung oder Selbst-Dekonstruktion des Protestantismus. Dieser Prozess kann auch als Profanisierung (oder Profanierung), als «Entzauberung» und Entgöttlichung der Welt als des profanen Ortes erlebt und interpretiert werden (im Sinne von Max Weber), wo Gott «von sich aus» im Antlitz von Menschen den Menschen begegnet.[13] Die Menschwerdung Gottes, die Inkarnation Gottes als seine Verwandlung in die Profanität menschlicher Antlitze?[14] (Mit M. Horkheimer geht es nicht um «Säkularisierung» der Religion als deren Verabschiedung, sondern um «Profanisierung» im Sinne von J.-L. Nancy u.a.)

Ziehen wir diesen Diskurskreis noch etwas weiter, dann hat M. Horkheimers Satz zur Kritischen Theorie auch für eine *Profane Religiosität der Alterität* Geltung: «Sie weiß, dass es keinen Gott gibt, und doch glaubt sie an ihn.»[15] G. Vattimo hat im Gespräch mit R. Rorty die Zukunft der Religion nach der Metaphysik und entsprechend ohne Theisten und Atheisten und ohne Hegels Eschatologie positiv erörtert[16]. Und R. Rorty hat seinerseits formuliert: «Wir sollten versuchen, an den Punkt zu kommen, wo wir nichts mehr verehren, nichts mehr wie eine Quasi-Gottheit

---

gion. Tübingen 2006, 329ff.; R. Preul: So wahr mir Gott helfe! Religion in der modernen Gesellschaft. Darmstadt 2003, 17ff.; H. Krech u.a. (Hg.): Religiöse Gemeinschaften und Weltanschauungen. 6. Aufl. Darmstadt 2006; zum islamischen Reformdiskurs vgl. R. Aslan: Kein Gott außer Gott. Der Glaube der Muslime von Muhammad bis zur Gegenwart. München 2006; insgesamt bei U. Berkewicz: Vielleicht sind wir ja verrückt. Eine Orientierung in vergleichendem Fanatismus. Frankfurt/M. 2002.

13 J.-L. Nancy: Entzug der Göttlichkeit.

14 Zum Phänomen des Antlitzes grundlegend bei E. Levinas: Die Spur des Anderen, in: ders.: Die Spur des Anderen. Freiburg/München 1983, 209–235.

15 M. Horkheimer: Die Sehnsucht nach dem ganz Anderen. Hamburg 1970; zur Kritischen Theorie bei A. Honneth: Pathologien der Vernunft. Frankfurt/M. 2007.

16 S. Zabala (Hg.): Richard Rorty – Gianni Vattimo: Die Zukunft der Religion. Frankfurt/M. 2006, 95; vgl. G. Vattimo: Jenseits des Christentums. Gibt es eine Welt ohne Gott? München/Wien 2004.

behandeln, wo wir alles, unsere Sprache, unser Bewusstsein, unsere Gemeinschaft, als Produkte von Zeit und Zufall begreifen.»[17] Im Diskurs von G. Vattimo mit J. Derrida und anderen hat J. Derrida Religion ähnlich lokalisiert, wenn er die «Auto-Immunität der Religion» sich ereignen sieht, «ohne dass man dieser Bewegung einen Zweck vor- oder ein Ende zuschreiben könnte»[18]. In soziologischer Perspektive hat U. Beck die «irdische Religion der Liebe» als «quasireligiösen, nachreligiösen Liebeserlösungsglauben» und als traditionslose Religion rekonstruiert. Aber ist eine «postsäkulare» und «postmetaphysische» Religion überhaupt ein deskriptiv erhellendes und weiterführendes Konstrukt? Braucht der Mensch Religion – oder verpuffen heute Erlösungs- und Versöhnungswünsche, wie P. Gross diskutiert?[19]

Das erkenntnisleitende Motiv des vorliegenden Buch-Projektes ist das Interesse an Religion(en) und Religiosität in unserer gegenwärtigen Gesellschaft mit ihrem globalen Kontext. Unsere Gesellschaft befindet sich in einer Situation, in der das bislang prägende Christentum in seinen Gestalten vom römischen Katholizismus über die Varianten des Protestantismus, die Orthodoxen Kirchen, christlichen Denominationen und Freikirchen bis zu christlich geprägten Sekten verblasst mit dem Verschwinden der Sehnsucht nach Erlösung oder Versöhnung in einer sich schuldlos wähnenden, Scheitern abspaltenden und nicht erwachsen werdenden Gesellschaft. Oder es überschreitet sich selbst aus seinem eigensten Antrieb einer Gott nicht besitzenden, Gott-losen Religion heraus, wie es J.-L. Nancy, Dorothee Sölle und andere nachzeichnen.[20] J. Habermas kann in diese Richtung gelesen werden, wenn er (den Schülern He-

---

17 Zit. nach: Frankfurter Rundschau vom 04.10.2006, 15.

18 J. Derrida; G. Vattimo: Die Religion. Frankfurt/M. 2001, 106.

19 U. Beck; E. Beck-Gernsheim: Das ganz normale Chaos der Liebe. Frankfurt/M. 1990, 22–225; H. Joas: Religion postsäkular?, in: ders.: Braucht der Mensch Religion? Freiburg 2004. 122–128; P. Gross: Jenseits der Erlösung,, bes. 29ff. zur erlösungsmüden Welt; vgl. W. James: Die Vielfalt religiöser Erfahrung. Eine Studie über die menschliche Natur. Frankfurt/M./Leipzig 1997; in politischer Ausrichtung bei W. Thierse (Hg.): Religion ist keine Privatsache. Düsseldorf 2000. Von hier aus wäre auch die Auseinandersetzung mit dem Zukunftspapier der EKD zu führen: Kirche der Freiheit im 21. Jahrhundert. Hannover 2007.

20 S. Anm. 8.

gels ähnlich) rät, in unserer «postsäkularen» Gesellschaft «die Religion nicht länger in Gedanken aufzuheben, sondern ihre profanisierten Gehalte durch solidarische Anstrengung zu realisieren», ohne aber eine restlose Profanisierung zulassen zu wollen.[21] «Die *profane*, aber *nichtdefaitistische Vernunft* (hat) zu viel Respekt vor dem Glutkern, der sich an der Frage der Theodizee immer wieder entzündet, als dass sie der Religion zu nahe treten würde. Sie weiß, dass die Entweihung des Sakralen mit jenen Weltreligionen beginnt, die die Magie entzaubert, den Mythos überwunden, das Opfer sublimiert und das Geheimnis gelüftet haben. So kann sie von der Religion Abstand halten, ohne sich deren Perspektive zu verschließen»[22]. Auch im Projekt der *Profanen Religiosität der Alterität* geht es nicht um «Säkularisierung» als ideologisierende Verabschiedung von Religion und ebenso wenig geht es bei der «Entmythologisierung» um das Verschwindenmachen der biblischen Mythen, wie z.B. R. Bultmann bisweilen missverstanden wurde. Es geht nicht um das Ende der Religion und des Religiösen mit der Verpflichtung einer «nicht-religiösen Interpretation» biblischer und aller christlicher Überlieferungen, wie man D. Bonhoeffer verstehen konnte. Dieser hatte aber «die moderne Entwicklung zur Mündigkeit des Menschen so gedeutet, dass dadurch die historische Funktion der Religion, nämlich das bisher Unerklärliche zu erklären und einen Rückzugsraum für die Innerlichkeit des Menschen zu schaffen, überholt wird. Das große Thema von Bonhoeffers Gefängnistheologie war deshalb die Frage nach einem religionslosen Christentum.»[23]

---

[21] J. Habermas: Glauben und Wissen. Friedenspreis des Deutschen Buchhandels 2001. Frankfurt/M. 2001, 27, wo Adorno, Horkheimer, Derrida herangezogen werden; vgl. schon bei J. Habermas: Nachmetaphysisches Denken. Frankfurt/M. 1988, 23.

[22] A.a.O., 28f.

[23] W. Huber: Dialog der Religionen in einer pluralen Gesellschaft. Überlegungen aus evangelischer Perspektive, in: Evangelische Verantwortung 07+08/ 2007, 4; vgl. G. Ebeling: Die «nicht-religiöse Interpretation biblischer Begriffe», in: ders.: Wort und Glaube. Tübingen 1960, 90–160; ders.: Dietrich Bonhoeffer, in: a.a.O., 294–299; Chr. Gremmels; H. Pfeifer: Theologie und Biographie. Zum Beispiel Dietrich Bonhoeffer. München 1983; R. K. Wüstenberg: Eine Theologie des Lebens. Dietrich Bonhoeffers «nichtreligiöse Interpretation» biblischer Begriffe. Leipzig 2006, 129ff.

Und schließlich geht es auch nicht um die Feier einer Wiederkehr der Religionen, wie sie in den letzten Jahren prophezeit und festgestellt wurde.[24] Es geht ebenso wenig um eine «Re-Religionisierung», auch nicht im Gewande einer päpstlichen Restituierung des christlichen Abendlandes, als ob man Religion zu ihrer Wiederkehr etwa in den tradierten christlichen, heute verblassenden Formen und Kernen verdonnern könnte. Religion hat es mit uns Menschen und nicht (mehr) mit einem Jenseits-Gott oder gar mit der päpstlich inszenierten und überwachten Erhaltung ihrer selbst zu tun. Diese und weitere Religion(en)-Diskurse sollten auch um interreligiöser, interkultureller und religionspolitischer Anforderungen und Antwortmöglichkeiten willen auf der Tagesordnung unserer Gesellschaft, von Politik, Kirchen, Wissenschaft bleiben.

## Religionspolitische Hintergründe

Das jeweilige Verständnis von Religion schließt religionspolitische Entscheidungen ein für die Verhältnisbestimmung von Staat und Religion (Kirche) in der Bandbreite von Staatskirchentum (oder gar Theokratie mit der letzten Entscheidungsgewalt in den Händen der Religionsführer) bis hin zur laizistischen Trennung von öffentlich religionsfreiem Staat und privatisierter Religionsausübung. Betrachtet man diese grundsätzlich möglichen Verhältnisbestimmungen, dann lässt sich fragen, welche Verlässlichkeiten und welche Einschränkungen zum Beispiel ein in Deutschland seit der Weimarer Verfassung verbotenes *Staatskirchentum* mit sich bringt, wie es im Rahmen der EU etwa im orthodox geprägten Griechenland faktisch herrscht? Gelten die aktive wie passive Religionsfreiheit dort nur bedingt, und haben Andersglaubende und Religionslose – die es eigentlich nicht geben kann – nicht Nachteile hinzunehmen, etwa bei der Vergabe von Ämtern?[25]

---

24 Kritisch bei F. W. Graf: Die Wiederkehr der Götter. Religion in der modernen Kultur. München 2004, wo freilich der kulturprotestantische Impetus kritisch zu sehen ist; G. Böhme: Philosophie und Esoterik: Konkurrenten um die geistige Orientierung der Zukunft, in: N. Bolz; W. van Reijen (Hg.): Heilsversprechen. München 1996, 11–24.

25 GG Art. 140 in Verbindung mit Art. 137 Abs.1 WRV; vgl. A. Filos: Religiöse Toleranz im Verfassungsstaat. Rechtsprobleme der staatskirchlichen Strukturen in Griechenland, in: H. Lehmann (Hg.): Koexistenz und Konflikt

Frankreich dagegen geht den grundsätzlich anderen Weg, nämlich den Weg der sogenannten laizistischen Trennung. Dort ist dann zu fragen, inwiefern die Vermeidung von religionsbedingten Konflikten mittels einer *laizistischen Trennung* erwünscht ist? Verschwinden durch diese strikte Trennung von Staat und privatisierter Religion religiös und damit zugleich auch kulturell und sozial schwelende Brennpunkte nicht derart unter dem gesellschaftlichen Teppich, dass sie dann nur noch als Eklat in Erscheinung treten können, wie es die Franzosen immer wieder vor allem in den Pariser Vorstädten erleben? Können Kultur und Religion in dieser Weise auseinander gehalten werden, gerade auch für politisches und notwendigerweise religionspolitisches Handeln?

Und wie sieht es mit dem Dritten Weg aus, wie er z.B. in Deutschland praktiziert wird: Staat und Religionsgemeinschaften, sofern sie als solche gemäß Grundgesetz Art. 7,3 zugelassen sind und einen Ansprechpartner für den Staat haben (was z.B. für den Islam weiterhin problematisch ist), stehen in einem *balancierenden Verhältnis* zueinander. Dies bedeutet, dass der Staat auf Grund eigenen Interesses schon immer Religionspolitik betreibt: «Die Religion soll sozusagen als Funktionsträger für Staat und Gesellschaft wirksam werden, als Statthalter oder Übermittler des Wertekonsenses, den der Staat selbst nicht mehr stiften kann. Und sie soll dies tun, ohne dass der Staat den Inhalt des von der Religion Übermittelten als für seine Ordnung verbindlich anzunehmen braucht. Der Erfolg, den man sich davon verspricht, besteht darin, auf säkularisierter Ebene und unter Beibehaltung des Pluralismus gleichwohl eine Selbstergänzung von Staat und Gesellschaft zu einem sich selbst genügenden Gemeinwesen zu erreichen ... Noch nicht beantwortet ist damit die Frage, wieweit sich die Religion und die Religionsgemeinschaften darauf einlassen können, in der dargelegten Form als Funktionsträger für das politische Gemeinwesen in Anspruch genommen zu werden ... Erwarten und verlangen darf und muss der Staat von den Religionsge-

von Religionen im vereinten Europa. Göttingen 2004, 130–139; vgl. B. Beuscher: «Die Kraft der Selbstkritik» – Zum Verhältnis von Kirche und Staat, in: U. Gerber (Hg.): Auf die Differenz kommt es an – Interreligiöser Dialog mit Muslimen. Leipzig 2006, 49–60; T. Mörschel (Hg.): Macht Glaube Politik. Religion und Politik in Europa und Amerika. Göttingen 2006, wo auch auf die «religionsfreundliche Trennung» von Staat und Kirche(n) in den USA eingegangen wird.

meinschaften allerdings deren Loyalität gegenüber den Prinzipien der staatlichen Ordnung und deren Rechtstreue.»[26]

Diese dritte, *balancierende* Verhältnisbestimmung hat zum Beispiel zur Folge, dass der deutsche Staat für muslimische Kinder und Jugendliche in Schulen Islamischen Religionsunterricht (oder Islamkunde) in deutscher Sprache einzurichten und durch entsprechend an Universitäten ausgebildete Islamlehrer und Islamlehrerinnen durchzuführen hat (gemäß Grundgesetz Art. 7,3, wenn man den Islam als Religionsgemeinschaft zulässt und integriert).[27] Umgekehrt sind die Muslimas und Muslime, die in Deutschland leben mit deutschem Pass (und Staatsangehörigkeit) oder dem Pass ihres jeweiligen Herkunftslandes oder beiden Pässen, zu fragen, ob ihre islamische Religionsausübung in schiitischer, sunnitischer, alevitischer oder einer anderen Ausprägung ein solches balancierendes Verhältnis zulässt. Es geht hier um den für alle Religionsgemeinschaften immer wieder zu bestimmenden Weg, den Staat inhaltlich als religionsneutral und zugleich formal als religionspolitisch im Rahmen unseres Grundgesetzes aktiv zu sehen und die eigene Religiosität als inhaltlich spezifisch gefüllte und formal als im Rahmen des Grundgesetzes erlaubte darauf zu beziehen. Ist neben dem erlösungsorientierten fundamentalisierenden Islam ein europäisch-aufgeklärter, liberaler, westlicher Islam mit demokratischen Werten möglich? Sind, ähnlich wie bei den Christen, 20% der Muslime religiös aktiv, und die große Mehrheit hält Religionsausübung faktisch für Privatsache? Pluralisiert sich der Islam in unserem gemeinsamen gesellschaftlichen Kontext in ähnlicher Weise und in ähnlichen Strömungen wie es das Christentum seit 1648 auf politischen Druck hin und meistens unter Schmerzen vollziehen

---

[26] E.-W. Böckenförde: Notwendigkeit und Grenzen staatlicher Religionspolitik, in: U. Gerber (Hg.): Differenz, 215f.; H. Joas; K. Wiegandt (Hg.): Säkularisierung und die Welttreligionen. Frankfurt/M. 2007. Die US-amerikanische Trennung von Staat und Kirche(n) bzw. Religionen ist nochmals anders und muss hier nicht einbezogen werden, vgl. aber H. Joas: Braucht der Mensch Religion? 2. Aufl. Freiburg/Basel/Wien 2006.

[27] Vgl. W. Bock: Islamischer Religionsunterricht? Rechtsfragen, Länderberichte, Hintergründe. Tübingen 2006. Diskussionspapiere hierzu können bei den Parteien abgerufen werden, z.B. von Volker Beck: www.gruene-bundestag.de. Zur expandierenden «material-religionsdialogischen» Literatur vgl. R. Bernhardt: Literaturbericht, 134–145.

musste? Diese Fragen stehen im Folgenden am Rande der Überlegungen und Bestimmungen und sie wären in einem gesonderten Zugriff zu bearbeiten, ebenso wie die Frage nach der Notwendigkeit und Möglichkeiten einer institutionellen Vertretung möglichst aller Muslime in Deutschland, die in Österreich und z.B. auch in Frankreich religionspolitisch seitens des Staates gelöst wurde in Form von Islamräten. Ergibt sich aus dieser Problemlage nicht die Notwendigkeit, das bisherige «Staatskirchenrechht» in ein «Religionsverfassungsrecht» umzubilden?

Bei solchen Bestimmungen des Verhältnisses von Religion und Staat im Rahmen der EU geht man von relativ klar umrissenen Religionsgemeinschaften aus. Aber unsere religiöse Landschaft enthält seit der Konfessionalisierung durch den Westfälischen Frieden von 1648 und spätestens seit der Pluralisierung im Rahmen der Aufklärung, wie zu zeigen sein wird – religiöse Strömungen, Heilslehren, Kulte, Verhaltensweisen über die etablierten, organisierten und rechtlich als Körperschaften öffentlichen Rechts legitimierten Religionsgemeinschaften hinaus. Wir haben auch in der Ausübung von Religion einen spätmodernen radikalen Heils- und Deutungspluralismus mit Patchwork-Religiosität, mit «vagabundierender» und bastelbiographisch generierter Religiosität zu verzeichnen. Diese Entwicklung erklärt den allerdings momentan etwas abnehmenden Mitgliederschwund besonders der christlichen Konfessionskirchen, vorab der protestantischen mit.[28] Neben die römisch-katholische Kirche mit

[28] Vgl. U. Gerber (Hg.): Religiosität in der Postmoderne. Frankfurt/M. 1998, 7–17; ders.: Religiosität in der Erlebnisgesellschaft, in: B. Beuscher; H. Schroeter; R. Sistermann (Hg.): Prozesse postmoderner Wahrnehmung. Wien 1996, 203–211; K. Michel u.a. (Hg): Glauben. Kursbuch 93. Berlin 1988; R. Hitzler: Individualisierung des Glaubens. Zur religiösen Dimension der Bastelexistenz, in: A. Honer u.a. (Hg.): Diesseitsreligion. Konstanz 1999, 351–369; J. Mädler: Transfigurationen ... Materielle Kultur in praktisch-theologischer Perspektive. Gütersloh 2006; W. Huber; J. Friedrich; P. Steinacker (Hg.): Kirche in der Vielfalt der Lebensbezüge. Die vierte EKD-Erhebung über Kirchenmitgliedschaft. Gütersloh 2006, Einführung (13ff.). In der EKD-Denkschrift: Gerechte Teilhabe. Befähigung zu Eigenverantwortung und Solidarität»(Gütersloh 2006, 75ff.), wird die Fokussierung auf «Mittelschichtkultur» bedauert. Zum Versuch einer Prognose um Glauben im 21. Jahrhundert bei M. Horx: Wie wir leben werden. Unsere Zukunft beginnt jetzt. Frankfurt/M./New York 2. Aufl. 2006, 259–284. Zu den Erhebungen der Bertelsmann Stiftung s. www.religionsmonitor.com.

ihrem Grundanliegen der vor allem sakramental vermittelten *Erlösung aus dieser Welt* und neben die evangelische(n) (protestantische(n)) Kirche(n) mit ihrem Grundanliegen der vor allem gepredigten *rechtfertigenden Versöhnung Gottes mit dem Menschen schon in dieser Welt* sind in unserer pluralistischen Informations- und Selbstverwirklichungsgesellschaft christliche Denominationen, pseudo-, krypto- und quasireligiöse, neureligiöse Strömungen von Schicksal-Lesen bis zu Satanskulten, Esoterik, Seelen- und Körperwellness, Sekten und aggressive Pseudoreligionen wie Scientology getreten. Die abrahamitischen Religionen Judentum und Islam sind zusammen mit dem bei uns noch vorherrschenden Christentum jeweils bei aller innerer Differenziertheit nach außen in unserer Gesellschaft als eigenständige Religionen präsent.

Gleichzeitig vermischen sich die religiösen, pseudoreligiösen und nicht-religiösen Heilsangebote. Globalisierung, Mobilität, Welttourismus, Vernetzung, Wohlstand, zunehmende Sprachenkompetenz und vor allem Medien bringen Religionen und Kulturen besonders für die westliche Welt immer enger zusammen. Diese Schübe fördern gleichzeitig in ihrem Rücken fundamentalisierende und mehr oder weniger gewaltsame Selbstabschließungen von Kulturen, Religionen, Ethnien, Regionen, vornehmlich ökonomisch motivierten Verbünden und einzelnen Ländern. Manche Religionen entziehen sich bewusst solchen Synkretisierungsprozessen und tendieren zu sich selbst ab- und andere ausgrenzenden Fundamentalismen in Form von eindeutigen Wahrheiten und aggressiven Absolutheitsansprüchen. In diesen komplexen, unübersichtlichen Prozessen bilden Religionen wie andere Institutionen und Organisationen spezifische Strukturen aus. Sie organisieren sich in bestimmten Gemeinschaften und Gebäuden wie Kirchengemeinden, Synagogen, Moscheen, Gebetshäusern, Kultstätten, Hinterhöfen, Waldlichtungen und sonstwo und sonstwie von hierarchisierten Religionsgemeinschaften bis zu losen Cliquen, Versammlungen und Geheimbünden. Sie verwenden Schriften und verehren diese bisweilen als heilig-unantastbare Offenbarungen, sie verehren heilige Personen, geweihte Sakramentalien, Bilder, Reliquien, Tiere, Pflanzen und stellen astrologische Lebensfahrpläne auf. Sie formulieren Glaubensbekenntnisse, üben Arkandisziplinen aus und stellen Gebote und Verbote auf. Sie legitimieren sich mit Gründungsmythen, wie z.B. einst das Volk der Israeliten mit dem Auszug aus Ägypten oder die ersten Christen mit den Evangelien von dem Auftreten, Leiden, Gekreuzigt- und Auferwecktwerden Jesu Christi oder der Islam mit seiner mythischen Erzählung von der wörtlichen Eingebung des Korans durch Allah an seinen wahren und letzten Propheten Mohammed. Oder sie legitimieren sich mit Spezialoffenbarungen ihres Gründers über das nahe bevorstehende Weltende u.a.m. Sie begehen Gottesdienste und halten Feiern ab, sie leben von und mit Riten, Sakramenten, Festtagen, und sie legen bestimmte Verhaltensweisen fest. Sie sind geprägt durch je eigene Wahrnehmungs-, Erfahrungs-, Deutungs- und Gestaltungsmuster, etwa im Umgang mit Andersglaubenden oder mit Wissenschaft, wenn es z.B. um die immer wieder virulente Verhältnisbestimmung von Schöpfung und Evolution geht. Sie berufen sich auf bestimmte Gottes-Erfahrungen, auf spezifische Vorstellungen von Heil und möglichen Heilswegen und haben entsprechend unterschiedliche Menschen- und Welt-Bilder. Daneben entstehen kaum in Erscheinung tretende Privatkulte und esoterische Pseudoreligionen.

Diese Pluralisierung bringt auch immer wieder die religionspolitische Frage nach der Notwendigkeit bzw. der Streichung des seit 1871 eingeführten und 1969 im Zuge der Strafrechtsreform eingeschränkten Gotteslästerungs-Paragraphen § 166 Strafgesetzbuch und seiner Handhabung z.B. im Karikaturen-Streit auf.

## Der Sondierungsvorschlag

Diese vielgestaltige und komplexe Präsenz von Religionen und religiösen Strömungen verlangt eine post-christliche Beschreibung und Sondierung, die das Phänomen «Religion» nicht mehr nur aus dem Blickwinkel der christlichen Konfessionen betrachtet, etwa auch in einer christlichen Theologie der Religionen, sondern viel weiter fasst. Traditionell-christlich sind katholischerseits mehr die *Erlösung* aus dem Diesseits und protestantischerseits mehr die *Rechtfertigung* und *Versöhnung* des gottlosen Erdenmenschen als grundlegende religiöse Vorgaben und Erfahrungen im Vordergrund gestanden und wurden mindestens katholischerseits im traditionellen, griechisch-metaphysischen Weltbild expliziert.[29] Mit dem

[29] Vgl. R. Brague: Die Weisheit der Welt. Kosmos und Welterfahrung im westlichen Denken. München 2006, bes. 95ff.; W. Huber: Die jüdisch-christliche Tradition, in: H. Joas; Kl. Wiegandt (Hg.): Die kulturellen Werte Europas. Frankfurt/M. 2005, 69–92; Chr. Meier: Die griechisch-römische Tradition,

neuzeitlichen Individualisierungsschub, der eine «Subjektivierung» und Enttraditionalisierung gerade auch des (orientierenden) Religiösen brachte, und mit dem entsprechenden Pluralisierungsschub, der eine radikale Vervielfältigung und Wählbarkeit des Religiösen anstieß, brach die Frage auf, ob man Religiöses überhaupt noch identifizieren und bestimmen könne. Postmoderne Menschen des 21. Jahrhunderts bewegt nicht mehr nur die Frage der Aufklärungszeit, welche der drei abrahamitischen Religionen Judentum, Christentum und Islam, die zum Teil selbst höchst vielfältig und plural geworden sind, die wahre Religion sei. Diese Frage wurde vor etwa 200 Jahren mit der Überzeugung einer Vernunft-Religion hinter allen Religionen beantwortet, etwa von G. E. Lessing, I. Kant, und in der aufklärerischen Vorstellung einer vernünftigen, alle Bürger und Bürgerinnen verbindenden Zivil-Religion. Dann wurden im 19.Jahrhundert die großen Welt-Religionen in den Blick genommen, auf das durch sie (re)präsentierte Religiöse hin analysiert und nach entsprechenden Kriterien als Religionen katalogisiert. Ende des 19. und dann im 20. Jahrhundert lässt der bereits genannte Modernisierungs-Prozess einer radikalen Pluralisierung die Religionen-Szene unüberschaubar werden. Neue religiöse Strömungen und säkulare bis anti-religiöse Lebensstil- und soziale Bewegungen und Heilsideologien verschiedenster Provenienz und Zielsetzungen bündeln sich in der grundsätzlichen Frage, was überhaupt (noch) Religion, Religiosität, eine religiöse Erfahrung sei.

Entsprechend wird im Folgenden der Versuch gemacht, diese neue und grundsätzliche Frage in einem phänomenologischen, transdisziplinären Durchgang durch unsere Gesellschaft im Horizont Europas und bisweilen mit einer Brille «von außen» anzupacken. Die These lautet: Neben die beiden bis ins letzte Jahrhundert hinein vorherrschenden

---

93–116. Max Weber hat in § 10 seiner Religionssoziologie «Die Erlösungswege und ihren Einfluss auf die Lebensführung» untersucht: Wirtschaft und Gesellschaft. Frankfurt/M.2005, 413ff.; hierzu z.B. W. Schluchter (Hg.): Max Webers Sicht des okzidentalen Christentums. Frankfurt/M. 1988; vgl. P. Sloterdijk; Th. Macho (Hg.): Weltrevolution der Seele. Zürich 1993, 739ff.: Erlösungsvorstellungen in der Alchemie; zu matriarchalen Erlösungs- als Wiedergeburtsreligionen vgl. S. Grossmann: Schöpfer und Schöpfung in der feministischen Theologie, in: G. Altner (Hg.): Ökologische Theologie. Stuttgart 1989, 213–233, bes. 228; zum Katholizismus-Protestantismus-Verhältnis auch bei Ch. Taylor: Die Formen des Religiösen in der Gegenwart. Frankfurt/M. 2002.

christlichen Typen oder Modelle der römisch-katholischen *Erlösungsreligion* und der protestantischen *Versöhnungs-* oder *Rechtfertigungsreligion*, die beide in ihrer ursprünglich-herkömmlichen Rigorosität am Verstummen und Verblassen sind in unseren Breiten,[30] treten typisch spätmoderne Religionserfahrungen wie eine an hedonistischer oder ästhetisierender Selbstverwirklichung oder an Selbstzufriedenheit orientierte *Erleichterungsreligion* und eine am ängstlich absichernden oder aggressiv bekämpfenden und ausschliessenden Fundamentalisieren orientierte *Vereindeutigungsreligion*. Und weiter: Wenn Religion in der Spätmoderne ohne die bisherigen Eindeutigkeiten und Klassifizierungen identifiziert werden soll,[31] dann ist die bereits angesprochene *Profane Religiosität der Alterität* in den Blick zu nehmen,[32] in der sich das Christentum als bis in die Neuzeit hinein prägende Kraft des Okzidents radikal transformiert, indem es sich selbst übersteigt, sich von einem jenseitig-theistischen Gottes-Bild verabschiedet und sich in der kontingenten Du-Ich-Beziehung konkretisiert.[33] Wenn Gott Mensch geworden ist, dann gibt es keine zwei Räume und Wirklichkeiten mehr, «sondern *nur eine Wirklichkeit,* und das ist die in Christus offenbar gewordene Gotteswirklichkeit in der Weltwirklichkeit» (D. Bonhoeffer). Und wenn Gott – oder die göttliche Kraft oder Göttin, worüber zu debattieren sein wird – seit F. Nietzsches «Tötung Gottes», seit dem Holocaust für Menschen abwesend bleibt und nur noch mittelbar, in menschlicher Stellvertretung bekennbar und in menschlichen Gesten, Gesichtern und Antlitzen erkennbar ist,[34] dann können diese

---

30 P. Gross: Jenseits; W. Huber: Im Geist der Freiheit. Für eine Ökumene der Profile. Freiburg 2007.

31 Z. Bauman: Moderne und Ambivalenz. Das Ende der Eindeutigkeit (1992). Hamburg 2005.

32 U. Gerber: Religiöse Zugänge, 28–31; vgl. B. Beuscher; D. Zilleßen: Profanität, 9–16; ebenfalls in religionspädagogischer Sicht bei D. Zilleßen; U. Gerber: König, 7–14..

33 J.-L. Nancy: Entzug der Göttlichkeit, 76f.. Zur Wirkungsgeschichte des protestantischen Christentums im Entstehungsprozess der Moderne vgl. M. Weber: Die protestantische Ethik und der Geist des Kapitalismus (1905). Erftstadt 2005.

34 Vgl. D. Sölle: Stellvertretung, bes. zum Entwurf einer nachtheistischen Theologie (111ff.); vgl. St. Bruce: God is Dead. Secularization in the West. Oxford 2002; J. A. T. Robinson: Gott ist anders. Honest to God. München 1964.

Prozesse mit dem Projekt einer *Profanen Religiosität der Alterität* zeit- und sachgemäß umschrieben werden. Die dem metaphysischen Weltbild eingeschriebene Spannung von Ideen-Jenseits (absolutem Sein, Gott als reinem Geist, als platonischer Idee) einerseits und Materie-Diesseits (Seiendes, Erschaffenes) andererseits ist von ihrer vertikalen Über- bzw. Unterordnung gekippt in die Horizontale des Begegnens. Die Heilsspannung wird im metaphysisch-traditionellen Christentum wachgehalten durch den nie endenden Versuch, die räumliche Ausdehnung von unten nach oben, also von der Erde zum Himmel hinauf, und die heilsgeschichtliche Ausdehnung von der Schöpfung bzw. der vor ihr liegenden Ewigkeit bis zur dereinstigen Neuen Erde (und dem Neuen Himmel) in Ewigkeit zusammenzubringen. Anthropologisch bildet sich diese Spannung im Erbsünde-Erlösung/Versöhnung-Widerspruch ab. Und diese Spannung, die das Heil der Menschen mit dem Himmel oben identifiziert, hat sich in der Neuzeit immer mehr aus der Vertikalen geneigt in die Horizontale und bleibt als heilsame Spannung des Begegnens von Du und Ich wach – oder auch nicht mehr?

Diese Prozesse werden in und trotz ihrer Komplexität in fünf Kapiteln anhand von fünf Typen von Religion und Religiosität nachgezeichnet: *Erlösung – Versöhnung (Rechtfertigung) – Erleichterung – Vereindeutigung – Alterität.* Es wird hier kein konfessionell oder weltreligiös, religionssoziologisch oder theologisch definiertes Verständnis von Religion vorausgesetzt, sondern es werden als religiös bekundete Erfahrungen, Verhaltensweisen, Schriften, Riten und sonstige Zeugnisse in unserer westlichen Gesellschaft beschrieben, verglichen, sondiert. Es geht hier nicht um eine «richtige» Systematisierung, sondern um Schneisen in der religiösen Landschaft und bisweilen um Perspektivenwechsel, die bislang Verdecktes in Sachen Religion(en) überhaupt erst wahrnehmen lassen und die bislang Bekanntes in ein neues Licht zu rücken vermögen. Es geht nicht um einen «stimmigen» Gesamtentwurf, sondern um Diskussionsangebote zur Weiterführung und Eröffnung von Diskursen um Religion(en) und Religiosität.

Die hier behandelten und weitere Fragen, Probleme, Irritationen, die in diesem Projekt- und Diskurs-Buch aufgeworfen, beantwortet, offen gelassen wurden, habe ich mit einigen Kollegen und Kolleginnen diskutiert, vorab mit meinem religionskundigen und -interessierten Diskursfreund Peter Gross, em. Professor der Universität St.Gallen (Jenseits der Erlösung. Bielefeld 2007), und über Jahre mit meinem «religion elementar-Konstrukteur» Dietrich Zilleßen, em. Professor der Universität Köln (zus.: Und der König stieg herab von seinem Thron. Das Unterrichtskonzept religion elementar. Frankfurt/Main 1997), mit meinem in dieser Thematik versierten Basler Kollegen Professor Dr. Reinhold Bernhardt in unseren gemeinsamen Kolloquien, mit der «Gegenleserin» Professorin Dr. Susanne Dungs, Kärnten/Feldkirchen, dann mit den Doktoranden und Doktorandinnen an der Universität Basel, mit Kollegen und Kolleginnen «im Lande», mit angehenden Lehrern und Lehrerinnen an der TU Darmstadt und mit gestandenen Religionsunterrichtenden in Fortbildungsveranstaltungen, mit Interessierten mündlich wie schriftlich und in religionspolitischen Perspektiven vornehmlich mit Experten und Expertinnen in Bündnis 90/DIE GRÜNEN, vornehmlich in Symposien mit meinem Parteifreund Omid Nouripour, MdB (Mein Job, meine Sprache, mein Land. Wie Integration gelingt. Freiburg 2007). Die Ergebnisse waren unterschiedlich, deswegen geht unser Religions(en)diskurs weiter.

# II. Fünf Typen gelebter Religion(en)

## Erster Blick in unsere christlich geprägte Religions-Geschichte

Formen und Deutungen von Religiosität haben sich – wie bereits angesprochen wurde – in spätmodernen Wissens- und Selbstverwirklichungsgesellschaften pluralisiert, vervielfältigt und vermischt (synkretisiert). «Gott ist in der Neuzeit vom Thron gestoßen worden. Aber der Thron blieb unbeschädigt ... Der Thron ist nicht besetzt, doch *alle* wollen ihn besetzen.» Diese religiöse Sehnsucht und die religiöse Selbstbestimmung der Bürger und Bürgerinnen sind zu einer grundlegenden Option geworden. Mit dem «Ende der Eindeutigkeit» wird auch Religion wählbar,[35] und für solche Entscheidungen bedarf es der Information, Orientierung und Diskussion. Ein solcher phänomenologischer Such- und diskursiver Positionierungsprozess befasst sich sowohl mit geschichtlichen Expressionen von Religiosität in dem bis in unsere Zeit hinein, wenn auch derzeit nur noch partiell christlich geprägten Abendland als auch mit unseren gegenwärtigen Religions-Gepflogenheiten.

Blicken wir auf den Werdegang des Abendlandes, der gleichermaßen geprägt ist vom Judentum, vom Christentum, von griechisch-römischer Kultur und besonders in den andalusischen Landen im ausgehenden Mittelalter nachhaltig durch den Islam, dann fällt als grundlegende Zäsur der Umbruch mit Humanismus, Renaissance und Reformation ins Auge.[36] Das Christentum hat sich in seiner nahezu monolithischen Kirchen-, Glaubens- und Moralherrschaft mit der Reformation im 16. Jahr-

---

35 P. Gross: Die Multioptionsgesellschaft. Frankfurt/M. 1994, 409; Z. Bauman: Moderne und Ambivalenz. Das Ende der Eindeutigkeit (1992). Hamburg 2005, bes. 364–441.

36 E.-W. Böckenförde: Geschichte der Rechts- und Staatsphilosophie: Antike und Mittelalter. Tübingen 2002, §14: Martin Luther, 371–402, mit Literatur 442–444; G. Schramm: Fünf Wegscheiden der Weltgeschichte. Ein Vergleich. Göttingen 2004, 167–221: 1510–1530: Ein Riß durch Mitteleuropa und der Protestantismus; zu 1648 neuerdings bei A. Glucksmann: Hass. Die Rückkehr einer elementaren Gewalt. Darmstadt 2005, 251ff.; insgesamt bei A. Adam: Politische Theologie. Eine kleine Geschichte. Zürich 2006, bes. 39–134; R. Leonhardt: Grundinformationen Dogmatik. Göttingen 2001, 17–56: dogmen- und theologiegeschichtliche Orientierung.

hundert in zwei und endgültig mit dem Westfälischen Frieden von 1648 auf politischen Druck hin in drei Konfessionen aufgespalten: in das römisch-katholische, das (wittenbergisch-)lutherische und das (schweizerisch-)reformierte Christentum. Alle drei Konfessionen blieben nach dem Motto *cuius regio illius religio*, d.h. dass der Landesherr die Religion bestimmt und Andersglaubende das Land verlassen dürfen oder müssen, in verschiedener Ausprägung landeskirchlich bzw. in Bistümern verfasst, und wer nicht in einer «Kirche» war, der galt als gottlos und als Heide. Mit der Aufklärung trat dann in einem Emanzipationsprozess der Bürger und Bürgerinnen einerseits neben die kirchlich-konfessionellen Ausprägungen des flächendeckend präsenten Christentums ein christlich orientierter, zivilreligiöser und im praktischen Vollzug privatisierter Vernunft-Glauben, sichtbar etwa in Kants für die Praktische Vernunft, also für die Moral und Ethik grundlegenden drei Postulaten von Gott, Freiheit und Unsterblichkeit. Und andererseits wurde die Frage nach der wahren, nämlich vernünftigen Religion gestellt und z.B. von Lessing dahingehend beantwortet, dass die drei abrahamitischen Religionen Judentum, Christentum und Islam gleichermaßen Ausprägungen der dahinterstehenden Vernunftreligion des persönlichen Glaubens an den einen Vernunft-Gott seien.

Im Gefolge dieses Aufklärungsprozesses mittels religiöser Vernunft oder vernünftiger Religion – die Aufklärung war in Deutschland im Gegensatz etwa zu Frankreichs Revolution von 1789 eine durchaus christlich mitgeprägte Bewegung – wurde christliche Religion transformiert in säkularisierende Folgen ihrer selbst.[37] So verwandelte sie sich z.B. volks-

---

[37] A. Beutel: Aufklärung in Deutschland. Göttingen 2006. Diskussionswürdig ist der Hinweis von Susan Neiman, dass Alfons X., der 1252 König von Kastilien wurde, «der erste Held der Aufklärung» war mit seinem provozierend-rebellischen Satz: «Hätte ich bei der Schöpfung in Gottes Rat gesessen, würde vieles besser geordnet worden sein» (Das Böse denken. Eine andere Geschichte der Philosophie. Frankfurt/M. 2006, 42f.); vgl. R. Rémond: Religion und Gesellschaft in Europa. Von 1789 bis zur Gegenwart. München 2000 (1998); O. Blaschke (Hg.): Konfessionen im Konflikt. Deutschland zwischen 1800 und 1970: ein zweites konfessionelles Zeitalter. Göttingen 2002; S. Hellemans: Transformation der Religion und der Großkirchen in der zweiten Moderne aus der Sicht des religiösen Modernisierungsparadigmas, in: Schweizerische Zeitschrift für Religions- und Kulturgeschichte 99 (2005) 11–35.

pädagogisch in eine «Erziehung des Menschengeschlechts» (Lessing), diakonisch in Helfer-Moralität neben und teilweise gegenüber kirchenchristlicher Gehorsams-Legalität. Protestantisch-evangelisches Christentum wurde vielfältiger und orthodoxer zugleich, politisch aktiv und verinnerlichend, gegenwartsfokussiert und heilsgeschichtlich bisweilen apokalyptisierend, vernunftbestimmt und zugleich bekehrungssüchtig. Die damit gestellte Frage nach der Wahrheit der christlichen Religion und weitergehend nach der wahren Religion sprengte die meisten der bisherigen Antworten und lief mit ihrem reformatorischen, bekehrungsreligiösen und aufklärerisch-kritischen Individualisierungsschub auf ihre eigene Relativierung zu.

Der *römische Katholizismus* kaprizierte sich in der Folgezeit auf die Bekämpfung des Protestantismus und auf die Missionierung der Heidenwelt, einschließlich Juden und Muslime. Er konservierte die tradierte Kirchenlehre und Kirchenmoral mittels des Antimodernisten-Eides gegen Andersdenkende und moralische Apostaten. Er immunisierte sich gegen Andersglaubende mittels päpstlicher Unfehlbarkeit, mittels der Exkommunikation und einer Degradierung nicht-römischer Kirchen zu bloßen Gemeinschaften, mittels des Postulates der naturgegebenen Vernünftigkeit seines Glaubens- und Moral-Gebäudes, die z.B. Papst Benedikt XVI. im September 2006 dem Islam anbot zur Überprüfung von dessen Glaubensmodus. Der römische Katholizismus stilisierte sich selbst zur einzig wahren Vertreterin des Christentums in der Stellvertretung Gottes auf Erden und setzte sich dadurch in eine Absolutheitsposition. (Zu klären, ob eine solche Selbstzuschreibung von Universalität und Absolutheit nicht z.B. unserem deutschen Grundgesetz ebenso widerspricht wie der Auschluss der Frauen vom Priestertum, trauen sich weder Rechtsprechung noch Politik noch Wissenschaft. Darf eine solche unwissenschaftliche Position an Schulen und Universitäten vertreten sein?)

Der *kirchliche Protestantismus* versuchte sich in einer gewissen Bandbreite in seinen landeskirchlichen Ausprägungen von liberal über rechtgläubig bis neoorthodox zu verhalten und zu gestalten. Das 19. Jahrhundert brachte dann die Einreihung des Christentums mit seinen Konfessionen (und in seinen meist protestantisch geprägten Denominationen, Freikirchen, pfingstlerischen Bewegungen u.a.) und ebenso des Judentums (und nur ganz am Rande des Islam) in die Palette der Welt-Religionen wie Buddhismus, Hinduismus, Shintoismus, Konfuzianismus, Taoismus und der (meistens kolonialistisch wahrgenommenen) sogenannten Stammes- und Natur-Religionen. Und die Moderne brachte auf ihrem Höhepunkt und bringt in ihrer derzeitigen Spätgestalt auf der einen Seite die pluralistische Gleichrangigkeit der klassischen Religionen, neureligiöser Kulte, Weltanschauungen und Movements, von Sinngebungs-, Orientierungs- und Beratungsangeboten, von Events wie Disco oder Bundesligaspiel, von Kicks und Drogen. Und zugleich bringt die Spätmoderne andererseits die schleichende Relativierung und sogar bisweilen die Auflösung und Implosion dieser Angebote, indem diese von ihrem objektivierten, vor allem medienvermittelten Angebotscharakter zurückgeblendet werden auf die subjektiv Betroffenen in ihrer Kultur des ständigen Sich-entscheiden-Müssens[38] und des Selbstverwirklichungskultes[39]. Was angebotene Religion für den Einzelnen konkret und im Augenblick ist, das bestimmt dieser selbst im Vollzug einer synketisierenden, also die Angebote mischenden Patchwork-Religiosität. Religion ist, so hat U.Beck gefolgert[40], zum puren Entscheidungsakt der irdischen Nachreligion der Liebe zu zweit geworden und letztlich zur intopischen, bisweilen autistischen und infantil-regressiven Identitätssuche nach sich selbst[41], wobei der Andere und die Anderen nur noch als Staffage und erwünschte Voyeure zu fungieren haben, ganz wie im Fernsehen.[42] «Liebe ist *Subjektivitäts*religion, ein Glaube, in dem alles: Bibel, Priester, Gott, Heilige und Teufel, in die Hände und Körper, die Phantasie und

---

38 P. Gross: Multioptionsgesellschaft. Frankfurt/M. 1994; U. Beck; E. Beck-Gernsheim: Das ganz normale Chaos der Liebe. Frankfurt/M. 1990, bes. 105ff.

39 P. Gross: Ich-Jagd. Im Unabhängigkeitsjahrhundert. Frankfurt/M. 1999; U. Gerber: Gegenwärtige und zukünftige Problemfelder des Berufsschulreligionsunterrichtes, in: U. Gerber; P. Höhmann; R. Jungnitsch: Religion und Religionsunterricht. Frankfurt/M. 2002, 19ff.

40 U. Beck; E. Beck-Gernsheim: Das ganz normale Chaos der Liebe, 222–266.

41 P. Gross: Ich-Jagd, 263ff.; vgl. R. Lempp: Die autistische Gesellschaft. Geht die Verantwortlichkeit für andere verloren? München 1996, 87ff.,146ff.; H.-E. Richter: Wir können von Natascha nur lernen, in: DIE ZEIT 39 vom 21.09.06, 77.

42 Vgl. U. Gerber: Auch den Medienzwang finden wir entlastend. Einige wahrnehmungs- und gesellschaftskritische Überlegungen, in: S. Dungs; U. Gerber (Hg.): Der Mensch im virtuellen Zeitalter. Wissensschöpfer oder Informationsnull. Frankfurt/M. 2003, 25–37.

Ignoranz der sich liebenden und mit ihrer Liebe marternden Individuen gelegt ist.»[43] Solche Religion *erleichtert* – auch dies wird geglaubt – das Leben und Zusammenleben. Religiosität solcher Selbstverwirklichung und Selbstfindung *erleichtert* ... Diese Liebes-Subjektivitäts-Religion ist der Feind des hinter ihrem Rücken florierenden *vereindeutigenden Fundamentalismus.* Hier tut sich – spätmodern und entsprechend ambivalent – die absolute pluralistische Vielfalt religiöser Vergewisserungsversuche mittels *Erlösung, Versöhnung, Erleichterung, Vereindeutigungsfundamentalisierung* auf. Entsprechend haben sich in der Selbstausgestaltung und Selbstinterpretation der Religionen Freiräume aufgetan – deren Rückseiten der Nährboden für autoritäre Religionsformen und für Fundamentalismen und nach-religiöse totalitäre Ideologien sind –, die so groß geworden sind, «dass wir nicht mehr wissen, was wir noch zu geben, was wir an Tradition zu übermitteln haben»[44], was an religiös Verbindlichem zu tradieren sei. Man spricht von Traditionsabbruch und religiöser Orientierungslosigkeit. Woran findet Glaubenssehnsucht Halt und Richtung? Bilden sich neue Traditionen, neue Gemeinschaften und Gemeinsamkeiten auch religiöser Provenienz heraus, indem gleichzeitig – spätmodern ambivalent – eben der Andere in seiner Einzigartigkeit, der Fremde in seiner Differenz, der Nächste in seiner Würde Anerkennung erfahren und ich ebenfalls diese Anerkennung, solches Anerkanntwerden als einzigartiges Geschöpf erfahre?[45] Wäre diese Alteritäts- und asymmetrische Anerkennungserfahrung eine Art profaner, postchristlicher Religiosität, die bereits angesprochen wurde und die in den Kapiteln VII und VIII vorgestellt und diskutiert werden wird?

---

43 U. Beck; E. Beck-Gernsheim: Das ganz normale Chaos der Liebe, 256.

44 L. Rosenmayr; F. Kolland: Mein «Sinn» ist nicht dein «Sinn». Unverbindlichkeit oder Vielfalt – Moderne Wege im Singletum, in: U. Beck (Hg.): Kinder der Freiheit. Frankfurt/M. 1997, 286.

45 Vgl. P. Ricoeur: Wege der Anerkennung. Erkennen, Wiedererkennen, Anerkanntsein. Frankfurt/M. 2006, z.B. 267–274: Multikulturalismus und die Politik der Anerkennung; S. Dungs: Anerkennen des Anderen im Zeitalter der Mediatisierung. Sozialphilosophische und sozialarbeitswissenschaftliche Studien im Ausgang von Hegel, Levinas, Butler, Zizek. Münster 2006, wo die beiden Theorien der symmetrischen und asymmetrischen Anerkennung diskutiert werden. Zum Begriff der Alterität z.B. auch bei S. Gürtler: Elementare Ethik: Alterität, Generativität und Geschlechterverhältnis bei E. Levinas. München 2001.

## Zweiter Blick: Religiosität als gehorsame Imitation zwecks Erlösung aus dieser Welt

Im Folgenden werden die genannten fünf sozial-theologischen Schneisen in das geschichtlich gewordene komplexe Gemisch aus kirchlich-christlicher Frömmigkeit, Moral und Lehre, aus religiöser Lebensberatung bis zu indoktrinierender Scientology, aus neureligiösen Bewegungen und Sektierereien, aus pseudoreligiösen Praktiken wie Kartenlegen, Lebensberatung mittels Horoskopen oder rituellen Vergewisserungen durch Schwarze Messen, aus ins Säkulare transformierten Religionismen wie etwa dem Roten Kreuz und aus profanen Events wie der Weltmeisterschaft der Droge oder Religion Fußball geschlagen. Ich bin auf die folgenden fünf Typen, Modelle oder Zugänge gestoßen: Erlösung, Versöhnung, Erleichterung, Vereindeutigung, Alterität. Und ich möchte diese mit dem Schema der drei Simulakren bei J. Baudrillard verbinden. Das sozialgeschichtlich interpretierbare Dreier-Schema von J. Baudrillard lautet: *Imitation* als traditionelles Lebens- und Kommunikationskonzept des gehorsamen Nachmachens ohne eigenaktive Alternative (Kapitel III); dann *Produktion* als Prozess der Selbstbefreiung des Menschen hin zur eigenverantwortlichen Lebens- und Weltgestaltung als Beginn der Neuzeit (Kapitel IV); und schließlich die *Simulation* als Darstellung guten Lebens und Zusammenlebens in Medien und konsequent als Medien, sei es als *Erleichterung* (Kapitel V), sei es als fundamentalisierende *Vereindeutigung* (Kapitel VI). (Hinzu kommt die angesprochene *profane Religion der Alterität* in Kapitel VII und VIII.) Es geht bei der *Simulation* nicht mehr um die «Ex-Sistenz» des aus sich selbst heraustretenden Menschen der Moderne, sondern jetzt geht es um die spätmoderne «Net-Sistenz», die ihr eigenes Heilsein selbst erzielen muss durch Identifikation mit dem Medium[46] und dessen virtuellen Zweiten Lebenswelten, durch die mediale Transformation ihrer selbst in das Medium ihrer Selbstdarstellung.

---

[46] J. Baudrillard: Der symbolische Tausch und der Tod. München 1991, 79–130: Die Ordnung der drei Simulakren; vgl. Th. Jung: Jenseits der Geschichte – Jenseits des Humanen? Zur Kennzeichnung der Gegenwartsmoderne durch J. Baudrillard, in: S. Müller-Doohm (Hg.): Jenseits der Utopie. Theoriekritik der Gegenwart. Frankfurt/M. 1991, 364–395; in theologischer Explikation bei U. Gerber: Religiöse Zugänge, 16–32; J. Hörisch: Brot und Wein. Die Poesie des Abendmahls. Frankfurt/M. 1992.

Wenn wir diese Dreier-Typologie von J. Baudrillard auf die abendländische Geschichte und im Besonderen auf unseren Typologisierungsversuch von Religion anwenden, dann kann man die folgende Periodisierung durchführen, die in den folgenden Abschnitten und dann detailliert in den Kapiteln III–VII ausgearbeitet wird: Es beginnt mit der Zeit oder Kultur der *Imitation* als gehorsamer Nachahmung und Nachfolge im Rahmen der römisch-katholischen Kirche und ihrer Glaubens- und Moral-Tradition(en) zwecks Erlösung aus dieser Welt. Bis ins ausgehende Mittelalter war diese christliche Imitations-Erlösungs-Kultur und -Religiosität trotz aller kirchenreformerischer Strömungen wie etwa der Katharer oder verschiedener Orden alleinherrschend ohne Glaubens- und Lebensalternative. Mit der Reformation im 16. Jahrhundert ist sie zu einem christlichen Glaubens- und Lebensstil neben Luthertum und Reformierten geworden, der mit wenigen Veränderungen bis heute neben den im Laufe der 500 Jahre hinzugekommenen religiösen Angeboten lebendig ist, wenn er auch von den meisten «praktizierenden Katholiken» mehr oder weniger locker gehandhabt wird. Das Ziel solcher gehorsamer imitatio ist, dass der Mensch von seinem sündig-sterblichen Körper und von der gefallenen Welt befreit und erlöst wird. Heilwerden geschieht durch fortschreitende Überwindung des Körperlich-materiell-Irdischen durch Askese und Enthaltsamkeit, durch das Empfangen der Sakramente und vor allem in der Eucharistiefeier im Empfang des Leibes (und Blutes) Christi mit der Hoffnung auf das Ewige Leben. Religion gibt Bindung an den Jenseits-Gott und zugleich (Er-)Lösung vom Welt-Diesseits, exemplarisch vollzogen, nacherzählt und sichtbar am Geschick der Person Jesus von Nazaret, die den meisten Juden als Großer Bruder, den Muslimen als Prophet und den Christen als von Gott zur Sühne geopferter Sohn und von Gott dem Vater auferweckter Erlöser der Menschheit gilt. Diese Kurzbeschreibung wird im folgenden Kapitel III weiter entfaltet und auch diskutiert werden.

## Dritter Blick: Religiosität als Versöhnung durch Gott in dieser Welt

Spätestens mit Reformation, Renaissance und Humanismus[47] bricht das weltliche Lebenskonzept der *Produktion* durch (Kapitel IV), dass sich nämlich der neugierige Mensch selbst entdeckt[48] und die Gestaltung seines Lebens, Zusammenlebens und seiner Welt selbst in die Hände nimmt, indem die Welt aus dem exklusiv kirchlich bestimmten Horizont von Moral, guten Werken, Almosengeben und anderen Verdiensten vor Gott heraustritt. Im Wissen um die ihm von Gott geschenkte Würde als seine Gott-Ebenbildlichkeit muss und kann er diese selbst produktiv, als konkretes Alltagsleben, in eigener Entscheidung und Verantwortung ausgestalten. Der neuzeitliche Mensch muss sein Leben führen *etsi Deus non daretur, als ob es Gott nicht gäbe*. Er hat, nach Goethe: «zwei Seelen, ach, in meiner Brust», nämlich eine von Gott geschenkte «Seele» der Gnade und des Glaubens, die ihn an Gott bindet, und eine (auch von Gott geschenkte) säkulare «Seele» mit der Verpflichtung, sein Leben, Zusammenleben und die Welt in eigener Verantwortung produktiv zu gestalten. Der Mensch entfaltet sich in Freiheit – ohne Nachahmung und Nachfolge, aber auch ohne die Macht des christlichen Schöpfergottes anzutasten.

»In den Menschen aber hat der Vater», so schrieb der Renaissancephilosoph Pico della Mirandola (1463-1494) in seiner Rede *Über die Würde des Menschen*[49], «gleich bei seiner Geburt die Samen aller Möglichkeiten und Lebenskeime jeder Art hineingelegt. Welche er selbst davon pflegen wird, diejenigen werden heranwachsen und werden in ihm ihre Früchte bringen». Pico argumentierte also gegen die Tradition: Gott hat uns Menschen offen und entwicklungsfähig in das Leben entlassen, so dass wir durch eigene Entscheidungen unser Leben gestalten und uns

---

[47] P. Blickle: Die Reformation im Reich. Stuttgart 1982; H. Schnabel-Schüle: Die Reformation 1495–1555. Politik mit Theologie und Religion. Stuttgart 2006; A. Adam: Politische Theologie, 93f.,111; kritisch zu Luther bei H.-E. Richter: Männlichkeit, 59–69; U. Gerber: «Säkular-professionelle» Soziale Arbeit beginnt mit Luther, in: S. Dungs; U. Gerber; H. Schmidt; R. Zitt (Hg.): Soziale Arbeit und Ethik im 21. Jahrhundert. Leipzig 2006, 233–242.

[48] H. Blumenberg: Die Legitimität der Neuzeit. Frankfurt/M. 1966, bes. 75ff.

[49] G. Pico della Mirandola: Oratio de hominis dignitate. Rede über die Würde des Menschen. Stuttgart 1997 (Reclams Universal-Bibliothek Nr. 9658).

selbst zum Ebenbild Gottes formen müssen. Gott hat den Entscheidungsspielraum gegeben zwischen einem Dahinvegetieren wie Pflanzen und einem Leben in Gemeinschaft mit Gott, wodurch wir wie Gott «über allen Dingen stehen». Pico wurde von Rom der Prozess gemacht und er musste nach Paris fliehen, und seine nie gehaltene Rede wurde erst posthum bekannt.

Wie lässt sich diese Art von christlicher Religiosität beschreiben im Unterschied zur erlösungsreligiösen Variante? Nicht die Flucht aus dem eigenen Körper und aus der Welt macht das Heilwerden aus, sondern die *Versöhnung* des Schöpfergottes mit seinen irdischen Menschengeschöpfen, indem er diese als *seine* Geschöpfe rechtfertigt und gegen ihre Sünde(n) gerecht spricht[50]. Diese rechtfertigende Versöhnung können wir Menschen nie von uns selbst aus vollziehen, nicht einmal beeinflussen etwa durch «gute Werke», sondern sie bleibt ausschließlich Gottes die Menschen rechtfertigendes Handeln (Luther, Calvin und andere Reformatoren)[51]. Gott versöhnt sich «aus Gnade» mit den Menschen, indem er sie als seine Geschöpfe annimmt und zugleich zu *eigenverantwortlicher* Lebens- und Weltgestaltung befreit und entlässt. *Versöhnen* bedeutet, dass Gott Menschen in der Gegenüberstellung zu sich selbst eben als Menschen und deswegen weder als Untermenschen noch als Heiligen oder Mit-Himmlischen begegnet. Grunderfahrung und Ziel der Rechtferti-

---

50 G. Sauter: Rechtfertigung, in: TRE Bd. XXVIII, 315–364; D. Korsch: Versöhnung, in: TRE Bd. XXXV, 22–40; G. Sauter (Hg.): «Versöhnung» als Thema der Theologie. Gütersloh 1997, bes. 7–47: Einführung; 70–76: zu Luther; G. Sauter (Hg.): Rechtfertigung als Grundbegriff evangelischer Theologie. München 1989, bes. 9–29: Zur Einführung; 30–39: zu Luther; am Abendmahl beispielhaft bei M. Welker: Was geht vor beim Abendmahl? 2. Aufl. Gütersloh 2004.

51 Martin Luther: An den christlichen Adel deutscher Nation (1520); Von der Freiheit eines Christenmenschen (1520); Sendbrief vom Dolmetschen (1530). Stuttgart 1962 (Reclam Universal-Bibliothek Nr. 1578); G. Ebeling: Luther. Einführung in sein Denken. Tübingen 1964; H. Fausel: D. Martin Luther. Stuttgart 1955; H. Löwe; C.-J. Roepke (Hg.): Luther und die Folgen. Beiträge zur sozialgeschichtlichen Bedeutung der lutherischen Reformation. München 1983; G. Seebaß: Reformation, in: TRE Bd. XXVIII, 386–404; H. H. Eßer:. Reformierte Kirchen, in: a.a.O., 404–419; als Problematisierung bei U. Gerber: Müsste Luther nicht «weltlicher» interpretiert werden. Einige Notizen zum vergangenen Luther-Jahr 1983, in: ThZ 40 (1984) 200–210.

gungs- und Versöhnungsreligion sind nicht die Harmonie und Gleichheit der Erlösten in einem für alle gleichen Jenseitshimmel, sondern in gewissem Sinne genau umgekehrt die Einsetzung eines jeden Menschen in seine geschöpflich-irdische Einzigartigkeit und zugleich in die damit gegebene Unterscheidung, die grundsätzliche Differenz zu anderen Menschen – in der von Gott selbst gesetzten Differenz zu uns Menschen. Darin steckt die Verpflichtung und Befreiung, dass wir Menschen unser von Gott geschenktes Leben sowohl in der Differenz zu Gott als dem Geber des Lebens als auch zu den anderen Menschen als ebenso einzigartigen Geschöpfen führen. Aber gerade dies können wir Menschen nicht, weil wir immer schon vergleichen, messen, uns allmachtsgetrieben zum Ersten erklären oder ohnmachtsgeleitet bis zum Suizid gehen – dass wir also Einzigartigkeit, Authentizität, Unverwechselbarkeit und entsprechend Differenz nur als Ereignis von Anderen, in christlicher Sprache: von Gott her, als Geschenk leben können.

*Versöhnung* ist hier eben nicht als Einigung, Stillstand oder «Frieden, Freude, Eierkuchen» erfahren und verstanden. Versöhnung ist ein immer neues Geschehen, ein Dauerprozess der unumkehrbaren Anerkennung des von sich selbst aus immer unversöhnten Menschen durch Gott, der sich schon immer mit den Menschen versöhnt ohne Vorleistungen von deren Seite aus. Diese Versöhnungs- und Rechtfertigungsreligion wird im IV. Kapitel rekonstruiert, entfaltet und diskutiert werden.

## Vierter Blick: Simulation einerseits als Erleichterung und andererseits als Vereindeutigung

Mit der Moderne und radikal in der derzeitigen Spätmoderne wird die *Simulation* mittels Medien zum Mittelpunkt des Lebens und Zusammenlebens: Medien aller Art, vorab TV und Handy, sind jetzt der Ort unserer Selbstdarstellung und Selbstverwirklichung, nicht mehr Kirchen mit ihren Kulten, Lehren und ihrer Moral, nicht mehr die werkzeugliche Gestaltung von Welt und Gesellschaft durch den homo faber, der sich zugleich seiner Gottebenbildlichkeit bewusst bleibt. Und diese Informations- und Medienkultur mit ihrem eingebauten Trend zur Alternativen zerstörenden *Vereindeutigung* transportiert zusammen mit der Religion des imitatorischen Gehorsams um der Erlösung aus der Welt willen und zusammen mit der Versöhnungsreligion der befreiten Weltgestaltung aus von Gott geschenkter Glaubensfrömmigkeit zugleich eine vornehmlich, aber locker christlich orientierte *Erleichterungsreligion* (Kapitel V). Religion wird als gesellschaftliches, kulturelles Accessoire zur Lebenserleichterung verstanden und praktiziert – bisweilen auch als Zivilreligion oder als religiöser sozialer Kitt der Gesellschaft zwecks Integration gemeint und installiert. Medien schmelzen traditionell-religiöse Erlösungs- und Versöhnungserfahrungen und -inszenierungen und neu- und pseudoreligiöse Kulte und Heilsvisionen und auch Elemente aus anderen Religionen wie Islam oder Buddhismus ein in ihre Funktion der auch religiös mitgestalteten *Erleichterung* des schicksalhaft harten Lebens und Ellenbogen-Zusammenlebens. Zugleich fröhnen Medien – gleichsam auf ihrer Rückseite – bewusst insofern der *Vereindeutigung,* als sie mit «reality-TV» den Anspruch der einzigen Wahrheit erheben, also mediatisierenden *Fundamentalismus* betreiben (Kapitel VI). Es zeigt sich aber bei aller Nähe zum Absolutheitsanspruch der Erlösungsreligion römisch-katholischer Provenienz zugleich der Unterschied zwischen beiden: Der Gott-Mensch-Dualismus, die Jenseits-Diesseits-Diastase, die Himmel-Erde-Disparität, das unumkehrbare Übereinander von Gnade und Natur werden in den Medien ineinandergeschoben und zur Deckung gebracht, und damit wird das Medium zur «nackten Wahrheit», zum «irdischen Himmel», zum einzig Wirk-lichen ohne eschatologischen Vorbehalt. Die «Welt» geht in sich selbst auf – und unter?

## Fünfter Blick: Alterität als profane Religiosität

Es gibt auch die andere Seite: Manche versuchen heute, sich selbst, ihre Beziehungen, ihren Beruf und ihre Freizeit, insgesamt ihr Leben «bewusster» zu erleben und zu gestalten. Die Erfahrung dabei kann entweder sein, dass wir uns immer mehr, intensiver und extensiver auf die Perfektionierung unserer Lebenseinstellung und Erscheinung, unseres Körpers, unseres Gefühlslebens, unserer Beziehungen stürzen und vor lauter Beratung, Body-Styling und Wellness-Kampagnen, Ernährungs- und Schönheitsbehandlungen, vor lauter Selbstverwirklichungstrips und Modebewusstsein uns selbst und die Anderen, «erleichternd» und bisweilen vereindeutigend, aus den Augen verlieren.

Die andere Erfahrung geschieht als Entdeckung: dass wir nämlich uns im Blick auf unsere Lebendigkeit entzogen sind. Niemand von uns weiß, wer er oder sie «eigentlich», authentisch, seinem Lebensziel nach «ist». Wir können uns nicht überblicken und gleichsam einholen zum überlegten und planenden Anschauen. Wir bleiben uns in unserem «Innersten» verborgen, unsere «Mitte» ist uns entzogen,[52] wir sind irgendwie irgendwo anders verankert. Manche nennen es Schicksal, manche sprechen von Fügungen Gottes, wieder Andere halten dies für unser Unbewusstes. Immer aber sind wir uns selbst vorgegeben, bevor wir uns überhaupt entdecken und aktiv werden können. Unser Körper ist uns vorgegeben, unser sogenannter Charakter und unsere Gefühle liegen unserem beobachtenden und planenden Umgang mit diesen unseren «Selbst-heiten» irgendwie voraus. Wir kommen, wenn wir uns zu überblicken, zu ergründen und zu verstehen suchen, schon immer diesen entscheidenden Tick zu spät. Der Schriftsteller P. Handke schreibt: «Es war die Gnade. Daß ich noch eine Zeitlang sein darf: Gnade. Daß ich überhaupt sein darf: Gnade. Daß zum Beispiel wir zwei sein und miteinander sein dürfen: Gnade der Gnaden. Gnadenreicher Dritter, ohne Dich wäre es aus mit uns, lange schon.» Und diese Erfahrung von Beschenktsein und Abhängigkeit verletzt uns, weil dieses Zu-spät-Kommen jegliche Autonomie als Illusion entlarvt,[53] und weil es keine letzte Sicherheit (mehr) zulässt. Nur in der Geste eines Allmachtswahns lässt sich in der radikalen Relativierung und Subjektivierung der Wahrheit(en) noch auf Autonomie, Identität, objektive Wahrheit pochen. Aber in dieser radika-

---

52 G. Gamm: Die Unausdeutbarkeit des Selbst. Über die normative Kraft des Unbestimmten in der Moralphilosophie der Gegenwart, in: ders.: Nicht nichts. Studien zu einer Semantik des Unbestimmten. Frankfurt/M. 2000, 207–227; ders.: Der unbestimmte Mensch. Die gebrochene Mitte des Selbst als irreduzible Lücke im Sein, in: Lettre International 57 (2002) 90–93; vgl. in religionspädagogischer Perspektive bei U. Gerber: Berufsschulreligionsunterricht: Kultur des «Verhaltens zum Unverfügbaren», in: Th. Schreijäck (Hg.): Christwerden im Kulturwandel. Freiburg/Basel/Wien 2001, 525–546; M. Seel: Sich bestimmen lassen. Frankfurt/M. 2002, bes. 279ff.: Sich bestimmen lassen. Ein revidierter Begriff von Selbstbestimmung.

53 P. Handke: Spuren der Verirrten. Frankfurt/M. 2006, 41; vgl. K. Mayer-Drawe: Illusionen von Autonomie. Diesseits von Ohnmacht und Allmacht des Ich. München 1990; K. P. Liessmann: Die visionslose Gesellschaft. Mit Unsicherheiten leben, in: O. Ederer; M. Prisching (Hg.): Die unsichere Gesellschaft. Risiken, Trends, Zukünfte. Graz 2003; K. P. Liessmann: Zukunft kommt!, bes. 81ff.

len Relativierung liegt gleichzeitig die Chance, in unserem Wissen und Planen zu erfahren, dass uns Neues begegnet und aufgeht, dass wir über Kollegialität hinaus Sympathie und Liebe erfahren (haben), dass wir lernen und vergessen können, dass wir Wahrheit nicht mit Richtigkeit gleichsetzen und keine Absolutheitsansprüche erheben müssen. In diesen Erfahrungen steckt eine unauslotbare Ambivalenz oder Polarität: dass wir uns schon immer selbst vorgegeben sind, dass die Anderen wie etwa Eltern und Anderes wie etwa Licht, Luft, Sonne und Nahrung vorgegeben sind und dass wir zugleich im Wissen darum unser Leben eigenverantwortlich gestalten müssen und können. In der radikalen Abhängigkeit von Anderen und Anderem werden wir dazu befreit, dazu gezwungen und dazu befähigt, unser Leben selbst zu gestalten und den Anderen und im Umgang mit der Schöpfungs-Natur selbstständig antworten zu können und antworten zu müssen.

Gegenüber individualisiert-subjektiver *Erleichterung* mit den Anderen als bloßer Staffage und gegenüber gleichmachender *Vereindeutigung* ohne Beachtung und Achtung der Anderen geht es hier um die Erfahrung und Gestaltung von *Alterität* in der Du-Ich-Beziehung, der gegenüber die Ich-Du-Beziehung nachfolgend ist. Es geht um das *Anerkanntwerden* eines jeden Menschen als einzigartige Person durch Andere[54] (Kapitel VII). Diese Erfahrung blieb stets wach im Judentum, im Christentum und in den meisten seiner Denominationen, auch im Islam vor allem im Gedenken an die verschiedenen mythischen Erzählungen von der Erschaffung des Menschen und der Welt (etwa in 1. Mose 1–3) und in sozialen Praktiken, in den Auftritten der Gottesmänner, Propheten und starken Frauen, im Gebot der Nächstenliebe und der Feindesliebe. Sie wurde in der Geschichte des Christentums durch die Hellenisierung zurückgedrängt und mit der Neuzeit durch die Selbstinthronisation der Menschen als alleinige

---

54 Vgl. S. Dungs: Anerkennen, 17–32, wo es um die asymmetrische Du-Ich- und die symmetrische Ich-Du-Beziehung geht; H. Peukert: Bildung als Wahrnehmung des Andern, in: J. Lohmann; W. Weiße (Hg.): Dialog zwischen den Kulturen. Münster/New York 1994, 1–14. Dass und inwiefern mit dieser Erfahrung des Anerkanntwerdens durch Andere eine «Ethik der Differenz» impliziert ist, hat M. Wimmer expliziert: Von der Identität als Norm zur Ethik der Differenz. Das Verhältnis zum Anderen als zentrales Problem einer pädagogischen Ethik, in: K. Mayer-Drawe; H. Peukert; J. Ruhloff (Hg.): Pädagogik und Ethik. Beiträge zu einer zweiten Reflexion. 2. Aufl. Weinheim 1996, 151–180; M. Wimmer, Dekonstruktion, bes. 9–33. 259–330.

Schöpfer, Beherrscher und Gestalter der Welt verdeckt: «Der andere, so die Wissenschaft, geistere höchstens noch in der Ferne herum, als Entfernter, in fernen Ländern, fernen Erdteilen, und da vor allem im Fernsehen, in der Sekundärwelt – nicht aber existiere er mehr in der Primärwelt, auf der Straße, zeit seines Vorbeigehens, in der Realzeit. Zeit und Existenz – Unzeit und Nichtexistenz. Wozu anzufügen ist, dass es zum Verschwinden der Zeit wie des anderen noch eine Minderheitenmeinung gibt: die Wissenschaft selber habe dazu beigetragen, indem sie glaube, alles sowohl vom anderen als auch von der Zeit ausforschen und wissen zu können. Wie auch immer: Die Zeit hat ausgespielt. Ein Stich ist geschehen, ein Stich ins Herz der Welt. Die Zeit, sie zeitigt nichts mehr, und nicht bloß nicht den anderen, sondern überhaupt jegliches Gegenüber. Ohne Zeit kein Gegenüber.»[55] P. Handke ist zuzustimmen im Blick auf vereindeutigende Medien, die uns Menschen zu alternativenlosen Medien-Ikonen machen. Aber bleibt solche *Alteritätserfahrung* nicht doch die einzige religiöse Erfahrungsweise, die sich in der Spätmoderne mit dem Verblassen der *Erlösungs-* und *Versöhnungsreligion(en)* und mit dem ebenfalls anzutreffenden Schwächerwerden der *Erleichterungs-* und *Vereindeutigungsreligiosität* als *ambivalente profane Religiosität* aufschließt? Oder verschwinden Erlösungs-, Versöhnungs- und Alteritätsreligion(en), indem sich die Spätmodernen in dieser sündig-unvollkommenen Welt einrichten? Das Leben vor dem Tod spielt sich zwar nicht auf der denkbar besten aller Welten ab, wie es Gottfried W. Leibniz (1646–1716) philosophisch mehr oder weniger spekulierend gemeint hatte, wohl aber auf einer Welt, die so ist, wie sie ist. Also: sich einrichten? Der SPIEGEL hat Westeuropa als «säkulare Insel» mit ausgewogenen Staat-Religion(sgemeinschaften)-Beziehungen und einem staatlich geschützten Umgang der Bürger und Bürgerinnen mit aktiver wie passiver Religionsfreiheit ausgemacht. Religion(en) darf(dürfen) hier nicht als «Widerstand gegen Aspekte der Moderne» und nicht als Bollwerk gegen (typisch westliche) Demokratisierung und Liberalisierung politisiert und praktiziert werden.[56] Warum sollte man dann nicht zufrieden sein mit Religion als

---

55 P. Handke: Spuren, 66f.; H.-E. Richter: Der Gotteskomplex. Die Geburt und die Krise des Glaubens an die Allmacht des Menschen (1997). Gießen 2005.

56 DER SPIEGEL special Nr.9/2006: Weltmacht Religion; Th. Bauer; L. Kaddor; B. Mussinghoff (Hg.): Zukunft der Religion in Europa. Münster 2006;

(erleichternd-integrierender) Folklore-Religion ohne innere Erlösungs-, Versöhnungs- und Alteritäts-Spannungen? Oder tritt nicht der Andere, der in seinem Anderssein, in seiner Alterität schon immer da ist, überraschend in den Weg und verlangt praktizierte Nächstenliebe, Anerkanntwerden?

## Fünf Typen, Modelle, Zugänge

Mit diesen fünf Typen, Zugängen oder Ausgängen gelebter Religion(en), von gelebter Religiosität, lässt sich die derzeitige religiöse Landschaft unserer westlichen spätmodernen Informations- und Selbstverwirklichungsgesellschaft plausibel beschreiben. Es handelt sich um einen Vorschlag mit der Intention, mittels einer Typologisierung die komplexe Religions(en)-Landschaft zu dimensionieren für eigene Orientierung, zur Orientierung für Kirchen, Synagogen, Moscheen, Religionsgemeinschaften und zur Orientierung für Religionspolitik, die derzeit ansteht. Wie gezeigt, hatten und haben diese Typen von Religiosität zu verschiedenen Zeiten verschieden starke Ausprägungen und Auswirkungen. Es geht jetzt um die diachrone Herausarbeitung dieser mit der abendländischen Geschichte gegebenen Typen oder Modelle in gleichzeitig synchroner, nämlich gegenwartsorientierter Betrachtung.[57]

---

M. Riesebrodt: Die Rückkehr der Religionen. Fundamentalismus und der «Kampf der Kulturen». München 2000; ders.: Cultus.

57 Zu Modell, Typologie u.ä. vgl. F.-X. Kaufmann: Varianten des Wohlfahrtstaats. Der deutsche Sozialstaat im internationalen Vergleich. Frankfurt/M. 2003, 16–24.

# III. Errettung aus dieser Welt durch Imitation: Religion(en) der Erlösung

## Ein Definitionsvorschlag vorweg

Für das Verständnis der beiden Religionstypen der Erlösungs- und der Versöhnungsreligiosität hängt viel davon ab, wie diese beiden Begriff der Erlösung und der Versöhnung (mit der Rechtfertigung zusammen) bestimmt werden. Bei *Erlösung* geht es immer um die Befreiung vom Bösen, und entsprechend ist ein Ereignis gemeint, «durch das jemand vom Bösen zum Guten gewendet wird. Es geht bei der Erlösung also um einen Wandel des Subjekts, in dem es von seinem bösen Selbstvollzug befreit wird.» Der Mensch wird von seinem bösen «Inneren», von seinem pervertierten Kern oder Wesen mindestens so weit *erlöst,* dass er in freier Entscheidung auf dem tugendhaften Weg in den Himmel sich vervollkommnend voranschreiten und sich mit Gott, Menschen und Welt *versöhnen* kann. Zuerst geschieht also die vom Bösen befreiende *Verwandlung* des Individuums zu neuer Identität, und daraufhin wird es auch in seinen Beziehungen *versöhnt* werden. Man geht von einem Kern oder Wesen des mehr oder weniger monadisch gedachten Menschen aus, der «transsubstantiiert» wird ins (mindestens anfänglich) Gute, was sich dann in den Beziehungen als Versöhnungs- und Rechtfertigungsprozesse äußert. Dieses Menschen-Bild wirkt sich insofern auf unser Zusammenleben aus, als der als monadisch gedachte Mensch zuerst sein eigenes Fundament legen und klären und seine religiöse Identität festlegen muss, um dann in einem zweiten Schritt mit anderen Menschen – und auch mit Gott? – zu dialogisieren. Bleibt so das Ich nicht aber bei sich selbst? Ist es das Kriterium für sich selbst? (Dies erinnert an das autonome Subjekt im Sinne Kants.) Ist *Erlösung* also nur ein Versetztwerden ins Startloch der Lebensbahn, die jede und jeder aus eigenen Kräften selbst inszenieren muss?

Wenn man umgekehrt vom Menschen als einem Beziehungswesen ausgeht, dann gilt zuerst, dass der Mensch sich nicht selbst konstituieren kann, weil er sich selbst entzogen ist. Wenn man überhaupt (noch) von einem Kern oder Wesen (oder Wesenskern) von uns Menschen sprechen will, dann ist dies m.E. nur so möglich, dass dieser Kern gerade außerhalb von uns Menschen liegt und von Gott, von anderen Menschen, von der Gesellschaft konstituiert wird. Entsprechend geht es nicht um eine innere Wesens-Verwandlung als Erlösung vom irgendwie doch auch substantiell vorgestellten oder teuflisch-personifizierten Bösen. Es geht um das Geschenk einer neuen Beziehung, die der Mensch von sich aus weder herstellen noch auf Dauer stellen kann. Bei der *Versöhnung* geht es um eine neue Beziehung, die Gott dem sündigen Menschen schenkt. Es geht nicht um eine auf gleicher Höhe, in Gegenseitigkeit beantwortbare Gabe seitens Gottes, weil es sonst ein Tausch wäre. «Rechtfertigung meint einen Akt, in dem die Schuld des Sünders nicht als solche angesehen wird». Manche bezeichnen diesen Vorgang eben auch als *Versöhnung*. Geht es bei der *Erlösung* um die verwandelnde Befreiung vom schicksalhaften Verstricktsein ins Böse, so geht es bei *Versöhnung* und *Rechtfertigung* um die Bearbeitung von Schuld: «Dies kann angemessen nur in einem Akt der Versöhnung geschehen, durch den und in dem der Schuldige so angesehen wird, als wäre er unschuldig. Die Rechtfertigung ist nur als Aneignung eines entsprechenden gnädigen Gottesurteils denkbar. Wo der Sünder sich dieses Urteil über sich glaubend aneignet, hat er zugleich das Bewusstsein, mit Gott als Gesetzgeber versöhnt zu sein. Rechtfertigung und Versöhnung sind Vorgänge zwischen Gott und dem Menschen, die auf ein kontrafaktisches Urteil über den Menschen zurückgehen.»[58]

---

[58] A. Heit: Versöhnte Vernunft. Eine Studie zur systematischen Bedeutung des Rechtfertigungsgedankens für Kants Religionsphilosophie. Göttingen 2006, 103. F. C. Baur (Die christliche Lehre von der Versöhnung in ihrer geschichtlichen Entwicklung von der ältesten Zeit bis auf die neueste. Tübingen 1838) hat im Anschluss an Hegel den Versöhnungsbegriff zur Leitkategorie des Protestantismus und darüber hinaus für Religion überhaupt gemacht, was z.T. abgelehnt, z.T. bestätigt und weitergeführt wurde, etwa bei G. Wenz im Rahmen einer Theorie des neuzeitlichen Christentums (Geschichte der Versöhnungslehre in der evangelischen Theologie der Neuzeit. 2 Bände. Gütersloh 1984–1986); vgl. D. Korsch: Versöhnung theologiegeschichtlich und dogmatisch, in; TRE Band XXXV. Berlin/New York 2003, 22–40; G. Sauter: Versöhnung, in: EKL. Vierter Band, 3. Aufl. Göttingen 1996, 1165–1169; kritisch diskutierend bei P. Gross: Jenseits der Erlösung. Bielefeld 2007, 13ff.: Religiosität und Erlösung; P. L. Berger: Erlösender Glaube? Berlin/New York 2006, differenziert nicht. Hingegen zeigte G. Sauter z.B. die Verschiebung der «Versöhnung» von «Gottes Neuschöpfung» in Christus (extra nos, pro nobis) und unserer Wahrnehmung von «menschlich

Man kann sagen: *Erlösung* ist die substantiell vorgestellte Verwandlung des monadischen Menschen in seinem «Kern» weg vom Bösen hin zum Guten. *Rechtfertigung* und *Versöhnung* beschreiben hingegen die von Gott «von außen» in einem Akt der Barmherzigkeit mit dem «in sich» sündig und schuldig bleibenden Menschen geknüpfte neue, rechtfertigende Beziehung. Dahinter steht die Alternative von Substanz-Denken oder Relationen-Denken, vom Denken in ‹objektiven› Eigenschaften oder in ‹relativen› Begegnungsweisen, von Identität oder Differenz, was vor allem im folgenden Kapitel über Versöhnungs- und Rechtfertigungs-Christentum weiter zu explizieren sein wird (IV).

## Erlösung vor Versöhnung

Das Christentum war in seinen Entstehungsprozessen und Anfängen von dem damals im mediterranen Lebens-, Kultur- und Religionsbereich verbreiteten Wunsch der Menschen nach Erlösung aus dieser vergehend-gefallenen Sünder-Welt geprägt. Die meisten Menschen erwarteten ein verheißenes «Goldenes Zeitalter» als religiös-politisches Erlösungsereignis. Aber in die israelitisch-jüdischen Wurzeln und in die protestierenden Ursprünge mit dem jüdischen Reformer und Wanderprediger Jesus von Nazaret war dem entstehenden Christentum freilich weniger die Erlösung vom Diesseits eingeschrieben, sondern eher das versöhnende Hereinbrechen des Gottesreiches mit dem Auftreten des Messias oder des Menschensohnes.[59] Der «Mutter» des Christentums, dem Judentum, ging es um die Verwandlung unserer Schöpfungswelt durch Gott und nicht um ein gnostisch-dualistisches Verschwindenmachen dieser durch den Demiurgen inszenierten bösen materiellen Welt zugunsten einer jenseiti-

unversöhnbarer Schuld» (Sünde) hin zur Versöhnung als «Wiederherstellung gedeihlicher sozialer Verhältnisse» («Versöhnung» als Thema evangelischer Theologie. Gütersloh 1997, 7–11, 31ff.: Begriffs- und Traditionsgeschichte; ders.: Rechtfertigung als Grundbegriff evangelischer Theologie. München 1989, bes. 9–29, mit Literatur).

59 G. Theißen; A. Merz: Der historische Jesus. Ein Lehrbuch. Göttingen 1996; G. Theißen: Soziologie der Jesusbewegung. Ein Beitrag zur Entstehungsgeschichte des Urchristentums. Theologische Existenz heute Nr. 194. München 1977; G. Schmid: Die Sekte des Jesus von Nazaret. Neue Aspekte einer Betrachtung des Christentums. Stuttgart 2006.

gen guten geistigen Welt. Der jüdische Glaube erfährt «Gott als handelnde Person», der sich von sich aus auf die Menschen bezieht. «Das Judentum ist Antignostizismus par excellence.»[60]

Für griechische Philosophie hingegen, mit der sich das entstehende Christentum flugs und im römisch-katholischen Christentum dauerhaft und zum Teil sehr eng verband, war die Annahme eines handelnden Gottes, eines mit seinem auserwählten Volk Israel wandernden und mit Christen und Christinnen kommunizierenden Gottes unvorstellbar. Gott ist, so hat Aristoteles gelehrt, der erste, selbst nicht bewegte Beweger, der in sich ruhende Seins-Gott, der die Trias des absolut Wahren, des absolut Guten und des absolut Schönen selbst ist und verbürgt. Gott ist der jenseitige Welt-Ordner, der den außer ihm gegebenen Urstoff (materia) gestaltet, diesem eine Gestalt (forma) gibt. Beide Prinzipien sind ewig, das formgebende Prinzip aber primär (Plato: Timaios 28ff.; Philebos 22 C; Aristoteles: Metaphysik 1073a, 27). Die Form-Kraft, die in sich selbst dynamisch wirkt («entelechial»), und die zu formende Materie lassen sich nicht aufeinander zurückführen, sondern bleiben mehr oder weniger dualistisch voneinander getrennt. Entsprechend brachte die mit der Entstehung des Christentums sich vollziehende Hellenisierung (und Einflüsse der Gnosis) einen Vergeistigungsschub und entsprechend einen Abwertungsschub alles Körperlichen, überhaupt alles Materiellen. Das Christentum kann als religiöser Kompromiss aus hellenistischer metaphysischer Philosophie des hierarchischen Geist(forma)-Materie(materia)-Dualismus und jüdischer Erinnerung an und Hoffnung auf die Begegnung des erwählenden Gottes mit seinem Bundes-Volk in der Geschichte beschrieben werden. Dieser Kompromiss aus philosophisch-antiker Annahme einer harmonischen Kosmos-Welt in zwei «Stufen» von Jenseits und Diesseits und ihrer jüdisch-christlichen Wertung als göttlicher, wenn auch gefallener Schöpfung in der Heilsgeschichte machte *Erlösung* zum religiösen Grundanliegen und brachte kirchlich-strategisch geregelte Wege aus dem Diesseits hervor.[61] Dualistische Zwei-Wel-

---

60 S. Zizek: Die politische Suspension des Ethischen. Frankfurt/M. 2005, 20; vgl. M. Brumlik: Schrift, Wort und Ikone. Wege aus dem Verbot der Bilder. Frankfurt/M. 1994, zit. 26.

61 R. Brague: Die Weisheit der Welt. Kosmos und Welterfahrung im westlichen Denken. München 2006, 43ff., wo die vier Modelle der platonischen Kosmos-Ordnung für Mensch, Staat und Gesamtwelt, dann die atomistische Degradierung der Welt zu einem Zufallsprodukt ohne Nachahmungswert

ten-Visionen und die «Vergeistigung» der christlichen Religion mit ihrer fortschreitenden Hellenisierung vor allem schon bei Paulus und konsequent bei den Apologeten und Schul-Theologen ab dem 2. Jahrhundert ließen Erlösung aus dem Körper- und aus dem irdischen Welt-Gefängnis als wahren Weg ins Himmelreich erscheinen. Mit der geschehenen und geschehenden Erlösung kommt auch Versöhnung.

## Paradigmen der Christologisierung des Jesus von Nazaret

Der gezeigte Kompromiss lässt sich im Neuen Testament an verschiedenen Vorstellungen von Jesus als dem Christus (griech. Gesalbter), dem Messias (hebr. Gesalbter, nämlich König), verfolgen. Als Jesus auftrat, wurde er von seinen jüdischen Volksgenossen für einen Propheten, Reformer, Buß- und Wanderprediger gehalten. Seine Jünger und Jüngerinnen folgten ihm mehrheitlich auf Grund seiner Botschaft nach: «Die Zeit ist erfüllt und das Reich Gottes ist genaht; tut Buße und glaubet an das Evangelium!» (Markus 1,15). Ob Jesus von einzelnen Juden für den gekommenen Messias gehalten wurde, lässt sich nicht mehr feststellen. Er selbst hat jedenfalls keine sogenannten christologischen (Hoheits-)Titel und Selbstbezeichnungen verwendet. Solche Prädikationen sind alle nach Ostern entstanden und dann auf den als auferweckt geglaubten Jesus angewandt und ihm in den Mund gelegt worden. Grob lassen sich drei Weisen der Christologisierungen unterscheiden, die eine fortschreitende Hellenisierung aufweisen. Alle drei Modelle sind christologische Bekenntnisaussagen aus der Zeit nach Ostern, nach der Auferweckung Jesu von den Toten durch Gott und seiner Einsetzung in die

---

für den Menschen in seiner inneren Ruhe, der ataraxia (Demokrit, Epikur, Lukrez u.a.), dann das «abrahamische Modell» von Judentum, Christentum und Islam, das vom Willen Gottes ausgeht und dem Menschen Streben nach Höherem, dem erlösenden Himmel, unterstellt, und schließlich die Entwertung der Welt in der dualistischen Gnosis (vgl. P. Sloterdijk; Th. H. Macho (Hg.): Weltrevolution der Seele. Ein Lese- und Arbeitsbuch der Gnosis von der Spätantike bis zur Gegenwart. Zürich 1993). Im Mittelalter haben sich das platonische und das abrahami(ti)sche Modell zum «standardisierten Weltbild» des Judentums, Christentums und Islam kompromisshaft verschmolzen. – Vgl. C. Andresen: Antike und Christentum, in: TRE Bd. III. Berlin/New York 1978, 50–99, bes. 56–73, mit Literatur.

Gottessohnschaft. Und dies wurde unterschiedlich gesehen und in unterschiedlichen Glaubensaussagen formuliert:

(a) Obwohl sich die Ankunft, die Parusie des Gottes-Reiches hier auf Erden über den Tod Jesu hinaus verzögerte, hielten manche gläubige Juden und Jüdinnen diesen Jesus für den gekommenen, von Gott auferweckten und am Ende der Zeiten wiederkommenden *Messias*. In diesem Sinne wird Jesus bei seiner Taufe durch Johannes im Jordan als der erwartet-gekommene Messias, als der gesalbte König der Juden, als David redivivus verstanden, so in Markus 1, 9–11 in Anlehnung an die Thronbesteigung des Königs in der Liturgie von Psalm 2: «Und sobald er aus dem Wasser stieg, sah er die Himmel sich öffnen und den Geist wie eine Taube auf sich herabschweben. Und eine Stimme erscholl aus den Himmeln: ‹Du bist mein geliebter Sohn, an Dir habe ich Wohlgefallen gefunden.›» Theologisch bezeichnet man dieses jüdische Christus-Messias-Verständnis als Messias-*Adoptionschristologie*. Gott lebt in den Himmeln, der Messias wie die Seinen als Volk Gottes auf der Schöpfungserde. Es gibt keinen metaphysisch explizierten Geist-Materie-Dualismus, keinen Welten-Logos als zeitloses Prinzip, kein absolutes (statisches) Sein als (unbeweglicher) Gott. Vielleicht kann man diese jüdisch-messianische Sicht wie folgt verdeutlichen:

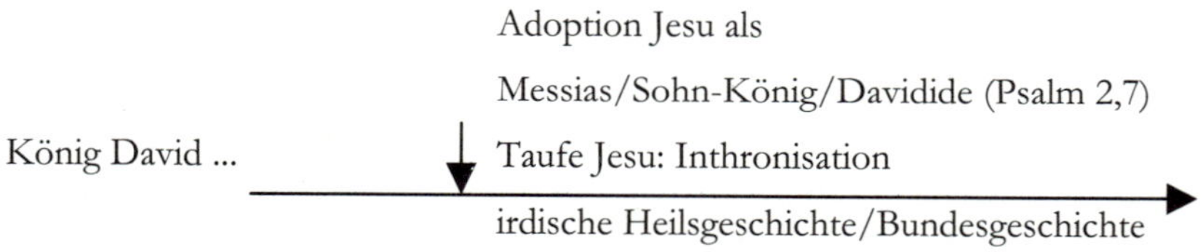


(b) Bei Paulus finden wir die nächste Stufe der *hellenisierenden* Christologisierung: Jesus gilt jetzt als der Sohn Gottes, «der aus der Nachkommenschaft Davids hervorgegangen ist nach dem Fleische, der eingesetzt ist zum Sohne Gottes voll Macht nach dem Geiste der Heiligkeit kraft der Auferstehung von den Toten: Jesus Christus, unser Herr» (Römer 1, 3f.). Hier zeigt sich der jüdisch-hellenistische Kompromiss in exemplarischer Weise, insofern das jüdische «Fleisch» (was Mensch meint) mit dem hellenistischen «Geist» (was absolutes Sein meint) durch die Auferstehung verbunden wird.

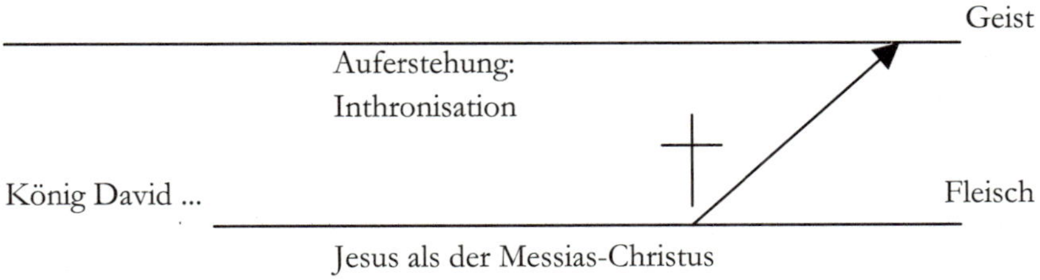


(c) Und in dem Christus-Hymnus im Brief des Paulus an die Gemeinde in Philippi geht der Apostel zunächst von der *Alterität des Glaubens* aus und liest diese «Gesinnung» an Person und Weg Jesu Christi ab: «In Demut achte einer den andern höher als sich selbst, jeder nicht nur mit dem Blick auf das Seine, sondern jeder auch auf das, was der andern ist. Diese Gesinnung heget in Euch, die auch in Christus Jesus war, der, als er in Gottes Gestalt war, es nicht für einen Raub hielt, wie Gott zu sein, sondern sich selbst entäusserte, indem er Knechtsgestalt annahm und den Menschen ähnlich wurde; und der Erscheinung nach wie ein Mensch erfunden, erniedrigte er sich selbst und wurde gehorsam bis zum Tode, ja, bis zum Tode am Kreuz. Daher hat ihn auch Gott über die Maßen erhöht und ihm den Namen geschenkt, der über jeden Namen ist.» (Philipper 2, 3b-9) Hier haben wir den zweiten Glaubensartikel in nuce als Beispiel für den jüdisch-hellenistischen Kompromiss vor uns:

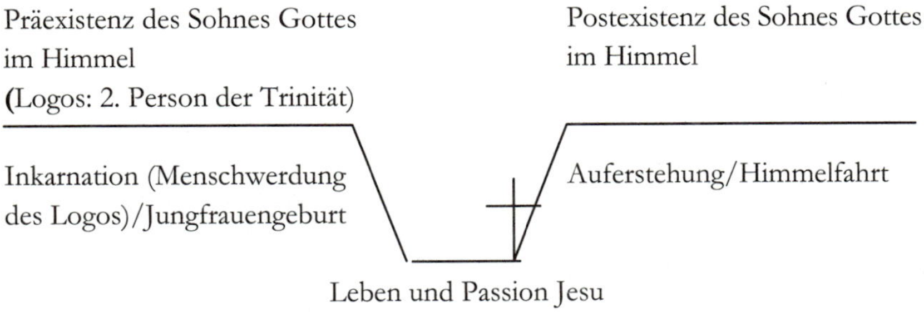


Diese hellenistisch orientierte Zwei-Stockwerke-Christologie wurde in ontologischen Spekulationen weitergeführt. Sie wurde einerseits als Lehre vom ewigen Sohn Gottes als der zweiten Person der heiligen Dreifaltigkeit trinitätstheologisch entfaltet und zusammen mit dem Bekenntnis des Glaubens an den Vater als der ersten Person und des Glaubens an den Heiligen Geist als der dritten Person der Trinität zum dreigliedrigen Glaubensbekenntnis zusammenkomponiert, dem Konstantinopolitanum von 381, das heute normalerweise in der Ökumenischen Fassung gesprochen wird. Und andererseits wurde von Jesus als dem Christus gelehrt (seit der Synode von Chalcedon 451), dass er als Erlöser aus einer göttlichen und einer menschlichen «Natur» bestehe, deren Verbindung trotz aller begriffslogischer Bemühungen letztlich nur bildhaft darstellbar blieb. Und zugleich macht diese christologische Exemplifizierung deutlich, wie die *Erlösung* aus der sündigen Welt immer stärker in den Vordergrund trat, bis durch die Reformatoren im 16. Jahrhundert Rechtfertigung und Versöhnung (wieder) herausgestellt wurden.

Die Frage ist jetzt nicht, ob diese Lösungen damals soteriologisch sinnvoll waren – sonst wären sie nicht formuliert und tradiert worden. Aber wir haben heute einen anderen Lebens- und Kommunikationskontext, so dass die retrospektive Frage notwendig ist, wie sich das Erlösungs-Christentum in das Rechtfertigungs-Christentum und danach auch in die modernen und spätmodernen Religionstypen der Erleichterung, der Vereindeutigung und der Alterität transformiert hat. Und es ist die prospektive Frage notwendig zu stellen, wie heute mit diesen verschieden transformierten, reformierten, neu formulierten Inhalten umgegangen werden könne.[62] Der Hinweis auf die Wahrheit der Hellenisierung, dass diese die Rationalität und Vernünftigkeit des Christentums als deren Kern auch heute noch bewahre, wie es auch Papst Benedikt XVI. meint, ist einerseits wohl eine vorrationale Annahme und andererseits eine unfehlbare Tendenz zur Vereindeutigung und Fundamentalisierung des Christentums.

## Die christliche Kirche als Nadelöhr und Garantin der Erlösung

Der jüdisch-hellenistische Kompromiss eines «vereinheitlichten Weltbildes» (R. Brague) setzte sich, so kann man vereinfachend sagen, aus der griechischen Ordnungs-Kosmologie und der jüdischen erwählungsge-

---

[62] Vgl. beispielhaft bei P. Gross: Jenseits der Erlösung, bes. 115ff.; P. L. Berger: Erlösender Glaube?, wo es um eine Befragung des christlichen Glaubensbekenntnisses geht, wo aber gerade die Grundfrage nach Erlösung bzw. Versöhnung/Rechtfertigung so nicht vorkommt, weil das Christentum, wie meistens, als erratischer Block gesehen wird.

schichtlichen, messianischen Glaubenserfahrung zusammen. Die Heilsökonomie ließ sich am geordneten Kosmos ablesen, sind doch «die dem Göttlichen in uns verwandten Bewegungen die Gedanken und Umschwünge des Weltganzen; diese muss demnach jeder zum Vorbilde nehmen ...; durch diese Verähnlichung aber das Ziel jenes Lebens besitzen, welches den Menschen von den Göttern als bestes für die gegenwärtige und zukünftige Zeit ausgesetzt wurde» (Plato: Timaios 90c7-d7). Diese hellenistische «räumliche» Heilsökonomie hat ihren «zeitlichen» (geschichtlichen) Part in der weniger jüdischen als mehr christlichen Konstruktion einer Heilsgeschichte von der Schöpfung und der davor liegenden Ewigkeit über den Sündenfall von Adam und Eva (1. Mose 3), über die Errettung durch das Sühnopfer Jesu Christi bis zum entscheidenden Endgericht, das dem 1000-jährigen Friedensreich auf Erden mit der Vernichtung des Satans und seiner Scharen und der allgemeinen Auferstehung der Toten folgt und mit dem Herabkommen des Neuen Jerusalem aus dem Neuen Himmel abgeschlossen wird (Offenbarung des Johannes 19–22). Dieses Unheils- und Heilsdrama hat Ähnlichkeit mit einem Fahrplan, der ein Normaltempo für Normalchristen enthält und schnellere Wege für Erlösungsbeflissene etwa durch mehr und intensiveres Beten, durch längeres und härteres Fasten, durch höheren Ablass und im Extremfall durch das Martyrium anzeigt. Es werden kirchlicherseits auf dem Erlösungsweg obligatorische sakramentale Maßnahmen angeboten von der möglichst früh zu erfolgenden Taufe bis zur Sterbebegleitung und darüber hinaus fakultative Unterstützungen wie Exerzitien, Fastenwochen, Wallfahrten, Prozessionen, Besinnungswochenenden. Die Riten sind möglichst oft, intensiv und genau zu befolgen. Die Glaubenslehren der Kirche sind festzuhalten, die kirchlichen Moralansprüche sind in gehorsamer Nachfolge einzuhalten, sonst drohen Sanktionen bis zur Exkommunikation, durchgeführt und überwacht durch Personal vom engagierten Laien bis zum obersten Priester.

Die Erlösungsräume und Erlösungswege sind kirchlich abgegrenzt, festgelegt, ausgefüllt, angefangen bei dem als heilig geltenden Kirchen-Gebäude, das betreten werden darf nach einer symbolischen Miniwaschung mit Weihwasser und mit Bekreuzigung, Kniefall, Gottesanrufung, bis hin zum Höhepunkt der Eucharistie-Feier. Strukturiert und garantiert wird dieses lebenumgreifende «System» durch eine geordnete Hierarchie der Ämter und Funktionen vom unfehlbaren Papst als dem «Hohepriester» in der Nachfolge des Apostels Petrus über die Ränge der verschieden beauftragten Kardinäle in Kurie und Weltkirche und der verschieden bestallten Bischöfe bis hinab zum Priester – analog zum himmlischen Hofstaat des Elohim mit Erzengeln, Engeln usw. Diese Machtverteilung von oben nach unten, von dem Einen zu den vielen, geschieht ihrerseits in grundsätzlicher Abgrenzung des ausschließlich männlichen Klerus gegen die grundsätzlich gemischtgeschlechtliche, de facto vornehmlich weibliche Laienschaft und Schar der aktiv Mitarbeitenden einschließlich der Diakone, der Dritten Orden und weiterer charismatisch Begabter, mit Diensten wie Altenarbeit Beauftragter und Inhaber und Inhaberinnen von Wahlämtern etwa in Kirchengemeinderäten u.ä. Es ist ein klar geordnetes, abgesichertes «System» Kirche, die als Heilsanstalt Gottes auf Erden fungiert und als die irdisch-vorläufige Gestalt der himmlischen societas perfecta gilt. «Wie im Himmel, so auf Erden» geschieht Gottes Wille in der Vermittlung durch diese Kirche. Und entsprechend kann es außerhalb dieser Kirche «kein Heil geben» (extra ecclesiam nulla salus). Wer nicht dazugehört, der und die ist verloren. Und wer sich intra muros nicht gehorsam in die imitatorische Nachfolge begibt und in dieser Erlösungsspur bleibt, der wird ernsthaft ermahnt wie etwa Befreiungstheologen vom Schlage eines Sobrino u.a. oder der bzw. die wird sogar «nach außen» befördert durch Exkommunikation – mindestens der offiziellen Lehre nach und bisweilen auch realiter. Wer etwa das Verdikt über gottlose Bücher (des sogenannten Index) durchbricht, wer z.B. mit einem Andersglaubenden eine Ehe eingeht, wer gar an Lehren und Riten der Kirche wie etwa an der Vorstellung von der Verwandlung von Brot in den Leib Christi bei der Eucharistie nicht festhält, an einer protestantischen Abendmahlsfeier teilnimmt (wie etwa der Professor und Seelsorger Gotthold Hasenhüttl bei einem Evangelischen Kirchentag) ..., der und die muss dies beichten, muss je nach Sündenschwere verschieden nachhaltige Bußauflagen erfüllen, der und die sollte Heilige und vor allem die Gottesmutter und Miterlöserin Maria um Beistand und Fürsprache bei dem dreieinigen Gott bitten.

Wir haben hier einen entlastenden und zugleich für viele belastenden Erlösungsweg der imitatio, des gehorsamen Nachmachens und Nachfolgens in und als Kirchengemeinschaft vor uns. Entlastend, weil es einen festen Fahrplan in Lehre, christlicher Praxis und Moral gibt, den ein geordnetes Kirchen-System mit einem unfehlbaren Oberhaupt als göttlich verbürgt vorgibt. Belastend, weil «die Kirche davon zu überzeugen (ist), dass Nächstenliebe an die Stelle von Disziplin treten muß. Während jedoch all diese Gläubigen umfassend am Leben ihrer postmodernen Welt teilnehmen und die hebräisch-christliche Offenbarung als einen Aufruf zu einer Kultur des Dialogs verstehen, neigen der Papst und seine Bischöfe dazu, sich hinter autoritären Positionen zu verschanzen.»[63] Das Dialogische, das Kontingente und Alltagsweltliche werde durch das Christentum, vorab den römischen Katholizismus, ausgelöscht, kritisierte der Priester Ivan Illich: «Durch den Versuch, die Offenbarung zu sichern, zu garantieren, zu regeln, wird das Beste zum Schlimmsten.»[64] Freilich, es sei wiederholt, wird hier beinahe die Idealgestalt und Reinform der römisch-katholischen Erlösungskirche memoriert, die wahrscheinlich nur noch wenigen Katholiken gegenwärtig ist und mit Abstrichen praktiziert wird. Die Erlösungssehnsucht hat auch im katholischen Glaubenslager offensichtlich nachgelassen, sie ist reglementiert und wird dadurch zum Erlöschen gebracht, wie I. Illich dem römischen Katholizismus vorgeworfen hat. Reform hieße demnach: Aufhebung des Vorschreibechristentums. Entsprechend sei die wahre Berufung der Kirche eben nicht, «die Welt zu belehren, ihre politische und soziale Ordnung zu übernehmen oder ihr Dienstleistungen anzubieten. Alle diese Aktivitäten erforderten unweigerlich die Ausübung von Macht und riefen unvermeidlich ideologische Unstimmigkeiten hervor. Das Kreuz steht ... für den Verzicht auf Macht. Es lässt eine Einheit ahnen, die in der Welt manifest ist, aber niemals zu ihr gehört, eine Einheit, die für bloß instrumentelle menschliche Zwecke außer Reichweite liegt. Die Kirche existiere, um dieses Geheimnis zu erkennen und zu feiern, und nicht, um ein politisches oder soziales Ziel zu erreichen.»[65]

## Der Geist-Materie-Dualismus im Gottes-, Menschen- und Welt-Bild

Was heute wohl nur noch die wenigsten Erlösungschristen und Erlösungschristinnen über ihre *Erlösungsreligion* wissen, das soll hier über die

63 S. Zabala: Richard Rorty – Gianni Vattimo: Die Zukunft der Religion, 30.

64 I. Illich: In den Flüssen nördlich der Zukunft. Letzte Gespräche über Religion und Gesellschaft mit David Cayley. München 2006, 15.

65 A.a.O., 27; vgl. P. L. Berger: Erlösender Glaube?, bes. 1–16 (Glauben), 17–36 (Gott).

Selbstdarstellung der Kirche(n) hinaus als typische Lehre(n) und theologische Struktur in Kürze dargestellt werden.[66] (Manche sprechen von «stellvertretender Religion», dass man nämlich sich persönlich «spirituell» gibt, zu einer Kirche gehört, aber nicht zur Kirche geht und Gottesdienste besucht, dabei aber will (und Kirchensteuer in Kauf nimmt), dass diese Kirche weiter da ist als jederzeit benutzbare Stellvertreterin für Glauben, Moral, Werte, Altenpflege usw.).

Was also sind die Grundideen und die Konstruktionsprinzipien der Erfahrungen und Deutungen von *Erlösung*, wie sie bereits kurz angesprochen wurden, wie sie in Glaubenskenntnissen formuliert, in Dogmatiken und Vorlesungen reflektiert, in Laientraktaten präsentiert, in Kirchenliedern, Gebeten und Liturgien enthalten, in Religionsbüchern und Katechismen didaktisiert, in Enzykliken und Denkschriften problemorientiert publiziert und in Abendmahls- und Eucharistiefeiern sakramental interpretiert und praktiziert werden?

Das zugrunde liegende *Menschen*-Bild wird auf zwei verschiedene philosophisch orientierte Weisen bestimmt. Einerseits verwendet man die von Platon herkommende Dreiteilung des Menschen in Körper, Seele und Geist (sogenannte Trichotomie), und andererseits beruft man sich auf die von Aristoteles herkommende und die römisch-katholische Kirchenlehre eher prägende Zweiteilung des Menschen in eine Geist-Seele (oder einfach: Geist) und Körper (sogenannte Dichotomie). Entsprechend wird im ersten Fall von der auch bei uns heute noch gängigen platonischen Dreiteilung in Körper, Geist und Seele ausgegangen, die in einem individuellen Leib oder in einer Person vereinigt sind. Die menschliche Vernunft wird als Ableger und als Abbild der großen Welt-Vernunft vorgestellt, die biblisch durch den Logos in Johannes 1 repräsentiert werde. Wir sind in sterbliche Körper gehüllte kleine Logos-Monaden, sogenannte logoi spermatikoi, also die in der Welt verstreuten Geist-Ableger des *einen* Weltgeistes. Stellt man sich uns Menschen dreiteilig vor, dann gilt unser Körper als eingrenzender und die Erkenntnis hemmender Teil, als vergängliche und sterbliche Hülle. Die Seele als der Ort der Gefühle wird ihrerseits als zweigeteilt vorgestellt, nämlich in einen sterblich-emotionalen Anteil, dessen vegetative und psychische

66 U. Gerber: Der katholische Glaubensbegriff. Die Frage nach dem Glaubensbegriff in der katholischen Theologie vom I. Vatikanum bis zur Gegenwart. Gütersloh 1966.

Gefühlsweisen im Zweier-Modell eben zum Körper gehören, und einen unsterblich-intellektiven Anteil, der im Zweier-Modell eben mit zum Geist gehört. Der unsterbliche Geist oder die unsterbliche Geist-Seele gilt als Inbegriff des menschlichen Wesens, etwa gegenüber dem Tier. Diese Geist-Seele ist von Gott «unmittelbar» erschaffen und ist als «vernünftige Seele» gemäß der vornehmlich dem aristotelischen Zweier-Modell folgenden Kirchenlehre «unmittelbar die Wesensform des Leibes»[67]. «Jeder Mensch besitzt eine individuelle unsterbliche Seele»[68], die zugleich dem Geist-Part nach bei allen Menschen als «Vernünftigkeit» vorkommt. Den Körper und den vegetativen Gefühls-Part hat jeder Mensch für sich als seine spezifische, persönliche geschöpfliche Materialisation (wobei Mensch-Sein in dieser Tradition, auch z.B. bei dem wichtigsten Schultheologen, Thomas von Aquin, stets als männlich, patriarchalisch, intellektiv und Frau-Sein als dessen Diminutiv verstanden und praktiziert wird).

Das Höchste an und in uns Menschen ist unsere unsterbliche Geist-Seele als Empfangsorgan für den Heiligen Geist, dem sie ablegerhaft nachgebildet ist und der als Gottes Schaffens- und Ordnungsgeist im Kosmos wirksam ist. Der Geist manifestiert sich im Kosmos und ermöglicht durch seine permanente Wirksamkeit, dass wir Menschen auf Grund der geist-vollen Ordnung der Welt in logischen Kausalschlussverfahren auf ihren absolut weisen Schöpfer zurückschließen können. Das heißt: Wir Menschen können die Existenz Gottes als des absoluten Seins beweisen. Da der Schöpfer als das absolute Sein logischerweise der «erste selbst nicht bewegte Beweger» (Aristoteles) ist, lässt sich folgern, dass er als Schöpfer der Grund seiner selbst ist (causa sui), dass er die (erste) Ursache seiner selbst und von allem außerhalb seiner selbst ist. Die Kirchenlehre besagt: «Gott, unser Schöpfer und Herr, kann aus den geschaffenen Dingen durch das natürliche Licht der Vernunft mit Sicherheit erkannt werden.»[69] Ähnlich wie bei diesem kosmologischen Gottes-Be-

---

67 L. Ott: Grundriss der Katholischen Dogmatik. 5. Aufl. Freiburg/Basel/Wien 1961, 117f.

68 A.a.O., 118f.

69 A.a.O., 15; vgl. zu der zugrunde liegenden Zuordnung von Natur und Gnade bei U. Kühn: Natur und Gnade. Untersuchungen zur deutschen katholischen Theologie der Gegenwart. Berlin 1961; zur römisch-katholischen Konstruktion der analogia entis bei K. Barth: Die Kirchliche Dogmatik. Band II/2: Die Lehre von Gott. 4. Aufl. Zürich 1959, 586ff.

weis wird bei dem teleologischen oder physiko-theologischen Gottes-Beweis von der Zweckmäßigkeit der Welt auf eine zwecksetzende, erste Vernunft, nämlich diejenige Gottes geschlossen. Solche Beweise lassen sich nur durchführen, wenn man zwischen dem jenseitigen Gott und unserer Welt vorbildhaft-geistige und entsprechend abbildhaft-materialisierte Analogien annimmt, die wir Menschen «von Natur aus» als vernünftige Geschöpfe wahrnehmen und in Rückschlüssen annehmen können. Auf dieser vernünftigerweise einsehbaren ursprünglichen analogischen Verbindung von Gott, dem Schöpfer (Gnaden-Bereich), und seiner Schöpfungswelt (Natur-Bereich), der sogenannten analogia entis zwischen Gott und Schöpfung, beruht auch der seit Anselm von Canterbury (1033–1109) durchgeführte ontologische Gottes-Beweis. Gott ist als Begriff das vollkommenste Wesen, über das hinaus nichts Größeres gedacht werden kann. Hätte er nicht zugleich Existenz und wäre er nur als Begriff gedacht, dann gäbe es ja etwas Höheres als diesen Gott. Dieser Schluss setzt voraus, dass alles Vernünftige, Gedachte, Denkbare zugleich wirklich ist, weil es sonst ja nicht vernünftig wäre. Der Aufklärungsphilosoph I. Kant (1724–1804) hatte kritisiert: «Hundert wirkliche Taler enthalten nicht das mindeste mehr, als hundert mögliche. Denn, da diese den Begriff, jene aber den Gegenstand und dessen Position an sich selbst bedeuten, so würde, im Fall dieser mehr enthielte als jener, mein Begriff nicht den ganzen Gegenstand ausdrücken, und also auch nicht der angemessene Begriff von ihm sein. Aber in meinem Vermögenzustande ist mehr bei hundert wirklichen Talern, als bei dem bloßen Begriff derselben.»[70] Während I. Kant jeglichen Gottes-Beweis aus «spekulativer Vernunft» ablehnte, also jegliches rein denkerische Analogisieren von uns Menschen zu einem Gott und entsprechendes Beweisen bestritt, führte er die Existenz Gottes (zusammen mit Freiheit und Unsterblichkeit) als ethisches Postulat ein, nämlich als notwendige Forderung der praktischen Vernunft. Während es sich bei den genannten Gottes-Beweisen um vernunft-logische Folgerungen aus dem Diesseits ins Jenseits (auf Grund der schöpfungsmäßigen Jenseits-Diesseits-Analogisierung durch den Schöpfer) handelt, hatte demgegenüber I. Kant – in protestantischer

[70] I. Kant: Kritik der reinen Vernunft, in: Werke Bd. II, Hg. W. Weischedel. Darmstadt 1966, 534.

Tradition stehend[71] – Gott als unbeweisbares Postulat gerade nicht des Denkens, sondern des moralischen Handelns, des Entscheidens und Verhaltens im Vernehmen und Einhalten des Kategorischen Imperatives eingeführt. I. Kant vertrat im Blick auf die Möglichkeit, mit Gott zu kommunizieren, eine moralisch-voluntaristische (ethische) Position, die auf die Kontingenz des «jenseitigen» Zuspruchs und Anspruchs des Kategorischen Imperatives und auf die postulatorische kontingente Freiheit des Antwortens setzte und das imitatorische Einhalten von moralischen Vorgaben im Sinne der *Erlösungsreligiosität* für Gehorsams-Legalität hielt.

Diese Unterscheidung in einen voluntaristisch-postulatorischen und in einen kosmologisch-spekulativen Lebens- und Denkstil zeigt sich nochmals deutlich bei dem moralischen Beweis der Existenz Gottes. Bei diesem schließt man von dem Vorhandensein des Sittengesetzes in unserem Gewissen auf einen absolut verpflichtenden höheren Willen als Urheber des moralischen Willens und Gesetzes in uns. Für I. Kant war dieser Urheber Gott hingegen ein Postulat ohne spekulativ-philosophische oder gar theologische Beweisbarkeit. Für ihn waren das wissenschaftliche Denken der reinen Vernunft und das moralische Denken der praktischen Vernunft zwei grundsätzlich getrennte Bereiche, während die genannten Gottes-Beweise die Konvergenz beider Linien in der damit beweisbaren Existenz des jenseitigen Gottes als des wahren, guten und schönen Seins schlechthin und die Konvergenz in der einen menschlichen Geist-Seelen-Vernunft einschließen (was Benedikt XVI. in seiner Regensburger Rede demonstriert hat).

Entsprechend kritisierte Papst Benedikt XVI. I. Kants Anliegen, «den Glauben ausschließlich in der praktischen Vernunft verankert und ihm den Zugang zum Ganzen der Wirklichkeit abgesprochen» zu haben. Und folgerichtig kritisierte er ebenso den übersteigerten Voluntarismus schon eines Duns Scotus mit dem «Bild eines Willkür-Gottes», womit die Protestanten gemeint sind mit ihrer «Enthellenisierung des Christentums» und dessen ‹Ent-Logifizierung›. Er stellt die hellenistische, die ganze Wirklichkeit erfassende Vernunft des Glaubens dagegen – und landet damit gewollt und bewusst wieder im vorneuzeitlichen Zeitraum.

---

71 Vgl. A. Heit: Versöhnte Vernunft, wo auch die Differenzen zwischen katholischem und protestantischem Verständnis von Rechtfertigung herausgearbeitet werden. Auch J. Derrida sieht Kants Kategorischen Imperativ in der Tradition Luthers, in: J. Derrida; G. Vattimo: Die Religion, 22.

«Die Welt ist das Werk der göttlichen Weisheit»[72], erschaffen aus dem Nichts zur Verherrlichung Gottes, mit einem zeitlichen Anfang.[73] Wir Menschen sind eingebunden in diesen weise erschaffenen, durchrationalisierten Kosmos und besitzen «eine Empfänglichkeit für das Übernatürliche», für das Ordnungsprinzip namens Gott. Eigentlich kann dann nichts schief gehen in dieser seinsanalogen Zuordnung der oberen vorbildhaften, ursprunghaften Himmels-Welt und der unteren abbildhaft-sekundären Schöpfungswelt. Und in dieser statischen, geschichtslosen Schöpfer-Geschöpf-Zuordnung ist uns konkreten Menschen die *Erlösungssehnsucht* nach dem Ewigen ohne Vergänglichkeiten eingeschrieben, behauptet die Rede von dem desiderium naturale des Menschen nach seinem Gott. Wer sich an diese hierarchisierte Ordnung und an die darin kirchlich definierten *Erlösungswege* aus dem vergänglichen Diesseits hält, für den (und für die) kann in der Tat nichts schief gehen. Hier laufen die antike griechische Vorstellung vom ewigen strukturiert-geordneten Kosmos und die jüdisch-christliche (und islamische) heilsgeschichtliche Begrenzung der Schöpfung von ihrem Anfang gemäß 1. Mose 1 bis zur ihrer Neuerschaffung am Ende der Zeiten gemäß der Offenbarung des Johannes 21–23 ineinander und erweisen die Notwendigkeit einer *Erlösung.*[74]

## Erlösung als Gemeinschaftsarbeit von Gott und Mensch

Wir Menschen haben als Geschöpfe Gottes mit unserem desiderium naturale eine natürliche Offenheit auf den Schöpfer hin, heißt es römisch-katholischer Anthropologie gemäß. Unser Herz ist unruhig, bis es in Gott ruht (Augustin). Der Mensch ist das Wesen, das sich selbst übersteigen, in seinem Denken sich selbst vorentwerfen, sich transzendieren kann auf die geistige Gotteswelt hin. Und Gott selbst hakt hier durch seine gnädige Allmacht aktiv ein und aktualisiert seinerseits diese unsere «passive Potenz» zu «einem übernatürlichen Sein und Tätigsein» auf unser «übernatürliches Endziel» hin. So können wir Menschen uns auf

[72] L. Ott: Grundriß der katholischen Dogmatik, 97.

[73] A.a.O., 98, 102.

[74] R. Brague: Die Weisheit der Welt, 110ff.: Das vereinheitlichte Weltbild; 197ff.: Der abrahamische Überschuß.

den Weg der Erlösung machen, der heilsgeschichtlich dadurch notwendig geworden ist, dass «die Stammeltern ... durch die Sünde die heiligmachende Gnade» verloren haben und durch diesen Sündenfall schuldig und sterblich geworden sind. Durch die Taufe als Aufnahme in die heilige Kirche wird «alles weggenommen ..., was eine wahre und eigentliche Sünde ist», so dass nur noch die «Begierlichkeit» zurückbleibt «zum sittlichen Kampf».

Während die Reformatoren und protestantische Theologie(n) die «völlige Verderbnis der menschlichen Natur» lehrten und lehren, behält der Mensch nach römisch-katholischer Kirchenlehre «im Zustand der Erbsünde die Fähigkeit, natürliche religiöse Wahrheiten zu erkennen und natürliche sittlich gute Handlungen zu verrichten», also etwa Gottes-Beweise zu führen und im freien Willen das moralische Natur-Gesetz zu erfüllen.[75] Wir Menschen können demnach «von Natur aus» wissen, wo es langgeht: *Erlösung* ist auf Grund des mit der Taufe gegebenen Gnadenstandes eine Kooperation des Menschen mit Gottes Gnadenhandeln und Belohnungshandeln für «gute Taten». «Der menschliche Wille bleibt unter dem Einfluss der wirksamen Gnade frei»[76] – ein grundsätzlicher Streitpunkt zwischen römisch-katholischer Erlösungs- und protestantischer Versöhnungs- und Rechtfertigungsreligiosität, die ihrerseits jegliche Willensfreiheit Gott gegenüber, also in der Erlangung des Heils, negiert. Die zuvorkommende Gnade ist römisch-katholischer Kirchenlehre nach «wahrhaft hinreichend» zum Heil, sie bleibt aber unwirksam, wenn der Mensch nicht zustimmt. Stimmt er zu, dann erhält er die heiligmachende Gnade mitsamt den göttlichen (theologischen) Tugenden von Glaube, Hoffnung und Liebe und den moralischen Tugenden wie den vier Kardinaltugenden des Maßhaltens, der Klugheit, der Gerechtigkeit und der Tapferkeit (Weisheit Salomos 8,7) eingegossen (als gratia infusa). Und dieser Gerechte «erwirbt sich durch seine guten Werke wahrhaft Anspruch auf übernatürlichen Lohn vonseiten Gottes»[77]. Wer vernünftig bleibt und nicht von Lehren und Sitten (Moral) der Kirche in eigener freier Willensentscheidung abweicht oder gar abfällt, dem ist der Erlösungsweg ins Jenseits gesichert.

---

75 L. Ott: Grundriß der katholischen Dogmatik, 129–138.

76 A.a.O., 297.

77 A.a.O., 314–325.

### Der sühnend-verdienstvolle Gottmensch als Verbindungskonstrukt

Diesen Erlösungsweg ins Jenseits hat uns Menschen der Dramaturg Gott selbst erschlossen, aber mit verschiedenen Inszenierungen auf der Erden-Bühne.[78] Die beiden ersten Menschen, Adam und Eva,[79] haben ihre Freiheit pervertiert, indem sie einen Pakt des Ungehorsams gegen Gott, ihren Erschaffer, eingingen und ihre Freiheit verwirkten. Sie begehen die erste, dann auf die nachfolgenden Menschen vererbte Sünde: sein zu wollen wie Gott – allwissend, auch in gut und böse, allmächtig, auch zum Erschaffen einer eigenen Welt, ewig, auch um unsterblich zu sein. Gottes Ehre als Schöpfer wird dadurch verletzt; Gott wird zutiefst beleidigt. Da die Menschen seit Eva und Adam in der Erbsünde außerhalb des Paradieses kein sündloses Leben mehr führen können, das sie aber ihrem Schöpfer-Gott eigentlich schulden, muss ein anderer Weg gefunden werden, um die Ehre Gottes wieder herzustellen. Gott selbst muss einschreiten und die Wiedergutmachungsaktion selbst inszenieren. Diese kann und darf er aber deswegen nicht selbst durchführen, weil sonst die Sühne und die Genugtuung (satisfactio) für die Sündentat(en) der Menschen von ihm selbst aus sich gegenüber und nicht ihm gegenüber von den Verursachern aus geschähen. Als einzige Möglichkeit bleibt dann übrig: dass Gott selbst Mensch wird. Aus den genannten Gründen der formal-legalen Gerechtigkeit kann dies aber nur in der Weise geschehen, dass Gott selbst (als erste Person der Trinität, als Vater und Schöpfer) im Himmel bleibt und seinen Sohn als die zweite Person der göttlichen Trinität auf die Erde sendet und dort als Gott-Mensch agieren lässt. Gott sendet den Gott-Menschen Jesus Christus einerseits an seiner Stelle auf die Erde und andererseits braucht er diesen an der Stelle der sündigen Menschen und lässt ihn an deren Stelle agieren, weil diese eben kein als sündlos geschuldetes Leben führen können, geschweige denn die verletzte Ehre Gottes restituieren können. Der Gott-Mensch führt ein Gott gefälliges, sündloses Erdenleben, d.h. es gibt seit dem Sündenfall erstmals wieder ein unsündiges, schöpfungsgemäßes Menschenleben, eben

---

78 Das Folgende ist eine Kurzdarstellung des grundlegenden Werkes von Anselm von Canterbury (1033–1109): Cur deus homo? Warum Gott Mensch wurde?, in: A. v. C.: Leben, Lehre, Werke. Wien 1936, 447–466; G. Sauter (Hg.): «Versöhnung» als Thema, 49–60.

79 K. Flasch: Eva und Adam. Wandlungen eines Mythos. 2. Aufl. München 2005.

durch den Gott-Menschen. Diese erfüllte Verpflichtung stellt die beschädigte Ehre Gottes aber nur in diesem einen Fall des Gott-Menschen wieder her, nicht aber für alle anderen Menschen. Und hier setzt der Gedanke der stellvertretenden Genugtuung durch Sühne mit einer zusätzlichen verdienstvollen Leistung ein: Der Gott-Mensch nimmt über sein geschuldet-erfülltes Leben hinaus den Kreuzestod gehorsam auf sich – eine übermenschliche Leistung, die Gott als Genugtuung für die Ehrverletzung akzeptiert und sie als für uns Menschen stellvertretend erbrachte Sühneleistung mit der Wirkung annimmt, dass er jetzt alle Menschen im Lichte dieser Satisfaktionsleistung anschaut und ihnen gnädig bleibt, sofern diese ihm imitatorisch-gehorsam verbunden bleiben.

Wir haben eine Christologie vor uns, in der Jesus Christus als Sohn Gottes dem Vater-Gott gegenüber als Satisfaktor fungiert und dadurch die *Erlösung* der Menschen erwirkt. Das Ganze wirkt wie ein juristischer Ausgleichsprozess um der formalen Gerechtigkeit willen: Der Gott-Mensch hat eine über das «juridisch» geforderte sündlose Leben hinausgehende Extra-Sühne-Leistung erbracht, die belohnt wird als Annahme der Restituierung der Ehre Gottes und folgerichtig als stellvertretende Sühneleistung zur Erlösung der sündigen Menschen. Und in der Zuwendung dieser Satisfaktion an die Menschen können diese ihrerseits in der Christus-Imitation gute Werke erbringen für sich selbst und für den Kirchenschatz (der erga supererogatoria), aus dessen Fülle man Zuteilungen z.B. an verstorbene Menschen bzw. deren Seelen erbitten und erwirken kann in Messen, durch Spenden und Opfer aller Art. Jede Leistung zählt, kein Verdienst geht verloren. Der Gott-Mensch ist als Erlöser zugleich auf der menschlichen Ebene das Urbild, Vorbild, Grundbeispiel für ein sündloses Leben.

Die Christologie kann als Angelpunkt für die Erlösung gelten. *Erlösung* spielt sich nämlich einerseits als von Christus erbrachte Satisfaktion für den in seiner Ehre gekränkten Gott exklusiv zwischen Gott und seinem Sohn ab, gleichsam innertrinitarisch zwischen der ersten und der zweiten Person der Trinität, und auch während seines Erdenlebens bleibt der Gottmensch dem in seiner Ehre verletzten Vater-Gott zugewandt und kümmert sich nicht um uns Menschen. Entsprechend geschieht andererseits Erlösung auf der Ebene von uns sündigen Menschen im Erhalten dieser Gnadenfülle aus dem Satisfaktionswerk des Gott-Menschen wohl durch den Heiligen Geist als der dritten Person der Trinität und dann konsequent als (bereits gezeigte) Erlösungs-Kooperation zwischen Mensch und Gott. Diese Erlösungsdramatik ist objektiv geklärt und exklusiv inszeniert, wir Menschen können und müssen unsererseits imitatorisch in freiem Gehorsam subjektiv einstimmen und kooperieren. Diese als (juristisch) gerecht plausible Befähigung-Leistung-Lohn-Religiosität kann auch heute weiterhin dann als hilfreich akzeptiert und gelebt werden, wenn ein objektiver Rahmen gewünscht wird und wenn man subjektiv auf seinen freien Willen hin angesprochen sein möchte. (Kritisch ist anzumerken: Darf sich Theologie die formal-juridische Prämisse von Strafe oder Genugtuung vorgeben lassen? Ist Gott Objekt der Versöhnung oder nicht umgekehrt das Subjekt? Tritt Christus hier nicht mit einer Leistung für uns Menschen ein statt als Person mit seiner Existenz? Beschafft Christus das Heil unabhängig von denen, die er vertritt, was theologisch als exklusive Versöhnung und Stellvertretung bezeichnet und von den meisten protestantischen Theologen und Theologinnen kritisiert wird (D. Sölle u.a.)? Der Weg von einer solchen Selbstverbesserungs-Religiosität innerhalb des «objektiven» christologisch-christlichen Heilsdramas hin zur Option mehrerer Reinkarnationen als Verbesserungschancen für den jeweils nächsten Lebenstrip ist nicht weit,[80] wie man z.B. an G. E. Lessings Schlussbemerkungen in der *Erziehung des Menschengeschlechts* deutlich zeigen kann).

Geht es mit dem vorgezeichneten Heil- und Erlöstwerden schief, dann kann Gott keine Schuld treffen, weil sein Erlösungsarrangement überschaubar, logisch und juristisch gesehen gerecht ist, weil es sakramental verbürgt ist und heilsgeschichtlich feststeht. Gott hat in seiner unendlichen Weisheit, so wird im metaphysisch-logischen Umgang mit der Theodizee-Frage spekuliert bzw. behauptet, den Menschen die Freiheit pro und contra Gott gegeben und damit seine Allmacht, nicht aber seine Allwissenheit, eingeschränkt. Er hat in seiner Allweisheit vorausgesehen, dass die Menschen sündigen werden, und hat dies nicht verhindert, sondern in diesem Punkt seinen allmächtigen Willen zurückgehalten. Die Theodizee wird gelöst durch diese Aufspaltung von durchgehaltener Allweisheit Gottes und seiner von ihm selbst eingeschränkten Allmacht.[81]

---

[80] H. Zander: Geschichte der Seelenwanderung in Europa. Alternative religiöse Traditionen von der Antike bis heute. Darmstadt 1999; Seelenwanderung, in: TRE Band XXXI. Berlin/New York 2000, 1–4: Religionsgeschichte (H.-P. Hasenfratz); 4–6: Judentum (B. Huss).

[81] Theodizee (Themenheft), in: Ethik und Sozialwissenschaften. Streitforum für Erwägungskultur 12 (2001) Heft 2; Theodizee, in: TRE Bd. XXXIII. Berlin/

«Auch die Existenz des moralischen Übels und seiner schlimmsten Auswirkungen wie Auschwitz macht laut neuem Katechismus die Katholiken nicht irre an Gottes Allmacht und Güte, obwohl Gott in Voraussicht all des Bösen deren Täter geschaffen und im Dasein gehalten hat», bemerkt der ehemalige Pater G. Schiwy.[82] Ist es also nicht genau umgekehrt zu sehen als in Anselms Satisfaktions-Christologie und in entsprechender römisch-katholischer Erlösungsreligiosität: «Es ist Matth. 8,17 ganz deutlich, dass Christus nicht hilft kraft seiner Allmacht, sondern kraft seiner Schwachheit, seines Leidens. Hier liegt der entscheidende Unterschied zu allen Religionen. Die Religiosität des Menschen weist ihn in seiner Not an die Macht Gottes in der Welt, Gott ist der deus ex machina. Die Bibel weist den Menschen an die Ohnmacht und das Leiden Gottes; nur der leidende Gott kann helfen. Insofern kann man sagen, daß die beschriebene Entwicklung zur Mündigkeit der Welt, durch die mit einer falschen Gottesvorstellung aufgeräumt wird, den Blick freimacht für den Gott der Bibel, der durch seine Ohnmacht in der Welt Macht und Raum gewinnt. Hier wird wohl die ‹weltliche Interpretation› einzusetzen haben.»[83] Dann sind Autonomie-, Identitäts- und Allmachtsvorstellungen (als kindliche Projektionsbedürfnisse) so weit als möglich zu verabschieden, damit ein Erwachsen-Werden im Glauben, in der Religiosität möglich wird. Drücken sich in dem vorgeführten Erlösungs-Arrangement typisch männerzentrierte Religiosität, patriarchale Hierarchisierung und androzentrische Gerechtigkeitslogik ohne Chance für Barmherzigkeit und Fürsorge aus?[84]

---

New York 2002, 222–229; B. J. Claret (Hg.): Theodizee. Das Böse in der Welt. Darmstadt 2007.

82 G. Schiwy: Abschied vom allmächtigen Gott. München 1995.

83 D. Bonhoeffer: Widerstand und Ergebung. Briefe und Aufzeichnungen aus der Haft. 9. Aufl. München 1959, 242; vgl. unter Berufung hierauf bei D. Sölle: Stellvertretung, 111ff.: Entwurf einer nachtheistischen Theologie; vgl. E. Feil: Die Theologie Dietrich Bonhoeffers. Hermeneutik – Christologie – Weltverständnis. 5. Aufl. Münster 2006; A. Klein; M. Geist (Hg.): «Bonhoeffer weiterdenken ...». Zur theologischen Relevanz Dietrich Bonhoeffers (1906–1945) für die Gegenwart. Münster 2006.

84 Diese Diskussion, die schon im Gleichnis von den Arbeitern im Weinberg steckt (Matthäus 20,1–16), wurde und wird in der Ethik seit Carol Gilligan: Die andere Stimme (München 1990) und neuerdings in den Sozialarbeitswissenschaften diskutiert; vgl. A. Pieper: Gibt es eine feministische Ethik? München 1998; B. Bender-Junker: Ethik in der Sozialen Arbeit zwischen Gerech-

Ist auf Ewigkeit gestellte Vernunft – auch im Sinne von Benedikt XVI. – nicht göttlich sanktionierte Gewalt? Wird diese Gewalt nicht noch dadurch sanktioniert, dass der Vater-Gott um seiner gekränkten Ehre willen seinen Sohn opfert (was Abraham mit Isaak – diesem Gott sei Dank – nicht machen musste)? Handelt es sich bei der römisch-katholischen Erlösungsreligiosität um eine Religion primär zur Ehrenrettung, überhaupt zur Rettung Gottes und sekundär zur Erlösung der partiell sich selbst rettenden Menschen und nicht um die barmherzige, rechtfertigende und versöhnende Zuwendung Gottes zu den von sich aus zum Heil unfähigen Menschen? Ganz zugespitzt formuliert: eine Gottes-Religion contra eine Menschen-Religion?

## Erlösung zur Gleichheit und Ganzheit «im Geiste»

*Erlösung* zielt auf die Befreiung der unsterblichen Geist-Seele und mit ihr alles Pneumatischen aus dem Körperlichen, Vergänglichen, Kontingenten, Sterblichen. Erlösung geschieht als reinigende Vollendung der unsterblichen Geist-Seele in ihrer reinen Geistigkeit, im schlimmsten Fall im Purgatorium, dem Fegfeuer (das ein in vielen Religionen und philosophischen Heilslehren wie etwa bei den Ophiten oder in der Stoa vorkommendes mythologisches Bild für Reinigung, Erlösung, Vollendung ist).[85] Man geht dabei von einer abstrakten Gleichheit und Einheit der individuellen unsterblichen Geist-Seelen in der ihnen allen gemeinsamen Geistigkeit (Pneumatik) aus und erwartet vereinigende Erlösung aus dem Irdisch-Disparaten und Diversen in das Himmlisch-Harmonische. Erlösung schafft Gemeinsamkeit und Gleichheit im Geiste der «Geister», und sie lässt material-körperliche Individuation, Verschiedenheit, Einzigartigkeit, die uns Menschen in einer grundlegenden Differenz zueinander erscheinen lässt, verschwinden. Erlösung wird abstrakt pneumatisch, und

---

tigkeit, Anerkennung und Sorge, in: S. Dungs; U. Gerber; H. Schmidt; R. Zitt (Hg.): Soziale Arbeit und Ethik im 21. Jahrhundert. Ein Handbuch. Leipzig 2006, 51–61, mit Literatur.

85 E. Koch: Fegfeuer, in: TRE Bd. XI. Berlin/New York 1983, 69–78; vgl. L. Ott: Grundriß der katholischen Dogmatik, 386ff., 575ff.; grundlegend bei J. Le Goff: Die Geburt des Fegfeuers. Vom Wandel des Weltbildes im Mittelalter. München 1991; P. Sloterdijk: Zorn und Zeit. Frankfurt/M. 2006, 162–169.

sie wird insofern auch abstrakt-sakramental, als die vom Priester vollzogenen Sakramente im Vollzug «von sich aus», ex opere operato, wirken und die Erlösungswanderer wie an einem Schauspiel teilnehmen (müssen und dürfen), denn die Messe wird vom Priester zelebriert (so dass der Priester auch allein eine gültige Messe begehen kann, was im Protestantismus, im Judentum und im Islam nicht möglich ist). Das Spontane, Kontingente geht verloren, und das Körperliche erschöpft sich in der andächtigen Wahrnehmung der möglichst goldglänzenden Kirchen, Messgewänder und Utensilien, im Riechen des Weihrauches, im Singen und lauten wie stillen Beten und schließlich leibhaftig in einem ritualisierten Friedensgruß[86], und das Ganze soll durch verstärkten (Wieder-) Einsatz des Lateinischen irgendwie authentischer gemacht werden.

Wir Menschen kommen in dieser Art von kirchlich formierter Religiosität nur noch so vor, wie es das «Erlösungssystem» vorsieht und «abstrahierend» praktiziert (wie auch eine von dem Heidelberger Forschungsinstitut Sociovision im Auftrag der Deutschen Bischofskonferenz durchgeführte Studie auf Grund von Milieuuntersuchungen 2007 ergeben hat). Wir – Katholiken wie Protestanten, Sonstgläubige wie Atheisten vaterlandsliebend vereint – sind nur dann Papst, wenn dieser Papst ein Deutscher ist. Ansonsten gilt: Was konkret Spaß und Mühe macht, was aus der Bahn geworfen hat und was glücklich gemacht hat, was wir alle an Ambivalenzen, Turbulenzen, Anpassungszwängen und Exklusionen erfahren und erleiden – dies wird ausgeblendet, vielleicht in einer Predigt gestreift, durch die Beichte erledigt. Da sie aber nicht ganz zum Schweigen gebracht werden (können) und partiell noch mit kirchlichen Bearbeitungsverfahren verbunden bleiben, werden sie im ordnenden und wie ein Über-Ich funktionierenden Bewusstsein lokalisiert und dabei als sogenannte konkrete Lebensbeispiele mal unter Sünde, mal unter Gnade und mal unter Erlösung abgelegt und gegen die ursprünglichen Verflechtungen mit unserem Körper und mit den Begegnungen immunisiert. Erlösung läuft dem Körperlichen, dem Sinnlichen und dem Alltäglich-Kontingenten unseres Lebens und Zusammenlebens zuwider.

Wir haben alle in unserem okzidentalen Kulturkreis auch heute noch diese Zwei-Welten-Vorstellung als Erkenntnis- und Handlungsprinzip internalisiert bei aller Säkularisierung, Entzauberung der Welt (M. We-

86 I. Illich: In den Flüssen nördlich der Zukunft, 90ff., 97ff., 9–14.

ber) und Entmythologisierung (R. Bultmann),[87] bei aller ‹nachmetaphysischer› Befreiungstheologie und «Theologie nach dem Tode Gottes». In unserer angeblich aufgeklärten und entsprechend abgeklärten Spätmoderne bleibt die (gezeigte) metaphysisch begründete Dominanz des Geistig-Rationalen als Ausdruck für das Logische und Einsichtige und für das Machbare immer noch leitend, obwohl die Großen Erzählungen wie Gott, Nation, Wissenschaft, Fortschritt und die (christliche) Erlösungssehnsucht verblassen. Sicher gibt es kein Denken ohne Metaphysik, da unser Denken als Abstrahieren und Konstruieren und unser informierendes, speicherndes Wissen immer schon «jenseits» (griechisch: meta) der Physis (griechisch: Natur, Gegebenes) im Sinne des Konkret-Kontingenten geschehen. Es geht also präzise um die Frage, welchen Stellenwert denn solches Denken, z.B. in Form des hellenistisch-metaphysischen Denk-Systems, in unserem Religions- und Kulturkreis haben soll. Hier ist der bereits angesprochene Streit mit dem römisch-katholischen Exponenten Papst Benedikt XVI. zu führen.

Die drei großen Projekte und Ziele (des Projektes) der Moderne sind nicht eingelöst worden und drohen in dogmatisierenden *Vereindeutigungen* einerseits und *Erleichterungen* wie etwa auch einer harmonisierenden Vernunft andererseits zu verschwinden: nämlich die Dialektik (oder spätmodern: die Ambivalenz) des Geistes statt eines monokausal-linearen Denkens, die Hermeneutik des kontextabhängigen, zuschreibenden Sinns statt Sinn-Vorgaben zum Imitieren und die Emanzipation des vernünftigen, arbeitenden Subjektes statt seiner Instrumentalisierung.[88] Entsprechend dient Religion weiterhin und für manche verstärkt als geistlich-überzeitliches Wissensdepositum, verbunden mit Handlungsanweisungen, und als Machtinstrument über kontingente Verbindungen zwischen Erde und Himmel, und im Rahmen dieser Selbstautorisierung als Macht

---

87 Vgl. J. Radkau: Max Weber. Die Leidenschaft des Denkens. Darmstadt 2005; W. Schluchter (Hg.): Max Webers Sicht des okzidentalen Christentums. Interpretation und Kritik. Frankfurt/M. 1988; S. Kalberg: Max Weber lesen. Bielefeld 2006. – R. Bultmann: Jesus Christus und die Mythologie. Das Neue Testament im Licht der Bibelkritik. Gütersloh 1980; H.W. Bartsch (Hg.): Kerygma und Mythos. Ein theologisches Gespräch. Hamburg 1948; B. Jaspert (Hg.): Bibel und Mythos. Fünfzig Jahre nach Rudolf Bultmanns Entmythologisierungsprogramm. Göttingen 1991.

88 F. Lyotard: Philosophie und Malerei im Zeitalter der Postmoderne. Berlin 1981, 97ff.; ders.: Das postmoderne Wissen. Ein Bericht. Wien 1986.

über Erde und Menschen. Religion wird greifbar als Spiritualität im Sinne eines geistig-geistlichen Vorgangs, oft mit mystischen Erfahrungen durchmischt, auch innere Erleuchtung und Führung genannt. Religion dient dem Ordnen des eigenen Lebens, des Zusammenlebens und der Welt. Religion soll römisch-katholisch-kirchenpolitisch (wie protestantisch-kulturpolitisch) als Integrationsscharnier der Gesamtgesellschaft, als Garant für Werte, als Bindemittel der Zivilgesellschaft, als Verwalter der ewigen Sinnfragen und für sonstige Erleichterungen fungieren.[89] Religion wird als Komplexitätsreduktion in unserer unübersichtlichen Gesellschaft und Welt und als Problemlösungspotential verstanden und angewendet. Religion soll übernatürlichen Sinn stiften gegen das natürliche, abgründige Sinnliche und kirchlich definierte Orientierung geben, heilsgeschichtliche Überschaubarkeit und entsprechende Handlungsanweisungen anbieten, sakramentale Erfüllung und Grundwerte gegen das Chaotische bereithalten und insgesamt die Selbsttranszendierung der religiös Sehnsüchtigen zur Erfüllung bringen. So verstehen sich die Erlösungsengagierten auf den gemeinsamen Weg und auf dem gemeinsamen Weg.

Heute wird diese metaphysisch-triumphalistische, vereinnahmende und vereinheitlichende Ausprägung des Christentums greifbar in den Versuchen einer Rechristianisierung mindestens des ehemals christlichen Abendlandes, besonders von Rom aus – und immer weniger bei den römisch-katholischen Praktizierenden an der Basis. Für die offizielle römisch-katholische Amtskirche muss Fremdes unter Bezugnahme auf den christlichen Himmel (in Rom) restlos – denn Reste wie Überschüsse machen Angst – integriert werden aus der Warte der Wissenden, und es muss dem Eigenen konform (gemacht) werden. Dies ist am besten möglich mit dem Herrschaftsbild von der Religionen-Pyramide, wonach die römisch-katholische Kirche an der Spitze steht und die orthodoxen, protestantischen, anglikanischen als christlich-katholizismusaffine Gemeinschaften sich deutlich darunter wiederfinden. Dann folgen die beiden abrahamitischen Religionen Judentum und moderater Islam, dann die anderen Welt-Religionen und schließlich Stammes-Religionen bis zum Bodensatz der Heiden, Gottlosen und Christentums- und Religions-

---

89 Vgl. DER SPIEGEL spezial: Weltmacht Religion. Nr.9/2006, 23, wobei Kulturprotestanten einer affirmativen Kulturalisierung von Religion, in diesem Fall des Christentums, zustimmen; vgl. A. Adam: Politische Theologie. Zürich 2006, 135ff.: Zivilreligion und Laizität.

bekämpfer. (In der Theologie der Religionen wird dieses Modell als Exklusivismus bezeichnet.) Und der Versuch von Papst Benedikt XVI. in seiner Ansprache vom 12.9.2006 in Regensburg, die vom Griechentum auf das Christentum übergegangene Rationalität oder Vernunft als Kriterium aller Religion(en) wohl in einer neuen Hellenisierungswelle vor allem gegen den hellenisierungsresistenten Protestantismus auszuweisen und durchzusetzen, zeigt deutlich die römisch-katholische religionsmonopolistische Selbsteinschätzung und Selbstüberschätzung.[90]

Eine solche Selbstkonturierung und Selbststrukturierung durch Herrschaft und Macht – unterstützt durch das Dogma von der Unfehlbarkeit des Papstes, sofern dieser ex cathedra, vom Heiligen Stuhl in Rom aus, spricht – zerstört den Lebensraum des Religiösen, wenn man darunter die «Freiheit eines Christenmenschen» als Befähigung der Glaubenden zu eigenem Glaubensleben und gemeinschaftlichem Handeln versteht. Exkommunikation als Bestrafung zwecks Reinerhaltung des christlich-katholischen Binnenraumes und die Platzzuweisung an die Außenstehenden als noch nicht ganz römisch-katholisch gewordene Menschen sind die Innen- und die Außenseite dieser «Ideologie». Dieses Herrschaftsgebäude wird geheiligt, indem der vorgegebene Zweck der *Erlösung* (zuerst Gottes und dann der Menschen) die Mittel sanktifiziert, also z.B. keine Abendmahlsgemeinschaft mit nicht-römisch-katholisch Glaubenden zu haben, das Verbot des Priesteramtes für Frauen aufrechtzuerhalten, das Verbot empfängnisverhütender Mittel nicht aufzugeben gegen den Rest der Welt. Dadurch wird Gewalt gegen Andersmeinende perenniert.[91] *Erlösung* hat bisweilen totalisierende, fundamentalistische Züge und verschiedentlich auch gnostisch-dualistische Intentionen. Die Akteure dieser Erlösungsvorstellung stehen in der Gefahr, den einzelnen Menschen, überhaupt uns Menschen als leibhaftige Geschöpfe, kaum wahrzunehmen. Predigt, Unterricht, Katechese werden zum didaktisierten Belehrungsverfahren in Wissen und vor allem in Moral, was sogar Politik, Gewerk-

---

90 Vgl. H. Häring: Haus Gottes – Hüterin des Abendlandes? Joseph Ratzingers Katholizismus als europäisches Kulturprojekt, in: R. Faber (Hg.): Katholizismus in Geschichte und Gegenwart. Würzburg 2005, 159–187; D. Horster: Jürgen Habermas und der Papst. Bielefeld 2006; kritischer bei H. Schnädelbach: Aufklärung und Religionskritik, in: Deutsche Zeitschrift für Philosophie 54 (2006), Heft 3, 331–345.

91 R. Girard: Das Ende der Gewalt. Analyse des Menschheitsverhängnisses. Freiburg/Basel/Wien 1983.

schaften, Arbeitgeberverbände gönnerhaft begrüßen und unterstützen, wenn dadurch die Wertegemeinschaft in einer ansonsten wohl wertlosen Gesellschaft stabilisiert wird. (Aber auch der römische Katholizismus zeigt sich heutzutage ungewollt ambivalent: Er unterstützt nämlich durch seine – sozialethisch – naturrechtlich begründete sozialpolitische Vorstellung der Subsidiarität z.B. in der Familienpolitik gegen sein sonstiges Vergemeinschaftungspostulat die spätmoderne Tendenz der zu fordernden Eigenverantwortung bis zum Geht-nicht-Mehr, um dann zu fördern.) Wer immer strebend sich um Erlösung bemüht, der und die sollten sich einem Monitum des einem selbstkritischen Christentum geneigten slowenischen Philosophen S. Zizek gemäß überlegen, ob er und sie nicht «diesem Streben nach der eigenen (spirituellen) Erlösung als der höchsten Form des Egoismus entsagen sollte»[92]? Ob nicht eine Kritik solcher religiöser und moralischer Gewalt immer wieder und immer noch notwendig ist?[93]

---

92 S. Zizek: Die politische Suspension des Ethischen. Frankfurt/M. 2005, 21; ders.: Die Puppe und der Zwerg. Das Christentum zwischen Perversion und Subversion. Frankfurt/M. 2003, wo Zizek den Bruch zwischen dem abendländischen kosmisch-holistischen Weltbild und dem jüdisch-christlichen analysiert und die Spannung zwischen dem perversen Funktionieren des «realexistierenden Christentums» und seinem subversiven «Kern» darstellt.

93 Vgl. J. Butler: Kritik der ethischen Gewalt. Frankfurt/M. 2003. Die klassische Religionskritik bei Marx, Freud, Nietzsche u.a. bei W. Bender; J. Deninger: Religionskritik I, München 1973.

# IV. Rechtfertigung in dieser Welt durch Glauben: Religion(en) der Versöhnung

## Auch hier ein Definitionsvorschlag vorweg

Die Augsburgische Konfession von 1530 hat in Artikel IV «Von der Rechtfertigung» formuliert: «Weiter wird gelehrt, dass wir Vergebung der Sünde und Gerechtigkeit vor Gott nicht erlangen mögen durch unser Verdienst, Werk und Genugtung, sondern dass wir Vergebung der Sünde bekommen und vor Gott gerecht werden aus Gnaden um Christus willen durch den Glauben, so wir glauben, dass Christus für uns gelitten habe und dass uns um seinetwillen die Sünde vergeben, Gerechtigkeit und ewiges Leben geschenkt wird. Diesen Glauben will Gott für Gerechtigkeit vor ihm halten und zurechnen.»[94] *Vergebung* der Sünden und *Rechtfertigung* vor Gott empfangen wir Menschen «frei lauter umsonst» und «werden gerecht geschätzt vor Gott um Christus willen aus Gnaden durch den Glauben».[95] Artikel V «Vom Predigtamt»: «Solchen Glauben zu erlangen, hat Gott das Predigtamt eingesetzt, Evangelium und Sakrament geben, dadurch er als durch Mittel den heiligen Geist gibt, welcher den Glauben, wo und wenn er will, in denen, so das Evangelium hören, wirket, welches da lehret, dass wir durch Christi Verdienst, nicht durch unser Verdienst, einen gnädigen Gott haben.»[96]

---

94 Die Bekenntnischriften der evangelisch-lutherischen Kirche. 4.Aufl. Göttingen 1959, 56; vgl. U. Swarat; J. Oeldemann; D. Heller (Hg.): Von Gott angenommen – in Christus verwandelt. Die Rechtfertigungslehre im multilateralen ökumenischen Dialog. Frankfurt/M. 2006; vgl. K. Lehmann; W. Pannenberg (Hg.): Lehrverurteilungen – kirchentrennend? I: Rechtfertigung, Sakramente und Amt im Zeitalter der Reformation und heute. Freiburg/Göttingen 1986.

95 Bekenntnisschriften, 57.

96 A.a.O., 58; vgl. E. Jüngel: Das Evangelium von der Rechtfertigung des Gottlosen als Zentrum des christlichen Glaubens. Eine theologische Studie in ökumenischer Absicht. 3. Aufl. Tübingen 1999; F. Nüssel: Allein aus Glauben. Zur Entwicklung der Rechtfertigungslehre in der konkordistischen und frühen nachkonkordistischen Theologie. Göttingen 2000; K. D.Schmidt: Lutherische und katholische Rechtfertigungslehre. Lüneburg 1964.

Fassen wir kurz zusammen: In der *Rechtfertigungs-* und *Versöhnungsreligiosität* handelt Gott allein, wann und wo er dies durch seinen Heiligen Geist von sich aus macht. Der Mensch ist Hörer des Wortes (Gottes) und stets Ant-Wortender in seinem Wunsch nach Heilsein, niemals aber Partner mit Gott auf Gegenseitigkeit und auf gleicher Augenhöhe. Gott wirkt nicht durch sakramentale «Infusion» der verwandelnden Gnade (gratia infusa), sonst würden wir Menschen ja vergöttlicht. Gott bleibt uns Menschen gegenüber. Wenn man *protestantisch* von der wunderbaren, einmaligen Menschwerdung Gottes in Jesus von Nazaret und entsprechend von der kontingenten Einzigartigkeit eines jeden Menschen und von der Einmaligkeit alles Geschaffenen der Schöpfung ausgeht – und nicht von der himmlisch-jenseitigen, abstrakten Ehre Gottes –, dann wird Gott mit uns Menschen nicht gleich im Sinne von Identität, dann gibt es entsprechend keine zwei gleiche Menschen oder Dinge im Sinne der Selbigkeit. Metaphysisches Denken geht von einer Gleichheit «im Geiste» aus und kann darin Selbigkeit von verschiedenen Menschen sehen und Identität des Individuums mit sich selbst. Und romantisierend kann es erotische, mystische, sakramentale Verschmelzung zweier Menschen und von Gott und Mensch(en) annehmen. Protestantischer Vorstellung gemäß bleibt Gott gerade in seiner Menschwerdung in Jesus von Nazaret different zu allen *anderen* Menschen – und diese ebenso untereinander. Gott bleibt in der *Versöhnung* in (s)einer radikalen *Differenz*. Er kommuniziert mit uns von sich aus. Es ist wie bei unseren Erfahrungen von Liebe: Sie kommt kontingent, umsonst, dreht unser Leben um, macht uns gerade menschlich und bringt uns dem Siebenten Himmel nicht näher und versetzt uns auch nicht in die Ewigkeit. Liebe widerspricht jeglichem logischen Denken, wie die Liebenden bekennen und hoffen. Auf diese Kontingenz- und Differenz-Erfahrung(en) wird nochmals eingegangen. Zunächst ist die Abgrenzung zur *Erlösungsreligiosität* weiter zu erläutern.

*Erlösung*, so wurde zu Beginn des vorhergehenden Kapitels als Definition vorgeschlagen, macht den Menschen gut, gibt ihm Bonität und Kontinuität, befähigt ihn zu gutem Tun und zu Selbstperfektionierung. Sein angeborener Rest an Freiheit zu gutem Handeln ist sein Erlösungsstartkapital, das durch die Taufgnade von Sündigkeit gereinigt wird. Diese Verwandlung des bösen Kerns in einen guten Wesenskern impliziert die Fähigkeit zu guten Werken als Heiligungsprozess zwecks *Versöhnung* und *Rechtfertigung*. Diese Erlösungsdramatik ist denkerisch gesehen mono-kausal konzipiert, ausgehend von dem erlösend-verwandelnden Gnadenhandeln Gottes bis zur dereinstigen Vollendung im Himmelsjenseits (oder der endgültigen Verwerfung). An dieser Stelle können sich die Erlösungsbeflissenen z.B. sogar auf (die römisch-katholische Hälfte von) I. Kant berufen: «Die moralische Besserung (Erlösung) ist die Voraussetzung für die gnädige Nichtanrechnung der Schuld (Versöhnung), die ihrerseits Voraussetzung für die Zuteilung von Glückseligkeit durch Gott ist.»[97]

Teilt man aber diese Vorstellungen von der Besserungsfähigkeit und Willensfreiheit des Menschen in seinem Verhältnis zu Gott nicht – wie etwa Luther gegen Erasmus von Rotterdam – und geht umgekehrt von der radikalen Unfähigkeit des Menschen in Sachen Heil (Errettung) und von der radikalen «Verderbtheit» des in das Böse verstrickten Menschen aus, dann stehen *Rechtfertigung* und *Versöhnung* als Beziehungsbeschreibungen *vor* der substantiell vorgestellten *Erlösung*.[98] Es geht dann nicht um eine sittliche Besserung der Sünder. Es kann bestenfalls um «Früchte des Glaubens» in Form von guten Taten der Glaubenden gehen, wie die Reformierten um Calvin und Zwingli betonten, während Luther darauf bestand, dass der Gerechtfertigt-Versöhnte durch den Heiligen Geist Gottes seine Dekaloge (Zehn Gebote) erhält und in Nächstenliebe vollzieht. Theologisch geht es innerhalb des Protestantismus um die Diskussion, ob die Rechtfertigung des Sünders durch Gott in der Heiligung des Glaubenden sittlicher Ermahnungen an diese bedarf (Reformierte) oder nicht (Luther).[99] In beiden Fällen gilt: Die *Versöhnung* durch Gott ist Voraussetzung für ein Leben im Glauben, der sich in der Nächstenliebe

---

97 A. Heit: Versöhnte Vernunft. Eine Studie zur systematischen Bedeutung des Rechtfertigungsgedankens für Kants Religionsphilosophie. Göttingen 2006, 163; vgl. H. Blumenberg: Kant und die Frage nach dem gnädigen Gott, in: Studium Generale, Siebenter Jahrgang. Berlin/Göttingen/Heidelberg 1954, 554–570.

98 M. Luther: De servo arbitrio (1525), in: O. Clemen (Hg.): Luthers Werke in Auswahl. Dritter Band. 5. Aufl. Berlin 1959, 94–293 bzw. deutsch: Daß der freie Wille nichts sei, in: G. Merz (Hg.): Martin Luther: Ausgewählte Werke. Ergänzungsreihe Erster Band. 3. Aufl. München 1954; Chr. Axt-Piscalar: Sünde VII, Reformation und Neuzeit, in: TRE Band XXXII. Berlin/New York 2000, 400–436; vgl. V. Leppin: Martin Luther. Darmstadt 2006.

99 W. Joest: Gesetz und Freiheit. Das Problem des tertius usus legis bei Luther und die neutestamentliche Parainese. 4. Aufl. Göttingen 1968.

konkretisiert. Was für ein Verständnis von Theologisieren steht hinter diesem zur Erlösungskonzeption konträren Entwurf einer Rechtfertigungs- und Versöhnungsreligiosität? «Ein Glaube, der dies glaubt, glaubt gegen die praktische Vernunft (sc. auch gegen das Vernunftkonzept der römisch-katholischen Erlösungsreligiosität), kann allerdings für sich reklamieren, die empirische Grundsätzlichkeit der Erbsünde in ihrer Bedeutung für die Menschheit nicht übersehen zu haben.»[100]

Hier wird seitens der Erlösungs-Religiösen immer wieder die Frage gestellt, wie bei einer Vorordnung der Versöhnung vor die Erlösung die ‹neue Gesinnung›, nämlich der Glauben zustande kommen könne? Die protestantische Antwort ist klar: «dass der heilige Geist ordentlich zu reden, niemands solchen Glauben oder seine Gabe gibt ohne vorhergehende Predigt oder mündliches Wort oder Evangelium Christi, sondern durch und mit solchem mündlichen Wort wirkt er und schafft den Glauben, wo und in welchem er will»[101]. Alles ist dem Glaubenden Gabe Gottes aus dessen Barmherzigkeit, des Menschen ist der Dank für diese Gaben. Es ist, wie oben bereits gesagt, wie bei der Liebe: Die mich liebende Person kommt auf mich zu und mir gehört der Dank in Gestalt meiner Liebensantworten. Ein solches theologisches Denken geht von kontingenten Erfahrungen aus, die Glaubende als Geschenk ihres Glaubens erfahren haben und entsprechend deuten, mitteilen, reflektieren, ohne dass daraus Dogmen gemacht werden könnten. Warum habe *ich* Glauben erhalten? Warum habe *ich* nicht Glauben erhalten? – diese (Theodizee-)Fragen sind nicht lösbar, nicht mit Auflösungen beantwortbar, sondern nur dankbar und wie Hiob sich auflehnend biographisch nacherzählbar.

Dieser Beschreibung der Rechtfertigung und Versöhnung auf der anthropologischen Seite liegt die theo-logische und christologische Bekenntnisaussage voraus, dass Gott dem sündigen Menschen die Gerechtigkeit Christi forensisch und effektiv, nicht aber nur moralisch oder auf Grund der Satisfaktion Christi zurechnet (imputiert), nämlich als neue Beziehung und nicht als Besitz. «Gott glaubt an den Menschen, der in

---

[100] A. Heit: Versöhnte Vernunft, 164.

[101] Marburger Artikel 8, in: Bekenntnisschriften, 59; in diesen Zusammenhang gehört auch Luthers Verhältnisbestimmung von Gesetz und Evangelium, vgl. G. Ebeling: Luther. Einführung in sein Denken. Tübingen 1964, 120–136; W. Joest: Gesetz und Freiheit. 2. Aufl.Göttingen 1956.

einer neuen, von Gott spontan und sola gratia gestifteten Beziehung nicht nur ein neuer sein kann, sondern neu ist ... Luther hat mittels der imputierten Gerechtigkeit ein Verständnis der Person ausgedrückt, an dem gemessen die Verrechnung der Leistungen – als satisfactio – tatsächlich unwichtig wird. Christi Übernahme der Sünde ist die Anwendung dieser vollständigen Relationierung der Person. Christus versteht sich selbst als rein aus der Angewiesenheit lebend, er versteht sich rein so, wie Gott ihn ansieht. Was er ist oder hat, die Sündlosigkeit oder der Himmel, ist ihm nichts; wie Gott ihn behandelt, ist alles. Diese totale Auslieferung an das Urteil Gottes ist der Grund für die Stellvertretung, die Christus für uns leistet. Christus tut das für uns, wozu wir nicht fähig sind: er liefert sich Gott aus. Er tut dies vorläufig, damit wir es auch tun können.»[102] Dieses Ineinander von imputativer und effektiver Gerechtigkeit Gottes für uns sündige Menschen wurde in der Folgezeit wieder aufgehoben. Die protestantische Orthodoxie betonte die Imputation, engte diese aber auf die Nichtanrechung der Sünden ein und begründete dies mit der traditionellen römisch-katholischen Satisfaktionschristologie. Andere, etwa der linke Flügel der Reformation um Thomas Müntzer, setzten auf die volle Effektivität hier auf Erden schon und münzten damit die Stellvertretung Christi in gehorsame Nachfolge als Imitation auf Grund der Erlösung (durchaus im römisch-katholischen Sinne) um. Dass Imputation – so bei Luther – Gottes schöpferisches Versöhnungs-, Vergebungs- und Rechtfertigungs-Evangelium meint, ging mehr oder weniger unter in juridisch-moralischen Abwägungen.

## Versöhnungs- und Rechtfertigungs-Christentum: der Erfahrungskontext

Wie lässt sich der Erfahrungskontext von Rechtfertigungs- und Versöhnungsreligiosität beschreiben? Wer sich als Christ und Christin im Spagat zwischen Schöpfer-Gott und Schöpfungs-Welt erfährt und diese «zwei

[102] D. Sölle: Stellvertretung. Ein Kapitel Theologie nach dem «Tode Gottes». Stuttgart/Berlin 1965, 101f.; vgl. E. Levinas: Jenseits des Seins oder anders als Sein geschieht. Freiburg/München 1992, 251–263: Die Stellvertretung; diskutierend bei J. Moltmann: Der gekreuzigte Gott. München 1972, 250–253; J. Chr. Janowski; B. Janowski; H. P. Lichtenberger (Hg.): Stellvertretung. Theologische, philosophische und kulturelle Aspekte. Tübingen 2004.

Seelen in meiner Brust» als radikale Bindung an Gott einerseits und zugleich als zur Nächstenliebe befreites Gesandtsein in diese Welt andererseits lebt, der und die wird nicht vornehmlich nach Erlösung vom Diesseits, nach innerer sakramentaler Verwandlung zum Guten» und nach Errettung der mit Gott kooperierenden edel-unsterblichen Seele fragen. Die Grundfrage und Sehnsucht menschlicher Existenz geht hier eher auf gerechtfertigtes Leben, auf versöhnte Beziehungen, auf Anerkanntwerden und auf eine nachhaltige Gestaltung der Schöpfungswelt aus. Eine solche Gestaltung von Christentum findet sich in Luthers Frage, Bitte, Hoffnung, Verzweiflung: Wie bekomme ich einen gnädigen Gott? Und in seiner Glaubensantwort: Von mir selbst aus kann ich Gott nicht erreichen. Ich kann nicht an Gottes gnädige Zuwendung von mir selbst aus gelangen, im Gegenteil: Ich verfehle als sündiger Mensch schon immer Gott und damit mich selbst und meine Mitmenschen und die Schöpfungswelt. Wie also kann ich (Gottes) Liebe erfahren, wenn meine Gottes-, Nächsten- und Selbstliebe schon immer selbstbezogen, absichtsgeladen, auf Bestätigung und Gegenliebe aus ist und damit Liebe pervertiert? Luther stellte lapidar fest: Diese Frage ist falsch gestellt, wenn es um Gott und meinen Nächsten geht. Im Blick auf Gott können wir gar keine richtigen, ihn erreichende Fragen stellen. Und meinen Nächsten kann ich ja gerade nicht aussuchen – hier bin ich genauso unfrei wie Gott gegenüber -, denn dieser kommt mir quer, er stellt Ansprüche und mich in Frage. Er macht mir die anderen Menschen, die Welt, mich gleichsam mir selbst streitig. So ist für Luther die Frage nach dem Verdienstcharakter von guten Taten vor Gott gerade eine typisch menschliche Frage, die Gott und unser eigenes Leben als Geschenk von Gott von vornherein verfehlt.[103]

Gott kommt von sich selbst aus auf Menschen zu. Gott gibt die Antworten. Gott fragt den Menschen. Ebenso geht es in unserer Lebenswelt zu: Der Andere kommt unerwartet auf mich zu und stellt mich, dass ich ihn als meinen Nächsten annehme oder verwerfe. Gott und die anderen Menschen sind mir immer schon vorgegeben. Deswegen besteht die

[103] Vgl. D. Korsch: Glaube und Rechtfertigung, in: A. Beutel (Hg.): Luther Handbuch. Tübingen 2005, 372–381, auch in Abgrenzung zur römisch-katholischen Tradition der Rechtfertigung und unter Berücksichtigung der Stellvertretungs-Christologie Luthers.

Freiheit des Christenmenschen gerade in seiner Gebundenheit an Gott und an die Mitmenschen. Dieses bindende Verhältnis macht ihn zugleich frei zu eigenem Wahrnehmen und Handeln. Diese Umkehrung, dieser Paradigmenwechsel, diese Reformation der bisherigen Tradition ging dem Reformator Martin Luther (1483–1546) beim Forschen über Psalm 31 auf. Die beiden schweizerischen Reformatoren Ulrich Zwingli (1484–1531) in Zürich und Johann Calvin (1509–1564) in Genf und andere, auch humanistische Mitstreiter wie etwa Philipp Melanchthon (1497–1560) zogen ähnliche theologische und kirchenreformerische Konsequenzen.[104]

## Allein von Gott aus

Luther beschrieb 1532 zurückblickend sein reformatorisches Bekehrungserlebnis, als er 1513 in der Turmstube des Schwarzen Klosters in Wittenberg seine Psalmenvorlesung vorbereitete und über Psalm 31,2 brütete: «Errette mich durch deine Gerechtigkeit». Der gerechte Richter-Gott soll den Sünder Luther erlösen? Der Richter soll der Retter sein? Das geht doch gerade nicht, weil Gottes Gerechtigkeit den Tod des sündigen Menschen bedeutet (wie es in der im vorhergehenden Kapitel behandelten Satisfaktions-Erlösungslehre und Genugtuungs-Christologie des Anselm von Canterbury in der Schrift «Warum Gott Mensch wurde?» vorgezeichnet war, wonach Christus sein Leben als Sühnopfer hingeben musste, um Gottes Ehre wiederherzustellen und Gottes Gerechtigkeit zu bewahren in Stellvertretung von uns sündigen Menschen).

---

[104] B. Lohse: Luthers Theologie in ihrer historischen Entwicklung und ihrem systematischen Zusammenhang. Göttingen 1995; ders.: Martin Luther. Eine Einführung in sein Leben und sein Werk. 3.Aufl. München 1997; M. Greschat: Melanchthon neben Luther. Studien zur Gestalt der Rechtfertigungslehre zwischen 1528 und 1537. Witten 1965; L. Haikola: Melanchthons und Luthers Lehre von der Rechtfertigung, in: V. Vajta (Hg.): Luther und Melanchthon. Göttingen 1960, 89–103; K.-H. zur Mühlen: Das Lutherjahr 1983 und die Lutherforschung, in: Verkündigung und Forschung 34 (1989), Heft 2, 3–23; R. Dellsperger: Zwingli, 24–38; V. Leppin: Zwingli, in: TRE Bd XXXVI. Berlin/New York 2004, 793–809; Chr. Gestrich: Zwingli als Theologe. Zürich/Stuttgart 1967; W. Nijenhuis: Calvin, in: TRE Band VII. Berlin/New York 1981, 568–592.

Luthers neue Erkenntnis war: Gerechtigkeit Gottes ist nicht die von uns Sünder-Menschen geforderte Gerechtigkeit Gott gegenüber (iustitia activa), damit dessen Ehre und Gerechtigkeit wieder hergestellt sind, und auch nicht die richtende und strafende Gerechtigkeit Gottes uns Sündern gegenüber, die auch Jesus Christus traf und sein Lebensopfer forderte. Gerechtigkeit Gottes ist – und hier liegt der von Gott selbst geschenkte Perspektivenwechsel – Gottes Barmherzigkeit den sündigen Menschen gegenüber (iustitia passiva). «Die Gerechtigkeit, die vor Gott gilt» (Römer 1,17), ist «nicht die menschliche Gerechtigkeit, die im verzehrenden Feuer der göttlichen Gerechtigkeit vergeht, sondern die von Gottes Barmherzigkeit dem Sünder aus Gnaden verliehene Gerechtigkeit, welche ihm im Glauben zuteil wird.»[105] Iustitia Dei ist «nicht die Gerechtigkeit, nach welcher Gott gerecht *ist* (sc. formale oder aktive Gerechtigkeit) und den Sünder straft, sondern die Gerechtigkeit, mit welcher Gott den Verlorenen gerecht *macht* durch den Glauben (sc. passive Gerechtigkeit)»[106]. In unserem Gewissen vernehmen wir «nichts anderes als verklagende Gedanken, da vor Gott – wenn er nicht selber in uns durch seine Gnade wirkt – unsre Werke nichts sind ... Woher empfangen wir nun Gedanken, die uns rechtfertigen? Nur von Christus und in Christus. Denn wenn das (eigene) Herz des Christusgläubigen ihn tadelt und verklagt und gegen ihn zeugt von seinem bösen Werke, so wendet er sich alsbald ab und zu Christus hin und spricht: Er hat genug getan, Er ist gerecht, Er ist meine Verteidigung, Er ist für mich gestorben, Er hat seine Gerechtigkeit zu der meinigen und meine Sünde zu der seinigen gemacht. Hat Er nun meine Sünde zu der seinigen gemacht, so habe ich sie nicht mehr und bin frei. Hat Er seine Gerechtigkeit zu der meinigen gemacht, so bin ich gerecht durch dieselbe Gerechtigkeit wie er. Meine Sünde aber kann ihn nicht verschlingen, sondern sie wird verschlungen

---

[105] H. Fausel: Luther, 39; vgl. G. Ebeling: Luther. Einführung in sein Denken. Tübingen 1964. Zur Christologie bei Luther vgl. T. Mahlmann: Das neue Dogma der lutherischen Christologie. Problem und Geschichte seiner Begründung. Gütersloh 1969; U. Gerber: Christologische Entwürfe. Ein Arbeitsbuch. Band I: Von der Reformation bis zur Dialektischen Theologie. Zürich 1970, bes. 25ff.

[106] H. Fausel: Luther, 39; vgl. H. J. Iwand: Glaubensgerechtigkeit nach Luthers Lehre. 3. Aufl. München 1959; K. Schreiber: Vergebung. Eine systematisch-theologische Untersuchung. Tübingen 2006, bes. 89ff., zum evangelischen und katholischen Verständnis von Sünde, Vergebung, Rechtfertigung.

von dem unermesslichen Abgrund seiner Gerechtigkeit; denn er selbst ist Gott, hochgelobt in Ewigkeit.»[107]

Diese Glaubenserfahrung haben die Reformatoren und vorab Luther in Bildern der *Rechtfertigung*, der *Versöhnung*, der *Vergebung der Sünden* umschrieben: «Die Rechtfertigungslehre ist die Form, in der Luther Christus begegnet ist. Gottes Gerechtigkeit erscheint in Jesus Christus. Deswegen verliert alle andere Gerechtigkeit ihren Wert. Christi Reich kommt. Das erschüttert die Kirche. Das erschüttert die Welt. Darüber, was die Rechtfertigungslehre für die *Welt* bedeutet ..., sind wir uns auch heute noch nicht im klaren. Völlig deutlich ist aber, dass *Theologie und Kirche* ein anderes Gesicht erhalten werden, wenn diese Botschaft gilt.»[108] Die Lehre von der Rechtfertigung in der reformatorischen Gestalt ist der Grundartikel des christlichen Glaubens: «Denn es ist dieser Artikel, der die spezifische Differenz zu allen anderen Glaubensarten ausmacht.»[109] In seinen 95 Thesen vom 31.10.1517 ist diese Umkehrung der römisch-katholischen Theologie- und Denkstruktur, der Moral-, Herrschafts- und Lebenspraxis wie in einem Brennspiegel gebündelt: Christus allein ist der Herr der Menschen, der Bibel, des Glaubens, der Theologie, der Kirche, der Gemeinde, der Ämter ... Allein was Christus durch den Geist Gottes dem Hörenden zuspricht, das ist maßgebend für den Glaubenden. Dieser reformatorische Perspektivenwechsel «dekonstruiert» den Menschen in der Weise, dass dieser seine Lebendigkeit, Gerechtigkeit, Freiheit, seine Subjektivität allein von Gott erhält durch dessen Gnadenhandeln und diese also nicht als durch die Amtskirche vermittelte empirische Eigenschaften zur eigenen Verfügung hat. Subjektsein ist eine Beziehungsqualität.[110] Der versöhnte Mensch lebt durch Gott, von Gott, in Gott

---

107 H. Fausel: Luther, 47.

108 A.a.O., 63.

109 A. Heit: Versöhnte Vernunft, 179; E. Wolf: Die Rechtfertigungslehre als Mitte und Grenze reformatorischer Theologie, in: Evangelische Theologie 9 (1949/50) 298–308 bzw. ders.: Peregrinatio. Bd. I. 2. Aufl. München 1962, 113–134; G. Sauter (Hg.): Rechtfertigung als Grundbegriff evangelischer Theologie, 29.

110 Im ethischen Horizont hat dies M. Wimmer entfaltet: Von der Identität als Norm zu einer Ethik der Differenz. Das Verhältnis zum Anderen als zentrales Problem einer pädagogischen Ethik, in: K. Meyer-Drawe; H. Peukert; J. Ruhloff (Hg.): Pädagogik und Ethik. Beiträge zu einer zweiten Reflexion.

und nicht durch die Kirche und ebenso wenig durch sich selbst, von sich aus oder in sich. Der Mensch hat seinerseits keinerlei Vorbereitungsmöglichkeit auf dieses permanente schöpferische Handeln Gottes – so wenig wie man sich auf das Eintreffen der Liebe vorbereiten kann. Gnade ist die Neuschöpfung des ganzen Menschen von Gott aus, indem Gott den sündigen Menschen von sich aus *rechtfertigt* und sich von sich aus mit ihm *versöhnt*. Diese Glaubensaussage enthält zwei oben kurz angesprochene Fragenkomplexe, nämlich die Frage nach der Bedeutung der Person Jesu von Nazaret in diesem Versöhnungsgeschehen und die Frage nach der Freiheit des Willens, die in der Erlösungsreligiosität vorausgesetzt wird, oder seiner Gebundenheit, wie es die Reformatoren vertreten haben.

## Rechtfertigend-versöhnende Vermittlung allein von Gott aus

In nahezu allen Religionen, mindestens in denen die Götter und Göttinnen transzendent beheimatet sind, treten Mittler und Mittlerinnen auf, z.B. Mose bei den Israeliten, der Götterbote Hermes in griechischem Kontext, herabsteigende Götter und Göttinnen einerseits und Propheten, Gottesmänner, weise Frauen, Schamanen andererseits. (Man kann auch Heilige Schriften, Sakramente, Reliquien, sonstige Medien hinzuzählen.) Die Aufgaben, Funktionen und Schicksale werden entsprechend in verschiedenen Legenden, Mythen und Riten vorgestellt, etwa von Mittlern wie Mohammed im Islam und Mittlerinnen wie Maria und Heiligen im römischen Katholizismus, vielleicht der Messias im Judentum, dann Sühnopferpersonen wie Jesus Christus, der durch das menschliche Opfer seines zugleich göttlichen Lebens Gottes Ehre wiederhergestellt und der Menschen Erlösung bewirkt hat.[111] Setzt man bei Rechtfertigung und Versöhnung ein, dann impliziert dies Verschiebungen auch in der Vorstellung von Jesus als dem Christus.

---

2. Aufl. Weinheim 1996, 151–180; vgl. L. Ohly: Der reale Andere und die Realität Gottes. Sartre und Levinas, in: NZST 48 (2006) 184–199.

[111] Vgl. P. Tillich: Systematische Theologie. Band II. 3. Aufl. Stuttgart 1958, 181–183.

In reformatorischer Auslegung gilt Jesus als der von Gott selbst gesandte Mittler und nicht primär als das personalisierte verdienstvolle Sühnopfer an Gott-Vater. Er handelt als Mittler um des Heils der Menschen willen und nicht irgendwie außerhalb dieses von Gott selbst inszenierten Rechtfertigungsgeschehens. Theologisch sagt man, dass die Christologie als Lehre von der Person, den Ämtern und Funktionen Jesu Christi stets als Soteriologie, nämlich als Heilslehre zu betreiben ist, und dass sie nicht in sich selbst bzw. allein Gott-Vater gegenüber entfaltet werden kann (weil wir Menschen dann exkludiert wären). Dies schließt die Annahme einer natürlichen Gotteserkenntnis und von Gottesbeweisen unabhängig vom Glauben für die Reformatoren ebenso aus wie trinitätstheologische Spekulationen. Jesus Christus ist Mittler allein aus der Perspektive und der Selbsthingabe Gottes an die sündigen Menschen – hier liegt der Grundunterschied zur römisch-katholischen Erlösungsreligiosität, wonach Christus seiner «menschlichen Natur» nach ein Verdienst an Gott bringt und wir Menschen in der kooperativen Aneignung dieses Christus-Werkes unsererseits gute Werke bringen und uns ein Stück weit selbst zum Guten bringen und dadurch erlösen können. Wenn Jesus Christus nicht die (juridisch) logische (syllogistische) Folge der durch menschliche Sünde beschädigten Ehre Gottes ist, sondern die personifizierte kontingente Selbstoffenbarung des barmherzigen Gottes, dann haben Menschen von sich aus keinerlei Möglichkeit, sich mit Gott zu versöhnen.

Es ist, wie bereits angesprochen, wie bei unseren Erfahrungen von Liebe: Der andere Mensch tritt kontingent, unerwartet, unableitbar, unbegründbar in mein Leben und verändert mich ohne mein Zutun. Dieser andere Mensch zieht meine Aufmerksamkeit auf sich, er kommt mir quer und stürzt mich aus meiner Selbstgewissheit und zieht mich an. Dieser Andere ruft «in mir» völlig neue Wahrnehmungen dieser Person, meiner selbst, meiner Umwelt hervor. Er evoziert plötzlich unerwartete Gefühle «in mir», Wünsche, Sehnsüchte, Verzweiflung, Glück, die ich alle von mir aus niemals herstellen kann. (Der zur Zeit oftmals gepriesene Weg von der selbst verordneten Selbstannahme und Selbstliebe hin zur Liebe des Anderen und gar Gottes ist erfahrungsgemäß die von Luther gebrandmarkte incurvatio in se ipsum.) Dieses kontingente Auf-mich-Zukommen des Anderen bedeutet, dass dieser Andere mich anerkennt, dass in diesem seinem Anerkennungsgeschehen – theologisch formuliert – Gott mich als solchen rechtfertigt. Meine eigenen Antworten auf solche Widerfahrnisse und Zu-Fälle, die mich zur eigenständigen, ja einzigartigen Person machen, die mich rechtfertigen als eben diese einzigartige Person und nicht nach Verdiensten fragen und mich dadurch mit dem Anderen versöhnen, sind bei aller «Reinheit» dieser Überraschungsbegegnung schon immer vergleichend, abwägend, bedürfnisorientiert. Der Reformator Luther hat diese paradoxe Erfahrung der zuvorkommende» Liebe und Gnade, der «fremden Gerechtigkeit», also die radikale *Alterität* des vergebend-versöhnenden Gottes in These 28 der Heidelberger Disputation von 1518 beschrieben: «Die Liebe Gottes findet ihren Gegenstand nicht (als schon vorhanden), sondern schafft ihn sich selbst; die Liebe des Menschen entsteht an ihrem Gegenstand.» Und genau um diese Unterscheidung zwischen Gott und dem Menschen geht es, denn wir Menschen möchten den Anderen immer «von uns selbst» lieben können. Dies wäre, wie H.-E.Richter, gezeigt hat, ein Allmachtswahn von uns Menschen[112].

Diese absolute *Exteriorität von Gottes Rechtfertigungshandeln* in der Gestalt Jesu Christi für uns Menschen und in uns Menschen ist logisch nicht erklärbar. Sie ist nicht überzeitlich-dogmatisch fixierbar wie etwa die juridisch-kausallogisch konzipierte Satisfaktions-Christologie, sie bleibt ein Geheimnis. Soteriologische Christologie verlangt permanente Interpretation dieser Glaubenserfahrung und erfordert entsprechend ständig neue Wörter, Begriffe, Symbole, Bilder, überhaupt eine neue Sprache: «Es ist gewiss, dass alle Vokabeln in Christus eine neue Bedeutung in eben derselben bedeuteten Sache annehmen»[113], nämlich der Versöhnung Gottes mit uns Menschen, die in der unableitbaren, unvordenklichen Zuwendung Gottes liegt.

Dies bedeutet weiterhin: «Glaube nicht, die Sache des Evangeliums könne ohne Lärm, Ärgernis und Aufruhr getrieben werden.»[114] Die Reformatoren waren weit weg von einer kulturprotestantischen Affirmationstheologie als bewusst deskriptiv-hermeneutischer Disziplin, die sich als akademische Disziplin explizit aus den lebensweltlichen Alltagser-

---

[112] M. Luther: Heilderberger Disputation, 28. These, 29; H.-E. Richter: Der Gotteskomplex, 17ff.; ders.: Die Krise der Männlichkeit in der unerwachsenen Gesellschaft. Gießen 2006, 17ff., 167ff.; vgl. K. Meyer-Drawe: Illusionen von Autonomie. Diesseits von Ohnmacht und Allmacht des Ich. München 1990.

[113] Luthers Schriften: Weimarer Ausgabe (WA) 39/2, 94, 17f.

[114] Luther: Brief an Spaladin von 1520, in: Briefe 2, 43, 1ff.

fahrungen heraushält.[115] Alle ihre Aussagen sind, so die Reformatoren, Glaubensaussagen und nicht allgemeingültige theologische Definitionen. Sie sind aus der Betroffenheit des Glaubens heraus formuliert, ohne dass sie diesen analogisch oder deduktiv oder induktiv eins zu eins abbilden (können) – weil der Glaube selbst Gnadengeschenk Gottes ist.[116] Die Reformatoren entwickelten eher eine Art Befreiungstheologie, die ihren Grund, ihre Motivation und ihre Kraft in der persönlichen Glaubenserfahrung fand und von dort aus vor allem bei Luther konsequent als eine Zwei-Reiche-Lehre konkretisiert wurde. Er unterscheidet zwischen der «Christperson» (als gerechtfertigtem Sünder) und der «Amtsperson» (oder «Weltperson»), zwischen dem «geistlichen Regiment» allein Gottes, in welchem Gott aus Gnade Glauben schenkt, und dem «weltlichen Regiment» Gottes für die Kommunikation der Menschen untereinander, in welchem Gott verborgen und nur dem Glaubenden wahrnehmbar handelt.[117] Das Grundproblem für uns Menschen liegt darin, dass wir diese beiden Regimente Gottes schon immer verwechseln und in dem für uns

---

115 Vgl. F. W. Graf: Moses Vermächtnis. Über göttliche und menschliche Gesetze. München 2006; ders.: Die Wiederkehr der Götter. Religion in der modernen Kultur. München 2004, als typisch historisierende kulturprotestantische Interpretationsverfahren; vgl. im Blick auf Ethik bei R. Anselm: Bestimmen – Gestalten – Vermitteln. Zu den konzeptionellen und methodologischen Grundfragen gegenwärtiger evangelischer Ethik als wissenschaftlicher Disziplin, in: ZEE 47 (2003) 300–306.

116 G. Brendler: Revolutionäre Potenzen und Wirkungen der Theologie Luthers, in: H. Löwe; C.-J. Röpke (Hg.): Luther und die Folgen. Beiträge zur sozialgeschichtlichen Bedeutung der lutherischen Reformation. München 1983, 167f.

117 U. Duchrow; H. Hoffmann (Hg.): Die Vorstellung von Zwei Reichen und Regimenten bei Luther. Gütersloh 1972, 7–13; U. Duchrow: Christenheit und Weltverantwortung. Traditionsgeschichte und systematische Struktur der Zweireichelehre. 2. Aufl. Stuttgart 1983; R. Anselm; W. Härle: Zweireichelehre, in: TRE Band XXXVI. Berlin/New York 2004, 776–789; H. Golwitzer: homo politicus, in: H. J. Schultz (Hg.): Luther kontrovers. Stuttgart/Berlin 1983, 100ff.; vgl. zur Ethik Luthers bei K.-H. zur Mühlen: Luther, in: TRE Band XXI. Berlin/New York 1991, 555–560; M. Honecker: Das Recht des Menschen. Einführung in die evangelische Sozialethik. Gütersloh 1978, 155ff., mit Anfragen und Erörterungen, J. Moltmann: Politische Theologie – Politische Ethik. München/Mainz 1984, 124ff.; E. Herms: Leben in der Welt, in: A. Beutel (Hg.): Luther Handbuch, 423–435.

zuständigen «Weltreich» selbst Gott spielen in einem Allmachtswahn, indem wir Anderen in Fragen und Angeboten von Heil, von Gnade, Glauben und Freiheit Vorschriften machen. Im «Weltreich» sind «alle Menschen gleichermaßen beteiligt, solche, die von der erneuernden Kraft des Christusgeistes bewegt und befreit werden, und solche, die in der Gefangenschaft der Selbstbezogenheit verharren». Die «Christperson» handelt als gleichzeitige «Weltperson» aus befreiter, freiwilliger Liebe für den Nächsten im Medium soziopolitischer Institutionen – als Geschenk Gottes im Glauben –, die Nur-«Weltperson» ist auf ihr eigenes Wohlergehen bedacht und ist zum Einhalten soziopolitischer Gerechtigkeit (iustitia civilis und gerade nicht iustitia Dei) durch die «Obrigkeit» zu zwingen.[118]

Dieses Zueinander und Gegeneinander der beiden «Regimente» Gottes zeigt die Lebendigkeit, aber auch die radikale Offenheit, Unverfügbarkeit und Unabschließbarkeit dieser Orts-Beschreibung von Gott und Mensch. Auf der einen Seite erhält der Mensch das «individuelle Seelenheil» durch das Rechtfertigungs- und Versöhnungshandeln Gottes, das am solus Christus, sola gratia, sola fide, sola scriptura ... hängt und in von Gott geschenkter Freiheit über aller weltlichen Autorität steht. Und zugleich hat die «Christperson» auf der anderen Seite die Gesellschaft mitzugestalten, sich dem Fürsten (Obrigkeit, Regierung) zu unterwerfen und keinen Aufruhr zu inszenieren, weshalb Luther die aufständischen Bauern rügte. Wie ist diese Spannung aufzulösen? Nur in der kontingenten Entscheidung des Glaubenden, weshalb die «Christperson» an diesem Punkt nur um Gottes Geistesbeistand im Glauben als Kraft zur Nächstenliebe und um Vergebung bitten kann. Der Rechtfertigungsglaube ist nicht an die Realisierung vorgegebener Werte und Normen (an)gebunden. Der (protestantische) Versöhnungsglauben schafft seine Dekaloge selbst. Religion und Glauben werden entmoralisiert und radikal externalisiert in Gottes Gnadenhandeln. Diese Exteriorität unseres gerechtfertigt-versöhnten Menschseins bringt als Berufung zum «Kind Gottes» eine kritische Bejahung des Weltlich-Geschöpflichen und die «herrliche Freiheit der Kinder Gottes zu mutiger Kritik am Vorgefunde-

---

118 U. Duchrow; H. Hoffmann (Hg.): Die Vorstellung von Zwei Reichen, 10f.; vgl. R. Bring: Luthers Rechtfertigungslehre und die soziale Gerechtigkeit, in: H. Foerster (Hg.): Reformation heute. Berlin/Hamburg 1967, 56–84; J. Baur: Luthers Rechtfertigungslehre und die soziale Gerechtigkeit, 85–105.

nen, zu kühner Konstruktion des theologischen Denkens und zu nachdrücklicher Gestaltung der Welt durch den Glauben»[119]. Hier ist Kritik an Luthers Verhalten im Bauernkrieg und überhaupt der Obrigkeit gegenüber angebracht, wie z.B. H.-E. Richter formuliert: «Mit seiner offenen Parteinahme für die Fürsten ist Luther als Christ genauso gescheitert wie sein christlicher Gegenspieler Müntzer, der sich voll mit den Rebellen identifiziert hat.»[120]

## Der springende Punkt der Versöhnung: «in mir» ist «außerhalb von mir»

Die Reformatoren opponierten gegen das Verständnis des Glaubens als einer sakramental eingegossenen Fähigkeit, als eines Fürwahrhaltens und gehorsam-verdienstlichen Einhaltens der kirchlichen Lehre und Moralvorschriften und als der selbst zu entscheidenden Möglichkeit und Notwendigkeit, sich in Kooperation mit Gott zum Guten zu wenden und dadurch vom Bösen schrittweise erlöst zu werden. Sie versuchten, das philosophisch-metaphysische Jenseits-Korsett des Diesseits, das im zeitlos-ontologischen Hinauf- und Herabdenken des absoluten Seins-Gottes erstellt wurde, und den dabei implizierten Geist-Materie-Dualismus zu verlassen und die grundsätzliche Differenz von Gott und Mensch (Welt) auszuloten.[121] Der Wunsch nach der allumfassenden analogischen Natur-Gnade-Harmonie und der partiellen und damit ungewissen Selbsterlösung im römisch-katholischen Lehren und Leben ist als Sicherheits- und Autonomiebedürfnis – heute mehr denn je – verständlich. Dieser Wunsch verfehlt aber die reformatorische Glaubenserfahrung und Glaubenseinsicht von der radikalen Abhängigkeit des Menschen von Gott, von den Mitgeschöpfen, von der Schöpfung Gottes. Um diese *Grunddifferenz* geht

---

119 W. Kasch: Die Stellung des Christen in der Gesellschaft, 128–141; K. D. Erdmann: Luther über Obrigkeit, Gehorsam und Widerstand, in: H. Löwe; C.-J. Röpke (Hg.): Luther, 28ff.; H. Kirchner: Luthers Stellung zum Bauernkrieg, in: H. Foerster (Hg.): Reformation heute, 218–247; vgl. F. Sherman: Die Stellung des Christen in der Gesellschaft (gemäß Luther), in: a.a.O., 106–127.

120 H.–E. Richter: Die Krise der Männlichkeit, 63.

121 Exemplarisch bei W. Link: Das Ringen Luthers um die Freiheit der Theologie von der Philosophie. München 1940.

es, deren Wahrnehmung und Deutung durch reformatorische Theologie im Folgenden bedacht werden soll.[122]

Wiederholen wir kurz das Grundanliegen der Reformatoren: «Gott hat die Frage, wie der Mensch als Sünder ein von ihm Bejahter und Angenommener werden kann, beantwortet in der Sendung Jesu Christi. Er hat sie auf eine der ‹Religion der Werke› entgegengesetzte Weise beantwortet. Der Mensch, der von sich her ein Versagender und Sünder ist und darum rechtens unter dem verwerfenden Urteil steht, wird nur so ein Angenommener und Bejahter, dass Gott selbst aus keinem andern Grund als dem, dass er ihn nicht seinem Verderben überlassen *will*, den versagenden Menschen bejaht, ihm sein Versagen nicht zurechnet, das verwerfende Urteil aufhebt und den, dem dieses Urteil gebührt, dennoch annimmt in die Gemeinschaft mit ihm selbst. An die Sendung Jesu Christi ist dieses Geschehen darum gebunden, weil Jesus es ist, an dessen Kommen zu uns, an dessen Gemeinschaft mit uns Gott seine eigene Gemeinschaft mit uns gebunden hat, und weil Gott also in der Solidarität Jesu mit den Sündern bis hinein in das Todesgericht des Kreuzes seine eigene Gemeinschaftsaufnahme mit den Sündern, sein Ja zu ihnen offenbart und vollzogen hat. Das bedeutet *Vergebung* der Sünde und zugleich den Grund und Anfang ihrer *Überwindung* ... Weil Gott den Menschen annimmt und bejaht, darum wird der Mensch anfangen, Gottes Willen zu tun – aber nurmehr durch die Kraft des Gottes, ... der allein die Macht hat, recht sein und recht tun in uns zu wirken.»[123] Was heißt hier «in uns zu wirken»?

---

[122] Vgl. L. L. Rasmussen: Ethik des Kreuzes am gegebenen Ort, in: Chr. Gremmels (Hg.): Bonhoeffer und Luther. Zur Sozialgestalt des Luthertums in der Moderne. München 1983, 129–166; G. Ebeling: «Was heißt ein Gott haben oder was ist Gott?» Bemerkungen zu Luthers Auslegung des ersten Gebots im Großen Katechismus, in: ders.: Wort und Glaube. Band II. Tübingen 1969, 287–304; ders.: Theologie zwischen reformatorischem Sündenverständnis und heutiger Einstellung zum Bösen, in: ders.: Wort und Glaube. Band III. Tübingen 1975, 173–204.

[123] W. Joest: Die Rechtfertigungslehre Luthers in ihrer Bedeutung für den modernen Menschen, 42f.; ders.: Die tridentinische Rechtfertigungslehre, in: Kerygma und Dogma 9 (1963) 41–69; ders.: Gesetz und Freiheit. Das Problem des Tertius usus legis bei Luther und die neutestamentliche Parainese. 2. Aufl. Göttingen 1956, bes. 18ff.

Manche nehmen an, (a) dass Gott und der Mensch eine gemeinsame Rationalität, Vernunft, Erkenntnis und entsprechend ein gemeinsames Wissen haben, z.B. der tradierten, unumstößlich geltenden kirchlichen Lehren und Moralnormen als eines gemeinsamen Heils-Schatzes, in dem sie im Geist, im Denken «verschmelzend» übereinstimmen. Die Begegnung Gottes mit dem Menschen und des Menschen mit Gott wird in dieser Einstellung erkenntnistheoretisch, noetisch, *als rationales Kommunizieren* bestimmt. Benedikt XVI. hat definiert, dass «der kirchliche Glaube immer daran festgehalten (hat), daß es zwischen Gott und uns, zwischen seinem ewigen Schöpfergeist und unserer geschaffenen Vernunft eine wirkliche Analogie gibt». Deswegen hält katholische Theologie an einer übergreifend-metaphysischen christlich-katholischen Deutung des Daseins fest, was schon für Luther und dann für den folgenden Protestantismus bis heute nicht möglich war und ist.[124] Eines der bekanntesten Beispiele ist K.Barths Bestreitung der römisch-katholischen (ontologischen) analogia entis durch die protestantische analogia fidei[125].

(b) Zu dieser geistig-rationalen Verbindung von Gott und Mensch geschieht parallel die sakramentale Verbindung von Gottes natürlichem und in der Taufe *substantiell verwandelndem Gnadenhandeln.* Eine Variante dieser Vorstellung von der «substantiellen» Wirkung Gottes mit entsprechender Verwandlung des Menschen stellen Praktiken wie das irgendwie pneumatisch (durch den Heiligen Geist) verwandelnde Gesundbeten mit oder ohne Handauflegen dar. Wer überträgt hier unsichtbar eine verwandelnde Kraft mit empirisch feststellbaren Folgen? Die Grenze zu Magie, Spiritismus, Geister-Glauben, Exorzismus, Potter-Mythen und -Riten ist fließend. Sie war seit dem Apostel Paulus fließend, der die Geister und Geistbegabungen (Charismen) kritisch zu prüfen mahnte, und sie bleibt in Katholizismus wie Protestantismus fließend.

(c) Man kann aber auch der Meinung sein, dass das Begegnen Gottes mit dem Menschen als personales Geschehen gar nicht erklärbar und begründbar ist im Sinne unserer Logik und Logifizierung des Empirischen. Analogien zwischen Himmel und Erde und die empirisch fest-

---

124 Vgl. U. Gerber: Die Möglichkeit, von Gott zu reden, in: H. Ott; K. Otte (Hg.): Die Antwort des Glaubens. 3. Aufl. Stuttgart 1999, 118–125; S. Zizek: Die Puppe und der Zwerg. Das Christentum zwischen Perversion und Subversion. Frankfurt/M. 2003, 64ff.: Das Reale des Christentums.

125 H. Küng: Rechtfertigung. Die Lehre Karl Barths und eine katholische Besinnung. Mit einem Begleitbrief von Karl Barth. 3. Aufl. Einsiedeln 1957.

stellbaren Folgen wie wundersames Gesundwerden sind unsere denkerischen Konstrukte zur nachträglichen Erklärung des Ereignisses, das wir eine Begegnung Gottes mit uns Menschen nennen, und diese sind niemals die Wirklichkeit selbst. Das Handeln Gottes geschieht «aus dem Nichts», ex nihilo, kontingent, so wie wir Liebe vom Anderen her als Zu-Fall erfahren, unableitbar. Wir können und müssen im Nachhinein über diese Wahrnehmungen und Erfahrungen sprechen, diskutieren, gemeinsame Vorstellungen finden und darüber streiten, inwiefern wir solches Handeln Gottes für Wunder halten. Es geht um ein *asymmetrisch von Gott ausgehendes Begegnen,* dessen Wirkung «in mir» darin besteht, dass ich als einzigartige Person zum Umgang mit anderen Menschen und der Schöpfung in Nächsten- und Schöpfungsliebe befreit und zugleich gezwungen werde. Die damit gegebene ethische Konsequenz der Nächstenliebe ist soteriologisch gebunden: «Der Zusammenhang von Glaube und Liebe lässt sich nicht allein anthropologisch dartun, er wird erst aus der Gegenwart Gottes im Glauben schlüssig, der alles in allem wirkt. Der Streit zwischen einem deklaratorisch-forensischen und einem verwirklichend-effektiven Verständnis der Rechtfertigungslehre erübrigt sich damit.»[126]

Die Begegnung zwischen Gott und Mensch wird seitens der Reformatoren nicht als rationales Erkennen Gottes durch den ein wenig sündlosen Menschen und auch nicht als sakramentales oder spirituelles oder sogar spiritistisches Verwandeln des Menschen durch Kraftübertragung in Taufe, Abendmahl und weiteren Sakramenten oder durch ähnliche magische Wirkungen vorgestellt. Der Glaube kommt aus dem Hören des Wortes Gottes und kann sich selbst weder rational noch empirisch an Verwandlungswirkungen begründen. Er ist «wider alle Vernunft» und «wider alle Sittlichkeit».[127] Hier liegt die Grenze für unser Theologisieren, dass wir um diesen Schritt vom Geschenk des Glaubens zur Annahme

---

126 D. Korsch: Glaube und Rechtfertigung, 380. Die genannten unterschiedlichen Bestimmungen zeigen sich entsprechend in den verschiedenen Konzeptionen von Abendmahl: Transsubstantiationslehre (Verwandlung) im Blick auf die Elemente als Realpräsenz Gottes in der römisch-katholischen Eucharistie, reformatorische Varianten einer an die Verkündigung gebundenen geistlichen Deutung der Elemente Brot und Wein bzw. Leib und Blut Christi (Luther) und einer Art symbolischer Interpretation (besonders bei Zwingli); vgl. E. Iserloh: Abendmahl: Reformationszeit, in: TRE Band I. Berlin/New York 1977, 106–131.

127 A. Heit: Versöhnte Vernunft, 191.

des Wortes Gottes im Glauben durch uns selbst (hin zur tätigen Nächstenliebe) schon immer zu spät kommen, dass wir den Glauben nie vergegenwärtigen können, dass wir ihn nie haben können, dass wir ihn nicht als Startkapital für Glaubensmehrung durch verdienstliche Taten «in mir» besitzen können. Mein Christperson-Sein bleibt außerhalb von mir, ja für Christen bleibt auch das Weltperson-Sein als andauernd gewirktes Schöpfungsgeschenk außerhalb ihrer selbst. Eine ersehnte (infantile) Verschmelzung mit Gott findet nicht statt und auch keine Verschmelzung mit Mitmenschen oder der Schöpfung, weder «im Geiste» (eben auch nicht im mystischen Geist, denn z.B. Meister Eckehart sprach von «Gott über Gott»), auch nicht in einem holistischen, pantheistischen, totalisierenden Welt-Geist, noch im Sakrament und auch nicht in pneumatischen Kräften.[128]

Damit stellt sich die Frage: Wenn Gott mich von sich aus rechtfertigt und mich mit sich versöhnt, dann habe ich keinen freien Zustimmungswillen? Es ist die bereits kurz angesprochene Frage nach der (doppelten) Prädestination[129]. Die meisten Reformatoren waren hier der Meinung, dass der Mensch in Sachen Heil einen unfreien Willen habe, ein servum arbitrium, wie Luther 1525 gegenüber dem Humanisten Erasmus von Rotterdam behauptete: «dass dem Menschen freier Wille eingeräumt ist nicht in Dingen, die über, sondern die unter ihm liegen. D.h. er soll wissen, dass er in Bezug auf seine Mittel und Besitztümer das Recht des Gebrauchs, des Handelns, des Unterlassens nach freier Entscheidung hat – ungeachtet auch diese gelenkt wird durch die freie Entscheidung Gottes allein, wohin es ihm gefallen mag. Im übrigen hat er gegen Gott oder in Sachen, welche Seligkeit oder Verdammnis betreffen, keinerlei freie Entscheidung, sondern er ist ein Gefangener, ein Unterworfener, ein Gebundener, sei es des Willens Gottes oder des Satans.»[130] Er bleibt Gott gegenüber immer in der Ant-Wort-Situation. Über Rechtfertigung, Vergebung, Liebe kann nur im Nachhinein gesprochen werden, in der Erinnerung und in der Hoffnung darauf. Das Geheimnis der Alleinwirk-

128 W. von Rohr; D. von Weltzien (Hg.): Das große Buch der Mystiker. München 2005, 193ff. zu Eckehart; Eckehart: Vom Wunder der Seele. Hg. v. F. A. Schmid Noerr. Stuttgart 1984.

129 Luther: Tischreden 3, 3680, zit. bei H. Fausel: Luther, 36/38; vgl. D. Korsch: Glaube und Rechtfertigung, 359f.

130 M. Luther: De servo arbitrio, in: Weimarer Ausgabe 18, 638, 4ff., zit. bei H. Fausel: Luther, 270.

samkeit Gottes, der Erwählung durch Gott, der Barmherzigkeit Gottes kann nie gelüftet werden. Dann wären Glaube, Liebe und Hoffnung – entgegen der Deutung der Reformatoren – in meinem Denken (so wie gemäß dem I. Vatikanischen Konzil von 1870 jeder Glaubensinhalt prinzipiell in die Form des Wissens übersetzbar ist und umgekehrt). Dann wäre Glauben nur noch Wissen, dann wäre Hoffen nur noch Planen und dann wäre Lieben nur noch Versorgen. Die Freiheit des Anderen mir gegenüber würde in meiner scheinbaren Freiheit dem Anderen gegenüber aufgehen. Davon handelt der nächste Abschnitt.

## Von der Freiheit eines Christenmenschen als Nächstenliebe

Luther setzte sich in seiner Schrift «Von der Freiheit eines Christenmenschen» von 1520 mit dem Paradox auseinander, dass der Glaubende von Gott mit ihm versöhnt und in Freiheit, in eigener Verantwortung in die «Welt» gesandt wird, um dem Nächsten in tätiger, stellvertretender Liebe und Sorge «untertan» zu sein: «Damit wir gründlich können erkennen, was ein Christenmensch sei und was es sei um die Freiheit, die ihm Christus erworben und gegeben hat, davon Sankt Paulus viel schreibt, will ich diese zwei Sätze aufstellen: *Ein Christenmensch ist ein freier Herr über alle Ding und niemand untertan. Ein Christenmensch ist ein dienstbarer Knecht aller Ding und jedermann untertan.*»[131] Diese beiden «einander widersprechenden Sätze von der Freiheit und Dienstbarkeit» gelten für den Christenmenschen immer gleichzeitig: «dass er ein frommer, freier Christenmensch sei und heiße, so ist's offenbar, dass kein äußerlich Ding kann ihn frei noch fromm machen», sondern allein Gott durch Jesus Christus mit dem Geschenk des Glaubens. Entsprechend ist er seinem «inwendigen geistlichen Menschen» nach «frei in allen Dingen» (unter Verweis auf 1. Korinther 9,19). Und zugleich «hab ich mich zu eines jeden Knecht gemacht» in der Nächstenliebe (unter Verweis auf Römer 13,8). Indem «allein das Wort und der Glaube in der Seele regieren», «bedarf er keines Werks mehr, so ist er gewißlich entbunden von allen Geboten und Gesetzen; ist er entbunden, so ist er gewisslich frei» (Nr. 10).

---

131 M. Luther: An den christlichen Adel deutscher Nation. Von der Freiheit eines Christenmenschen. Sendbrief vom Dolmetschen. Hg. E. Kähler. Stuttgart 1962 (Reclam Universal-Bibliothek Nr. 1578), 125, 131, 150.

Und dieser Glauben bewirkt im Christenmenschen – und deswegen ist er der allein von Gott geschenkte und den Glaubenden frei machende Glauben –, dass dieser in Liebe dem Nächsten jederzeit und überall dient (ohne dass dies ein Ver-Dienst sein kann). «Gottes Güter fließen aus einem in den anderen und werden gemeinsam, dass ein jeglicher sich seines Nächsten so annehme, als wär's er selbst. Aus Christo fließen sie in uns, der sich unser hat angenommen in seinem Leben, als wäre er das gewesen, was wir sind. Aus uns sollen sie fließen in die, so ihrer bedürfen. Und zwar so sehr, dass ich muß auch meinen Glauben und Gerechtigkeit für meinen Nächsten vor Gott hingeben, seine Sünden zu decken auf mich nehmen und nicht anders tun, denn als wären sie mein eigen, eben wie Christus uns allen getan hat. Sieh, das ist die Natur der Liebe, wo sie wahrhaftig ist. Da ist sie aber wahrhaftig, wo der Glaube wahrhaftig ist. Darum gibt der heilige Apostel der Liebe zu eigen, I. Kor. 13 (5), dass sie nicht sucht das Ihre, sondern, was des Nächsten ist. – *Zum dreißigsten.* Aus dem allen folget der Beschluß, dass ein Christenmensch lebt nicht in sich selbst, sondern in Christo und in seinem Nächsten, in Christo durch den Glauben,, im Nächsten durch die Liebe. Durch den Glauben fähret er über sich in Gott, aus Gott fähret er wieder unter sich durch die Liebe und bleibt doch immer in Gott und göttlicher Liebe ... Siehe, das ist die rechte, geistliche, christliche Freiheit, die das Herz frei macht von allen Sünden, Gesetzen und Geboten, welche alle andere Freiheit übertrifft, wie der Himmel die Erde. Welche Gott uns gebe recht zu verstehen und zu behalten.» (Nr. 29/30)

## Versöhnung demokratisiert, individualisiert, enthierarchisiert, sozialisiert – in Nächstenliebe

Wenn allein Gott richtet, barmherzig handelt, seinen Sohn für die Menschen ans Kreuz gibt, sie von der Macht des Teufels erlöst und mit ihnen Gemeinschaft stiftet, dann kann die Welt sich an die «Schöpfungsordnungen» Gottes halten: Predigt der Kirche, Obrigkeit (Staat), Ehe. Manche fügen Beruf und Eigentum hinzu und weisen zu Recht auf die fundamentalisierende Problematik solcher naturrechtlich vorgegebener *Ordnungen* hin, wenn z.B. damit die rechtlich legitimierte Partnerschaft von homosexuellen Bürgern und Bürgerinnen christlicherseits abgelehnt wird. Wird hier Versöhnung durch ordnungstheologische Vorgaben moralistisch, ordnungspositivistisch verspielt, wie manche zu Recht besorgt fragen?[132] Deswegen haben Theologen wie D.Bonhoeffer von Mandaten gesprochen statt von ontologisch-statischen, naturrechtlich-ordnungsmetaphysischen Schöpfungsordnungen: «Gottes in Jesus Christus offenbartes Gebot in seiner das menschliche Leben umfassenden Einheit, in seiner ungeteilten Inanspruchnahme des Menschen und der Welt durch die versöhnende Liebe Gottes begegnet uns konkret in vier verschiedenen, nur durch das Gebot selbst geeinten Gestalten: in der Kirche, in Ehe und Familie, in der Kultur und in der Obrigkeit. ... Unter ‹Mandat› verstehen wir den konkreten in der Christusoffenbarung begründeten und durch die Schrift bezeugten göttlichen Auftrag, die Ermächtigung und Legitimierung zur Ausrichtung eines bestimmten göttlichen Gebotes, die Verleihung göttlicher Autorität an eine irdische Instanz» – aber eben nicht im Sinn einer Unfehlbarkeit, sondern der Inkarnation. «Der Träger des Mandats handelt in Stellvertretung, als Platzhalter des Auftraggebers. Recht verstanden, wäre auch der Begriff der ‹Ordnung› hier verwendbar, nur dass ihm die Gefahr innewohnt, den Blick stärker auf das Zuständliche der Ordnung als auf die die Ordnung allein begründende göttliche Ermächtigung, Legitimierung, Autorisierung zu richten, woraus dann allzu leicht die göttliche Sanktionierung aller überhaupt existierenden Ordnungen und damit ein romantischer Konservativismus folgt, der mit der christlichen Lehre von den vier göttlichen Mandaten nichts mehr zu tun hat.»[133]

Von der reformatorischen Rechtfertigungs-Vorstellung her wurde das Verständnis der «*Messe als Werk*» abgelehnt. Die sieben *Sakramente* wurden als biblisch nicht begründbar auf Taufe und Abendmahl als die beiden «göttlichen Wortzeichen» reduziert und die «Wandlung» (Transsubstantiation) explizit abgelehnt[134]. Die *Ämterhierarchie* wurde durch die Konsequenz des *allgemeinen Priestertums aller Glaubenden* außer Kraft gesetzt: «Denn sie (sc. die Glaubenden) sind alle geistlichen Standes, wahrhaftige Priester, Bischöfe und Päpste.»[135] Und zugleich gilt: Wer ein sol-

---

132 Vgl. W. E. Müller: Evangelische Ethik. Darmstadt 2001, bes. 22ff.; ders.: Argumentationsmodelle philosophischer, katholischer und evangelischer Ethik. Stuttgart 2003, bes. 213ff. und 221ff. zur Ordnungsethik bei E. Brunner und zur Mandaten-Ethik bei D. Bonhoeffer (s. nächste Anm.).

133 D. Bonhoeffer: Ethik. Hg. E. Bethge. 4. Aufl. München 1958, 222f.

134 H. Fausel: Luther, 149.

135 A.a.O., 139.

ches Amt in der Gemeinde bekleidet, soll im Amt bleiben. Es gibt aber keine besseren, Gott näherstehenden Christenmenschen mehr wie etwa Priester, Mönche, Heilige, Märtyrer und entsprechend auch keine minderen Christenmenschen mehr wie etwa das normale (nicht-geistliche) Kirchenvolk. Solche *Demokratisierung* verlangt, dass die Gemeinden selbst ihre Prediger (Predigerinnen gibt es erst seit nach der Mitte des letzten Jahrhunderts) einsetzen und sich selbst organisieren. Die Versorgung der armen, kranken und arbeitsunfähigen Menschen wurde dem kirchlich festgesetzten «geistlichen» Brauch des verdienstvollen Almosengebens entzogen und in dem Sinne *säkularisiert*, dass ein kommunaler «Kasten» diese *Sozialarbeit* «weltlich» übernimmt.[136] An die Stelle der Herrschaft der Kirche über die Welt tritt auch hier der Dienst des Christen in Liebe am Nächsten. Das gesamte Leben wird von der geistlich-kirchlichen Umklammerung befreit. «Im Glauben übt der Christ in der Welt Zucht gegen sich und Liebe zum Andern; der Nächste ist nicht mehr Gegenstand und Mittel einer selbstsüchtigen Barmherzigkeit, sondern er ist der Bruder, hinter dem die Gestalt Christi steht.»[137]

Ebenso sollen weltliche und nicht mehr nur klösterliche *Schulen und Bildungsstätten* eingerichtet werden.[138] Die *Bibel* wird übersetzt, gedruckt – eine der grundlegenden Verbreitungsmöglichkeiten der Reformation neben der politischen Situation und der Krise der Feudalgesellschaft – und dem Volk zugänglich gemacht zum eigenen Lesen. Es soll ein *allgemeines Konzil* einberufen werden, was 1523 beschlossen, aber bis heute nicht durchgeführt wurde.

Dieser Demokratisierung nach innen, die im Protestantismus bis heute mehr (in reformierten Gebieten) oder weniger (in lutherischen Gebieten) betrieben wurde und bisweilen weitergeführt wird gemäß dem Reformprinzip des «ecclesia semper reformanda», korrespondiert bei den meisten Reformatoren ein ganz dunkler Fleck nach außen, nämlich rüde Attacken gegen Juden und Muslime bis hin zur Behauptung, dass diese von Gott verworfen seien und dass man sie schlagen und sogar töten

---

136 Vgl. U. Gerber: «Säkular-professionelle» Soziale Arbeit beginnt mit Luther, in: S. Dungs; U. Gerber; H. Schmidt; R. Zitt (Hg.): Soziale Arbeit und Ethik im 21. Jahrhundert. Leipzig 2006, 233–242, am Beispiel der Kasten-Ordnung von Leisnig.

137 H. Fausel: Luther, 180.

138 Vgl. a.a.O., 281ff.

dürfe, sofern sie sich nicht bekehrten.[139] Hier wimmelt es von Antijudaismus und Antiislamismus, sichtbar z.B. an der ungeheuerlichen Ausgrenzung der Christen jüdischer Herkunft aus dem evangelischen Gottesdienst durch die nationalkirchlichen Kirchenführer (am 17. Dezember 1941) und bis in unsere Tage im ausgrenzenden Verhalten jüdischen und muslimischen Mitbürgern und Mitbürgerinnen gegenüber. Solche fundamentalistischen Anmaßungen zu erkennen und ständig in die kritische Selbstartikulation und Kommunikation des Christentums einzubeziehen, bleibt eine Aufgabe im interreligiösen Dialog und im interreligiösen Handeln.[140]

## Versöhnung als Gottes Inszenierung der Differenz

Bei den sozialethischen und sozialpolitischen Entscheidungen und Folgerungen der Reformatoren zeigte sich, dass diesem «öffentlichen» Säkularisierungs-, Demokratisierungs- und Sozialisierungsschub in der Bestimmung von Rechtfertigung und Versöhnung allein von Gott aus, allein um Christi willen, allein aus Gnade, allein durch das verkündigte Wort, allein im Glauben ... gegenläufig eine «privatisierende» Fokussierung auf den einzelnen Menschen vor Gott entsprach.[141] Die «katholische Gemeinschaftsreligion» bricht sich seit der Reformation an der personalen, individuellen Begegnung von rechtfertigend-versöhnendem Gott und sündigem Menschen.[142] Und folgerichtig kann es dann keine lutherische

---

139 A.a.O., 409ff.

140 U. Gerber: Auf die Differenz kommt es an – Interreligiöser Dialog mit Muslimen. Leipzig 2006; vgl. H. Schnädelbach: Aufklärung und Religionskritik, in: Deutsche Zeitschrift für Philosophie 54 (2006), Heft 3, 331–345, wo dem Protestantismus die Funktion «der Aufklärung im inneren Bereich der Religion» zugeschrieben wird (336).

141 Vgl. H.-G. Soeffner: Luther – Der Weg von der Kollektivität des Glaubens zu einem lutherisch-protestantischen Individualitätstyp, in: ders.: Die Ordnung der Rituale. Die Auslegung des Alltags 2. Frankfurt/M. 1992, 20–75. Zu den ideologiekritischen Aspekten bes. der Säkularisierungsthese bei J. Matthes: Die Emigration der Kirche aus der Gesellschaft. Hamburg 1964; H.-H. Schrey (Hg.): Säkularisierung. Darmstadt 1981.

142 D. Horster: Jürgen Habermas und der Papst. Glauben und Vernunft, Gerechtigkeit und Nächstenliebe im säkularen Staat. Bielefeld 2006, 23.

theologisch-normative Ethik geben, weil ethisches Handeln in der Entscheidung des Christenmenschen in und aus Nächstenliebe liegt. Luther hat die «konsequente Ablösung der weltlichen Ethik vom Bedürfnis des Menschen nach Heilsgewissheit» vollzogen.[143] Die Reformatoren haben mehr oder weniger konsequent den Glauben und das Theologisieren sowohl *entmoralisiert* als auch insofern *entdogmatisiert*, als sie beides an das verkündigte (Bibel-)Wort Gottes banden, weshalb der Protestantismus bis heute den Touch einer intellektuellen Wort-Religion hat. Der Absolutheits›-Anspruch wird auf den Glaubend-Theologisierenden – und jeder Christenmensch ist «im allgemeinen Priestertum» Theologe im Sinne von Kompetenz in Glaubenssachen, auch ohne Theologie-Studium – bezogen wie bei Luther: «Hier stehe ich, ich kann nicht anders!» Und die Reformatoren haben Glauben, Theologisieren und Nächstenliebe *entkirchlicht*, *enttraditionalisiert* und *individualisiert,*[144] indem sie die Vormundschaft der Kirche und den absoluten Geltungsanspruch kirchlicher Überlieferung(en) aufhoben und den Einzelnen direkt, ohne Vermittlung durch die Kirche, vor Gottes Selbstoffenbarung im gepredigten Wort gestellt sahen. Sie haben das Christentum insofern auch *entsakramentalisiert*, als sie die auf Taufe und Abendmahl fokussierten Sakramente als «göttliche Wortzeichen» an die Verkündigung banden.[145]

Allen diesen Prozessen, Reformen, Transformationen, Entdeckungen und Neuformulierungen lag – im Sinne von Hans Blumenbergs Beschreibung der «Legitimität der Neuzeit» – als dynamisierendes Strukturmoment die Selbstentdeckung des «neugierigen Menschen» zu Grunde. Von Person, Persönlichkeit im heutigen Sinne kann man also erst seit etwa 500 Jahren sprechen, denn vorher wurde der Mensch als ein Teil der göttlichen Schöpfung, des Kosmos, der Heilsgeschichte gesehen und nicht als einzelnes «autonomes» Subjekt. Das Individuum rückt mit dem

---

143 R. Leonhardt: Luthers Rearistotelisierung der christlichen Ethik. Plädoyer für eine evangelische Theologie des Glücks, in: NZST 48 (2006) 167.

144 Hierher gehören Aussagen wie: Das ganze Leben ist eine Buße; das Stehen des Einzelnen vor Gott; eigene Verantwortung für ethisches Handeln; vgl. P. Blickle: Die Reformation im Reich. Stuttgart 1982, 18ff. und 157ff.

145 Vgl. Die Bekenntnisschriften der evangelisch-lutherischen Kirche. 4. Aufl. Göttingen 1959; Bekenntnisschriften und Kirchenordnungen der nach Gottes Wort reformierten Kirche. Hg. W. Niesel. 2. Aufl. Zürich 1938; P. Jacobs (Hg.): Reformierte Bekenntnisschriften und Kirchenordnungen in deutscher Übersetzung. Neukirchen 1949.

Anbruch der Neuzeit in den Mittelpunkt.[146] Die Reformatoren waren an der Entdeckung und Inszenierung dieses neuzeitlichen Individuums maßgeblich mitbeteiligt. Und indem das Individuum als einzigartiges Geschöpf mit Körper, Seele und Geist – also «ganzheitlich» – ins Blickfeld rückt und es aus seiner bisherigen hellenistisch-kosmologischen und jüdisch-christlich-heilsgeschichtlichen Beheimatung entlassen wird,[147] erfährt sich dieses Individuum in einer radikalen Differenz zu Gott und zu den Mitgeschöpfen – und zu sich selbst, indem es sich selbst in seinem Kern (Wesen) als leer, entzogen, nicht festlegbar und planbar erfährt.[148] Solange «der Glaube ... Frucht der Seele (ist), nicht des Körpers» (Benedikt XVI.), gibt die rational vollziehbare Seelen-Verwandtschaft letzten Halt. Wenn aber die Inkarnation (Menschwerdung) Gottes in Jesus als dem Christus konsequent die Menschwerdung der individuellen Menschen verheißt und auf den Weg bringt, dann geht es um den ganzen Menschen in seiner Sterblichkeit, der eben nicht von sich aus mittels seiner intellektiven unsterblichen Seele in Dauerkontakt mit Gott steht. Der Gott-Mensch-Weg verläuft in der unumkehrbaren Richtung von Gott zum Menschen nach reformatorischem Bekenntnis und reformatorischer Erkenntnis. Aus diesem Grund vergegenwärtigt sich Gott für und bei jedem Einzelnen, nicht aus Notwendigkeit, die gerade den Einzelnen einem Gemeinsamen opfert, sondern aus unergründlicher Selbst-Offenbarung. «... nichts Kontingentes individualisiert radikaler als die Kontingenz des Kreuzes, in der sich Gott für jedes einzelne Wesen, dessen Gegenwart er gegenwärtig wird, so passiv, empfänglich und emp-

---

146 Vgl. G. Ebeling: Luther und der Anbruch der Neuzeit, in: ders.: Wort und Glaube. Band III. Tübingen 1975, 29–59, wo Luthers Sünden-Verständnis (Hamartiologie) als Kern für die Auseinandersetzung mit der anbrechenden Neuzeit formuliert wird: «Es wäre nun aber zu zeigen, dass Luthers Verständnis von Sünde diese Situation schärfer anzugehen, weil auf deren Ursachen treffender einzugehen vermag als die scholastische Auffassung ... Losgelöst vom Sündenverständnis verliert die Beziehung Luthers zur Neuzeit ihren spezifischen Charakter, ob man nun das Neuzeitliche bei Luther in der Idee der Personalität oder in der Idee der Freiheit begründet sieht.» (58)

147 Vgl. G. Schramm: Fünf Wegscheiden der Weltgeschichte. Ein Vergleich. Göttingen 2004, 167ff.

148 U. Gerber: Anthropologie. Frankfurt/M. 1995; G. Gamm: Der unbestimmte Mensch. Die gebrochene Mitte des Selbst als irreduzible Lücke im Sein, in Lettre International 57 (2002) 90–93.

findlich macht, dass er sich dessen Kontingenz zu Eigen macht und dieses damit umgekehrt durch seine göttliche Präsenz als unverwechselbares Selbst individuiert und ihm so als prinzipiell Anderem als Gott in freiem Gegenüber zu Gott zu existieren ermöglicht. Die Andersheit des Anderen wird von Gott so nicht nur respektiert, sondern konstituiert und gefördert, indem er seine Kontingenz forciert»[149].

Auf diese Differenz und Einzigartigkeit kommt es an – die wir Menschen nur als Gabe deuten können und die wir niemals besitzen können[150]. Religion konstituiert und manifestiert unsere Freiheit durch den ‹ganz Anderen› und zugleich unseren Trennungsschmerz, unsere Differenz-Angst und unseren Differenz-Gewinn.[151] Hoffnung auf und Erinnerung an versöhntes, anerkanntes Leben und Zusammenleben ohne Vorleistungen und ohne Nachweise macht rechtfertigungsorientiertes Glaubensleben aus. Nicht Einheit, Gemeinsamkeit und Harmonie mit behebbaren Differenzen (im Plural) prägen dessen Verheißungs- und Sehnsuchtsbilder, sondern die Verheißung, ein einzigartiger Mensch sein zu dürfen und sein zu müssen in der Differenz zu Gott und zu anderen Menschen. *Versöhnung* kann es nicht als Vereinheitlichung und als Verschmelzung geben, weil die kontingente Einmaligkeit Gottes und der Menschen aufgegeben wäre. So konstituiert und manifestiert Religion im Sinne von Rechtfertigung und Versöhnung unser Leben in Einzigartigkeit, Erwähltsein und Differenz, wodurch wir überhaupt – distanziert und distanzierend – wahrnehmen, essen, lieben, lernen, denken können. Religion gewährt solche Differenz-Erfahrungen und fordert sie zugleich auch ein, weil wir unsererseits diese Differenz und radikale Offenheit schon immer allmachtsbesetzt als Unsterblichkeit vorspiegelnden Egoismus und ohnmachtsgetrieben als suizidäre Selbstverzweiflung leben. *Versöhnung* ist gefragt, damit wir als differente Menschen in Gemeinschaft leben können und müssen – eine Erfahrung, die besonders Jugendliche umtreibt im Blick auf sich selbst und ihre Biographie, hinsichtlich ihrer persönlichen Beziehungen und angesichts ihres Verhaltens in Familie, Partnerschaft, Schule, Betrieb, Gesellschaft.

---

149 I. U. Dalferth: Leiden und Böses. Vom schwierigen Umgang mit Widersinnigem. Leipzig 2006, 217.

150 Vgl. U. Gerber: Auf die Differenz kommt es an, 63ff. und 91ff.

151 Vgl. C. Pietzcker: Einheit, Trennung und Wiedervereinigung. Psychoanalytische Untersuchungen eines religiösen, philosophischen und literarischen Musters. Würzburg 1996.

Jeder Mensch kennt die Frage: Kann ich mich von mir aus mit demjenigen versöhnen, den ich beleidigt und verletzt habe, dessen Würde ich nicht geachtet und dessen geschöpfliche Einzigartigkeit ich ihm abgesprochen habe? Kann ich mich mit demjenigen von mir aus versöhnen, der dasselbe mir angetan, mich zum Opfer gemacht hat? Versöhnung geht asymmetrisch vom Anderen aus, von dem zu mir differenten fremden Anderen. Versöhnung ist eine Gabe, die unerwartbar «von außen» zu mir kommt, wie ein überraschendes Geschenk, mit dem ich nicht «gerechnet» habe. Versöhnung hat demnach keine symmetrische Gegenseitigkeit, wie etwa Verzeihen und Sich-wieder-Verstehen, wie Wiedergutmachung oder Bestrafung als Tauschprozesse. In letzter Zeit ist, angeregt durch das Konzept «Vergebung» von Eva Mozes Kor, die den Holocaust überlebt hat, darüber diskutiert worden, ob Vergebung und Versöhnung seitens des verletzten Menschen geschehen können, damit dieser als Opfer seine bzw. ihre Autonomie und Subjektivität zurückgewinnen kann. Die Gegenseite, etwa Micha Brumlik, argumentiert, dass das Unvergebbare eben vom Anderen her und nicht von mir aus vergeben werden kann – sonst sei es einerseits vergebbar (also verzeihbar) und andererseits werde durch einen solchen Vergebungsakt die Welt religiös aufgeladen und in ihrer Profanität mit der Möglichkeit des Verzeihens von uns Menschen doch wieder «sakrifiziert». Vergebung und Versöhnung in diesem strengen Sinne gehören nicht in die Logik der (moralischen, sozialen, juridischen) Gerechtigkeit und des politischen Kalküls, so wie es ein schlechter Brauch ist, dass Politiker und Politikerinnen sich gegenseitig und uns Wahl-Volk beleidigen und dann um der Wiederwahl willen moralisierend um Verzeihung bitten. Nur der verletzte, von mir nicht anerkannte Andere – hinter dem nach reformatorischem Verständnis die von Gott angenommene Gestalt Jesu Christi steht –, der mich schon immer um die Wahrung seiner Einzigartigkeit, Verletzlichkeit, Sterblichkeit angeht, nur dieser Andere kann mir vergeben in der «Spur Gottes» und mir Versöhnung schenken und mich dadurch zu eigenem Antworten befreien.

*Versöhnung* und *Rechtfertigung* geschehen von Gott mit Menschen unableitbar, ohne Voraussetzungen und ohne Möglichkeiten, sich darauf irgendwie vorzubereiten, also ex nihilo. Sie setzen nichts voraus. *Erlösung* hingegen setzt vieles voraus: Gott in seiner beweisbaren Schöpfer-Existenz; einen Keim oder Rest des Guten, also etwas Göttliches im Menschen, und ein Wissen um seine Erlösungsbedürftigkeit auf Grund der naturgegebenen Zuordnung zu Gott; die Analogiebestimmtheit unserer geschöpflichen Wirklichkeit (natura) durch die absolut geistige Wirklichkeit Gottes (gratia); den verdienstwirkenden freien Willen des Menschen und entsprechend partielle Selbsterlösung mittels vorfindlicher Religion, durch Legalismus als Gesetzes-Gehorsam, mittels Askese, Mystik, durch sakramentale, doktrinelle, emotionale Wege.[152]

## Der Mythos vom Sündenfall: Verlust der Einzigartigkeit und Differenz

Eine etwas andere Lesart der mythologischen Geschichte vom Sündenfall von Adam und Eva im Paradies nach 1. Mose 3 (erzählt vom sogenannten Jahwisten) kann die tragische Seite der Differenz-Religiosität verdeutlichen.[153] Was hatten die beiden ersten Menschen eigentlich verbrochen? Gott drückt seine Achtung den Menschen gegenüber durch ein Verbot aus, das die Differenz beinhaltet. Mit D. Bonhoeffer kann man sagen, dass Gott ein gnädiges Gebot gesprochen hat, um das Leben seiner Geschöpfe und um die Einzigartigkeit der beiden Menschen und seiner selbst von sich aus zu wahren.[154] Auf dieses gnädige Gebot Gottes können die beiden angesprochenen Menschen nur antworten: Dieses Gebot einzuhalten bedeutet unser einzigartiges Leben – Widerspruch bedeutet Trennung, Vertreibung; die Differenz wird zur Diastase.

Und was machen Adam und Eva daraus? Sie lassen sich von der Schlange fragen: Sollte Gott etwa gesagt haben ...? Als ob sie über das gnädige, lebenerhaltende Gebot Gottes verhandeln könnten. Sie wollen die Differenz zwischen Gott und sich aufheben und volle, absolute Erkenntnis, Wahrheit, Sicherheit und damit letztlich Unsterblichkeit haben, weil sie sich im Dialog mit der Schlange Gott so vorstellen. Sie möchten weise sein und absolut sicher zwischen gut und böse unterscheiden können. Sie tun sich zusammen, um gemeinsam die Differenz zu Gott aufzuheben und damit auch die Differenz untereinander. In diesem Augen-

---

152 P. Tillich: Systematische Theologie. Band II. 3. Aufl. Stuttgart 1958, 89–96.

153 Vgl. K. Flasch: Eva und Adam. Wandlungen eines Mythos. München 2004.

154 D. Bonhoeffer: Schöpfung und Fall. Theologische Auslegung von Genesis 1 bis 3 (1933). 4. Aufl. München 1958, 79ff.; vgl. theologische Kommentare z.B. von G. von Rad: Das erste Buch Mose. Genesis. 5. Aufl. Göttingen 1958, 69ff.

blick leugneten beide ihre Einzigartigkeit um des gemeinsamen Projektes der Eroberung von Gottes Weisheit (und Ewigkeit) willen gegen dessen Verbot. Sie leugneten ihr individuelles Geschöpfsein, überhaupt ihr Geschöpfsein in zweifacher Hinsicht: Sie wollten wie Gott, mit Gott identisch sein, sein Wissen um Gut und Böse enthüllen (weshalb sie dann von Gott verhüllt wurden) und sie machten sich eins in einem Projekt außerhalb ihrer selbst (weshalb sie dann das gemeinsame Babel-Turmbau-Projekt ebenfalls als Zerstörung erlebten). Es kann aber kein gemeinsames oder gar göttliches Lebens-Projekt der Menschen geben, weil jede und jeder als einzigartige Person ihr und sein Leben führen darf und führen muss in Sterblichkeit (wobei der Lebensbaum aus 1. Mose 2 in dieser Geschichte eben keine Rolle spielt). So musste «das Sichvergreifen am Baum der Erkenntnis zugleich ein Sichvergreifen am anderen Menschen werden»[155]. Den anderen Menschen erkennend durchschauen zu wollen, sein Inneres ergründen und verwenden zu wollen, seine innere und äußere Nacktheit für eigene Herrschaftsinteressen nutzbar machen zu wollen, also die Differenz zwischen ihm und mir aufheben und in meine Verfügung überführen zu wollen, darin manifestiert sich Sünde. So wie die Reformatoren den Glauben entmoralisierten, so haben sie auch die *Sünde entmoralisiert* und haben diese als radikale Verfehlungs-Bewegung des Menschen sowohl in sich selbst hinein (incurvatio in se ipsum) als auch vereinnahmend zum anderen Menschen (und zu Gott) hin beschrieben.

Mit anderen Worten, nämlich von D. Bonhoeffer, kann man formulieren, dass Adam und Eva ihr Leben im Modus der Möglichkeiten und einsehbaren Voraussetzungen, der Überschaubarkeit und damit der Unsterblichkeit gestalten möchten: «In der Beziehung des Menschen zu Gott aber gibt es keine Möglichkeiten, dort gibt es ausschließlich Wirklichkeit. Da gibt es kein: ‹erlaube mir zuvor ...›, da gibt es nur Gebot und Gehorsam»[156] – auch hier wie bei der Liebe: Es gibt Liebe nicht auf Test, auf Vorausprüfung, als überschaubare, wählbare Möglichkeit, sondern als die mir entgegenbrachte, von mir als Gebot des Anderen an mich in Gehorsam zu beantwortende Liebe. Hier wie bei Adam und Eva heißt die Wirklichkeit, dass dieser Ungehorsam (und die Verweigerung des Sich-Ausliefern an den liebenden Anderen) von allen Menschen vollzo-

---

[155] D. Bonhoeffer: Schöpfung und Fall, 94.
[156] A.a.O., 85.

gen wird, dass sich kein Mensch dieser Tat der (Selbst-)Zerstörung der Geschöpfe und der Schöpfung entziehen kann. «Und der Schuldcharakter der Tat vertieft sich dadurch ins Unermessliche, dass nicht jeder für sich die Tat tut, sondern dass jeder an der Tat des anderen Schuld ist. Adam fällt durch Eva, Eva durch Adam. Aber nicht so, dass ich vom anderen somit entlastet würde, sondern vielmehr, dass mich der andere mit seiner Schuld unendlich belastet.»[157] Aus Differenz wird Entzweiung, aus Einzigartigkeit wird Gewalt, aus Individualität wird Ausschließen, aus Verletzlichkeit wird Scham. Versöhnung durch Gott ist die Konstituierung von uns Menschen in unserer Einzigartigkeit aus grundloser Zuwendung.

## Der Umbruch: vom Kirchen-Glauben zur individuellen Glaubens-Erfahrung

Die reformatorische Rechtfertigungs- und Versöhnungsreligiosität hat im 16. Jahrhundert – im Weiter- und Zuendeführen von vorausgehenden Reformbewegungen – die herrschende römisch-katholische Religionskultur verlassen und eine protestantisch-reformerische Innovation angestoßen und vollzogen, «die das Profane aufwertet und die etablierten Werte abwertet»[158]. Denn: Gott offenbart sich von sich aus, d.h. die Welt hat von sich aus nichts Vorfindlich-Göttliches, sie ist – modern gesprochen – gottlos. Christus ist der von Gott gesandte Mittler und Versöhner, von dem Gott seinerseits nichts, etwa Satisfaktion wie bei Anselm, verlangt.[159] Die Bibel als Zeugnis dieser barmherzigen Zuwendung Gottes zu uns Menschen ist klar von sich aus und legt sich selbst aus in unserem Lesen durch den «in, mit und unter» den Buchstaben (wie «in, mit und unter» Brot und Wein beim Abendmahl und Wasser bei der Taufe)

---

157 A.a.O., 96.

158 B. Groys: Über das Neue. Versuch einer Kulturökonomie. 3. Aufl. Frankfurt/M. 2004, 123; G. Agamben: Profanisierungen. Frankfurt/M. 2005, s. Anm. 67; ders.: Homo sacer, 81ff., 85ff., 91ff..

159 A. Beutel: Lutherische Theologie in den Unübersichtlichkeiten unserer Zeit. Ein Vorschlag zur Orientierung, in: ZThK 103 (2006) bes. 350–353; vgl. H. Ott: «Sendung» als Grundbegriff der Christologie, in: ThZ 40 (1984) Heft 2 (Festschrift für Bo Reicke), 229–235.

wirkenden Christus und Heiligen Geist[160]. Der Heilige Vater wendet sich uns Menschen vom «Himmel», dem menschenunmöglichen Ort der Rechtfertigung her zu (und nicht vom menschenmöglichen Rom). Aufseiten von uns Menschen gibt es keinen freien Willen in Sachen Heil, Versöhnung, Rechtfertigung, Erlösung, Anerkanntwerden[161]. Das für römisch-katholisches Theologisieren als stark geltende logisch-syllogistische Denken wird in seiner totalisierenden Tyrannei eingegrenzt durch ein schwaches kontingentes «Denken ohne Alibi» und ohne Voraussetzungen außerhalb der Glaubenserfahrung.[162] Menschliches Handeln wird profanisiert, säkularisiert, entsakrifiziert[163], weil sich der in die Neuzeit aufbrechende Mensch nicht mehr autorisieren kann, weder objektiv-heilsgeschichtlich und ekklesiologisch noch aus sich selbst heraus. Luther hatte wie die anderen Reformatoren «in seiner Ausarbeitung der forensischen Grundsituation des Menschen ... stets auch darauf verwiesen, dass das Urteil über sich selbst außerhalb dessen steht, was einem Menschen verfügbar ist und was ihm zusteht»[164]. Es war revolutionär – in der ockhamistisch-nominalistischen (Erfurter) Linie –, dass «die individuelle Erfahrung als Quelle und Ziel aller theologischen Erkenntnis firmierte»[165]. Keine Sicherheit mehr, wohl aber Gewissheit, Verheißung, Hoffnung und Liebe. Keine unsterblichen dogmatischen wie ethischen Wahrheiten mehr, wohl aber gerechtfertigte Menschlichkeit in Sterblichkeit.

Das protestantische Christentum ist keine «Position» (mehr), sondern nur noch (in Glaubensanalogie zu Gottes und Christi Handeln) als «Sen-

---

160 Vgl. P. L. Berger: Erlösender Glaube, 151f., der als Lutheraner die Doppelfront Luthers gegen den positivistischen Katholizismus Roms wie gegen das spiritualistisch exaltierende Schwärmertum Münsters erläutert; A. Beutel: Lutherische Theologie, 346–350.

161 Vgl. H. Folkers: Martin Luther: Vom unfreien Willen und der Freiheit eines Christenmenschen, in: Kerygma und Dogma 52(2006) 288–302; Willensfreiheit (Themenheft), in: Glaube und Lernen 21 (2006) Heft 2.

162 J. Derrida; E. Roudinesco: Woraus wird Morgen gemacht sein? Ein Dialog. Stuttgart 2006.

163 Vgl. U. Gerber: Müßte Luther nicht «weltlicher» interpretiert werden?, in: Theol.Zeitschrift 40 (1984) Heft 2 (Festschrift für Bo Reicke), 200–210; J.-L. Nancy: Entzug der Göttlichkeit, in: Lettre International 59 (2002) 76–80.

164 A. Beutel: Lutherische Theologie, 353.

165 A.a.O., 357; U. Köpf: Erfahrung III, in: TRE Band X. Berlin/New York 1982, 109–116.

dung» zu vollziehen und zu explizieren mit der Konsequenz für das Theologisieren, «nicht mehr ‹propositional›, in Kategorien von festen Positionen, von Standpunkten, von geschlossenen religiös-philosophischen Systemen zu denken ... Denken ist ein Weg, den man geht. ... Es ist oft der Fall, dass ich gerade durch die andersartige Erfahrung, die ein anderer Mensch macht, durch den andersgearteten Weg, den er geht, auf meinem eigenen Weg erleuchtet werde, dass ich dank seiner andern Art zu denken auf meinem eigenen Weg des Denkens weiterkomme» – Alterität als Inspiration, Reformation, Rechtfertigung, Versöhnung.[166]

Dieses auf die Gott-Mensch-Begegnung focussierte vielfältige Erbe der Reformatoren ist im protestantischen Christentum mal mehr, mal weniger lebendig geblieben und zum Tragen gekommen. Dies kann und soll hier nicht nachgezeichnet werden.[167] Die Situation der Reformatoren war die eines Umbruchs, die auch *Grenzen* hatte. Und die Reformatoren gingen auch *Irrwege*. Zugleich waren und sind der protestantischen Rechtfertigungsreligiosität *Überschreitungen* inhärent, die dem römischen Katholizismus (und ebenso dem Islam) fehlen.

## Problematisierungen, Irrwege, Anfragen

Eine theologisch wie soziologisch und sozial- wie religionspolitisch grundlegende Problematisierung des «Rechtfertigungszentrismus» bei Luther kommt bei gleichen Voraussetzungen des sola gratia, sola fide usw. im Blick auf die Konsequenzen aus der reformierten Tradition: Der

---

[166] H. Ott: Sendung, 234.

[167] Auf je eigene Art haben dies durchgeführt E. Hirsch: Geschichte der neuern evangelischen Theologie im Zusammenhang mit den allgemeinen Bewegungen des europäischen Denkens. 5 Bände. Gütersloh 1960; C. W. Mönnich: Bürger – Ketzer – Außenseiter. Die Geschichte des Protestantismus in ihren Hauptzügen. München 1984; H. Berkhof: 200 Jahre Theologie. Ein Reisebericht. Neukirchen-Vluyn 1985; M. Greschat: Protestantismus in Europa. Geschichte – Gegenwart – Zukunft. Darmstadt 2005, wo die Wirkungen auf Aufklärung, Erweckungsbewegung und ökumenische Bewegung nachgezeichnet werden; Protestantismus, in: TRE Band XXVII. Berlin/New York 1997: H. Fischer: I. Begriff und Wesen, 542–551; F. W. Graf: II. Kulturbedeutung, 551–580; G. Seebaß: Geschichte des Christentums III: Spätmittelalter – Reformation – Konfessionalisierung. Stuttgart 2006.

Calvinist blicke auf den öffentlich sichtbaren Erfolg als Symptom seines Erwähltseins und auf seine (asketisierende) Verantwortung für die entsprechende Welt-Gestaltung, der Lutheraner hingegen richte seinen Blick nach Innen und auf die Gesinnung im arbeitenden Umgang mit der Welt.[168] Diese Verinnerlichungstendenz rühre von Luthers Gottes-Vorstellung her, dass Gott selbst «dem Menschen nur als widersprüchliche Einheit erfahrbar» sei, nämlich einerseits als geoffenbarter Gott (Deus revelatus) und andererseits als verborgener Gott (Deus absconditus).[169] Dies bedeutet für den Christenmenschen, dass er zwar zur Welt gehört, aber nur so, als ob er nicht dazu gehöre (1. Korinther 7,30f.), und dass er sich selbst so gehört, als ob er sich nicht selbst gehöre,[170] eine Aussage, die sich ähnlich z.B. bei dem Philosophen G. Gamm findet, dass der Mensch in seiner Würde niemandem, auch nicht sich selbst gehöre. H.-G. Soeffner zieht daraus die Konsequenz: «In der Gesinnungsethik des Luthertums übernimmt der einzelne die Verantwortung für seine Innenwelt, für seine Intentionen und seine ‹Erfahrungen› mit sich selbst», so dass der lutherische Biographie-Typus «entsteht aus den Erinnerungen und Reflexionen eines in erster Linie mit sich selbst kommunizierenden Ichs».[171] Anders formuliert: «Die Rechtfertigungslehre schafft ein ‹fundamentales Misstrauen gegen die Tat›»[172] – entsprechend sei Luthers Einengung des Evangeliums auf die Sündenvergebung «revisionsbedürftig».[173] Hier wird übersehen, dass Luther in Paradoxien, dialektisch, ambivalent redet und sich deswegen sowohl gegen vereindeutigende «(Eigen-) Gesetzlichkeit» (etwa im Sinne von Müntzer) wie gegen eine offenbarungspositivistische «Königsherrschaft Christi» (etwa im Sinne K. Barths)

---

168 Gut und kritisch dargestellt bei J. Moltmann: Politische Theologie – Politische Ethik. München/Mainz 1984, 124ff.: Die lutherische Zwei-Reiche-Lehre; 137ff.: Die reformierte Herrschaft-Christi-Lehre; vgl. Chr. Arn: Ethiktransfer. Zürich/Chur 2006, 168–172; H.-G. Soeffner: Luther, 61.

169 H.-G. Soeffner: Luther, 57.

170 A.a.O., 59.

171 A.a.O., 68f.

172 Chr. Arn: Ethiktransfer, 168.

173 D. Lütz: Betroffene Bemerkungen eines Nichtbetroffenen. Die Gemeinsame Erklärung aus der Perspektive eines freikirchlichen Zaungastes, in: Rechtfertigung Kontrovers. Berlin 2002, 80; S. Engelbrecht: Religion ohne Verantwortung? Warum Juden und auch christliche Theologen die lutherische Rechtfertigungslehre kritisieren, in: Zeitzeichen 2001, Heft 3, 57–59.

wehrte, die beide eine christliche Ethik normativ entfalten können, dadurch aber Gottes Entäußerung, Gottes Nichtpräsenz, seine Mensch-Werdung theologisch und ethisch überspielen.[174]

*Irrwege* der reformatorischen Religiosität und Theologie sind zu sehen in den bereits genannten antijudaistischen und antiislamischen Äußerungen und Verhaltensweisen. Vielleicht wurde dem auf seine Nächstenliebe eingeschworenen Glaubenden doch zu viel Freiheit zugemutet und gar aufgebürdet,[175] weshalb die Reformierten eine Ethik für die Wiedergeborenen nachschoben? Weshalb vielleicht Lutheraner im Dritten Reich das Hitler-Regime begrüßten? Aber andere aktiv im Widerstand mitwirkten? Weshalb sich auch der Protestantismus mit der Anerkennung der Menschenrechte schwer tat bis in die 1970er Jahre hinein? Weshalb dann doch wieder Bekenntnisse, Kirchenordnungen, Pfarramt, Bibel u.a. einen hohen Verpflichtungscharakter erhielten (etwa auch gegenüber den bekenntnisfreien Reformierten)? Weshalb manche den Protestantismus zum Initianten moderner Freizügigkeit z.B. in Ehe- und Sexualmoral, in Literatur, Kunst, Musik, Film und zum Ursprung postmoderner Beliebigkeit abstempeln? Wieder andere verweisen auf Luthers Arbeitsmoral als gleichzeitige «Entzauberung der Welt», die laut Max Weber den okzidentalen Kapitalismus mit eingeleitet und getragen hat, und auf protestantische Askese und Leibfeindlichkeit. Und zugleich lässt sich mit der Zwei-Reiche-Lehre Luthers eine grundsätzliche Befreiung gerade im Umgang mit dem eigenen Körper zeigen, exemplarisch in Luthers eigenem Leben und seiner Heirat. Viele solcher Pros und Contras könnten diskutiert werden.

Weitere *Anfragen* sind zu stellen, z.B. ob Luther in seiner «Freiheit eines Christenmenschen» seinerseits obrigkeitshörig war – was ihm z.B. H.-E. Richter und andere vorwerfen – und letztlich eine Doppelmoral des innerlichen Gewissensgehorsams gegen Gott einerseits und des zivilen Gehorsams gegen die Obrigkeit andererseits vertrat? Lief dies auf eine bereits angesprochene Spiritualisierung des Glaubens hinaus, da es über die Nächstenliebe hinaus für Luther keine theologisch-normativen Anweisungen geben konnte, wohl aber weltliche, ziviler Gerechtigkeit folgende Anweisungen? Hat Luther die Paradoxie von Institution und

---

174 Hierzu B. Beuscher; D. Zilleßen: Religion und Profanität. Weinheim 1998, 23–39.

175 P. L. Berger: Erlösender Glaube?, 190f.

Geist, von Amt und Charisma, von Tradition und Selbstverantwortung, von Priester und Prophet je nach Situation zu einer der beiden Seiten hin durchbrochen oder zu früh innegehalten?[176]

Es ging Luther, wie besonders G. Ebeling gezeigt hat, um die «Unterweisung des Gewissens» für die Unterscheidung dieser beiden Dimensionen von Gottes zuvorkommendem Versöhnungshandeln und unserem menschlichen Beschaffen.[177] Der damit initiierte Individualisierungsschub besonders der lutherischen Reformation hat Aufklärung und Pietismus geprägt.[178] Luthers Zwei-Reiche-Lehre hat die Demokratisierung vor allem in protestantischen Ländern besonders in Nordeuropa dynamisiert.[179] Ob er deswegen mit den Bauern, Schwärmern und sonstigen Sozialisten einen Sozialismus hätte heraufführen müssen, ist müßig zu fragen, ebenso ob er das Bürgertum gebracht hat. Jedenfalls hat Luther «das Christentum von einer Anstalts- in eine Bildungsreligion aufgeklärt» – bis hin zum evangelischen Pfarrhaus als grundlegendem Bildungs- und Kulturträger.[180]

Theologisch wurde und wird moniert – vor allem auch von feministisch-theologischer Seite aus –, dass Luthers Fokussierung auf den Ein-

---

176 A.a.O., 132ff., der in der Hamartiologie «eine Art metaphysischen Masochismus» sieht (104).

177 G. Ebeling, Luther, 33f., 105f., 190f., 302f.; vgl. M. Honecker: Das Recht des Menschen. Einführung in die evangelische Sozialethik. Gütersloh 1978, 165–161; 161f. zum Modell der «Königsherrschaft Christi» bei K. Barth; J. Moltmann: Politische Theologie – Politische Ethik, 124ff. zu Luther und Reformierten; E.-W. Böckenförde: Geschichte der Rechts- und Staatsphilosophie. Tübingen 2002, §14: Martin Luther, 371–444, bes. 400–402; G. Ebeling: Luther. Einführung in sein Denken. Tübingen 1964, bes. 125ff. am Bsp. von Gesetz und Evangelium. Eine oft gestellte Frage bei U. Siemon-Netto: Luther als Wegbereiter Hitlers? Zur Geschichte eines Vorurteils. Gütersloh 1993.

178 A. Beutel: Lutherische Theologie, 358; A. Heit: Versöhnte Vernunft, bes. 137ff., 190ff.; W. Mostert: Luther III: Wirkungsgeschichte, in: TRE Band XXI. Berlin/New York 1991, 567–594.

179 M. Bosch: Auf den Spuren Europas. Zur Diskussion religiöser Bildung bei der Annäherung an Europa, in: D. Zilleßen (Hg.): Religion, Politik, Kultur. Diskussionen im religionspädagogischen Kontext. Festschrift für U. Gerber. Münster 2001, 65–72.

180 A. Beutel: Lutherische Theologie, 359; vgl. W. Mostert zur Wirkungsgeschichte Luthers, in: TRE Band XXI. Berlin/New York 1991, bes. 579ff.

zelnen einerseits vor Gott in der Heilsfrage und andererseits vor der Welt in ethischer Verantwortung aus Nächstenliebe «zuviel Passivität, Introspektion und Individualismus» gebracht habe, dass Luther ein typisch androzentrisches Verständnis von Sünde als Hybris und Allmachtswahn hatte und dass wir Luthers Sprache von der Gerechtigkeit Gottes, von Rechtfertigung, Versöhnung usw. übersetzen müssen in eine neue Sprache, z.B. des empowerment[181]. Elisabeth Moltmann-Wendel monierte: «Einmal die zentrale Rolle vom Zorn des richtenden und strafenden Gottes. Zweitens die allgemeine Rede vom Sünder, der auf Grund seines Glaubens und Vertrauens begnadigt wird. Drittens die vertikale als die einzige Beziehung zwischen Gott und Mensch ohne die Einbindung und die Verflochtenheit mit der sozialen Wirklichkeit»[182]. Unbestritten ist, dass Luthers damalige Frage nach dem gnädigen Gott sich heute in Wünsche nach Gottesbildern von Partnerschaft, von guten Beziehungen und sinnvollem Leben transformiert hat. Umstritten bleibt, inwiefern das reformatorische Rechtfertigungsanliegen deswegen begrenzt oder eben konsequent war im Blick auf eine pessimistische Anthropologie, auf sinnliche Erfahrungen (obwohl manche Luthers Heirat mit Katharina von Bora für die eigentliche reformatorische Tat halten), auf Glück, Ganzheitlichkeit, auf «gut, ganz und schön sein»[183], weil sonst Gottes zuvorkommendes Handeln verfügbar werde. Theologisch wird gefragt, ob dann nicht dem Menschen mindestens partiell Freiheit in Heilssachen zukäme, was als römisch-katholischer Pelagianismus gilt[184].

Theologisch sind sicher auch dort Grenzen zu sehen, wo die Reformatoren bei aller inhaltlichen Uminterpretation an der Terminologie der Sühnopfer-Christologie festhielten. Luther hat, so wird man diese Frage weiterführen können, die traditionellen christologischen Dogmen wie die

---

181 B. Wartenberg-Potter: Der Gerechtigkeit Gottes begegnen. Anmerkungen zum Diskurs über die Rechtfertigungslehre aus ökumenisch-feministischer Perspektive, in: Ev. Theol. 60 (2000) 366–370.

182 E. Moltmann-Wendel: Gibt es eine feministische Rechtfertigungslehre?, in: Ev. Theol. 60 (2000) 348–359, zit. 350.

183 A.a.O., 355; vgl. U. Gerber: Glück haben – Glück machen. Stuttgart 1991, 101f., dass Glück erst im 17. Jahrhundert zu einer positiven Kategorie wurde.

184 Vgl. G. Bonner: Pelagius/Pelagianischer Streit, in: TRE Band XXVI. Berlin/New York 1996, 176–185; U. Gerber: Die feministische Eroberung der Theologie. München 1987.

Zwei-Naturen-Lehre und die trinitarische Bestimmung Jesu Christi als der zweiten göttlichen Person einschließlich der Opfer- und Sühne-Terminologie beibehalten, diese aber mehr oder weniger stark gegen die Tradition gelesen und verwendet. Indem die Reformatoren nämlich von Gottes rechtfertigend-versöhnendem Handeln zusammen mit Jesus als dem Christus für die sündige Menschheit ausgingen, war die Vorstellung einer verdienstvollen Satisfaktion Jesu Christi nicht mehr sinnvoll. Auch der Gedanke der Stellvertretung machte nur insofern noch Sinn, als die Stellvertretung von uns Menschen durch den Mittler Jesus Christus einzig die von Gott selbst vollzogene inkarnatorische Versinnlichung des göttlichen Rechtfertigungshandelns in (gott-)menschlicher Gestalt sein konnte.[185] Luther beschrieb entsprechend das Heilswerk Jesu Christi «auch als Genugtuung für unsere Sünden ..., die er aber nicht legalistisch interpretiert wie Anselm von Canterbury. Christus trägt die Schuld der Sünder gegenüber Gott ... Er hat an unserer Stelle das Gesetz erfüllt ... und die Strafe, die das Gesetz Gottes über die Sünder verhängte, erlitten ... Er hat uns so vom Fluch des Gesetzes erlöst ..., indem er freiwillig an die Stelle der Sünder trat ... So ist Christus die fremde Gerechtigkeit Gottes ..., die extra nos die Schuld unserer Sünde bedeckt bzw. nicht anrechnet ... Diese Gerechtigkeit wird in uns wirksam durch das Wort Gottes im Glauben ... So ist Christus unser Versöhner..., unser Mittler ..., unser Fürsprecher, ... Priester und Heiland.»[186] Jesus ist als der Christus ausschließlich durch seine *Mittlerschaft* (und nicht auch durch Satisfaktion) zu bestimmen, die einzig auf *unser Heil* bezogen ist (pro nobis) und die in der *Selbsthingabe* Gottes an uns Menschen besteht und die durch die beiden *Ämter* des *Königs* und *Priesters* (und bei Calvin zusätzlich des Propheten) umschrieben wird.[187]

185 Vgl. D. Sölle: Stellvertretung. Ein Kapitel Theologie nach dem «Tode Gottes» (1965), bes. 54ff. zur Struktur der Stellvertretung; 111ff. zum Stellvertreter Christus; E. Levinas: Die Stellvertretung.

186 K.-H. zur Mühlen: Luther II., in: TRE Band XXI. Berlin/New York 1991, 543f.; vgl. ders.: Jesus Christus IV. Reformationszeit, in: TRE Band XVI. Berlin/New York 1987, 759–772, wo aber leider keine Problematisierung angestellt wird.

187 E. Mühlenberg: Christologie, in: EKL. Erster Band. 3. Aufl. Göttingen 1986, 724; U. Gerber: Christologische Entwürfe. Ein Arbeitsbuch. Band I: Von der Reformation bis zur Dialektischen Theologie. Zürich 1970, 25ff.; U. Gerber: Die Menschwerdung Gottes – Die Zweinaturenlehre (Art. 25); Präexis-

Sowohl die traditionelle theistische Gottes-Vorstellung[188] als auch Elemente einer Sühnopfer-Christologie werden von den Reformatoren theologisch gesehen meiner Meinung nach insofern unterlaufen, als diese Vorstellungen in der Rechtfertigungs- und Versöhnungsreligiosität nicht mehr konstitutiv notwendig sind im Sinne der römisch-katholischen Tradition. So kann man auch den genannten feministischen Interpretationen in der Intention dann zustimmen, wenn sie den Sühnopfergedanken als abzulehnenden Versuch werten, «den Genugtuung-fordernden Gott mit der bedingungslosen in Christus erfahrenen Liebe zu verbinden» und dadurch den Opfertod Jesu in «ein fernes und alltäglich kaum nachzuvollziehendes Modell» verwandeln, «das von jeweiligen Gesellschaften benutzt werden konnte, um zum letzten Einsatz anzuspornen oder ihn zu verklären – z.B. in Kriegszeiten.»[189] Geht es dabei aber um ein «nachzuvollziehendes Modell»? Das klingt nach einer feministisch gereinigten Urbild-Christologie, die den Reformatoren sicher nicht vorschwebte und die in heutigen Theologie-Entwürfen mehrheitlich abgelehnt wird.

## Überschreitungen

Der reformatorische Protestantismus hat die jüdisch-christliche Ursprungsdynamik der Entgötterung, der Entheiligung, der *Profanisierung* (manche sprechen von Säkularisierung) im Gottes-, Christus- und Men-

---

tenz und Erhöhung Jesu Christi (Art. 26); Die drei Ämter Jesu Christi (Art. 27), in: H. Ott; Kl. Otte (Hg.): Die Antwort des Glaubens, 285ff., 295ff., 303ff.

188 Vgl. D. Sölle: Stellvertretung, 131ff.: Entwurf einer nachtheistischen Theologie; dies.: Gott denken. Einführung in die Theologie. Stuttgart 1990, 223–237: Vom Ende des Theismus; G. Schiwy: Abschied vom allmächtigen Gott. München 1995, 13ff.: Das Ende der traditionellen Gottesbilder; U. Gerber: Nachtheistische Gedanken zu einer theistischen Theodizee, in: Ethik und Sozialwissenschaften. Streitforum für Erwägungskultur 12 (2001), Heft 2, 174–176; ders.: Gottes-Bilder, in: BRU. Magazin für die Arbeit mit Berufsschülern 1990, Heft 2, 9–11.

189 E. Moltmann-Wendel: Das Land, wo Milch und Honig fließt. Perspektiven feministischer Theologie. Gütersloh 1985, 178–183, zit. 180; dazu dies.; G. Kegel (Hg.): Feministische Theologie im Kreuzfeuer. Gütersloh 1992.

schenbild darzustellen versucht.[190] «Es ist offenkundig, dass sich im Protestantismus Gott noch weiter entzieht (sc. als im Judentum und auch im Islam) ... Ich frage mich ganz einfach, ob der Okzident diesen Entzug des Göttlichen schon wirklich voll ermessen hat, der das Monotheistisch-Göttliche selber konstituiert und der bewirkt, dass es in der Mitte dieses Dispositivs das Christentum gewesen sein wird, das durch seine Geschichte *den Tod Gottes* wirklich vollendet. Die nietzscheanische Behauptung vom Tod Gottes taucht nicht unvermittelt bei Nietzsche auf, sie ist auch schon bei Hegel und bei Jean Paul und eben nicht zufällig in jener Epoche erschienen. Hegel selbst nahm sie von Luther auf. Sie ist ein reines Produkt des Protestantismus. Der Tod Gottes ist in nichts eine atheistische und das Christentum angreifende Behauptung. Er ist das Ergebnis oder die logische Konsequenz des Christentum selbst»[191]. Dorothee Sölle hat wie F. Gogarten, P. Tillich, D. Bonhoeffer u.a.m. in dieser Profanisierung oder Säkularisierung einen Prozess gesehen, «der sich ganz folgerecht aus dem Wesen des christlichen Glaubens ergibt.»[192]

Hinter dieser Intention zur Profanisierung steht einerseits christologisch die Rede (Luthers) vom *Tod Gottes*. Luther ging in der Tat bei seinen Interpretationen der Passion Jesu Christi so weit, dass er in der Gestalt des sterbenden Jesus (auf Grund von dessen enger Verbindung der menschlichen mit der göttlichen «Natur») zugleich Gott sterben sah, womit Luther die unbegründbare, unerwartbare, kontingente und wirkliche Barmherzigkeit und Rechtfertigungszuwendung des dreifaltigen Gottes zu den sündigen Menschen auszudrücken versuchte.[193] Der christologische Hintergrund liegt in der Zwei-Naturen-Lehre. Luther sprach nämlich in der Person Jesu Christi der göttlichen Natur (als dem personbildenden Kern) auch die menschlichen Ereignisse und Prädikate des Leidens, Gekreuzigtwerdens und des Sterbens zu, was z.B. der Zürcher Reformator Zwingli als Vermischung des Göttlichen und Menschlichen

---

[190] R. J. Campiche: Die zwei Gesichter der Religion. Faszination und Entzauberung. Zürich 2004.

[191] J.-L. Nancy: Entzug der Göttlichkeit, 77f.; vgl. S. M. Daecke: Der Mythos vom Tode Gottes. Ein kritischer Überblick. Hamburg 1969. – In der von Max Reger (1873–1916) vertonten «Klage vor Gottes Leiden» aus dem 14. Jh. heißt es im letzten Vers: «Ewiges Leben, bist du gestorben?»

[192] D. Sölle: Theologie nach dem Todes Gottes, in: dies.: Atheistisch, 56.

[193] A. Heit: Versöhnte Vernunft, 179.

ablehnte.[194] Luther schrieb in «Vom Abendmahl Christi» von 1528: «Die person (zeige Christum) leidet, stirbet. Nu ist die person wahrhafftiger Gott, drumb ists recht gered, Gottes son leidet ... Und ist dazu auch die wahrheit. Denn yn der wahrheit ist Gottes son fur uns gecreutzigt, das ist die person, die Gott ist» (WA 26, 321f.). Und in der Disputation über die Gottheit und Menschheit Christi von 1540 heißt es noch pointierter: «Dieser Mensch hat die Welt erschaffen und dieser Gott hat gelitten, ist gestorben, wurde begraben.» (WA 39/II, 93, 8f.) «Die Rede vom Tode Gottes wird ... *notwendig*, weil in ihr die Wirklichkeit Jesu Christi zu ihrer Wahrheit kommt. ... Die Theologie hat die soteriologische Implikation des pro nobis nur, weil Gott in der Person Jesu Christi gelitten hat und gestorben ist. Die *Rede* vom Tode Gottes setzt das *Ereignis* des Todes Gottes voraus. Der wahre Ursprung der Rede vom Tode Gottes ist das geschichtliche Ereignis des Todes Jesu von Nazaret.»[195] Man kann sagen, dass der Tod und die Abwesenheit Gottes in der Gestalt Jesu von Nazaret und dessen Todes die Welt profanisiert und entgöttert (hat). Und auf diesem Hintergrund ist auch die oben explizierte Zwei-Reiche-Lehre Luthers zu verstehen, in der es um die paradoxe Spannung der beiden von Gott gesetzten Reiche geht, nämlich von dem uns unverfügbaren Gnaden-Reich und dem von uns zu gestaltenden Welt-Reich.

Das Paradoxe an dieser Rede vom Tode Gottes bedeutet im Blick auf unsere Wahrnehmung von Wirklichkeit, dass diese nicht ein harmonisches Gesamt-Ganzes ist, wie es die griechische Vorstellung vom Ordnungs-Kosmos und die umfassende Heilsgeschichte abbildeten und verbürgten und wie es New-Age- und andere, z.B. auch feministisch-theologisch artikulierte Sehnsüchte nach Ganzheit in einer künstlichen Renaissance projizieren.[196] Die Perspektive des Wahrnehmens ist jetzt

---

194 E. Jüngel: Vom Tod des lebendigen Gottes, in: ders.: Unterwegs zur Sache. Theologische Bemerkungen. München 1972, 105–125; R. Schwarz: Gott ist Mensch. Zur Lehre von der Person Christi bei den Ockhamisten und bei Luther, in: ZThK 63 (1966) 289–351.

195 E. Jüngel: Vom Tod des lebendigen Gottes, 115f.

196 H.-J. Ruppert: New Age-Bewegung, in: Verkündigung und Forschung 33 (1988), Heft 2: Religion heute, 71–94; G. Ruhbach: Frömmigkeit und Religiosität im ausgehenden 20. Jahrhundert, 43–71; H.-J. Ruppert: Theosophie – unterwegs zum okkulten Übermenschen. Konstanz 1993; W. Thiede: Scientology – Religion oder Geistesmagie? Konstanz 1992; ders.: Vor fünfzig Jahren erfand Ronald Hubbard Scientology, in: Evang. Kommentare 2000, Heft

eine andere: dass die zirkuläre, als stark geltende Logik der harmonischen Einheit und ihrer permanenten Wiederherstellung stirbt[197], indem dem Einzelnen das menschenunmögliche Ereignis der Rechtfertigung zustößt und ihn in den Bruch zur angeblich weltumspannenden Harmonie und zur Gleichgewichtigkeit, zum geschlossen vorgestellten Kosmos und zu gesellschaftlich vorgegebenen Hierarchien bringt.[198] Ein Beispiel mag diese «Umwertung» verdeutlichen: «Wer dich auf den rechten Backen schlägt, dem biete auch den andern dar» (Matthäus 5,39b, Zürcher Bibel). Diese Einladung und diese Mahnung vertritt z.B. auch der Buddhismus. Aber für diesen ist dies nur möglich, wenn wir «alle Lebensfunken auslöschen und uns in die primordiale Leere des Nirwana versenken, in das formlose Ein-Alles. Es gibt keine Befreiung in diesem Leben (und es gibt kein anderes) ... Im Gegensatz zum Buddhismus setzt das Christentum auf die Möglichkeit eines radikalen Bruchs, darauf, die ‹große Kette des Seins› bereits in *diesem* Leben, solange wir leben, zerbrechen zu können» – indem Gottes Rechtfertigungshandeln den Glaubenden befreit.[199]

Auf diesen Entzug und diese Abwesenheit Gottes, auf diesen Bruch der Einheit der Welt, auf diesen Riss im Menschen selbst (seit dem Sündenfall), auf diese schon immer geschehene und von uns überspielte Trennung oder Differenz kommt es an. Die sogenannte Erbsünde mag darin bestehen, dass wir schon immer von der Einheit untereinander, von Gemeinsamkeiten miteinander, von Gleichheit füreinander ausgehen und dann nach Unterschieden, nach der Trennung, nach der grundsätzlichen Differenz fragen, die sich in unserer Einzigartigkeit befreiend und verschlingend auftut.[200] Der Schriftsteller A. Muschg hat auf die

---

5, 34–36; vgl. U. Gerber: New Age – Ein Beispiel neuzeitlichen Hoffnungs- und Utopieverlustes, in: Junge Kirche 50 (1989) 92–104; ders.: Natur, New Age und biblische Theologie, in: Welche Natur wollen wir? Hg. Evang. Akademikerschaft in Deutschland. Stuttgart 1990, 42f.

197 Vgl. C. Pietzcker: Einheit, Trennung und Wiedervereinigung. Psychoanalytische Untersuchungen eines religösen, philosophischen und literarischen Musters. Würzburg 1996.

198 In religionspädagogischer Zuspitzung bei D. Zilleßen; U. Gerber: Und der König stieg herab.

199 S. Zizek: Das fragile Absolute. Warum es sich lohnt, das christliche Erbe zu verteidigen. Berlin 2000, 138.

200 Vgl. G. Agamben: Das Offene. Der Mensch und das Tier. Frankfurt/M. 2003.

Frage: «Was ist europäisch?», geantwortet: die Spaltung.[201] Die Spaltung ist so etwas wie unser inneres Movens, sie ist in der Reformation als Zerspaltung des Christentums in drei Konfessionen zutage getreten, sie ist die Quintessenz der Aufklärung, die Triebkraft zur Arbeitsteilung, sie ist eine Art genetischer Code etwa in der Psychoanalyse. Die drei großen Trennungs- oder Spaltungserfahrungen: dass nicht wir der Mittelpunkt der Welt sind, dass wir evolutiv geworden sind (was derzeit wieder vielerseits bestritten wird), dass wir nicht Herr und Frau im eigenen Haus sind angesichts des Unbewussten – diese Kränkungen seien ein typisch europäisches «Programm», das sich in Kriegen, in globalisierender Ökonomie, in Wissenschaft und Technik über die ganze Welt verbreitet hat und in der Todesindustrie des Holocaust und in Gestalten und Institutionen des Diktatorischen und des Terrorismus zurückgeschlagen hat und zurückschlägt. Spaltung, Trennung, Differenz gerade umgekehrt als Verdeckung, Abspaltung und Zerstörung der grundlegenden Differenz von uns Menschen und unserer damit gegebenen Einzigartigkeit und Würde. Es bleibt die Gratwanderung der protestantischen Rechtfertigungs- und Versöhnungsreligiosität, dass die Einzigartigkeit eines jeden Menschen in der Differenz zu anderen Menschen und zu Gott nur gegen den Augenschein und wider die Logik geglaubt, aber niemals festgestellt, geschweige denn hergestellt werden kann. Unser Leben und Zusammenleben bleiben ambivalent, paradox, bestimmt sowohl durch Gottes zuvorkommendes Rechtfertigungshandeln als auch durch unser dadurch befreites Leben in verantwortlicher Nächstenliebe aus Glauben in Hoffnung.

Mit D. Bonhoeffers Brief vom 21. Juli 1944 aus der Haft: «Ich habe in den letzten Jahren mehr und mehr die tiefe Diesseitigkeit des Christentums kennen und verstehen gelernt; nicht ein homo religiosus, sondern ein Mensch schlechthin ist der Christ, wie Jesus – im Unterscheid wohl zu Johannes dem Täufer – Mensch war. Nicht die platte und banale Diesseitigkeit der Aufgeklärten, der Betriebsamen, der Bequemen oder der Laszіven, sondern die tiefe Diesseitigkeit, die voller Zucht ist, und in der die Erkenntnis des Todes und der Auferstehung immer gegenwärtig ist, meine ich. Ich glaube, dass Luther in dieser Diesseitigkeit gelebt hat.»[202]

---

201 A. Muschg: Was ist europäisch? Reden für einen gastlichen Erdteil. München 2005.

202 D. Bonhoeffer: Widerstand und Ergebung, 247f.

# V. Sich-Einrichten in dieser Welt durch Verdrängen: Religion(en) der Erleichterung

## Erfahrungskontext 1: Individualisierung und Pluralisierung, auch der Religion(en)

Praxis und Verständnis von Religion als Mittel der *Erleichterung* ist ein neuzeitliches, sogar modernes Phänomen, ebenso wie das im nächsten Kapitel zu besprechende Verständnis von Religion als *fundamentalisierendem Vereindeutigen.* Sie stellen unterschiedliche Reaktionen auf Befreiungserfahrungen, Pluralisierung, Individualisierung, auf Verwissenschaftlichung und Ökonomisierung und weitere Modernisierungsschübe dar.[203] Mit der Selbstentdeckung des neugierig gewordenen Menschen als eines sich selbst bewussten Individuums fallen ihm neue Freiheiten zu, die sich z.B. in einer fortschreitenden Religionskritik vor allem an den Vorstellungen einer göttlichen Trinität, eines Sühnopfers des Gottessohnes, eines Vorschriften-, Bibelbuchstaben- und Sakramentenglaubens, eines bevormundenden und in sich kreisenden Konfessionen-Christentums äußern. Der Mensch zweifelt den metaphysisch-christlichen Überbau immer häufiger und offener an im Namen der Vernunft, einer libertinären Moral und des Naturrechtes, der Geschichte, der Wissenschaft, Technik und Politik, im Namen von Fortschritt, Perfektionierung, Freiheit, Gerechtigkeit, von Toleranz und Selbstfindung des Ichs. Die Religion(en) durchlief(en) einen immer angefochteneren und sich weiter pluralisierenden Weg vom ersten atheistischen Text des christlichen Europa «Theophrastus redivivus» (Der auferstandene Theophrast) von 1659 über die öffentliche Abschaffung bzw. Verbannung der Religion etwa in der Französischen Revolution von 1789 durch den Humanismus von Freiheit, Gleichheit,

---

[203] P. Cl. Hartmann (Hg.): Religion und Kultur im Europa des 17. und 18. Jahrhunderts. 2. Aufl. Frankfurt/M. 2006; als dogmen- und theologiegeschichtliche Orientierung bei R. Leonhardt: Grundinformation Dogmatik. Göttingen 2001, 34ff., mit Literatur; G. Horning: Lehre und Bekenntnis im Protestantismus, in: C. Andresen; A. M. Ritter (Hg.): Handbuch der Dogmen- und Theologiegeschichte. Band 3: Die Lehrentwicklung im Rahmen der Ökumenizität. 2. Aufl. Göttingen 1998, 71–287; J. Rohls: Protestantische Theologie der Neuzeit. Band 1: Die Voraussetzungen und das 19. Jahrhundert; Band 2: Das 20. Jahrhundert. Tübingen 1997.

Brüderlichkeit bis zur persönlichen Forderung des Zeitgenossen Elton John und anderer 2006, die Unfriedenstifterin Religion als Verbieterin von Mitgefühl vor allem mit homosexuellen Menschen abzuschaffen. Atheismus wird zur (modernen) Lebensmöglichkeit neben den christlichen Konfessionen und den in Europa vorfindlichen anderen Weltreligionen.[204]

Dieser Prozess hat mit *Individualisierung* zu tun, da immer mehr der Einzelne zum Bezugspunkt des Glaubens, Denkens und Handelns wird. Er hat mit *Subjektivierung* zu tun, weil es um die Selbstfindung des Einzelnen geht. Und er hat mit *Pluralisierung* zu tun, indem die persönliche Meinung und die individuellen Bedürfnisse auch im Religiösen in den Vordergrund treten. Auch Religion erhält zu ihrem institutionellen Selbstvollzug als andere Seite den Charakter einer Entscheidungsangelegenheit. Dies eröffnet Freiheit und bringt zugleich Verunsicherung und den Wunsch nach Orientierung. Dies verlangt vom Einzelnen Entschlusskraft und birgt die Gefahr des Selbstverlustes durch Desintegration oder Totalidentifikation etwa mit einer fundamentalistischen Ausprägung von Religion in sich. Religion wird ambivalent und verliert ihre Eindeutigkeit(en): Glaube ist nicht (mehr) begründbar, und gleichzeitig heißt es contra: Glaube ist moralisch, vernünftig, metaphysisch geboten.

Politisch schlug sich dieser Prozess z.B. in der weitgehenden Säkularisierung von Kirchengütern ab etwa 1800 nieder. Religionspolitisch wurde das Verhältnis von Staat (Fürst, König, Kaiser u.a. bzw. gewählte Regierung) und Kirche(n) und außerchristlichen Religionen problematisch: Der Staat kann ausschließlich der christlichen Religion einen *staatskirchenähnlichen Status* zuerkennen, wie es de facto im römisch-katholischen Italien und Spanien und im protestantischen Finnland, ganz deutlich etwa im orthodox-gläubigen Griechenland, allerdings mit unterschiedlichen Implikationen und Konsequenzen, der Fall ist. Der Staat kann einen *Laizismus* etablieren, wie beispielsweise in Frankreich. In Deutschland haben wir ein «balancierendes» Verhältnis von Staat und Kirche, so dass

---

204 G. Minois: Geschichte des Atheismus. Von den Anfängen bis zur Gegenwart. Weimar 2000, wo «Atheismus» definitorisch anders gefasst und entsprechend früher gesehen wird; R. Polak: Megatrend Religion? Neue Religiositäten in Europa. Ostfildern 2002; immer noch spannend bei F. Mauthner: Der Atheismus und seine Geschichte im Abendlande. 2 Bände. Stuttgart/Berlin 1922; M. Schmidt, Atheismus; W. Müller-Lauter: Atheismus: Systematische Darstellung.

Religionsgemeinschaften ihre Religion (Konfession, Kult) nach Grundgesetz Art. 7,3 im Rahmen des GG ausüben, mit Unterstützung des Staates z.B. beim Einzug der Kirchensteuer. Der Staat kann aber in einer sich pluralisierenden Religionslandschaft eine Gemeinschaft, die sich selbst als Religion definiert und den Rechtsstatus einer «Religionsgemeinschaft» (als Körperschaft öffentlichen Rechtes) erlangen möchte, deswegen nicht zulassen, weil diese anfragende Gemeinschaft eben keine Religionsgemeinschaft im Sinne des deutschen Grundgesetzes Art. 7,3 ist, so etwa die in den USA zugelassene Scientology Church.[205] Oder der Staat verbietet selbsternannte ‹Religion›(en) auf Grund GG Art. 7,3, so etwa die Bewegung des islamischen Fundamentalismus innerhalb des Islam (wobei die Anerkennung des Islam im Sinne von GG Art.7,3 seit langem ansteht, aber auf Grund vor allem von Vertretungsproblemen ein schwieriger Prozess bleibt). Die unmenschlichste Ausgrenzung einer Religion war die Vernichtung der Juden als Volk und als Religion durch die Nationalsozialisten des Dritten Reiches im Holocaust.[206]

---

[205] M. Frenschkowski: «Den Religionsbegriff rein halten?» Thesen und Beobachtungen zur Debatte um Scientology und andere Neue Religiöse Bewegungen, in: EvTh 60 (2000) 252–269; Handbuch Religiöse Gemeinschaften. Hg. H. Reller, 6. Aufl. Gütersloh 2006, wo unterschieden wird zwischen Freikirchen (z.B. Bund Evangelisch-Freikirchlicher Gemeinden, nämlich der Baptisten), Sondergemeinschaften (z.B. Philadelphia-Bewegung), Sekten (z.B. Adventisten, Gralsbewegung, Die Neuapostolische Kirche), Weltanschauungsgemeinschaften (z.B. Theosophie, Transzendentale Meditation), Neureligionen (z.B. Hare Krishna, Scientology Kirche, Bhagwan Shree Rajneesh Movement), Außereuropäischen Neubildungen (z.B. Kimbanguistische Kirche in Afrika); G. Schmid; G. O. Schmid (Hg.): Kirchen, Sekten, Religionen. Religiöse Gemeinschaften, weltanschauliche Gruppierungen und Psycho-Organisationen im deutschen Sprachraum. Zürich 2006; K. Baier (Hg.): Handbuch Spiritualität. Zugänge – Traditionen – Interreligiöse Prozesse. Darmstadt 2006; W. Thiede: Esoterik und Theologie. Leipzig 2007.

[206] Ein Beispiel für Laizismus schon im 17. Jh. hat Pierre Bayle, französischer Philosoph, verfolgt von König und katholischer Kirche, Mitinitiant der Aufklärung mit seinem Dictionnaire (Wörterbuch. 2 Bände), vorgelegt in seinen Pensées diverses (Verschiedene Gedanken) von 1683, weil sich Religionen des Rechts bemächtigten, um alle anderen zu vernichten und somit «aus der Welt ein blutiges Theater der Irrungen und des Gemetzels» machten.

Kehren wir zurück in die Entstehung der Neuzeit. Im Namen einer vernünftigen Lebens- und Weltgestaltung baut der Mensch seine Beziehungen, seine Umwelt und sich selbst um. Gewaltig, intensiv und umfangreich gestaltet der neuzeitliche Modernisierer im Philosophieren, Theologisieren und im Bilden, in Technik und (Natur-)Wissenschaft, in Wirtschaft und Verkehr, in Informationsübermittlung und Militär etc., bis zu den modernen Atom-, Informations-, Gen-, Bio-, Nanotechnologien. Der Vernunft droht dabei allerdings der letzte Rest an Sinnlichkeit und Emotionalität, an Menschlichkeit und an Bewusstsein unserer Fehlbarkeit und vom Anderen der Vernunft, an der Erfahrung unseres Angewiesenseins auf den (uns gleichzeitig entzogenen) Anderen und auf die ganze Schöpfung ausgetrieben zu werden, indem sie von Bacon über Descartes, Kant, Comte und andere Geistes-Wissenschaftler formalisiert, funktionalisiert, dann ökonomisiert und schließlich mediatisiert (oder medialisiert) wird.[207] Oder sie wird umgewertet etwa durch Nietzsche, sie wird psychologisiert, ästhetisiert, existentialisiert. Oder sie wird von Hegel und Nachfolgern wie in den Apologien des 2.-4. Jahrhunderts nochmals zum umfassenden dynamischen Welt-Geist stilisiert. Die Vernunft selbst wird pluralisiert und sie verliert ihre von der griechischen Philosophie einst inthronisierte universale Gültigkeit als unumstößliche Instanz. Leben und Zusammenleben und der Umgang mit der Schöpfungswelt werden einerseits offener, plural und undogmatischer, andererseits zugleich aber auch schwieriger, entscheidungshafter und folgenreicher, so dass auch Konfessionen, Religionen und religiöse Bewegungen entsprechend zur Legitimierung von Freiheit und Fortschritt einerseits und von erleichternden Eindeutigkeiten und Ordnungen andererseits verwendet wurden und werden.

---

[207] M. Horkheimer; Th. W. Adorno: Die Dialektik der Aufklärung. Philosophische Fragmente. Frankfurt/M. 1969, wo es um die Selbstzerstörung der Aufklärung geht und um «Kulturindustrie» als Medium der Aufklärung als Massenbetrug (128ff.); E.-B. Körber: Die Zeit der Aufklärung. Eine Geschichte des 18. Jahrhunderts. Darmstadt 2006; G. u. H. Böhme: Das Andere der Vernunft. Frankfurt/M. 1983; U. Krolzik: Umweltkrise. Folge des Christentums? Stuttgart/Berlin 1979, bes. 41–84: Zu den historischen Wurzeln der Umweltkrise; G.Altner: Naturvergessenheit. Grundlagen einer umfassenden Bioethik. Darmstadt 1991, bes. 9–30: Die Entsinnlichung im Mensch-Natur-Verhältnis; E.Illouz: Gefühle in Zeiten des Kapitalismus. Frankfurt/M. 2006.

## Erfahrungskontext 2: Das Erdbeben von Lissabon und die Verweigerung des Erwachsenwerdens

Quer zur dominierenden, die christliche Heilsgeschichte fortführenden Fortschrittsdynamik[208] lagen und liegen bis heute retardierende, unterbrechende, zurückgreifende und gegenläufige Erfahrungen. Ein markantes Beispiel im Aufschwung der Aufklärung ist das Erdbeben von Lissabon 1755. Dieses bürdete dem sich aufklärenden Menschen die schwierige Aufgabe auf, den allmächtigen, allwissenden und gerechten Gott mit dem katastrophalen Tod vieler Menschen zusammenzudenken – oder dieser Alternative zum Beispiel im Zuge eines profanisierenden Protestantismus zu entwachsen. Man muss jetzt selbst entscheiden und dadurch erwachsen werden, indem man zwischen einem physischen Übel und einem moralischen Übel unterscheiden lernt. Susan Neiman hat in diesem Sinne den Beginn der Moderne auf das Erdbeben von Lissabon datiert: «Allen Ironien zum Trotz war das nach Lissabon entstandene Bewusstsein ein Versuch, erwachsen zu werden: Ist die Aufklärung der Mut zum Selbstdenken, so ist sie auch der Mut, Verantwortung für die Welt zu übernehmen, in die wir geworfen sind». Und sie zieht das Fazit: «Wir sind richtungslos. Eine Rückkehr zur geistigen Bevormundung ist für viele keine Möglichkeit, aber alle Hoffnungen, endlich erwachsen zu werden, scheinen eitel.»[209] An die Stelle der geistigen und religiösen Bevormundung traten und treten zunehmend ökonomische, technokratische, mediatisierte und andere Bevormundungen und Zwänge. Solche Internalisierungen stellen weitere Gründe dar, nicht erwachsen zu werden, nicht erwachsen werden zu wollen und nicht zu können? Horst-Eberhard Richter hat diese Prozesse aus seiner psychoanalytisch orientierten Sicht dargestellt: «Seit dem Verlust der mittelalterlichen Gotteskindschaft leben wir in einer untergründigen heillosen Angststimmung, gegen die uns nur ein einziges Rezept eingefallen ist: uns selbst die totale Kontrolle über alle Ursachen und Kräfte aneignen zu wollen, von denen

---

208 K. Löwith: Weltgeschichte und Heilsgeschehen. Die theologischen Voraussetzungen der Geschichtsphilosophie (engl. 1949, dtsch. 1952). Stuttgart/Weimar 2004.

209 S. Neiman: Das Böse denken. Eine andere Geschichte der Philosophie. Frankfurt/M. 2006, 27, wo als Beginn der Moderne das Erdbeben von Lissabon 1755 und als Ende der Holocaust genannt werden; vgl. H. Günther: Das Erdbeben von Lissabon. Berlin 1994.

uns je Ungemach drohen könnte. Das Entsetzen vor einer unerträglichen Verlorenheit und Ohnmacht in der Welt ist somit die eigentliche Antriebsenergie, die sich hinter dem Drang nach technischer Allmacht verbirgt.»[210] Ein unauflösbares Paradox: Techniken im weitesten Sinne als Erleichterer in Gestalt von Verdrängern vor uns selbst? *Erleichterungen* also gerade nicht als das Gute, Befreiende, Erlösende, Versöhnende, sondern als das Böse, das Abspaltende, bestenfalls Halbierende, indem wir uns vor uns selbst zu schützen versuchen? *Religiosität der Erleichterung* als Gehilfin beim Verdrängen von Verantwortung und Erwachsenwerden, von Schuldbewusstsein und von unseren Abhängigkeiten als Geschöpfe? Christliche Religion als Mitstreiterin des «Männlichkeitswahns in der unerwachsenen Gesellschaft»[211]?

Über Lissabon hinaus gab und gibt es manche Vorgänger- und Folgeereignisse, die eine Chance und die Notwendigkeit zum Erwachsenwerden statt nur zur Erleichterung qua Verdrängung boten. Zu denken ist an die bereits genannte profanisierende Reformation mit dem Paradox der beiden Reiche, das den Vertrauensglauben im Sinne Luthers und die in Nächstenliebe zu verantwortende Gestaltung des Lebens, Zusammenlebens und der Schöpfungswelt «wider alle Vernunft» und Monokausalität im Christenmenschen korreliert. Zu denken ist an die Verfeinerungen und Brutalisierungen der Kriegstechnik vor allem durch Computertechnik und Materialwissenschaft, an die sich kapitalistisch verschärfenden Wirtschaftsformen bis hin zum rein ökonomisch-utilitaristischen Neoliberalismus, an das expandierende, Kommunikation paradoxerweise zerstörende Verkehrswesen. Sie alle zeigen, dass wir Neuzeitler uns bei unseren Entscheidungen nicht mehr auf herbeizubetende Wunder Gottes zurückziehen können, sondern die Notwendigkeit solcher Entscheidungen selbst wahrnehmen müssen und diese Entscheidungen selbst zu treffen und zu verantworten haben im Bewusstsein, dass wir den anderen Menschen und der Schöpfungswelt gegenüber schon immer schuldig werden. Wir stecken schon immer in einem Opfer- und Gewalt-Ritus (oder Mechanismus), den wir nur verlassen kön-

---

[210] H.-E. Richter: Der Gotteskomplex. Die Geburt und die Krise des Glaubens an die Allmacht des Menschen (1979). Gießen 2005, 5.

[211] H.-E. Richter: Die Krise der Männlichkeit in der unerwachsenen Gesellschaft. Gießen 2006; vgl. E. von Wedel: Als Jesus sich Gott ausdachte. Stuttgart 1990, 142 u.ö.

nen, indem wir uns auf die Seite der Opfer stellen.[212] Aber gerade dieser alteritätsorientierten Einsicht stand und steht eine andere Dynamik der Neuzeit und Moderne gegenüber: Das alles überwachende «Kind» (in seinem Allmachtswahn), das im allmächtig-allwissenden (projizierten) Gott des Vorsehungsglaubens sein väterliches Urbild findet, steht einer von ihm gestaltet-beherrschten und zugleich ihm doch entgleitenden Welt gegenüber und setzt auf Nicht-Entdeckung dieses sich immer stärker aufspreizenden Zwiespaltes.[213] Bis dato, meinen S. Neiman, R. Lempp, H.-E. Richter u.a.m., scheitert der neuzeitliche Mensch an seinem Erwachsenwerden vor allem deswegen, weil er sich selbst einfach an die Stelle des Vaters, des Übervaters, Gottes setzen und seine Endlichkeit nicht akzeptieren will,[214] weil er keinen Perspektivenwechsel vollziehen und nicht über Verluste, Zerstörungen, Schuld trauern kann. Die Inkarnation des Menschen als seine Mensch-Werdung, die im Versöhner Jesus Christus Gestalt gewonnen hat,[215] wird vom Menschen selbst hintertrieben. Die christliche Religion vermag ihre Adoleszenz – in einer unerwachsenen Fun-Gesellschaft – nicht zu überwinden. Religiös-christlich werden Infantilität und die Unfähigkeit zu trauern legitimiert, indem Sterben und Tod am Beispiel der Auferstehung Jesu am Ostersonntag als auch für uns überholt angesehen und verkündigt werden. Die Enttäuschung der geschöpflichen Menschlichkeit wird nicht zugelassen als Ent-

---

212 Exemplarisch bei F. J. Hinkelammert: Der Glaube Abrahams und der Ödipus des Westens. Opfermythen im christlichen Abendland. Münster 1989; R. Girard: Ich sah den Satan vom Himmel fallen wie einen Blitz. Eine kritische Apologie des Christentums. München 2002; B. Janowski; M. Welker (Hg.): Opfer. Theologische und kulturelle Kontexte. Frankfurt/M. 2000.

213 Exemplarisch bei H.-J. Luhmann: Die Blindheit der Gesellschaft. München 2001.

214 Vgl. R. Lempp: Die autistische Gesellschaft. Geht die Verantwortlichkeit für andere verloren? München 1996, der die «ungewollte Rücksichtslosigkeit» mit der fehlenden Bereitschaft begründet, die Kindheit zu verlassen.

215 Der evangelische Theologe Karl Barth (1886–1968) hat seine «Kirchliche Dogmatik» ganz aus dem Blickwinkel des Versöhners Jesus Christus als des Immanuel (Gott mit uns) aufgebaut und entsprechend die Anthropologie «christozentrisch» gefasst und aus der Christologie deduziert; vgl. M. Klein: Karl Barth, in: U. Hahn; U. Tworuschka (Hg.): Hoffnung hat einen Grund. Persönlichkeiten des Jahrhunderts. Zürich/Düsseldorf 1999, 9–15; H. G. Pöhlmann: Gottesdenker. Reinbek 1984, 27–54.

Täuschung. Hinzu kamen die bekannten drei großen Kränkungen: Heliozentrik, Evolution und das Unbewusste als bestimmende Mächte, mit denen umzugehen der neuzeitlich-moderne und der spätmoderne Mensch immer noch lernen muss. Katastrophen, Unfälle, Folgen der Umweltzerstörung – sie lassen sich nicht permanent verdrängen; sie sind vertane Chancen zum differenzierenden Wahrnehmen dessen, was wir in eigener Verantwortung anstellen und wofür wir auch haftbar gemacht werden (müssen), und dessen, was uns grundsätzlich entzogen bleibt.

Was verdrängen wir: die Kränkungen und mit ihnen die Möglichkeit des Trauerns[216], die anderen Menschen und die Schöpfungsnatur und mit ihnen Dank, Demut, Verwundbarkeit[217], Solidarität, Nächstenliebe und das Bewusstsein von Schuld und Scham. Sie verschwinden in der Verdrängung, zumal sie die Logik des von uns Menschen geschaffenen und aufrechterhaltenen Systems stören, weil sie sowohl Elementares und Anstrengendes erfordern als auch zugleich das Eingeständnis von Machtlosigkeit und Abhängigkeit in vielen Bezügen des Zwischenmenschlichen und des Umgangs mit der Schöpfungsnatur verlangen. Sie machen die Offenheit, Unabgeschlossenheit und Sterblichkeit als Grunderfahrungen und Voraussetzungen menschlichen Lebens manifest. So hat Sascha Lehnartz in seiner Befindlichkeitsbeschreibung «Global Players» nachgeforscht, warum wir – vor allem die Generation der jetzt 20- bis 30-Jährigen – nicht mehr erwachsen werden (wollen), und er hat verschiedene Hinweise gegeben: «Wir glauben nichts mehr, und weil wir nichts mehr glauben, glauben wir jeden Mist.» «Weil wir keine Haltung haben, gehen wir mit jeder Mode und drehen uns doch nur im Kreis.» «Wenn ich ehrlich bin, dann bin ich politisch wankelmütig, moralisch morsch und ästhetisch beeinflussbar. Ich habe alles, was ich brauche. Nur keinen Charakter. Und keinen Plan», usw. Diese und weitere Thesen sind formuliert auch gegen Peter Hahnes fundamentalisierende Sicht in «Schluss mit lustig – das Ende der Spassgesellschaft», wo z.B. ein Spitzensatz lau-

---

216 A. und M. Mitscherlich: Die Unfähigkeit zu trauern. Grundlagen kollektiven Verhaltens. München 1967.

217 D. Sölle: Das Fenster der Verwundbarkeit. Theologisch-politische Texte. Stuttgart 1987: «Das Fenster der Verwundbarkeit ist ein Fenster zum Himmel» (8). «Was für alle Religionen gilt, dass Transzendenz verwundbar macht, das ist im Christentum auf die Spitze getrieben: Gott macht sich in Christus verwundbar. Gott definiert sich in Christus als gewaltfrei ... Christus ist die Wunde Gottes in der Welt» (9).

tet: «Denn nur, wer durch Nachdenken zum Neudenken kommt, kann auch umdenken.» Das berechtigte Contra von S. Lehnartz: «Bedeutungshuberei durch angestrengtes Silbenbetonen ist noch nicht gleichbedeutend mit Denken.»[218] Religiöses Fundamentalisieren und Vereindeutigen ist für diese Generation kein Anliegen, wohl aber ein wenig Erleichterung, ein klein wenig Sehnsucht nach Sicherheit in einer «erlösungsmüden Welt»[219].

### Erfahrungskontext 3: Von der industriellen Moderne zur reflexiven Spät-Moderne – eine Erleichterung?

Gehen wir nochmals einen kleinen Schritt zurück in die Entstehungszeit der Moderne und einer Art von *Erleichterungsreligion.* Christopher Bayly hat die Globalgeschichte des 19. Jahrhunderts zwischen 1780 und 1914 als Geburt der Moderne beschrieben, da die Französische Revolution von 1789 und die industrielle Revolution in England die beiden Triebkräfte in den multikausalen beschleunigenden und verdichtenden Entwicklungen auf dem Wege in die Moderne gewesen seien. Dieser Weg bedeutete gleichzeitig die Entthronung Europas aus seiner Stellung als Ausgangspunkt und Zentrum der weltverändernden wirtschaftlichen, sozialen und auch der philosophisch-religiösen Prozesse. Eine weitere Kränkung, die des Trostes und der Erleichterung bedurfte und bedarf: Die (relativ kurze Zeit der) Überlegenheit des europäischen Christentums ist zu verabschieden? Für Europa – im gesamten Okzident – hatte Max Weber eine Entzauberung der Welt am Werk gesehen. Und gleichzeitig hatten die Religionen an Bedeutung und Kraft gewonnen – als Kompensationsmöglichkeiten, als Reaktionen, als Gegenbewegungen? Auch in der prosperierenden Industriegesellschaft haben wir demnach eine ambivalente Situation im Blick auf Religionen und Religiosität vor uns, zumal sich in diesem Jahrhundert der irreversiblen Effektivierung

[218] S. Lehnartz: Global Players. Warum wir nicht mehr erwachsen werden. Frankfurt/M. 2005; P. Hahne: Schluss mit lustig – das Ende der Spassgesellschaft (2004). 70. Aufl. Lahr 2006.

[219] Vgl. Chr. Duncker: Was ist los mit den Deutschen? Ein aktuelles empirisches Stimmungsbild und mittelfristige Trends. Frankfurt/M. 2005; P.Gross: Jenseits der Erlösung. Die Wiederkehr der Religion und die Zukunft des Christentums. Bielefeld 2007, 29ff.

des Organisatorischen (nach dem Vorbild des Militärs laut M. Weber) gerade auch die beiden christlichen Konfessionskirchen stabilisieren konnten.[220]

Der Übergang von dieser durchorganisierten industriellen Moderne zur reflexiven (Spät-)Moderne ist vielfach unter verschiedenen Aspekten «nach dem Ende der Großen Erzählungen» beschrieben worden.[221] als radikale Individualisierung und Pluralisierung, als Übergang von der ultimativ aufgeladenen Entweder-oder-Gesellschaft in die informationsgesteuerte, durchökonomisierte Und-Gesellschaft, als Eintritt in die selbstreflexive Risiko-, Fun-, Event-, Multioptions-, Wellness-, Informations-, grundsätzlich ambivalente Sinn-Gesellschaft spätmoderner oder sogar postmoderner Prägung[222], in der sich Bastelexistenzen mit Patchworkbiographien und Patchworkreligiosität aus vagabundierenden religiösen Traditionen verschiedenster Herkünfte ohne Fahrplan auf die Ich-Jagd begeben ohne Aussicht auf Erfolg?[223] Denn weder die Explosion des sich selbst inszenierenden Ichs in Lebens- und Weltentwürfe hinein, noch seine Implosionen zur Identitätsfindung gelingen noch[224], ja sie können nicht gelingen, weil der Mensch selbst zum allmächtigen Gott

---

220 Chr. A. Bayly: Die Geburt der modernen Welt. Eine Globalgeschichte 1780–1914. Frankfurt/M./New York 2006.

221 Als kurzer Überblick bei U. Gerber: Gegenwärtige und zukünftige Probleme des Berufsschulreligionsunterrichts, in: ders.; P. Höhmann; R. Jungnitsch: Religion und Religionsunterricht. Frankfurt/M. 2002, 21–29; U. Schiemanck; U. Volkmann (Hg.): Soziologische Gegenwartsdiagnosen I. Opladen 2000; W. Bonß (Hg.): Modernisierung der Moderne. Frankfurt/M. 2001; N. Bolz: Die Sinngesellschaft. Düsseldorf 1997; U. Beck; A. Giddens; S. Lash: Reflexive Modernisierung. Frankfurt/M. 1996; H. R. Fischer; A. Retzer; J. Schweitzer (Hg.): Das Ende der großen Entwürfe. Frankfurt/M. 1992; Z. Bauman: Moderne und Ambivalenz. Das Ende der Eindeutigkeit (1992). Hamburg 2005.

222 W. Welsch: Unsere postmoderne Moderne. 3. Aufl. Weinheim 1991; H. W. von der Dunck: Kulturgeschichte des 20. Jahrhunderts. 2 Bände. Darmstadt 2004; U. Gerber (Hg.): Religiosität in der Postmoderne. Frankfurt/M. 1998, bes. 7ff.

223 P. Gross: Ich-Jagd. Im Unabhängigkeitsjahrhundert. Frankfurt/M. 1999; R. Hitzler; A. Honer: Bastelexistenz. Über subjektive Konsequenzen der Individualisierung, in: U. Beck; E. Beck-Gernsheim (Hg.): Riskante Freiheiten. Frankfurt/M. 1994, 307–316.

224 P. Gross: Ich-Jagd, 263–295.

werden würde – und dieser Wunsch scheint partiell lebendig zu bleiben –, oder weil er zur Selbstaufhebung schreiten würde. Hier zeigen sich reines (göttliches) Leben einerseits und nackter Tod andererseits als die zwei Seiten der Medaille für den Menschen, der mit sich selbst «endlich» identisch sein will, indem er das ihm Entzogene verdrängt und negiert. Wohin kann sich dieser sich seiner selbst komplett bemächtigende und damit sich selbst halbierende Mensch wenden um seiner Ich-Vollendung im Jetzt willen? Woher kann Erleichterung kommen, die doch immer den Schatten des Verdrängten und Negierten trüge? Wie kann Verdrängung verdrängt werden? Etwa durch Abschaffung der Erlösung?

### «Die Erlösung erlöst nicht mehr»

Der Weg der Erlösung scheint zu verschwinden, weil er einerseits Abhängigkeiten und andererseits Anstrengung einschließt. Die bisher wirksamen Wege der Erlösung erlöschen in unseren Zeiten: «Die Erlösung erlöst nicht mehr» (P. Handke). Niemand mehr wird reingewaschen, niemand mehr wird vom Alleinsein erlöst, niemand mehr kann sich selbst erlösen. P. Handke sieht die Zeit nach vorwärts wie nach rückwärts abgeschnitten und damit auch den Weg vom Anderen und zum Anderen: «Umkehren? Keine Umkehrmöglichkeit mehr. Kein Papstrundschreiben und keine neue Verfassung werden die Zeit und den anderen zurückrufen, die heiligen Zeiten mit dem anderen, das Sonntagsgefühl mit dem anderen.»[225] Vorwärtsgerichtetes Heilsgeschichtliches verpufft im Sog der Gegenwartsspirale, da die Zeit an ihr Beschleunigungsende gekommen ist[226]. Ebenso entschwindet der Andere in den Inszenierungen des Selbst und wird zusehends allenfalls zum Mitverpflichteten in der Medien-Solidarität, die im Vollzug per Handy oder TV nur quasi erlöst.

Was heißt jetzt Erlösung? Es scheint so, dass der Begriff der Erlösung so viele Phänomene des Heilwerdens abdeckt, wie es menschliche Erfahrungen und Deutungen solchen Heilwerdens durch einen Erlöser oder einen Fetisch gibt. Jedenfalls ist die Erlösung durch die ubiquitären, räumlich wie zeitlich alles vergegenwärtigenden Medien wie PC, Handy

---

225 P. Handke: Spuren der Verirrten. Frankfurt/M. 2006, 68.

226 H. Rosa: Beschleunigung. Die Veränderung der Zeitstrukturen in der Moderne. Frankfurt/M. 2005, bes. 460ff.

und TV mindestens in dem einen Punkt eine andere als die der römisch-katholischen Erlösungsreligion, als sie die Spannung von Erde und Himmel, von Schöpfer und Geschöpf medial auflösen, den Sünder zum Medienzeichen transformieren und ihn in eine Net-Sistenz erlösen will. Also zwar veränderte, aber Religiosität allerorten, in vielfacher Gestalt und vor allem durch Medien und sogar als Medium, wenn man z.B. die CD-ROM mit Jochen Hörisch als Nachfolgerin der Erlösungshostie und des für das (lutherische) Arbeitsethos stehenden 5-Mark-Stücks wähnt[227]? Dazu gibt es verschiedene Stimmen. Nicht die Religiosität sei in unserer posterlösungsreligiösen Welt in die Krise geraten, «sondern der christliche Glaube. Nicht obdachlos geworden ist Gott, sondern bodenlos ... Und nicht das Bodenpersonal fehlt der weltgrössten und weltmächtigsten aller religiösen Gemeinschaften, sondern der Glaube an das, was geglaubt werden muss: der Glauben an Erlösung und die Hoffnung auf Erlöstwerden.»[228] Oder hoffen wir auf die Erfahrung von Rechtfertigung und Versöhnung in dieser Welt, wie sie im vorhergehenden Kapitel angesprochen wurde und die in der weitertransformierten Gestalt einer *Religion der Alterität* zu besprechen sein wird? Oder reichen die religiöse Kraft und das religiöse «Visionieren» und Räsonnieren von uns Spätmodernen nur noch bis zur Erleichterung durch Verdrängen und gegen Erwachsenwerden? Oder gibt es nur noch den Weg der vor allem medienpräsentierten Selbsterlösung: «Seit Durkheim hat die Menschheit in Form von Ideologie neue Götter erfunden, die ihr im 20. Jahrhundert als Führer dienten. Das Ergebnis ist bekannt. Diese neuen Götter sind ihrerseits gestorben. Die moderne Menschheit ist eine große Konsumentin von Gottheiten. Im Bewusstsein dieser Erfahrung sind wir heute ernüchtert, misstrauisch, argwöhnisch. Der Mensch hat die Götter vermehrt, und die Götter sind daran gestorben. Jetzt vermehrt sich der

---

227 J. Hörisch: Brot und Wein. Die Poesie des Abendmahls. Frankfurt/M. 1992; ders.: Kopf oder Zahl. Die Poesie des Geldes. Frankfurt/M. 1996; H. Böhme: Fetischismus und Kultur. Eine andere Theorie der Moderne. Reinbek 2006.

228 P. Gross: Die Entsubstanzialisierung des Christentums und der Interreligiöse Dialog, in: U. Gerber (Hg.): Auf die Differenz kommt es an – Interreligiöser Dialog mit Muslimen. Leipzig 2006, 137–146; ders.: Wohin soll ich mich wenden ... Religiosität in der Multioptionsgesellschaft, in: H. Schmiedinger (Hg.): Chancen des Christlichen in der ökonomisierten Welt. Innsbruck/Wien 2004, 52–63.

Mensch, und je stärker er sich vermehrt, desto weniger Wert hat er. Er ist so gewöhnlich geworden, dass das einzelne Exemplar nicht mehr viel gilt. Und die Frage lautet nicht, ob das 21. Jh. gläubig oder atheistisch, religiös oder ungläubig sein wird, sondern ob der Ameisenhaufen noch den Willen und die Mittel haben wird, sich seine Zukunft zu erfinden»[229] – natürlich ohne Gott und Götter?

Religion ist, wie man deutlich sehen kann, plural geworden, und sie soll vieles erfüllen: erleichtern, verdrängen, das Verdrängen erleichtern, das erleichternde Verdrängen durch Rekurs auf den Glauben an Erlösung durchbrechen, sie soll (für manche) ganz verschwinden.

## Ausblenden von Schuld und Scham

Mit dem vielfältig bedingten Erlahmen von Bindungsfähigkeit und Bindungsmöglichkeit(en) und mit der Zunahme der «ungewollten Rücksichtslosigkeit» verschwinden die Erfahrungen von Schuldigwerden, des Übernehmens von Schuld und des Verantwortens von eigener Schuld. Schuld ist hier nicht moralisch als Verfehlung und nicht juridisch im Sinne eines Gesetzesverstoßes gemeint, wie sie auch in den erlösungsreligiösen Heilsangeboten gemeint ist als juristisch logifiziertes Gerechtigkeits-Drama von Schuld-Sühne-Vergebung. Schuld wird vormoralisch und vorjuristisch im Sinne des Mythos vom Sündenfall (1. Mose 3) verstanden als das Aufgeben und das Verraten der eigenen und des anderen Menschen Einzigartigkeit um einer gemeinsamen ultimativen Sache willen, nämlich der Eroberung des göttlichen (All-)Wissens um Gut und Böse. Wo das Wahrnehmen des und der anderen Menschen immer mehr entweder durch verabsolutierte Eigeninteressen oder gemeinsame Sachen dominiert wird, verschwindet die Schuld-Erfahrung. Den anderen Menschen ihre Eigenständigkeit und Verletzlichkeit zu nehmen, diese Zerstörung blendet die Erfahrung von Schuld und Scham und damit von Menschlichkeit aus. Wo Schuld negiert wird, werden auch Verantwortung, Fürsorge und Liebe weggenommen. Wo Scham negiert wird, gehen wir miteinander schamlos wie mit Werkzeugen um. Und umgekehrt: Wir schämen uns, indem wir diese Zerstörung des anderen Menschen wahr-

229 G. Minois: Geschichte des Atheismus. Von den Anfängen bis zur Gegenwart. Weimar 2000, 658.

nehmen. Scham ist die körperliche, emotionale Expression solchen Schuldiggewordenseins. Diese Grund- oder Erbschuld – theologisch im Zusammenhang mit dem Mythos vom Fall Adams und Evas in 1.Mose 3 Sünde genannt – bestimmt uns schon immer, und wenn wir uns davon befreien möchten, dann ist – bildlich – der Igel des Schuldiggewordenseins schon immer vor uns Hasen da. Fällt aber die Erfahrung der Abhängigkeit vom anderen Menschen und von der Schöpfungsnatur weg, verschwinden dann Schuld und Scham als belastende Begegnungsweisen mit Anderen? Wir hätten uns um Schuld und Scham erleichtert? Wir hätten uns selbst verloren. Beide Wege gehen nicht: weder das totale Abspalten als Flucht aus dem Paradies, die der Mythos ausschließt, noch die Aufhebung dieses Risses im Menschsein als Einmieten in das Paradies, das der Mythos ebenfalls ausschließt. Adam und Eva wurden in dieses unser paradoxes, ambivalentes Menschenleben hinaus- und hineingeworfen. Und damit beginnt der Wunsch nach Erleichterung von neuem.

Jetzt tun wir einfach so, als ob wir mit der moralischen Schuld und Scham auch diese vormoralische Schuld und Scham los wären. Aber so erleichternd uns die individuelle Unabhängigkeit, die Autonomie und die Freiheit von Schuld, Scham und Reue auch vorkommen mögen, sie haben sofort ihren Gegenpol in der ambivalenten Postmoderne, nämlich dass Politik, Bildung, Gesundheitswesen, Versicherungen usw. den Einzelnen bei seiner finanziellen, gesellschaftspolitischen, ethischen, religiösen Eigenverantwortung behaften.[230] Die Verantwortung wird auf den Einzelnen verschoben, entpolitisiert, privatisiert und aus der staatlichen wie gesellschaftlichen Konstituierung und Durchführung mehr und mehr entfernt. Schuld hat der Einzelne. Schuldig ist der Einzelne geworden, weil er nicht genügend vorsorgt, weil er falsch entschieden hat, weil er zu unflexibel ist u.a.m., wobei in Wirklichkeit zwei Drittel der Gesellschaft überfordert sind.[231] Der Einzelne wird durch Verantwortungs- und Schuldparolen seinerseits – aus politischem Zynismus wie aus Hilflosigkeit der Politik – zu einem nahezu allmächtigen, Gott ähnlichen Individuum stilisiert, da Gesellschaft und Staat als Kommunikationsorte und

[230] U. Beck; E. Beck-Gernsheim: Das ganz normale Chaos der Liebe. Frankfurt/M. 1990, 222ff., unter dem Stichwort «Die irdische Religion der Liebe»; vgl. Chr. Duncker: Was ist los mit den Deutschen?, der von einer Renaissance der Selbstentfaltungsorientierungen spricht.

[231] L. Heidbrink; A. Hirsch (Hg.): Verantwortung in der Zivilgesellschaft. Zur Konjunktur eines widersprüchlichen Konzepts. Frankfurt/M. 2006.

Verantwortungsträger immer öfter ausfallen. Haben wir die Einsetzung des Bürgers und der Bürgerin in die Allmacht des Menschen durch den Staat? Ehrenamt, Bürgerengagement, zivilgesellschaftliche Verantwortlichkeit helfen die Kompensation der Schuld zu erleichtern, in Wirklichkeit verschärfen sie die Privatisierung der Verantwortung, der Schulderfahrung und der Erleichterung. Die Bürger und Bürgerinnen finden sich einem dschungelartigen System gegenüber, das immer stärker entpersonalisiert und versachlicht wird, das immer dichter und undurchschaubarer, das durch Europäisierung und Globalisierung immer weiter gespannt und unabänderlicher wird. Dieses anonyme System ist der Schatten unserer Errungenschaften und schwebt wie ein Damoklesschwert schicksalhaft über den sich ständig modernisierenden Gesellschaften. Die Bürger und Bürgerinnen haben kein kommunizierendes Gegenüber mehr, denn die öffentliche Verantwortung verschwindet im System erfahrungsgemäß in anonymen Netzwerken der Politik, Wirtschaft, Justiz (wie z.B. im Fall Ackermann oder Siemens u.a.) und in sonstigen fragmentierten Ressorts. Der Einzelne bleibt auf der von oben dekretierten Verantwortung und Schuld sitzen und muss Erleichterung in anderen Gefilden suchen. Religion ist hier gefragt zur Kompensation der Komplexität, Anonymität, Kälte und Ungerechtigkeit unserer Gesellschaft, als Gegenüber und Trostspenderin? Es geht nicht um die Aufhebung unserer ambivalenten Lebenssituationen in der Spätmoderne – das wäre Vereindeutigung und Fundamentalismus –, sondern um das erleichternde Einrichten unter Zuhilfenahme von Religion. Da es also nichts ist mit dem endgültigen Abspalten dieses Risses, den die christlichen Erlösungs- und Rechtfertigungskonfessionen gleichermaßen als Erfahrung, Wahrnehmung und Deutung menschlicher Lebenssituation bezeugen (als Glaubensaussage), kann nur noch der Versuch mit diesen christlichen Erlösungs- und Rechtfertigungskonfessionen gewagt werden? Aber auch andere Optionen bieten sich an.

## Rufe nach Erleichterung: Sehnsüchte – Wissenschaft(en) – Geld

Viele Sehnsüchte, Wünsche, Projektionen, Träume gelten der Erleichterung. Entsprechend plural ertönt der Ruf nach ihr: nach Beheimatung und Langsamkeit, nach mehr Gerechtigkeit und Solidarität, nach weniger individualisierten Verpflichtungen, Ängsten und Ausbeutungen, nach

Kommunikation und gemeinsamen Werten, nach wärmerer Religion und weniger Lebensanstrengung insgesamt. Von den Gewichten Schuld und Scham, von der Erfahrung der Sünde als Zerstörung des Anderen und von Vergebung durch Gott, von der nie endgültig überschaubaren und deswegen als stressig empfundenen Paradoxie der «zwei Seelen in unserer Brust» verabschiedet sich die spätmoderne Gesellschaft, ohne dass ihr dies gelänge – und gelingen könnte, wie am Beispiel des Sündenfall-Mythos ausgeführt wurde. Die Sehnsuchts- und Erfüllungspaletten werden reichlich aufgefahren: «Ein Stück vom Himmel» von Herbert Grönemeyer und seine Anrufung eines tröstenden Gottes im elegischen «Lied zur Nacht», Fun- und Verdummungssendungen gemäß «panem et circenses» sowie leichentriefende Kompensationskrimis und sadistische Gewalt- und Pornostreifen, Prügeln aus Jux und Tollerei (happy-slapping genannt), Koma-Saufen, Stigmatisierungen bis zum Lust-Töten und Selbststigmatisierungen bis zur Verstümmelung, das Hohelied des Sexes mit dem Wunsch nach wahrer Liebe und Zärtlichkeit als Hinterton ... – auch Erleichterung geschieht schmerzhaft und bringt den Himmel nicht.[232]

Den Versuch der Erleichterung hat z.B. auch Peter Handke beschrieben: «Die Zeiten der Tragödie, so die Forschung, sind vorbei, weil es keine Schuldigen mehr gibt, weder bewusst Schuldige noch unbewusst Schuldige, und zudem auch keinerlei Unschuldige, keine. So wie einerseits, laut jüngsten Forschungsergebnissen, sich das Schuldbewusstsein aus der Welt verabschiedet hat, so auch jedes Unschuldsbewusstsein, verabschiedet aus den, wie sagt man, Genen?»[233] Was bislang therapeutisch nicht gelungen ist an Austreibung von Schuld, das sollen Gen- und Hirnforschung nachholen, indem sie die Orte in unserem Körper aufstöbern, wo sich Schulderfahrung und gleich auch der Glauben an Gott lokalisieren lassen. Dann können diese beiden menschlichen Regungen von Schuld und Glauben neuronal geregelt, gentechnisch maximiert oder sogar entfernt und unser Leben um solche störenden Erfahrungen er-

---

232 Vgl. P. Gross: Jenseits der Erlösung, bes. 63ff. Beispiele geben B. Groult, M. Houllebecq, E. Jelinek, neuerdings A. von Schirach: Der Tanz um die Lust. München 2007.

233 P. Handke: Spuren der Verirrten, 77f.; vgl. D. Hamer: Das Gottes-Gen. Warum uns der Glaube im Blut liegt. München 2006; kritisch bei Th. Lemke: Die Polizei der Gene. Formen und Felder genetischer Diskriminierung. Frankfurt/M. 2006.

leichtert werden. Schuld und Glauben werden in ihrer genetischen und hirnphysiologischen Prädestiniertheit erkannt und der Mensch wird der Verantwortung bzw. Schuldbehaftung enthoben.

*Wissenschaft* als derzeit verheißungsvollste Gestalt von *Erleichterungsreligion*? Die Analogisierung lässt sich fortführen: Nobelpreisträger und Top-Wissenschaftler als Erlöserfiguren medizinischen Glaubens, unterstützt von einem Stab von Ministranten und Ministrantinnen und eine weltweite Gemeinde, die auf die (präventive) Beseitigung aller körperlichen und damit aller seelischen und geistigen Makel – bis hin zur Aufhebung des Todes – hofft. Medikamente haben den Rang von eucharistischem «Brot und Wein», die in der Alten Kirche «pharmakon athanasias», Medizin oder (Gegen-)Gift für die Unsterblichkeit hießen. Aber auch schon Eingriffe allein um des schönen Aussehens willen wie Liften, Visagieren, plastisch-chirurgische Verbesserungen und Maßnahmen wie body building, Körperstyling bis zur Anorexie, Mode-Fetischisierung sollen Erleichterung bringen. Erleichterung als Anpassung an gesellschaftliche Erwartungen, Normen und Körpermaße? Die dabei wirksame Paradoxie, dass sich durch Anpassung eben nicht die gewünschte und zur Schau zu tragende Individualität erlangen lässt, wird ausgeblendet. Diese grundlegende, auch im Christentum seit Paulus tradierte Glaubenseinsicht: dass wir im Blick auf unser Erlöst- und Heilwerden de facto immer das Gegenteilige machen, erfordert «eine Art der Selbstüberwindung ..., die auf dem Respekt vor dem Mitmenschen gründet. Selbstüberwindung also nicht in Opferhaltung, um unseres eigenen Seelenheiles, sondern um des Verständnisses der Pluralität menschlicher Daseinsformen willen. Skepsis, was unsere Güte betrifft, ist sicher angebracht.»[234] Diese Selbstüberwindung geschieht christlicher Glaubenseinsicht gemäß «sola gratia», «allein durch Gnade» des zuvorkommenden Gottes.

So wie man die Bio-Wissenschaften als Form moderner zivilreligiöser *Erleichterungsreligion* deuten kann, so kann auch der neuzeitliche *Kapitalismus* als Religion (oder Ideologie) bezeichnet werden. Das kapitalistische System verdankt sich wirkungsgeschichtlich laut Max Weber innerwelt-

---

[234] A. Mitscherlich: Über Feindseligkeit und hergestellte Dummheit, in: ders.: Ansprachen anlässlich der Verleihung des Friedenspreises. Frankfurt/M. 1969, 51.

licher protestantischer Askese und lutherischem Arbeitsethos.[235] Das okzidentale, als sinn- und wertfrei vorangetriebene Wirtschaftssystem des Kapitalismus hat seinen Ursprung in der spezifisch neuzeitlich-abendländischen Religion des Protestantismus. Mit Luthers in Kapitel IV erörterter Freisetzung des gottgewollten, aber niemals zur Rechtfertigung und Versöhnung führenden, rein weltlichen Berufs im Auftrag Gottes und mit dessen Ethos als verantwortlich auszuübendem Mandat Gottes in der Schöpfungswelt verband sich die innerweltliche Askese der calvinistisch-puritanischen Fleißigen der Neuenglandstaaten in Nordamerika im 17. und 18. Jahrhundert zum «kapitalistischen Geist». Erich Fromm hat von der Religion des Industriezeitalters gesprochen, in der das «Haben» das «Sein» austreibt.[236] Die heutige Religion des Kapitalismus stellt alle Menschen und alles im teilnahmslosen, abstrakten Geld dar, das vom einstigen Tauschmittel zum Darstellungsmedium geworden ist: «Geld ist nicht bloß materiell, nicht bloß funktional; es ist existentiell. Es gibt an, wie viel Wert, wie viel Sinn menschliche Existenz in dieser Gesellschaft hat. Es hat sich zum Sinnstifter verselbstständigt, zum selbstgemachten Gott. Und der heißt in der Theologie Götze. Götzen sind taub und blind. Dem Geld sind denn auch die Existenzen, die es zum Erfolg oder in den Ruin führt, vollkommen egal. Es ist teilnahmslos, gedächtnislos, geschichtslos.»[237]

---

235 M. Weber: Die protestantische Ethik und der Geist des Kapitalismus. Erfstadt 2005; hierzu bei G. Küenzlen: Die Religionssoziologie Max Webers. Eine Darstellung ihrer Entwicklung. Berlin 1980; W. Schluchter (Hg.): Max Webers Sicht des okzidentalen Christentums. Interpretation und Kritik. Frankfurt/M. 1988; K. Vontobel: Das Arbeitsethos des deutschen Protestantismus. Bern 1946; M. Geiger: Calvin, Calvinismus, Kapitalismus, in: ders. (Hg.): Gottesreich und Menschenreich. Ernst Stähelin zum 80. Geburtstag. Basel/Stuttgart 1969, 231–286; vgl. J. Radkau: Max Weber. Die Leidenschaft des Denkens. Darmstadt 2005, bes. 316ff.; S. Kalberg: Max Weber lesen. Bielefeld 2006.

236 E. Fromm: Haben oder Sein. Die seelischen Grundlagen einer neuen Gesellschaft (1976). Stuttgart 1979, bes. 139–160.

237 Chr. Türcke: Werte sind Götzen, in: DER SPIEGEL special Nr. 9/ 2006: Weltmacht Religion, 127–129, und Bundesbankchef Ackermanns Reduktion der Werte auf das Ökonomische; ders.: Der Markt hat's gegeben, der Markt hat's genommen, in: Literaturen 2005, Heft 12, 6–11.

Was dem einen der menschliche Gen-Baukasten und die Hirnbahnen mit Hirnströmen sind, das sind dem anderen die Geld- und Medienströme als Inhalte seines Hoffens und Glaubens. Jedenfalls muss das *Erleichterungssujet* für den spätmodernen Menschen materialisierbar, verwertbar, direkt abrufbar und umsetzbar sein, da er die aufreibende Erlösungsspannung zwischen Verheißung und Erfüllung auf Null bringen möchte. Was die individuellen Bedürfnisse auch nur partiell und auf bestimmte Zeitdauer zu befriedigen vermag, das wird als profanes *Sakrament der Erleichterung* in Anspruch genommen.

## Religion als Erleichterung – Erleichterung als Religion

Wir müssen mit dem Spagat leben zwischen dem (angeblich) permanent erleichternden Fortschritt und der Verdrängung und der Abspaltung von dessen anderen, nämlich zerstörerischen Seite und damit von Schuld und Trauerarbeit.[238] Christlich gesprochen wähnen wir uns mit einem Bein in der österlichen Auferstehungswelt und versuchen, das sündige Karfreitagsbein vergessen zu machen. Wir wollen – wie Kinder – nur die vermeintlichen, beherrschbaren Schokoladenseiten der Wissenschaft, der Wirtschaft, der Technik und ebenso der Religion und meinen, deren zerstörerische, uns entzogene Seite abtun zu können. Entsprechend geht der Streit im Blick auf Religion darum, ob auch Religion diese beiden Seiten in sich hat, wie es sowohl die Erlösungs- als auch die Rechtfertigungsreligionen annehmen, oder ob sie (angeblich) nur positiv als gesellschaftsintegrierende, wertesetzende und konsensbildende Institution im Sinne einer vernünftigen, alle verbindenden Zivil-Religion verwendet werden soll.[239]

Der Versuch mit den beiden christlichen Konfessionen steht momentan wieder etwas höher im Kurs, freilich nach dem Motto: Christlicher Glaube ja, christliche Kirchenzugehörigkeit nein oder distanziert, d.h. man

---

238 H.-E. Richter: Der Gotteskomplex, 189ff., wo es um das Offenlegen dieser Verdrängung(en) als Annehmen unserer Sterblichkeit geht.

239 Vgl. G. Pfleiderer; E. W. Stegemann (Hg.): Politische Religion. Geschichte und Gegenwart eines Problemfeldes. Zürich 2004; A. Adam: Politische Theologie. Zürich 2006, 136ff.

bleibt passives, punktuell optierendes und praktizierendes Mitglied der als Stellvertreterin des (echten) Glaubens und der (vollendeten) Moral geachteten Kirche bzw. Konfession. Die christliche Religion gilt dabei zwar als nicht mehr ganz so bewährt, aber auch als nicht mehr ganz so autoritär und ausschließlich verpflichtend (wie vor allem der klassische römische Katholizismus empfunden wurde). Sie hat sich den Kunden, Beratungsinstanzen und Medien in vielem angepasst, sich mit Folklore, Spirituellem, Säkular-Weltanschaulichem, Naturreligiösem und mit Accessoires aus Film, Musik und Show synkretisiert, mit Events, Treffs und Meetings angereichert. Sie befreit sich merklich von Glaubens-Inhalten und rückt das Interaktionelle, Spirituelle und Verinnerlichende mit blindem Einander-Verstehen in den Vordergrund, beispielhaft beim Welttreffen der katholischen Jugend in Köln 2005. Man bietet Weihnachten als familiäres Geschenkfest und Ostern als Festivität des Frühjahrerwachens, Firmung, Kommunion und Konfirmation als Geschenk-, Initiations- und Feier-Ritus für Kinder und Jugendliche als Hauptbetroffene an. Christliche Religion hält sich in einer verträglichen Distanz zu Wirtschaft, Wissenschaft und Kunst, mit gelegentlichen Seitenhieben auf die Rüstungsindustrie. Und man tut im Übrigen so, als ob dann Sinn, Gerechtigkeit und Verantwortung von allein kämen, abrufbar in Naturrecht und Kirchenmoral, und als ob sich anstrengende Konsenskommunikation und kritisches Wahrnehmen der Verdrängungen erübrige. Wir sind nicht so weit, dass wir die Anforderung und das Angebot eines kritischen und lebenslangen Lernens auch im Religiösen als chancenreichen Lebensstil einsähen und vollzögen. Vielleicht ist aber die Option des *Erleichterns* immerhin der Weg von den bisher gültigen Eindeutigkeiten und vom bislang garantierten lebenslangen Liege-, Sitz-, Steh- und Arbeitsplatz hin zum Erwachsenenalter «etsi Deus non daretur»: dass wir unsere Welt und unser Leben selbst führen und gestalten müssen in kritischer Kommunikation mit den Anderen und mit der Schöpfungswelt? Wie steht es dabei mit dem Religiösen? Gibt es religiöse Erleichterung? Wenn wir Religion rechtfertigungs- und versöhnungstheologisch im Sinne des Protestantismus bestimmen, dann gibt es keine Erleichterungsreligion. Wenn wir bei Religion voraussetzen, dass wir Menschen über unser Heil und Heilwerden mitverfügen können, wie es die erlösungsreligiöse römisch-katholische Variante annimmt, oder dass wir sogar komplett darüber verfügen in einer Art Selbsterlösungsverfahren, dann kann man von *Erleichterungsreligion* sprechen.

Man muss aber die christliche Religion sowohl römisch-katholischer als auch protestantischer Provenienz schon weitgehend entkernen und mit allerlei Sehnsüchten anfüllen, mit Heilungskulten und geistlicher Musik von Bach bis Pop zum Entspannen und mit gnostisierenden New-Age-Heilsangeboten der Selbsterkenntnis und Selbstfindung anreichern, mit körperstrategischen Wellness-Angeboten zum ganzheitlichen Identitätserfolg und mit möglichst östlicher Spiritualität, Ekstasentraining, Mystik und Mandala-Frömmigkeit zur Selbsterfüllung exotisieren – damit der *Erleichterungseffekt* für den heute auch im Religiösen anspruchsvolleren und oftmals auf «Religions-Esperanto» setzenden Kunden erzielt werden kann. «Nichts ist unmöglich», man muss es nur probieren, das gilt für Automobile wie für religiöse Mobilität. Eine kritische Sichtung der Geister, die schon der Apostel Paulus zur Aufgabe eines jeden Gläubigen mit dem Kriterium der Liebe erklärt hat (1.Korinther 12.13), droht sich bei dieser Art von verdrängender Erleichterung auf Selbstinszenierung zu reduzieren oder ganz verloren zu gehen. Denn: «Im Gegensatz zur New-Age-Attitüde, die den Anderen/Nächsten letztlich auf unser Spiegelbild oder auf ein Werkzeug reduziert, das auf dem Wege unserer Selbstverwirklichung liegt ..., eröffnet das Judentum (sc. und das Christentum) eine Tradition, in der in unserem Nächsten immer ein fremder traumatischer Kern verbleibt», der sich gegen Erleichterung als Verdrängung sperrt[240]. Der Schriftsteller Jürgen Roth karikiert narzißstische Erleichterungsprojektionen, mit denen der Selbstinszenierer einerseits sein Inneres offenbart und zugleich andererseits es verobjektiviert in Sternbildern, Kartenkonstellationen und neuerdings genetischen Dispositionen: «Wenn der moderne Mensch nicht mehr weiß, was er miteinander reden soll, diskutiert er über Stern- beziehungsweise Tierkreiszeichen ..., indem er sich in einer Dreiergruppe zusammensetzt und dem andern seine jeweilige astrologische Bestimmung offenbart.»[241] Dieses Hängen an letzten Resten von für objektiv gehaltenem Glauben an mythischen wie magischen Sinn des Himmelszeltes, an die Wahrsagerei, auch an Gene manifestiert sich im Umgang mit und im Glauben an Ho-

---

240 S. Zizek: Die politische Suspension des Ethischen. Frankfurt/M. 2005, 19f.; G. Böhme: Philosophie und Esoterik: Konkurrenten um die geistige Orientierung der Zukunft, in: N. Bolz; W. van Reijen (Hg.): Heilsversprechen. München 1996, 11–24.

241 J. Roth: Allein gegen die Birke. Göttingen 2005, 39.

roskope, Tarotkarten-Prognosen, Lebenslinienverheißungen, im Glauben an persönliche Schutz- wie universell wirksame Erleichterungsengel, die in beiden Richtungen doch wohl eher Verbesserungsverdopplungen und gleichsam pneumatische Spitzenklone des eigenen Selbst sind. Solchen Vor(her)sehungs- und Schicksalsglauben und die passenden Gebete praktizieren sowohl der Manager als auch der Hartz IV-Empfänger, das Straßenkind und der Fußballprofi, der Christenmensch und die Muslima mehr oder weniger offen oder insgeheim, damit der Börsenkurs steige, damit Hartz IV und das untere Ende unserer Gesellschaft erträglich bleiben mögen usw. Zugleich klebt sich der Manager in fast masochistischer Selbstverwirklichungswut an das Kapital, tobt sich ein anderer in seiner Autoaggression mit Ritzen, Drogenkonsum, Wegdröhnen und sonstigen Selbststigmatisierungen aus und ein dritter wiederholt sich ständig in seiner Ich-Jagd bis zum «Selbstinzest»[242]. Die Mitmenschen und die (Außen-)Welt kommen bestenfalls voyeuristisch und claqueurhaft in den Blick, als Handy-Echo und TV-Folie. Erleichternd muss es eben sein: Ständig müssen Bilder, Töne, Anreize, Stimulantien am Ohr und im Auge sein, müssen Präparate und Drogen in Mund, Magen und Blutkreislauf sein, die uns gegen uns selbst schützen sollen und die dies, wie wir ständig erfahren, im gleichen Augenblick verhindern.[243]

Was die Rolle der institutionalisierten (christlichen) Religion in diesen Prozeduren anbetrifft, so geht es weder um deren Abschaffung (wie sie etwa Elton John u.a. fordern), noch um deren perfekte Erfüllung (in den beschriebenen Reinformen). Man und frau wünschen sich im allgemeinen Religion als Hort für «außerweltliche», den Alltagstrott unterbrechende Feierlichkeit und für Grundwerte, als eine ein wenig numinose Parallelwelt mit verständnisvoller und nachsichtiger Illusionserlaubnis,

---

242 P. Gross: Ich-Jagd, 243ff.

243 U. Gerber: Auch den Medienzwang finden wir entlastend. Einige wahrnehmungs- und gesellschaftskritische Überlegungen, in: S. Dungs; U. Gerber (Hg.): Der Mensch im virtuellen Zeitalter. Frankfurt/M. 2003, 25–37; W. Gräb; J. Herrmann; K. Merle; J. Metelmann; Chr. Nottmeier: «Irgendwie fühl ich mich wie Frodo ...!» Eine empirische Studie zum Phänomen der Medienreligion. Frankfurt/M. 2006, wo Medienreligion definiert wird als Vollzug der subjektiv-persönlichen Anverwandlung medialer Sinnmuster und diskutiert wird an Filmen wie «Lola rennt», «Der Herr der Ringe», «Fight Club» u.a.

als Sinnlieferantin und Integrationsmedium der Zivilgesellschaft,[244] als Problemlösungsinstanz und Anwältin der sonst verpönten Besinnung und Stille. Auf dies und anderes Christlich-Religiöses lassen Buchtitel schließen wie «Mein Freund Gott und ich», «Ich komme in der Bibel vor», «Termine mit Gott 2007», «authentisch leben – ehrlich glauben», «verknallt in Jesus» (ein Jesus Freak Andachtsbuch), «In Wahrheit leben» .... Und da kommt es dann schon öfter vor, dass religiös Interessierte zur Lebenserleichterung die einmalige Auferweckung Jesu und die persönliche mehrfache Reinkarnation und Seelenwanderung als weitere Lebenschancen miteinander verbinden in einem synkretisierenden Religions(en)-Esperanto.[245]

Gleichzeitig soll Religion relativ klar abgegrenzt bleiben, sich ohne Haken und Ösen präsentieren, und sie darf möglichst nicht den Alltag beunruhigen, z.B. durch Kritik an Politik, Wirtschaft, Umweltzerstörung, Automobilität, Tourismus und persönlichem Lebensstil – Religion als Betreiberin von «Frieden, Freude, Eierkuchen». Fragt man etwa in der Schule nach Religion, dann erhält man zu 90% ganz traditionelle, mehr oder weniger verwässerte christliche Antworten und Auskünfte (wobei es bei jüdischen und muslimischen Jugendlichen wohl bald auch so aussehen wird). Beim Stichwort «Jesus» wird sofort, wie selbstverständlich und ohne zu überlegen die Antwort «Gott» oder «Gottes Sohn» gegeben und selten bedacht, dass es sich bei Jesus von Nazaret um einen jüdischen Menschen mit dem Zuspruch und dem Anspruch der Nächsten- und Feindesliebe handelte. Beim Begriff «Gott» werden Himmel, Jenseits, Allmacht genannt, und nur ausnahmsweise wird vorgeschlagen, dass man damit eine besondere Beziehung der Abhängigkeit und Befreiung meinen kann. Die Frage nach dem anderen Menschen wird in unserer ökonomisierten Status-Gesellschaft normalerweise mit Berufsangabe, Hartz IV, Rentnerin, Ausländer oder Besitzstand beantwortet und seltener damit, dass der andere Mensch in seiner geschöpflichen Einzigartigkeit zur Nächstenliebe herausfordert und befreit. Solche genuin christlichen Erfahrungen, Deutungen und Optionen werden verdrängt und

---

244 Als Problemstellung bei R. Schieder: Wieviel Religion verträgt Deutschland? Frankfurt/M. 2001.

245 Th. Macho: Die Faszination des Dreizehnten Apostels. Warum die Ausrufung einer Wiederkehr des Religiösen in der postsäkularen Gesellschaft mit Skepsis zu betrachten ist, in: Literaturen II/2002, 14–19; vgl. H. Zander: Geschichte der Seelenwanderung in Europa. Darmstadt 1999, bes. 603ff.

von den Kirchen selbst kaum in (selbst-)kritischer Offenheit thematisiert in Gottesdiensten, Religionsunterricht, Diskussionsabenden.

In gleicher Augenhöhe mit einem *erleichterungsreligiös* zurechtgestutzten Christentum, das seine erleichterungsgläubigen Konsumenten vornehmlich bei Trauungen, Taufen, Konzerten, Weihnachtsfeiern und harmonischen Tagungen findet, befinden sich bereits genannte andere religiöse, nach-christliche Praktiken und Deutungen. Die sakramental bestimmte römisch-katholische *Erlösungsreligion* und die durch Bibelauslegung, Predigt und Orgelspiel geprägte protestantische *Rechtfertigungsreligion* gehen partiell und synkretisierend in quasi-erleichterungsreligiöse Erfahrungen, Praktiken, Interpretationen ein und greifen ihrerseits von dort auf, was sie für brauchbare Religiosität halten. Dann sind nicht mehr gehorsame *Nachahmung (Imitation)* des göttlichen Lebens des Gottessohnes, von Mönchen und Nonnen, von berufenen Frauen und Männern, und auch nicht die *rechtfertigungsreligiös* begründete *Produktion* der säkularen Welt in Nächstenliebe aus Glauben gefragt. Mehr und mehr dominieren Wunsch und Angebot der *Erleichterung* als verdrängender *Verwandlung* in Bildern des TV, des Kinos, der CD, in Wortzeichen der Handys, in *Simulation* und in Träumen vom besseren Leben im Hier und Heute. So kann ein Teil der leiblichen Lebenslast in das virtuelle «second life» abgegeben und das schwere Leben in der Spätmoderne erleichtert werden durch ein mediales Außen.[246]

## Erleichterungs-Figuren: der stilisierte Maradona und die simulierte Lara Croft

Religionen und Religiosität sind in unserer komplexen Gesellschaft, so lässt sich zusammenfassen, gefragt als Mitlieferanten «erleichternder Meinungslosigkeit» in einer fragmentierten, unübersichtlichen Welt. Sie müssen sich medial geben und entsprechend möglichst talkshow-ähnlich, weitgehend inhaltsleer, konfessionslos, aber ritualisiert und mit einfacher, spassdurchsetzter Symbolik versehen sein. Ein Beispiel: Ein Computerspiel um die mildtätige Heilige Elisabeth blendet alle historischen, dama-

[246] U. Gerber: Gegenwärtige und zukünfttige Probleme des Berufsschulreligionsunterrichtes, in: U. Gerber; P. Höhmann; R. Jungnitsch: Religion und Religionsunterricht, 19f.

ligen theologischen und moralischen Kontexte aus und setzt auf Belohnen von prosozialem Verhalten und der Einübung des Glaubens z.B. durch möglichst häufiges Anklicken der «Bibelstelle des Monats».[247] Die mediatisierte Erlöserin Elisabeth gibt sich allzeit präsent auf dem religiös-moralischen Weg zur Wohltätigkeit. Deutlich wird zweierlei: Auch Religiosität muss sich um ihrer Vermittlung willen in einer unendlich wiederholbaren, zugleich klientenfokussierten Oberfläche stylen, sich also gewissermaßen in einer permanent präsenten Offenbarung durch Medien und als Medium selbst autorisieren. Und zum anderen lässt sich Religion wohl nur noch als Moral anbringen und leben. In diese Richtung wird z.B. der Religionsunterricht an berufsbildenden Schulen gesehen und gewünscht durch Gewerkschaften, Arbeitgeber, Ministerien und Kirchen.

Hinzu kommt, dass von der Seite der medienbestimmten Massenkultur aus umherschweifende religiöse Kräfte, als Heilsbringer präsentierte VIP-Personen, entsprechende Credos und Symbole einbezogen werden in die Hauptevents wie die quasi-religiöse Fußball-WM 2006 mit einigen Erleichterungs- und sogar Erlöser-Figuren als «Halbgötter im Dress» und das neopatriotische Papst-Deutschland-Syndrom. Beide Events haben gleichzeitig, verbunden mit der Leitkultur-Sehnsucht, auf ihrer Rückseite Fremdenfeindlichkeit, Ablehnung vor allem nicht-christlicher Religionen und Abwertung von Schwachen und Minderheiten gebracht.[248] Gegenüber fremden Kulturen, gegenüber dem hereinbrechenden Islam und dem ewigen Störenfried Judentum ist dann die Vergewisserung durch die «einheimische» christliche Religion ganz nützlich, zumal wenn diese durch einen geistlichen Führer repräsentiert wird.

Als eine der wichtigsten Erlöser-Figuren gilt in unserer mediatisierten Erleichterungs-Gesellschaft die mediensimulierte Cyberspace-Ikone (und in der Zwischenzeit auch Pop-Ikone) Lara Croft. Sie ist androgynes Model(l), in exotischen Räumen umherschwirrendes Medium und mystisch angehauchte Cyberheldin. Sie ist Erlöserin: «allgegenwärtig und unbesiegbar – eine Ikone der Gegenwart, die das Leben zur Nachahmung

---

247 J. F. Tornau: Strategiespiel belohnt die Frommen, in: FR vom 20. Dez. 2006, 20; M. G. Meyer: Zum Heil mit Halleluja und Heilerde. In Deutschland sind immer mehr christliche Sender zu empfangen – Medienwächter sind skeptisch, in: FR vom 18. Dez. 2006, 19.

248 W. Heitmeyer (Hg.): Deutsche Zustände. Folge 5. Frankfurt/M. 2007.

zwingt und so die Wechselwirkung von Replikantentum und Original neu definiert»[249]. Ubiquitär wie der christliche Erlöser seit seiner Auferweckung ist sie, aber anders als der gekreuzigte Gottessohn des christlichen Glaubens ist sie wie der Natur-Heiland Tarzan oder der Matrix-Heilsbringer mit dem Nimbus der Unbesiegbarkeit versehen. Und sie ist durch ihre Mediatisierung, durch ihre Bannung ins inszenatorische Medium gegen Zufälle, Unfälle, Verrat, gegen Kontingenzen des menschlichen Alltagslebens gefeit. Ein Perspektivenwechsel: Der Erlöser-Versöhner Jesus als der Christus ist der einzige Mittler, der sich nicht vornan auf die Siegerstraße zur religiösen Herrschergruppe stellte und Erlösung als Siegeszug über die Welt und über Andersdenkende und Anderslebende vorsimulierte, sondern der den Gewalt-Opfer-Kreis, den Teufelskreis von Sünde und Vergeltung, von Tat und Rache durchbrach und sich auf die Seite der Opfer begab und diesen Rechtfertigung und Versöhnung brachte. Lara Croft ist Siegerin, und ihr muss man in Gehorsam nachfolgen. Diese Chance zur Selbsterlösung als Mitmachen bieten nahezu alle Erlösungsreligionen. Lara weist den Sieger-Weg, ohne auf den *Nächsten* zu verweisen oder zu *selbstkritischem* Nachdenken anzuregen und zu verhelfen. Sie macht sich zum Vor-Bild. Und wer zum Bild wird, der oder die verliert mit dieser Verewigung seine Lebendigkeit, weshalb Judentum, Christentum und Islam gleichermaßen das Bilder-Verbot vertreten. Weder von Gott noch von Menschen sollen wir uns ein Bild machen, wenn davon mehr erwartet wird als eine schon immer überholte Momentwahrnehmung (was wir laut der Sündenfall-Erzählung aber gerade nicht können und den Anderen schon immer ins Bild bannen). Die Option der Erleichterung liegt darin, dass die Fan-Gemeinde ihre Anführerin immer bei sich hat, dass sie ihrer Erlöserin Lara nachfolgen kann und dass die Fans dabei Kreativität, Alternativen, Selbstständigkeit ausblenden sollen. Da die zu befolgenden Imperative leer bleiben oder einfach besagen, dass Lara Croft medial gegenwärtig sein muss zur Totalidentifikation, müssen sie permanent per Medium nach-gesehen werden. Die Verdrängung und Selbstpreisgabe des eigenen Personseins geschieht in der Sehnsucht nach einem erlösenden Urbild des Lebens,

---

[249] FAZ vom 16. Dezember 2000, mit Photo, auf dem L. C. mit Gewehr zum Besiegen und Abwehren, mit stilisierten Brüsten feminin und zugleich androgyn, in ambivalenter Stellung abgebildet ist; vgl. A. Deuber-Mankowsky: Lara Croft – Modell, Medium, Cyberheldin. Frankfurt/M. 2001.

das Anerkennung genießt und Anerkennung zu verschaffen verspricht. Ein solches Ur-Bild ist in Lara Croft *virtuell* verkörpert, vergleichbar dem Ur-Bild des *mythischen* kosmischen Menschensohnes mediterraner Erlösungsreligionen und der *mythologisierten* Erdmutter-Erlöserin Eva, Anat, Gaia? Virtuell contra mythisch, oder haben wir die spätmoderne Realisierung des Mythologischen vor uns? Zugleich wird mit dieser Verobjektivierung zum Ur-Bild aber Individualität ersehnt, indem Körper, Gefühle, Projektionen in der Begegnung mit Anderen Einzigartigkeit beanspruchen. Dieses Paradox soll sich in gehorsame Nachfolge auflösen zwecks Erlösung, die aber schon deswegen keine Erlösung z.B. im römisch-katholischen Sinne sein kann, weil das pure Umgehen mit dem Medium Lara Croft den versprochenen Erlösungs- und Heilungsprozess darstellt. Aber die Selbstinszenierung als Nachfolge findet sich ebenso im Erlösungsreligiösen.

Das Angebot an soteriologischen Personen und Figuren, auch an heiligen, erlösenden Tieren, Heil-Pflanzen, Offenbarungsbäumen und heilenden Steinen ist stets groß gewesen. Ausgesprochene Erlöser-Figuren und Gotteskinder wie Jesus als der Christus finden sich auf verschiedene Weisen in vielen Religionen: der als David redivivus kommende Messias im Judentum; der Zwölfte Imam im iranischen Schiitentum, auch Mahdi, nämlich Welterlöser genannt, der mit dem Weltuntergang erwartet wird; Krishna als kindgeborener Gott; Horus in Ägypten; aber auch in Gestalt eines Riesen, des Däumlings – und immer geht es um Neubeginn, um Verwandlung, um Errettung und neue Lebensrichtungen.[250] Die jeweilige Nachfolger-Gemeinschaft erinnert den jeweiligen *Gründungsmythos*, z.B. Tod und Auferstehung Jesu Christi, und wiederholt diesen in *Riten* wie z.B. in Form des Abendmahls im Christentum, und sie tradiert die aus Mythos und Ritus folgenden *Gebote* und Verbote wie z.B. die Zehn Gebote im (Judentum und) Christentum.

Ein bekannter Gründungsmythos rankt sich um den einstigen Fußballstar Diego Maradona aus Argentinien. Im Viertelfinalspiel der WM 1986 im Azteken-Stadion in Mexico City spielten Argentinien und Eng-

250 P. Schwarzenau: Das Göttliche Kind. Der Mythos vom Neubeginn. Stuttgart 1984; im Blick auf Jesus als Christus bei F. Rickert: Vom Sonnengott zum Krippenfest. Leipzig 2001; M. Dibelius: Jungfrauensohn und Krippenkind, in: ders.: Botschaft und Geschichte. Band I. Tübingen 1953, 1–78, bes. 55ff.; H. Göttner-Abendroth: Die Göttin und ihr Heros. Erw. Aufl. München 1993.

land gegeneinander, als Diego von «der Hand Gottes berührt» das entscheidende 1:0-Tor erzielte (das sich als Tor durch unerlaubtes Handspiel entpuppte). Eine Fan-Gmeinschaft gründete später die Kirche «La mano de dios», in der Frauen und Männer, Kinder und alte Menschen, katholische wie atheistische Fans, Anhänger anderer Fußball- oder sonstiger Vereine im Namen Diego Maradonas zusammenkommen (Gründungsmythos), sich gemeinsam an ihn feiernd erinnern (Ritus) und sich der Zehn Gebote wie z.B. «Liebe den Fußball über allen Dingen» und «Nenne Deinen Sohn Diego» vergewissern (Gebote) und diese einzuhalten versuchen. Das Kreuz ist durch einen Fußballschuh ersetzt, der Rosenkranz besteht aus 33 Miniaturfußbällen, Diegos Autobiografie ist das Heilige Buch, und Weihnachten fällt auf den Geburtstag Diegos am 30. Oktober (ab 1960). Diego verkörpert mit seinem kometenhaften Aufstieg aus dem Armenviertel zum Weltstar im internationalen Fußball-Himmel den Erlöser-Traum aller armen Menschen nicht nur in Argentinien, so dass er neuerdings in Ton auch neapolitanische Weihnachtskrippen (neben Berlusconi, vielleicht bald auch «Schumi») mit ziert. Es geht hier um Volksglauben, um Projektionen und Erfüllung, um religiös-folkloristische Helden-Verehrung. Dass das Identifikationsmodell Maradona am Drogenkonsum gescheitert ist, spielt für die Maradona-Kirchgängerin und ihre Mitfans keine Rolle: «Maradona hat was Magisches und deshalb liebe und verehre ich ihn.» Personenkult contra Religion? Protestantische Glaubenseinstellung kennt keinen Personen-Kult. Für die römisch-katholische Erlösungsreligion besteht hier kein Problem: Sie pflegt einen ausgedehnten Heiligen- und Seligen-Kult; sie praktiziert Reliquien-Verehrung, sie schätzt Marien-Erscheinungen, Wunderquellen u.a.m. Dem Protestantismus hat Luther die Ablehnung jeglicher Verehrung von Personen, Kultgegenständen, Reliquien in die Wiege gelegt, und seine Hochschätzung Marias im Magnificat gilt Gottes wundersam-barmherzigem Handeln an und mit Maria als der Mutter Jesu. Auch Magisches und Heiligungsstigmatisierungen unterliegen im Protestantismus der Deutung durch den Glauben an das Wort Gottes.

Aber man muss doch seinen Gott anfassen können: den stilisierten Maradona. Man muss seine Erlöserin auf das Display, auf eine CD-ROM bannen und in ein(em) Bild verewigen können zur Dauerpräsenz als Medium: die virtuelle Lara Croft. Ihre Aufgabe lautet: «beizutragen zur

Beschleunigung der Verschmelzung der User mit dem neuen Medium»[251]. Demgegenüber erzählen Geschichten der Bibel, dass niemand Gott sehen, wohl aber ihm nachschauen, aber niemals mit ihm direkt kommunizieren oder gar mit ihm verschmelzen kann (z.B. 2. Mose 33). Der Mensch müsste sterben, wenn er seinen Gott oder seine Göttin berührte, z.B. wenn Mose den brennenden Dornbusch als Epiphanie des ihn berufenden Gottes Jahwe anfassen würde (2. Mose 3). Man kann auch sagen: Einen Gott, den es gibt, den gibt es nicht (so wie eine Liebe, die es als verfügbare und entsprechend herstellbare gibt, keine Liebe ist). Die Inkarnation Gottes in Jesus von Nazaret befreit christlicher Glaubensüberzeugung nach von der Vorstellung, dass der Heiland-Erlöser objektiv und ewig gegenwärtig sei. Es geht um die Präsenz Gottes in einem unvollkommenen, sterblichen Individuum, wie wir es sind, und damit paradox gerade um Gottes Abwesenheit, um seinen «Tod» als jenseitiger, allmächtiger Gott. Die Richtung der Inkarnation läuft nicht «von unten nach oben», auf dass wir Menschen Ewigkeit erlangten. Umgekehrt werden in Glaube, Liebe und Hoffnung Mensch und Welt gerade endlich, vergänglich und sterblich, fragil und offen. Heilwerden liegt quer zu religiöser Bedürfnisbefriedigung. Der *Auf-* und *Nachbesserungs-Religion* einer medien-mariologischen Lara Croft steht die Erfahrung des um seiner Nächstenliebe willen leidenden Jesus, «Vater, warum hast Du mich verlassen?», gegenüber. Dies führt in Verlust-Trauer und in Eigenständigkeit. Dies führt in die ambivalente Erfahrung, dass wir Kinder Gottes wie Kinder unserer Eltern sind und bleiben und dass wir zugleich erwachsen werden (müssen), indem wir unser Leben, Zusammenleben und unsere Welt als erwachsene Menschen, als «Eltern» der Schöpfungswelt gestalten.

## Zivil-Religion(en)

Mit der Moderne ist Religion zu einem mehr oder weniger autonomen Segment der Gesellschaft geworden. Mit seinem Mündigwerden im Gebrauch seiner (reinen wie praktischen) Vernunft wendet sich der Mensch der Aufklärung vom dreigestaltigen christlich-konfessionell-kirchlichen Christentum ab und einer vernünftigen, über- oder postkonfessionellen

[251] A. Deuber-Mankowsky: Lara Croft, 102f.

und nach-abrahamitischen Religion zu, die mit ihren zivil-bürgerlichen Postulaten von Gott, Freiheit und Unsterblichkeit (Kant) und bestimmten Menschen- und Grundrechten die individuellen religiösen und gesellschaftlichen Bedürfnisse des aufkommenden Bürgertums bestätigt, stabilisiert, befriedigt. Solche privatisierte, aber durch den Einzelnen in die entstehende gesellschaftliche Öffentlichkeit hineinwirkende Religion kann umgekehrt entweder als kritische, auf Erwachsenwerden bezogene Institution gegenüber der Gesellschaft, oder sie kann als therapeutisch-erleichternde und integrative Instanz zum besseren Funktionieren der Gesellschaft praktiziert werden.[252] In der postsäkularen Wende wird *kritische Religion* allerdings schnell als Spielverderber abgestempelt und als störend und häretisch abgetan, während die Mithilfe einer *integrativen Kultur-* und *Zivil-Religion* mehrheitlich erwünscht ist. Die öffentlichen «civil religions» bieten in ihrem Rekurs auf vernünftig-universale Humanitätsideale wie die Menschenrechte sozialen Kitt für die auseinander driftenden Gesellschaften an (meistens die Erfahrung ignorierend, dass es diese allgemeine, universale Vernunft als Prämisse nicht ((mehr)) gibt). Religion verbürgt gesellschaftliche Integration, Leitkultur-Optionen und Werte-Konsense, Sinn-Gebung und Ordnungshilfen, Überschaubarkeit und Gemeinsamkeit(en). Diese zivilrationale Religionsform provoziert auf ihrer privatisierten Rückseite «private religions», die sich laut Peter Berger am «Imperativ der Häresie» orientieren und sich eben nicht auf verallgemeinerbare Offenbarungen und Erlebnisse berufen, sondern auf individuelle Bedürfnisbefriedigung aus sind. Es geht weniger um Glauben an ... als um Selbsterfahrung. In religiös bedingt aufgeladenen Situationen wie nach dem 11. September 2001 und anlässlich von Selbstmordattentaten von Islamisten und ebenso in sozial bedingten Krisen wie den Unruhen in Pariser (laizistisch bestimmten) Vororten wird Zivil-Religion zum Diskussionsgegenstand vor allem für Religionspolitik.

Ein solches Angebot stellt m.E. die Bewegung einer *Neuen Bürgerlichkeit* dar,[253] die den Übergang vom postmodernen ins neoreligiöse Zeital-

---

[252] Vgl. S. Zizek: Die Puppe und der Zwerg, 7–13; J. Habermas: Strukturwandel der Öffentlichkeit. Neuwied/Berlin 1962; A. Adam: Politische Theologie, 115ff., 135ff.

[253] Vgl. Chr. Rickens: Die neuen Spießer. Von der fatalen Sehnsucht nach der überholten Gesellschaft. München 2006, wo Familie, Glaube und Vaterland als Titulaturen für konservative Ansichten und Bedürfnisse der Neuen Bürgerlichkeit analysiert werden.

ter um Erleichterung, Ordnung und Leitkultur willen prognostiziert. Stellt die christliche Religion (beider Konfessionen) «das neue Gefäß kollektiver Identität» dar?[254] Da wir dem ständig wachsenden Wissen der Experten, und Wissenschaftler ohnehin nur noch *glaubend vertrauen* können, sei unsere Wissensgesellschaft unter der Hand ohnehin zur Glaubensgemeinschaft geworden. Die Moderne ist, so das Fazit dieser zivilreligiös ausgerichteten Analyse, «zum Credo-Prinzip zurückgekehrt». Besonders deutlich werde dies an der Mediengesellschaft: «Wenn sich immer mehr Menschen in einer Gesellschaft immer häufiger medial vermittelt bilden, definieren, unterhalten, trösten – dann brauchen sie ein immer größeres Maß an Vertrauen in das anonyme System, an abstrakten Glauben. Dieser medial erzwungene Glaube an die Wahrheit von Information, an die Kraft von Bildern, an die Kontingenz von Geschichten macht die Mediengesellschaft zu einer riesigen Glaubensgemeinschaft.»[255] Das «Religiotainment» wird es schon richten, indem «die Medien das Thema Religion als Beweger von Emotionen und Events entdecken und – auch aus kommerziellem Interesse – massiv befördern».[256] Den um Freiheit und Demokratie Besorgten, die Abweichlern wie Habermas, Derrida, Reemtsma, Vattimo, Rorty zugesellt werden, wird in das Stammbuch geschrieben, dass dies eben nur durch den einen Gott möglich sei, «der die abendländische Welt zu einem geistigen Harmonium fügte» und der jetzt zum «religiös-konservativen Widerstand» gegen die Freiheit und Beliebigkeit ruft.[257] Die «klassische monotheistische Reflexionsreligion des Christentums» soll zum «Aufbauhelfer des vereinten Europa werden». «Vielleicht wird der Mensch des 21. Jahrhunderts wieder Mystiker, vielleicht wird sein Heimweh Reflex auf die Raserei der Moderne, vielleicht wird der Religiöse der eigentliche Revolutionär unserer Zeit, vielleicht wird er irgendwann erklären: Credo, ergo sum»[258] – nur an was, an wen, mit wem glauben?

Diesen inszenierten Glauben ohne Inhalt wünschen sich Gestresste wie Heilsuchende und Gelangweilte gleichermaßen, seien sie Manager, Politiker oder Wissenschaftlerinnen, Hausfrauen, Hartz IV-Darbende

---

254 W. Weimer: Credo. Warum die Rückkehr der Religion gut ist. München 2006, 7, 25.

255 A.a.O., 46f.

256 A.a.O., 48f.

257 A.a.O., 53, 63.

258 A.a.O., 79.

oder Entertainer. Religion, Frömmigkeit, Spiritualität, Selbsttherapeutisches und ein Gottes-Gen einmal unverfänglich und ohne Verpflichtung anschauen, sich anhören und vorführen lassen können für eine spätere persönliche Entscheidung. Religiöses Flanieren ohne Folgen, denn die lediglich suggerierbaren Werte-Konsense (und Leitkultur-Mixturen) bekräftigen dennoch die bestehende Gesellschaft in ihren Machtstrukturen und bilden diese affirmativ ab. Versprochen werden Effekte und Orte wie geistliche Beheimatung und Inseln der Ruhe, um mittels dieser religiösen Kraft die gottlose Welt wieder religiös bewohnbar zu machen, um Religion als Integrationsmittel und religiöse Ethik als Normenkatalog zu etablieren. Religion soll Werte als Lösungspotential für die Probleme bieten, die diese Werte-Optanten selbst ausgelöst haben. Das Beispiel eines Chef-Volkswirts, in diesem Fall der Deutschen Bank Gruppe: «Die Evangelische Akademie schätze ich als Stätte des fruchtbaren Dialoges zwischen Kirche und Wirtschaft. Dieser Dialog ist unverzichtbar. Wir sehen, dass die Wirtschaft in unserer Zeit der Globalisierung und des rasanten Wandels der Orientierungen und Werte bedarf, wie sie der christliche Glaube bieten kann»[259] – wobei Bundesbankchef Ackermann den Begriff des Wertes ohne alles Schuldbewusstsein und auf das Ökonomische reduziert hat. Welche Religion kann welche Werte für wen bieten?

Man spricht in solchen Zusammenhängen von *Zivil-Religion,* weil Religion den Bürgern und Bürgerinnen für das Funktionieren der (angeblich) freiheitlich-demokratisch gestaltenden Gesellschaft dient. Feste aus anderen Kultur-, Religions- und Lebenszusammenhängen wie etwa Halloween, Valentin oder auch Jugendweihe werden zu «zivilreligiösen Festen» erklärt und sind einschmelzbar in christliche Gemeindepraxis als religiösem Integrationsort.[260] Aber läuft Religion, welcher Provenienz auch immer, mit solchen Vereinnahmungs-, Integrations- und Gleichmachungsstrategien nicht Gefahr, ihre kritische Dynamik, ihr distanzierendes Potential, ihren Glauben an die geschöpfliche Einzigartigkeit eines jeden Menschen und das Umgehen mit den pluralen Lebensweisen und mit der grundsätzlichen Differenz zwischen uns Menschen zu verlie-

---

[259] Prof. Dr. N. Walter in: 60 Jahre Ev. Akademie Arnoldshain, vom 8. Oktober 2006.

[260] Th. Klie (Hg.): Valentin, Halloween & Co. Zivilreligiöse Feste in der Gemeindepraxis. Leipzig 2006.

ren[261]? Zivil-Religion halbiert Mensch, Gesellschaft und Welt, indem sie das Andere, Entzogene, Kritisch-Dynamische von Mensch, Gesellschaft und Welt humanitäts-rationalistisch überspielen will. Religion droht in dieser Gestalt im affirmativen Deuten und Rekonstruieren der bestehenden Gesellschaft aufzugehen und zur Legitimation der bestehenden Macht und zum Mittel für reibungsloses «Weiter so» zu werden.

### Erleichterungsreligiöses beschwert

Erleichtern ist die Vorderseite oder Oberfläche des Verdrängens. Erleichterungsreligiöses gibt sich als modernes Religionsphänomen plural. Von den traditionellen christlichen Konfessionen bis in die Religiosität privatisierter Erlebnisse und Rituale im Kleinkreis der Bekehrten hinein wird Oberflächenerleichterung betrieben. Aber es gab und gibt auch Nachfragen zur und Proteste gegen *Erleichterungs-Religion.* Eine derzeit diskutierte Option ist das Sterben in Würde. Als ars moriendi, als «Kunst des Sterbens»[262], galt ein geduldiges und ebenso hiobmäßiges Wahrnehmen, Einüben, Begleiten. Viele Menschen wünschen heute nicht mehr erleichterndes Überspielen, sondern Begleitung in Situationen, in denen der Einzelne die Möglichkeit zum Wahrnehmen und Einsehen des Unausweichlichen seiner Lage erhält. In Situationen gemeinsamen Trauerns und Freuens, Bittens und Dankens. Die virulenten und erstaunlich breiten Diskussionen z.B. um Sterbebegleitung, Sterbehilfe(n), Patienten-

261 Vgl. R. Schieder: Wieviel Religion verträgt Deutschland? Frankfurt/M. 2001, bes. 119ff.: Zivilreligion in Deutschland, wobei der Begriff aus den USA stammt; 201ff.: Die Zivilisierung und Modernisierung der Religion als gesamtgesellschaftlicher Prozess; ders.: Civil Religion, in: Verkündigung und Forschung 33 (1988), Heft 2, 29–43, als Literaturbericht; vgl. H. Kleger; A. Müller: Religion des Bürgers. Zivilreligion in Amerika und Europa. München 1986; H. Maier: Politische Religionen. Freiburg/Wien 1995, 106f.; H. Lübbe: Modernisierungsgewinner. Religion, Geschichtssinn, Direkte Demokratie und Moral. München 2004, 80ff.; J. Moltmann: Politische Theologie, 76–78: Das Gespenst einer neuen Zivilreligion.

262 Zur ars moriendi (Kunst des Sterbens) als Möglichkeit einer privatgläubig-individuellen Aneignung des religiösen Universums bzw. Universalismus bei P. Strasser: Der Gott aller Menschen. Eine philosophische Grenzüberschreitung. Graz/Wien 2002.

verfügung, Hospizbetreuung, Palliativmedizin zeigen, dass wir uns als geschöpflich und begleitet und nicht einfach als autonom erfahren möchten und unser Leben und Sterben bei allen pflegerischen, medizinischen Erleichterungen in Würde führen und erleben möchten. So bekäme *Erleichterung* den angemessenen und notwendigen Sinn, Ort und Stellenwert, nämlich als Begleitung, als Kommunikation, als gestaltete Alterität, die der sterbenden Person Zeit lässt, Raum gibt auch zum Abschiednehmen, aufmerksames Zuhören anbietet, Druck nimmt, Angst lindern kann – und die die begleitenden Personen in Sensibilität, mit Aufmerksamkeit, Wachheit und sinnlicher Zuwendung wie etwa Streicheln, in Geduld und Trauern wahrnehmen.[263]

Erleichtern soll die *irdische, individualisierte Nach-Religion der Liebe:* «Enttraditionalisierte Liebe ist alles in Ich-Form: Wahrheit, Recht, Moral, Erlösung, Jenseits, Authentizität.»[264] Indem diese moderne Liebeserfahrung ihren Grund in sich selbst hat, ist sie in ihrem Entscheidungscharakter religiös. Indem sie von den beiden Liebenden vollzogen wird ohne Rekurs auf irgendwelche religiösen Lehren oder Praktiken, ist sie eine Nach-Religion. Dieser modernen «Liebsten-Liebe» sind eine eigene «Konfliktlogik» und «immanente Paradoxien» inhärent, zusammen mit der Flüchtigkeit von Gefühlen und Selbstverwirklichungsansprüchen. Diese Liebes-Lebensform wird getragen von einem *quasireligiösen, nachreligiösen Liebeserlösungsglauben*, kirchenlos und priesterlos, eine rein «interne Angelegenheit der Liebenden selbst». Diese Fokussierung der Liebe «prädestiniert sie zu einer traditionslosen, traditionsunabhängigen, nachtraditionellen ‹Religion›, die deswegen gar nicht als solche bewusst wird, weil sie aus dem innersten Wunschzentrum der Individuen aufsteigt, deren ureigenstes, unwiderstehliches Bestreben ist».[265]

---

[263] Vgl. Friedrich-Ebert-Stiftung (Hg.): Sterben in Würde. Ethische, medizinische und rechtliche Herausforderungen. Bonn 2005; J. Fischer: Aktive und passive Sterbehilfe. Zur Analyse eines ethischen Konflikts, in: ders.: Handlungsfelder angewandter Ethik. Stuttgart/Berlin/Köln 1998, 63–94; ders.: Sterben hat seine Zeit. Zur deutschen Debatte über die Reichweite von Patientenverfügungen, in: ZThK 102 (2005) 352–370.

[264] U. Beck; E. Beck-Gernsheim: Das ganz normale Chaos der Liebe. Frankfurt/M. 1990, 222ff.; ders.: Die irdische Religion der Liebe. Überarbeitete Fassung, in: U. Beck: Die feindlose Gesellschaft. Ausgewählte Aufsätze. Stuttgart 1995 (Reclam Universal-Bibiliothek Nr. 9340), 42–64.

[265] U. Beck; E. Beck-Gernsheim: Das ganz normale Chaos der Liebe, 233.

In die umgekehrte Richtung geht der Blick der öffentlich-gesellschaftlichen *Zivil-Religion*. Diese moralisch aufgeladene, politisierende Nach-Religion dient im Gewand der «Religion innerhalb der Grenzen der bloßen Vernunft» als «sozialintegrativer Kitt». Nach-Religion deswegen, weil diese Zivil-Religion die klassischen christlichen Religions-Konfessionen und die anderen im Kulturraum präsenten Religionen mit ihrer quasi-religiösen politischen Integrations-Funktion weiterführen und auf dem Level eines vernünftigen christlich-säkularisierten Glaubensminimums vollenden soll.[266]

Andere schlagen ein *Religions-Esperanto* vor, sei es vom universal verstandenen Christentum her als *der* Religion der Moderne, so wie Hegel das Christentum in der Genese der Moderne als *universale Religion nach der Religion* im Sinne der Aufhebung der (positiven Kult-)Religion(en) in das Christentum in der Gestalt der Nach-Religion bestimmt hatte. Oder man bastelt einen christlichen Buddhismus zusammen aus «christlichem Glauben und buddhistischer Übungspraxis».[267] In einer Erlebnisgesellschaft lassen sich Religionen enthistorisieren, ihres Kontextes und Situationssinns weitgehend entledigen, auf so etwas wie eine universalreligiöse Grundstruktur oder ein allgemeinreligiöses Ethos[268] oder ganz konsequent auf Selbsterfahrungsreligiositäten reduzieren und entsprechend entweder zu einem Esperanto der Hochreligionen für alle Welt zusammenschmelzen oder in beliebige Privatkulte einschmelzen – aus unserem westlichen, religiös pluralen, minimiert christlichen Blickwinkel.

In der *Informationsgesellschaft* kommunizieren Menschen fast ausschließlich abstrakt-medial und machen «direkte» Erfahrungen mit dem Medien-Instrumentarium, das ihnen Inhalte vermittelt, also Computer, Handy, neuerdings elektronische Kleidung, Chips u.a.m. Man kann von einer *Medien-Religion* sprechen. Zugleich leiden Menschen an dem damit einher-

---

266 Th. Macho: Die Faszination des Dreizehnten Apostels, 14f.

267 M. von Brück: Wie können wir leben? Religion und Spiritualität in einer Welt ohne Maß. München 2002.

268 Vgl. H. Küng (Hg.): Dokumentation zum Weltethos. München 2002; vgl. kritisch bei J. Rehm (Hg.): Verantwortlich leben in der Weltgemeinschaft. Zur Auseinandersetzung um das «Projekt Weltethos». Gütersloh 1994 (Kaiser TB 133); M. Kettner: Gibt es vernunftmoralische Gründe für die Anerkennung religiöser Überzeugungen?, in: conceptus 28 (1995), nr. 72, 43–62, zu Moral- und Religionsesperanto. Vgl. F. Steffensky: «Schwarzbrot-Spiritualität». Stuttgart 2006; ders.: Interview, in: BRIGITTE 26/2006, 113–115.

gehenden Erfahrungsdefizit mit anderen Menschen, Tieren, Pflanzen, mit Lebendigem. Sie suchen religiös-kommunikative Events ohne verpflichtende Inhalte, wie z.B. Evangelische Kirchentage und das römisch-katholische Weltjugendtreffen in Köln 2005. Viele richten sich in ihrer mediengeförderten Erfahrungs- und Kommunikationsvergessenheit ein um der auch religiösen Selbstverwirklichung willen. Auf der anderen Seite versprechen gerade Medien religiöse und quasi-religiöse Events als Schlüsselerlebnisse und erzeugen einen Zwang zur religiösen Erfülltheit. Religion fungiert als Stimulans und erhebende Unterbrechung des Alltags, aber auch als Verschleierung und Verdrängung des gottlosen Alltäglichen. Zweckloses, alles, was umsonst ist, also Liebe, Geschenk, Einzigartigkeit, Würde, Geschöpflichkeit, Lebendigkeit haben hier als religiöse Phänomene, Verheißungen und Glaubensinhalte keinen Platz (mehr). Sie haben eben nicht den Zweck und die Funktion des Erleichterns.

# VI. Vereindeutigen dieser Welt: Fundamentalistische Religion(en)

## Vereindeutigen als fundamentalisierender Lebensstil: ein Definitionsvorschlag

Der Begriff des Fundamentalismus wird hier so weit gefasst, dass darunter religiöse, quasi-religiöse und auch weltanschauliche Erfahrungs-, Lehr- und Organisationsstrukturen mit der Tendenz zu Absolutheit und Exklusivität verstanden werden können. Nach einem Hinweis auf die ursprünglich engere Fassung dieses Begriffs werden vier solcher Fundamentalismen oder fundamentalisierender Lebensstile vorgestellt: Formen des *religiösen* Fundamentalismus; die Frage nach *Identität* als fundamentalisierendes Vereindeutigen des Menschseins, von Ethnien u.a.; *Medien* als Vereindeutigungsstrategien und -strukturen; und schließlich der *Wissenschafts*- und der *Kapital*-Positivismus als Fundamentalismen.

Die religiöse Erscheinung des *Fundamentalismus* geht dem Begriff und der Sache nach ursprünglich auf Entwicklungen in den USA im 19. Jahrhundert zurück und ist wie die Erleichterungsreligion(en) eine moderne Religions-Erscheinung. Sie ist eine «Mischreaktion» der traditionell-christlichen Gläubigen auf die aufkommende aufgeklärte, wissenschaftsorientierte moderne Fortschrittskultur. Diese Konfrontation äußerte sich in einem «Krisenkult», der teilweise verbunden war mit Absonderungen, Sektenbildungen, der Ablehnung moderner Wissenschaft, z.B. im Blick auf die biblischen Schöpfungserzählungen und die Evolution, der Erwartung des nahen Weltendes u.a.m.[269]. Der Entstehungshintergrund dieses

[269] J. Barr: Fundamentalismus, in: EKL. Erster Band. 3. Aufl. Göttingen 1986, 1404–1406; W. Joest: Fundamentalismus, in: TRE Band XI. Berlin/New York 1983, 732–738; vgl. M. Scherer-Emunds: Die letzte Schlacht um Gottes Reich. Politische Heilsstrategien amerikanischer Fundamentalisten. Münster 1989; M. Riesebrodt: Die Rückkehr der Religionen. Fundamentalismus und der «Kampf der Kulturen». München 2000; Chr. Türcke: Fundamentalismus – Maskierter Nihilismus. Springe 2003; B. Victor: Beten im Oval Office. Christlicher Fundamentalismus in den USA und die Internationale Politik. München 2005. Und demgegenüber zur Zivilreligion in den USA als «Motor von Freiheit, Demokratie und Fortschritt» bei R. Schieder: Wieviel Religion verträgt Deutschland? Frankfurt/M. 2001, 95–118.

vielgestaltigen Fundamentalismus war die freikirchliche Situation der USA: «Es gab keine geschlossenen konfessionellen Gebiete, keine Volks- oder gar Staatskirchen. Die Denominationen sind Vereine, die auch wirtschaftlich überleben müssen. Sie stehen in wechselseitiger Konkurrenz: Die Regeln des Marktes halten im Bereich der Religion Einzug. In diesem Wettbewerb haben amerikanische Fundamentalisten ihr Profil gewonnen. Sie sind im Hinblick auf die Inhalte konservativ, in den Formen ihrer Verkündigung aber flexibel und den Anforderungen der Zeit gegenüber aufgeschlossen. Die Organisationsformen des Fundamentalismus sind in den USA also durchaus modern.»[270]

Im Folgenden wird dieser Begriff des Fundamentalismus über seinen Entstehungskontext hinaus ausgeweitet und auch für solche Bewegungen, Gruppierungen und Personen verwendet, die sich «positivistisch» auf eine Lehre, ein Grundsatzdokument wie Heilige Schriften, auf eine Gründer- und Führer-Person, ein Kultobjekt oder einen Fetisch, eine Offenbarung oder Berufung, Vision, Beauftragung o.ä. berufen, diesem oder diesen exklusive, heilige oder quasi-heilige Gültigkeit und Wirksamkeit zusprechen und alle Nichtbekennenden als Ausgeschlossene behandeln bis hin zu deren Verfolgung. So kann man unter vereindeutigendem Fundamentalismus religiöse und quasi-religiöse Gruppierungen und Bewegungen von den US-amerikanischen fundamentalists über protestantischen Pietismus, römisch-katholischen Integrismus[271] und evangelikale

---

[270] F. Stolz; V. Merten (Hg.): Zukunftsperspektiven des Fundamentalismus. Freiburg/Schweiz 1991, 15; vgl. H. Lübbe: Modernisierungsgewinner. Religion, Geschichtssinn, Direkte Demokratie und Moral. München 2004, 15ff., zum religiösen Fundamentalismus.

[271] Vgl. J.-B. Fellay: Integrisme et fondamentalisme, in: F. Stolz; V. Merten (Hg.): Zukunftsperspektiven des Fundamentalismus, 79–83; J. Niewiadomski: Fundamentalismus in der katholischen Kirche, in: a.a.O., 85–89; U. Altermatt: Gewissheit statt Freiheit: Neue religiöse Bewegungen im Katholizismus, in: a.a.O., 91–99. Als Frage nach einem offenen oder theologisch dominierten Dialog zwischen Religionssoziologie und katholischer Theologie hat John Milbank eine triumphalistische, fundamentalisierende Konzeption katholischen Denkens vertreten: Theology and Social Theory. Beyond Secular Reason. Oxford 1990, die Hans Joas deswegen einen «raffinierten Fundamentalismus von links» nennt, weil J. Milbank die katholische Theologie zur «ultimativen Sozialwissenschaft» erhebt (H. Joas: Braucht der Mensch Religion? 2. Aufl. Freiburg 2006,78ff.).

Pfingst- und Freikirchen bis hin zu Islamismus, Kommunismus, Nationalsozialismus subsummieren.

Der Fundamentalismus entspringt einer Krise der sozialen Identität, von Individuen wie Gruppen. Er ist eine klassenheterogene Erscheinung mit einer «marginalisierten Mitte», die einen aktuellen oder vorweggenommenen Statusverlust kompensiert durch die Rückwendung zu der früher praktizierten Frömmigkeit und zu den früher gelebten patriarchalisch-autoritären, personalistischen Formen sozialer Bindungen. Dabei geht es immer auch um mehr oder weniger ausgeprägte verabsolutierende, totalitäre Implikationen, Dynamiken, Organisationsstrukturen und Symbolisierungen: Machthierarchien ohne Alternativen, absolute (und für manche wissenschaftlich beweisbare) Wahrheit(en), Ausschließlichkeitsanspruch, zwingende Initiations- und Vergewisserungsriten mit absolutem Gehorsam, Antimodernismus unter Berufung auf einen Gründungsmythos, bewährte Überlieferung, ein Volk, eine Sendungs- und Beauftragungsoffenbarung. Dann sind auch viele Vollzugsweisen der alles durchdringenden Medien, des alles monetarisierenden Kapitalismus und der alles durchschauenden Wissenschaften als quasi-religiöse Vereindeutigungsversuche zu behandeln.

## Religiöses Fundamentalisieren: Pantheismus, Sakramentalismus, Biblizismus

Es gab und gibt verschiedene *religiöse* Formen, Symbole und Rituale, um in unserer Welt Erscheinungen Gottes oder unsere ganze Welt als Erscheinung Gottes gleichsam dingfest zu machen als greifbare Wirklichkeit Gottes. Ein als wissenschaftlich und theologisch vernünftig ausweisbares Fundament oder ein durch göttliche Offenbarung gegebenes oder sakramentales Fundament für das Leben wird als Vorgegebenes angenommen, auf das man vor allem in Zeiten des Zweifelns in festem Glauben und gesicherter Moralität rekurrieren kann. Gewünscht wird seit Beginn der sich pluralisierenden neuzeitlichen Welt nochmals und immer wieder Sicherheit, da die neue (protestantische, humanistische) Begründung von Leben, Glauben, Lieben und Hoffen allein auf Gewissheit den meisten nicht genügt.

So hält z.B. der *Pantheismus* unsere Welt und uns selbst für die Manifestation des Einen Gottes. Die Welt, das All (griechisch: pan) im Sinne der gesamten Wirklichkeit, ist der Körper Gottes, der Himmels-Körper (corpus coeleste).[272] Diese im Entstehen der Neuzeit thematisierte Vergöttlichung der Welt bzw. Verweltlichung Gottes holt den welttranszendenten, persönlichen Schöpfer-Gott aus seiner theistischen Jenseitsdistanz herein in die vernünftig geordnete Welt. In einem metaphysik- und theologie-kritischen Harmonisierungswurf wird der cartesianische Dualismus von res cogitans (Denken) und res extensa (Sein bzw. Materie) mit der Vorstellung einer sich selbst in Denken wie Materie vernünftig ausdrückenden göttlichen Substanz überwunden. Natur und Denken sind «an sich selbst» göttlich und vernünftig geordnet, deswegen sind sie mittels unserer Vernunft rational rekonstruierbar. Man ist als vernünftig denkender Mensch immer und überall zu Hause. Kant hielt den Pantheismus für vorkritisches Denken, weil das regulative Postulat Gott nicht empirisch rekonstruiert und für irgendwelche Beweisverfahren verwendet werden könne. (Es ist dieselbe Kritik wie an den in Kapitel III dargestellten Gottes-Beweisen.) Von anderer Seite wurde und wird der Pantheismus kritisiert, weil er so etwas wie ein geschlossenes göttliches System darstelle. Und er wurde als Atheismus abgelehnt, weil es keinen Platz mehr gäbe für einen persönlichen Gott und für eine Schöpfung aus dem Nichts. Umgekehrt antworten heute viele, vor allem Jugendliche, auf die Frage nach ihrer Vorstellung von Gott, dass er eine unpersönliche Kraft sei, die in der Welt wirke und die Lebensschicksale der Menschen bestimme. Diese göttliche – mütterliche und väterliche – Kraft sei stets präsent, ohne persönlich zu verpflichten, was heutigem Lebensgefühl entgegenkommt. Es ist ein Fundamentalisieren mit Spielraum, also eher das panpsychische Gefühl des Geborgenseins, des kindlichen Aufgehobenseins in einer unübersichtlich-komplexen Gesellschaft. So monierte eine Leser-Zuschrift, «wie zerstörerisch alle Kultreligionen

---

272 E. Quarch: Pantheismus; als kritischer Entwurf bei J. Moltmann: Gott in der Schöpfung. Ökologische Schöpfungslehre. München 1985, wo von der Schöpfer-Gott-Vorstellung aus ein Pan-en-theismus (in Fortführung von Hegel und Schelling) vertreten wird; vgl. H. Hanreich: Pantheismus, in: EKL. Dritter Band. 3. Aufl. Göttingen 1992, 1011–1014; G. Bruno (1548–1600): Über das Unendliche, das Universum und die Welten. Stuttgart 1994 (Reclam Universal-Bibliothek Nr. 5114); ders.: Über die Ursache, das Prinzip und das Eine. Stuttgart 1986 (Reclam Universal-Bibliothek Nr. 5113).

und Sekten auf die Menschheit wirken und sie an einem friedlichen Miteinander hindern. Die Wahrheit findet der Mensch einzig und allein in der universalen Einheit der Natur, mit der er als ein Teilstück untrennbar verbunden ist.» Wo hat der Leser diese ganzheitlich-naive, projektive, auch regrediente Einsicht und Zuversicht wohl her?[273] (In einer Befragung von Schülern und Schülerinnen an berufsbildenden Schulen haben 92 % der muslimischen, 57 % der römisch-katholischen und 46 % der protestantischen ihren Glauben als «sicheren Glauben an die Existenz Gottes» bezeichnet, d.h. das Vereindeutigen bei der Einschätzung des Gottes-Glaubens hat ein deutliches Gefälle.[274])

Der *Katholizismus* hält die geweihte Hostie (und den Wein) der Eucharistie für die real verwandelte (transsubstantiierte) Gegenwart Gottes in den beiden Elementen des Leibes (und des Blutes) des Erlösers Jesus Christus. Dieser sakramentalistische Fundamentalismus hat sein absicherndes Pendant im ekklesiologischen Fundamentalisieren mit dem unfehlbaren Papstlehramt in Lehre und Sitten, mit dem Ausschließen von Nicht-Katholiken von der Eucharistie, von Frauen aus dem Priesteramt, von Laien aus den Priesterfunktionen. Für den Vollzug der Messe genügt ein Priester; sie muss nach Formular erfolgen; sie kann (und soll) wieder lateinisch zelebriert werden. Wer vernünftig denken kann, glaubt auch an den römisch-katholischen Gott. Aber dies leuchtet gar nicht ein und fällt als sacrificium intellectus nicht leicht, wenn es z.B. um einen vernünftigen Umgang mit Sexualität geht: dass Geschlechtsverkehr einzig um des Kindes willen erlaubt und notwendig ist, dass selbst angesichts von Aids Kondomverbot besteht, dass die Ehe von homosexuellen Menschen die «Auflösung des Menschenbildes» der «moralischen Geschichte der Menschheit» bedeute. Hier stellt sich die römisch-katholische Kirche mit inhumanen Normen fundamentalistisch gegen Vernunft und Menschlichkeit. Hier arbeitet sie mit den Mitteln und Denkmustern der Schwarz-Weiß-Konfrontation von Relativismus contra Fundamentalismus, gegen die sie und vor allem Papst Benedikt XVI. – aus und mit Vernunftgründen – ja gerade antreten. Ihr Feldzug gegen den «totalitären Relativis-

---

273 In: DIE ZEIT Nr. 2 vom 4. Januar 2007, 16; grundlegend bei G. Böhme: Natürlich Natur. Über Natur im Zeitalter ihrer technischen Reproduzierbarkeit. Frankfurt/M. 1992.

274 U. Gerber; P. Höhmann; R. Jungnitsch: Religion und Religionsunterricht. Frankfurt/M. 2002, bes. 16f., 51–60, 94ff.

mus» zugleich ihren eigenen totalitären Antirelativismus bis zum Inhumanismus. Dieser Weg repräsentiert nicht die von J. Ratzinger beanspruchte «neue, aufgeklärte Art des Christentums». Und wenn der römische Katholizismus sich in unseren westlichen Breiten derzeit im Aufwind befindet als «älteste Globalisierungsagentur», dann spricht dies eher für eine neue Welle eines gegenaufklärerischen Konservativismus als für einen spätmodernen (korrigierenden) Wiederbelebungsversuch der Aufklärung als des Projektes der Moderne. Am römischen Katholizismus lässt sich der Weg des Christentums auf der immer wieder überschrittenen Grenze zum Fundamentalisieren und Vereindeutigen statt zum Aufklären und Differenzieren nachzeichnen.

Den puren Fundamentalismus verhindern die römisch-katholischen Glaubenden selbst, indem «die große Masse der Durchschnittskatholiken Apathie demonstriert», indem sich «am Rande der institutionellen Großkirche ein Basisaktivismus bemerkbar» macht[275] und indem sich die meisten Katholiken pragmatisch entscheiden, etwa in Fragen der Empfängnis-Verhütung, und indem sie sich kooperativ mit den Weltläuften auseinandersetzen, etwa in den Fragen des konfessionellen Religionsunterrichtes, der Abendmahlsgemeinschaft mit nicht-katholischen Christen und Christinnen und des Interreligiösen Dialoges einschließlich interreligiöser Feiern. «Darum ist das öffentliche Bild der Kirche immer etwas erzkatholischer als die Wirklichkeit.»[276] Aber die Grundfrage bleibt auch hier: ob es überhaupt gewollt ist und versucht wird und ob es dann gelingt, römisch-katholische Tradition und (Spät-)Moderne in ein dynamisches, produktives, diskursives Spannungsverhältnis zu bringen und zu halten? Der Streit um die Messordnung lässt eher auf Restaurationsbestrebungen und bestenfalls auf Ästhetizismus inbezug auf die schöne

---

[275] U. Altermatt: Gewissheit statt Freiheit: Neue religiöse Bewegungen im Katholizismus, in: F. Stolz; V. Merten (Hg.): Fundamentalismus, 94; als Gegenbewegung vor allem mit der Wiedereinführung der lateinischen (tridentinischen) Messordnung aus dem 16. Jh., die 1969 vom Vatikanum II zurückgedränt wurde, bei M. Mosebach: Häresie der Formlosigkeit. Die römische Liturgie und ihre Feinde. München 2007.

[276] B. Ulrich: Die sanfte Weltmacht. Welche Kraft und Herrlichkeit und Verlogenheit: Wie sich die katholische Kirche in diesem Jahrhundert verändern muss, in: DIE ZEIT vom 20. Dezember 2006, 2; zum Problem bei A. Adam: Politische Religion. Institution und Verfassung im westlichen Christentum, in: G. Pfleiderer; E. W. Stegemann (Hg.): Politische Religion, 177–220.

lateinische, theologisch hoch aufgeladene und durch das Nichtverstehen echt religiöse, beruhigend automatisch ablaufende Messe schließen.

Im *Protestantismus* halten Glaubende, z.B. aus der Erweckungsbewegung und dem Pietismus, die *Bibel* für das von Gott durch seinen Heiligen Geist den Evangelisten, den Aposteln und den anderen Schreibern wörtlich eingegebene, verbalinspirierte Offenbarungsdokument. Und entsprechend ist Gott in dem Heiligen Buch der Bibel gegenwärtig. Luther hingegen hatte die Heiligkeit der Bibel allein auf das Wirken Jesu Christi und des Heiligen Geistes «in, mit und unter dem Buchstaben» bezogen. (Eine Verbalinspiration vertritt auch der *Islam* im Blick auf den Koran, den Allah dem letzten Propheten Mohammed diktiert hat. Deswegen darf der Koran eigentlich weder übersetzt noch ausgelegt werden.) Die inspirierte Bibel ist ein sakrosanktes Buch, irrtumsfrei und Fundamentalkriterium der Wahrheit in jeder Hinsicht. Man kann und darf nicht mit wissenschaftlich-theologischen Mitteln und Methoden an dieses in sich einheitliche und abgeschlossene Buch-Fundament herangehen, dessen Inhalte Heils-Tatsachen und historische Wahrheiten sind, wie z.B. der Sündenfall von Adam und Eva (1. Mose 3), die fleischliche Auferstehung Jesu Christi und sein leeres Grab, die Schöpfung in sieben Tagen, wobei dies nicht unsere 24-Stunden-Tage gewesen seien, sondern größere Zeiträume.

Dieser Biblizismus schließt weitere christologische Fakten ein: die Jungfrauengeburt, die Göttlichkeit Jesu Christi auch zu seinen Erdenzeiten, sein stellvertretendes Straf- und Sühneleiden (wie in der römisch-katholischen Erlösungsreligion), wobei Rechtfertigung und Versöhnung mit der Bekehrung des erlösungsbedürftigen Menschen zusammengekoppelt sind. Die Wiederkunft Jesu Christi zum Gericht ist der Endpunkt der Heilsgeschichte, die mit der Schöpfung gemäss kreationistischer Auffassung (gegen Evolution) beginnt und mit milleniaristischen, chiliastischen Prozessen enden wird. Die bestehende Welt ist und bleibt verloren; sie kann sich nicht bessern; Gott wird am Ende der Zeiten mit Katastrophen eingreifen und allem sein Ende bereiten. Soteriologisch wird das Heilswerk Jesu Christi demjenigen zugeeignet, der sich im Bewusstsein seiner Sünden und seiner Erlösungsbedürftigkeit bekehrt und sich die Gnade Gottes persönlich aneignet. Sakramente spielen dabei eine geringe Rolle. Die betreffende Gemeinschaft der Bekehrten ist nahezu hermetisch. Charismatische, enthusiastische, ekstatische, unmittelbare Gott-Erlebnisse, Zungenreden und Gesundbeten, Eingebungen und Erleuchtungen zeichnen die Bekehrten aus. Laienprediger legen die Bibel durch die Bibel aus. Die Verbindung zu protestantischen Kirchen ist locker. Man wird eher sagen können, dass es sowohl zirkelhafte evangelikale Fundamentalisten-Gemeinschaften gibt mit eigenen Schulen, Missionsorganisationen, mit polemisierenden Verlagen und (vor allem in den USA) mit Rundfunk- und Fernsehsendern. Und es gibt ebenso eine zahlenmäßig geringe «Schicht» von Fundamentalisten in protestantischen Gemeinden und Kirchen. In den USA ist, wie angedeutet, auf Grund der Vielzahl von Denominationen und fehlender (Volks- und Landes-)Kirchen die Situation grundlegend anders[277].

## Eine religionspolitische Zwischenüberlegung

Wer ein religiöses Fundament hat, der hat seinen Gott stets bei sich. Er und sie sind auf seinem und ihrem Erlösungsweg abgesichert, sofern sie sich an die klaren Anweisungen Gottes aus Bibel, Tradition, Bekehrungs- und Rechtfertigungserfahrung halten. Die Welt bleibt ihrem Schicksal überlassen, so sagen manche evangelikale Gruppen, oder sie ist zu missionieren, in das Reich Gottes, in die perfekte Gesellschaft zu verwandeln. Aber welches Risiko und welchen Preis hat solches religiöses Vereindeutigen für die betreffende Person, für die betroffene Gruppierung, für die Gesellschaft und für religionspolitisches Handeln des Staates?

Verständlich ist, dass die spätmodernen Unsicherheiten und Unübersichtlichkeit am Selbstbewusstsein vieler Bürger und Bürgerinnen nagen und Autoritätsgläubigkeit nähren. Die in Europa zunehmende religiöse Desintegration vor allem der Migranten macht umgekehrt die segmentierte(n) Religion(en) der christlichen Mehrheit wie der jüdischen und muslimischen und anderen Minderheiten und sogar der atheistisch-humanistischen Religions-Sympathisanten zu einer Kompensations- wie Integrationsmöglichkeit. Die Folgen einer von Politik, Kirchen und Gesellschaft übersehenen und verdrängten Ausgrenzung und Nichtbeach-

---

277 Vgl. R. Bernhardt: Love like Jesus and fight like David. Religiöse Dimensionen in der politischen Kultur der USA, in: G. Pfleiderer; E. W. Stegemann (Hg.): Politische Religion. Zürich 2004, 265–287; M. Hochgeschwender: Amerikanische Religion.

tung z.B. türkischer Migranten-Milieus bekommen wir heute in den Erscheinungen religiöser Radikalisierung zu spüren. Türkische Männer finden vermehrt im Islam ein Identität stiftendes Mittel und Medium für die Verarbeitung der eigenen, gesellschaftlich marginalisierten Situation.[278] Bei solchen Erfahrungen handelt es sich aber nicht um religiös deutbare Schicksalsschläge, die im Zuge von Wettbewerb, Freisetzung und Globalisierung einfach hinzunehmen wären, sondern um die schwierige und komplexe Frage, inwieweit sich ein europäisch-westlicher, vielleicht sogar ein deutscher, aufgeklärter und entsprechend religions- und sozialkritischer Islam im Rahmen unseres Grundgesetzes und unserer demokratischen Gesellschaft entwickeln kann?[279] Theologisch gesprochen geht es aus der Perspektive der Religion(en) um die Transformierbarkeit des Islam der Migranten in eine Art Befreiungs-Religion mit einer entsprechenden Sozial-Theologie. Eine derartige Transformation ist im Christentum bei uns nur partiell gelungen, z.B. durch Religiösen Sozialismus, Persönlichkeiten wie H. Gollwitzer, M. Veit, D. Sölle, N. Greinacher, durch feministische Emanzipationsschübe, durch Einflüsse lateinamerikanischer Befreiungstheologien. Integrations- und sozialpolitisch stehen Gesellschaft und Politik vor der Aufgabe, weiteren Ab- und Ausgrenzungsprozessen durch Solidaritätsbekundungen und -praktiken entgegenzutreten[280].

---

278 Vgl. J. Gerlach: Zwischen Pop und Dschihad. Muslimische Jugendliche in Deutschland. Berlin 2006; H. Bude; A. Willisch (Hg.): Das Problem der Exklusion. Hamburg 2006.

279 Vgl. U. Steinbach: Euro-Islam? Ein Wort, zwei Konzepte, viele Probleme, in: Neue Zürcher Zeitung vom 25. April 2005, 21; W. Ende; U. Steinbach (Hg.): Der Islam in der Geschichte. 5. Aufl. München 2005; H. Bielefeldt: Muslime im säkularen Rechtsstaat. Integrationschancen durch Religionsfreiheit. Bielefeld 2003; L. Roost Vischer; Th. Kessler: Islam als Herausforderung für die Integrationsarbeit, in: U. Gerber (Hg.): Auf die Differenz kommt es an, 149–164, bes1 59–161: Fundamentalismusgefahr; B. Tibi: Ist der Islam eine politische Religion?, in: G. Pfleiderer; E. W. Stegemann: Politische Religion, 223–253.

280 Vgl. U. Mäder: Zum Wandel der Sozialen Frage, in: S. Dungs; U. Gerber; H. Schmidt; R. Zitt (Hg.): Soziale Arbeit und Ethik im 21. Jahrhundert. Ein Handbuch. Leipzig 2006, 15–26, mit Literatur; E. Carigiet; U. Mäder; M. Opielka; F. Schulz-Nieswandt (Hg.): Wohlstand durch Gerechtigkeit. Zürich 2006.

Die Desillusionierung des modernen Fortschrittsglaubens und der «rabiate Kapitalismus»,[281] die fortschreitende Entsolidarisierung und Enttraditionalisierung machen überschaubare religiöse Gruppen mit vereindeutigenden Sinn-, Heils- und Ritualangeboten zu Zufluchtsoasen, zu Orten von Beheimatung, Anerkennung und Kommunikation. Solche kleinen, partiellen, kompensatorischen Parallelgesellschaften können so lange sogar teilweise förderlich sein und sind mindestens insoweit ambivalent zu sehen, wie sie sich nicht selbstabschließend, totalitär und entsprechend militant der Mehrheit gegenüber definieren, organisieren und verhalten[282], wie z.B. islamistisch-fundamentalistische, aggressive Gruppierungen. Solche Gruppen, Vereine, Moscheen oder Organisationen gelten dem deutschen Grundgesetz nach nicht als Religionsgemeinschaften (GG Art. 7,3), und sie werden als solche auch nicht zugelassen bzw. sie werden in dem Augenblick verboten, da sie gegen das Grundgesetz verstoßen.

Aber auch eine staatlich verordnete, mit Nationalfähnchen flankierte Leitkultur mit der Verpflichtung auf Gott und einen Grundwerte-Konsens ist abzulehnen, weil es sich um ein religiöses wie moralisches Fundamentalisieren der privat-persönlichen Lebensstile der Bürger und Bürgerinnen und politisch um die Verletzung der Neutralitätspflicht seitens des Staates handeln würde. Gleichheit und Homogenität in sogenannten Grundwerten, auch Patriotismus oder gar eine einheitliche Religion einer Staatskirche dürfen keine staatlichen wie religiösen Optionen und Anordnungen sein, denn solche Fragen, Wertungen und Entscheidungen bleiben in unserer freiheitlichen, sozialen Demokratie Angelegenheiten der Bürger und Bürgerinnen im Rahmen des Grundgesetzes.[283]

---

[281] K. Dörre: Rabiater Kapitalismus. Zum Spannungsverhältnis von wirtschaftlicher Dynamik, Sozialeigentum und regionalen Ungleichheiten, in: W. Heitmeyer (Hg.): Deutsche Zustände. Folge 5. Frankfurt/M. 2007, 238–248.

[282] F. Walter; M. Micus: Der Aufstieg aus den Armutsquartieren. Parallelgesellschaften können Raum für Entwicklung anbieten, wenn sie das Selbstbewusstsein ihrer Mitglieder fördern, in: FR vom 28. Dezember 2006, 7; F. Walter: Die ziellose Republik. Gezeitenwechsel in Geschichte und Gesellschaft. Köln 2006.

[283] Vgl. W. Thierse (Hg.): Religion ist keine Privatsache. Düsseldorf 2000; E.-W. Böckenförde: Notwendigkeit und Grenzen staatlicher Religionspolitik, in: U. Gerber (Hg.): Auf die Differenz kommt es an – Interreligiöser Dialog

Jegliche Art von religiösem Vereindeutigen und Fundamentalisieren widerspricht dann unserem Grundgesetz, wenn damit Einschränkungen des Grundgesetzes einhergehen So bleiben Fragen wie die nach der Zulassung von Frauen zum (römisch-katholischen) Priesteramt, nach der Religionsbindung bei kirchlichen Beschäftigungsverhältnissen (Stichwort für eine Reform: kirchliches Arbeitsrecht), nach dem Gottes-Bezug in Grundgesetzen und ähnlich grundlegenden Texten öffentlich umstritten. Wenn unsere Gesellschaft und der Staat in Deutschland demokratisch funktionieren mit einer «balancierten Trennung von Staat und Religionsgemeinschaften»[284] und damit eine Art positiver Grauzone einräumen (die freilich von beiden Seiten fundamentalisierend aufgehoben werden könnte), dann können beide auch mit religiös-fundamentalisierenden, aber nicht-politisierenden und nicht-militanten Gruppierungen und Bewegungen relativ tolerant umgehen und sie religionspolitisch einbinden, etwa durch beratende Kooperation in gesellschaftlichen und staatlichen Institutionen, in Religions-, Ethik- und kommunalen Kindergartenkommissionen u.a.m. Wenn sich solche Gruppierungen, z.B. islamistische, aber gegen die Mehrheit selbst ausgrenzen in Parallelgemeinschaften oder/und aggressiv bis militant verhalten, indem sie als politisierende «Vereine» intolerant werden und ihren religiös politisierenden Fundamentalismus in die gesellschaftliche wie staatliche Öffentlichkeit hineintragen, dann wird die Gesellschaft in ihrer partiellen Polarisierung die betreffende Gruppierung ausgrenzen, und die staatliche Religionspolitik muss zu Verboten (und eventuell Ausweisungen) schreiten. Insofern ist der Fundamentalismus, wenn er sich offen oder verdeckt militant gibt, einerseits das religiös oder weltanschaulich verbindende, hermetisierende Ferment der betreffenden Gruppierung und Individuen als auch andererseits zugleich aggressiver Zündstoff für unsere Gesellschaft und den Staat. Solches Fundamentalisieren muss permanent transparent gemacht, entsprechend auf der Tagesordnung sowohl der Gesellschaft als auch der Religions-Politik gehalten und je nach Situation verboten werden.

---

mit Muslimen. Leipzig 2006, 207–216; M. Beck: Integrationspolitik als Gesellschaftspolitik in der Einwanderungsgesellschaft, in: a.a.O., 19–48.

284 E.-W. Böckenförde: Religionspolitik, 212.

## Illusionen von Identität

Es sind schon einige Gründe angeführt worden, die hinter religiösen Absicherungs- und *Sicherheitswünschen* stehen und die sich in gemäßigter Form auch in der *Erleichterungsreligion* zeigen. Der Einzelne arbeitet in unserer spätmodernen Gesellschaft an der Überwindung und Abwehr von Verunsicherungen und Überforderungen, die durch Individualisierung und Pluralisierung hervorgerufen werden. Entsprechend sehnt sich der Einzelne einerseits nach Identität mit sich selbst ohne quälenden Überschuss des Begehrens, ohne Entscheidungszwang und ohne lähmende Vergangenheit. Und zugleich sehnt er sich andererseits nach Kommunikation, Anerkennung, nach dem harmonischen «Du bist mein, ich bin dein» ohne Differenzen. Identität des Ich wird ersehnt nach innen als Einswerden mit sich, als Ganzheitlichkeit, Authentizität und Autonomie. Nach außen wird Identität der Rolle(n), das Verstandenwerden vom Anderen, das Aufgehen im Anderen und christlich das Verschmelzen der Seele mit Gott in einer unio mystica[285] angestrebt. Pantheistisches Einswerden mit der Natur oder mit einer Sache, mit einer Ideologie oder – wie gezeigt – mit einer fundamentalisierenden Religion sind Manifestationen von Identitätssuche. Zugleich erfahren wir täglich, dass wir nur als multiple Persönlichkeit in der ambivalenten Postmoderne kommunizieren und existieren können. Nach der Entweder-oder-Gesellschaft muss man in der spätmodernen Und-Gesellschaft klare Optionen aus eigenem Bedürfnis heraus anvisieren und individuell zu vertreten und umzusetzen versuchen.[286] Ist dies nicht auch noch Vereindeutigen? Und wenn nicht, was kann dann überhaupt Identität sein[287]?

In der ambivalenten Spätmoderne verblassen alle Eindeutigkeiten; Identität ist nicht (mehr) möglich. Wir haben ja auch nicht mit unserem Zellen-Körper Identität, da wir humanbiologisch gesehen ein Stoffwechsel-Prozess sind mit transitorischer Identität. Solche prozessuale Identität bedeutet aber nicht gelebte Selbigkeit, wie es der allgemeine Sprach-

---

285 P. Dinzelbacher: Unio mystica, in: EKL. Vierter Band. 3.Aufl. Göttingen 1996, 1031–1034, wo auf die «völlige Uminterpretation» der unio mystica in der evangelischen Tradition mit Luthers Fokussierung auf den Glauben hingewiesen wird.

286 Vgl. P. Gross: Die Multioptionsgesellschaft. Frankfurt/M. 1994, bes. 364ff.

287 Z. Bauman: Moderne und Ambivalenz. Das Ende der Eindeutigkeit (1992). Hamburg 2005, bes. 364ff.

gebrauch meint, sondern es handelt sich um ein biologisch konstruiertes Selbst oder Ich. Das Identifikatorische ist gerade das uns Entzogene, die unbesetzbare Mitte, die «Lücke im Sein».[288] Das heißt: Individuelle Identität ist eine konstruierte und konstruierende Abstraktion, die für unsere Kommunikationen notwendig ist, weil wir sonst keine festen Vereinbarungen treffen könnten. Diese Identität entwerfen wir erinnernd und proleptisch ständig neu. Unsere Biographie wechselt ständig, unsere Beziehungen sind nie identisch, unsere Körper-Befindlichkeit scheint unerschöpflich. Identität ist demnach ein notwendiges, variables Konstrukt oder Interpretationskonglomerat unseres Lebens und Zusammenlebens.[289] Identität ist das Ergebnis unserer Unterstellungen und Projektionen über unser Leben, Zusammenleben, Glauben, Handeln usw.

Wie verfahren die Identität-Anbieter und Identifikations-Berater? Institutionen wie z.B. Kirchen und andere Religionsgemeinschaften verlieren – als Große Erzählungen früherer Jahre – immer mehr an prägender, innovatorischer, Identität stiftender Kraft. Identifikatorische Traditionen wie z.B. das christliche Kirchenjahr mit seinen Festtagen und -zeiten vom Advent über Weihnachten, Ostern und Pfingsten bis zum kirchlichen Jahresende mit dem Totensonntag oder das Beten am Morgen, zum Essen und zur Nacht und das Glockengeläut zur Strukturierung des Tages verschwinden immer mehr. Sinn-, Wert- und Orientierungskonstrukte können nur als relative und kurzlebige Identifikationsmuster dienen. Die Außenwelt des Individuums wird derart komplex, rasant und zwanghaft, dass es die Flucht ins Innen antritt, um dort im Prozess der Selbstfindung und Selbstidentifizierung Ruhe, Überblick, Distanz und Entscheidungsfreiheit zu gewinnen. Zuerst muss der Einzelne gewachsene Identität, also ein Fundament gefunden haben, so wird geraten, um sich dann mit Anderen verständigen zu können. Zwei Beispiele hierfür:

---

288 G. Gamm: Der unbestimmte Mensch. Die gebrochene Mitte des Selbst als irreduzible Lücke im Sein, in: Lettre International 57/2002, 90–93; ders.: Chantals Gesichter. Über die Unerreichbarkeit des Selbst, in: der blaue reiter 14/2002; U. Gerber: Berufsschulreligionsunterricht: Kultur des «Verhaltens zum Unverfügbaren», in: H. Schreijäck (Hg.): Christwerden im Kulturwandel. Freiburg/Basel/Wien 2001, 525–546, bes. 534–536: Differenz konstituiert Subjektivität; S. Zizek: Das Unbehagen im Subjekt. Wien 1998.

289 U. Mäder: Normalität und Identität im Risiko, in: Uni Nova (Universität Basel) 104/2006, 11–13; H. Keupp: Die verlorene Einheit oder: Ohne Angst verschieden sein zu können, in: Universitas 9 /1992, 867–875.

Die EKD-Denkschrift «Identität und Verständigung» zum Religionsunterricht von 1994 vertritt diese Basislager-Mentalität ebenso wie die meisten Vertreter des Interreligiösen Dialoges, erst vom Fundament des eigenen gesicherten Glaubens aus in Dialoge einzutreten[290]. Aber im Blick auf unser Menschsein ist zu bezweifeln, ob dieses von vielen praktizierte «im Innern identisch und sicher» und «nach außen plural» möglich ist – oder eben verdrängt, dass unsere Identität Illusion ist.

Schon der erste Blick auf den Weg des innerlich Gefestigten ins Außen zeigt im Normalfall, dass er zum regressiven Aufbruch nach rückwärts in die widerspruchsfreie, fundamentalistisch-vereindeutigende Partikulargemeinschaft der religiös oder sonstwie weltanschaulich Gleichgesinnten führt. Diese vertraut-autoritäre Gemeinschaft entlastet «von individuell-subjektiven Autonomieansprüchen und den widersprüchlichen Alltagserfahrungen ...; sie dient dazu, täuschungs- und enttäuschungsfest zu machen; sie soll ein für allemal vor dem Risiko selbstzerstörerischer Orientierungs-, Identitäts- und Sinnkrisen schützen».[291] Hier wird gegen die spätmoderne «Identitätsvervielfachung» mobil gemacht, weil eine solche Pluralisierung *des* Lebens konsequenterweise Identität nur noch im Übergang zwischen unterschiedlichen Lebensformen sehen könne[292] und weil sie von allen Bürgern und Bürgerinnen und von allen Institutionen die mit

[290] Kirchenamt der EKD (Hg.): Identität und Verständigung. Standort und Perspektiven des Religionsunterrichts in der Pluralität. Eine Denkschrift der Evangelischen Kirche in Deutschland. Gütersloh 1994, bes. 82. Ein Kommentator oder Rezensent lobt entsprechend das Wechselspiel «des geklärten Selbstkonzepts» und der «daraus erwachsenden Verständigungsmöglichkeit». Anders bei U. Gerber: Interreligiöser Dialog zur Friedensförderung, in: ders. (Hg.): Auf die Differenz kommt es an, 63–78, wo die Differenz (nicht: Differenzen, die die Differenz verkörpern) als die produktive Kraft interreligiösen Kommunizierens aufgezeigt wird; ebenso bei S. Dungs: Anerkennung als Movens des Interreligiösen Dialoges, in: a.a.O., 91–18; vgl. R. Bernhardt: Ende des Dialogs? Die Begegnung der Religionen und ihre theologische Reflexion. Zürich 2005, bes. 275ff.: Differenzbetonende Ansätze gegenüber der Pluralistischen Theologie der Religionen (176ff.) und dem Mutualen Inklusivismus (206ff.).

[291] H. Körber: Krise der Gesellschaft – Krise des Individuums, in: Widersprüche Heft 32, September 1989, 78.

[292] W. Welsch: Identität im Übergang, in: ders.: Ästhetisches Denken. Stuttgart 1990, 171f. (Reclam Universal-Bibliothek Nr. 8681).

den Menschen- und Grundrechten gegebene Anerkennung von Pluralität verlange. Auch die bei uns anerkannten Religionsgemeinschaften und tolerierten religiösen Gruppen müssten sich auf diesen Identitäten-Pluralismus hin entwerfen. Oder umgekehrt formuliert: Wenn jemand «partout meint, die eigene Überzeugung sei das schlechthin Wahre für alle Menschen (sc. nicht nur für ihn allein), dann steht die Tür zum Fundamentalismus offen. Genauer gesagt: Konzeptionell handelt es sich dann bereits um Fundamentalismus, und ob daraus auch ein praktischer Fundamentalismus erwächst, hängt von äußeren Umständen ab. Es gibt dann jedenfalls keine konzeptionelle Sperre, sondern eher eine Pflicht zur Durchsetzung».[293] Solchem Fundamentalisieren setzt Wolfgang Welsch als Postulat der Postmoderne die Selbst-Relativierung religiöser Orientierungen gegenüber: «Religiöse Überzeugungen können – gerade wegen ihres Bezugs aufs Absolute – sogar prinzipiell relatvierungsfähiger sein als säkulare Überzeugungen», weil sie «die Differenz, die Vorläufigkeit, die Annäherung und die letztliche Unfasslichkeit Gottes» betonen im Wissen, «dass die Nichtidentität die Identität übersteigt»[294].

Die Nichtidentität von und die Differenz zwischen Gott und Mensch und zwischen uns Menschen als einzigartigen Geschöpfen ist eine Grunderfahrung und Überzeugung protestantischen Glaubens und Handelns in Nächstenliebe. Im Blick auf die mannigfaltigen Illusionen von Identität werden drei Erfahrungen herausgestellt: zunächst die Erfahrung der *Identitätsvervielfachung* im permanenten Sinn-Konstruieren als Antworten auf die uns Begegnenden; dann die Erfahrung, dass wir *uns selbst entzogen* sind und unsere «Identifizierung» uns jeweils von *Anderen* her zukommt; und schließlich die Erfahrung, dass wir keinen gemeinsamen «Nenner» mehr haben außer Glaubensbekenntnissen im Sinne von *konsensuellen Glaubens-Konstrukten*. Also: Wir können uns nicht unser selbst als Subjekten bemächtigen. Eine Selbstidentifizierung durch den Geist (Vernünftigkeit, Rationalität) oder durch einen eindeutigen Glauben oder durch eine Nation oder durch die Systeme Kapitalismus oder Wissenschaft geht nicht, da sich unser Ich schon immer an unserer leiblich-

---

293 W. Welsch: Haus mit vielen Wohnungen, in: Evangelische Kommentare 8/1994, 477.

294 A.a.O., 478; vgl. das Potsdamer Manifest 2005, wo entsprechend die Vorstellung der Welt «als eines theoretisch geschlossenen Systems» verabschiedet wird.

kontingenten Existenz bricht und auflöst – und deswegen dieses Ich eben die substantielle, essentielle Einheit (bisweilen zwangsneurotisch) garantiert und hergestellt haben möchte.[295] Aber eine Theologie des bekehrten, reinen Subjektes und ebenso eine biblizistische Theologie der reinen Heilstatsachen-Objekte sind beide fundamentalistisch, letztlich «terroristisch», hätte Maurice Merleau-Ponty gesagt.[296] Fundamentalisieren heißt: dem Subjekt (also sich selbst) Autonomie zusprechen, es (sich) dadurch abstrakt machen. Dieser *identifikatorische Fundamentalismus* findet sich ansatzweise auch in der Erleichterungsreligion und partiell in der römisch-katholischen Erlösungsreligion und entgegen ihrer Grundintention vielfach in der protestantischen Versöhnungsreligion.[297] Religiöses Vereindeutigen löscht unser Leben aus, das als von anderen Menschen und Gottes Schöpferhandeln in dieses Leben gerufenes zugleich einzigartiges Leben ist. Der mit sich identische Mensch kann nicht lieben und hassen, er kann nicht lernen und vergessen, er kann nicht glauben und zweifeln, er kann nicht leben und nicht sterben. Er ist kein Mensch (mehr).

## «Die mediale Simulation ist das Heil»

Verschmelzungs- und Vereindeutigungstendenzen prägen die *Medien*, werbewirksam zum Heil der Menschheit, indem sie sich zum *eindeutigen Kern* des individualisierten Menschen machen. Eva Illouz spricht vom (körperlosen) Kernselbst und Internetselbst als cartesianischem Ego des Medien-Users.[298] In dem stark frequentierten computer-virtuellen «Second Life» wird «eine lange gehegte Utopie» verwirklicht: «Virtuelle und reale Welt verschmelzen. Die Menschen sitzen nicht bloß vor dem

---

[295] M. Foucault: Von der Subversion des Wissens. Hg. W. Seitter. Frankfurt/M./Berlin/Wien 1978, 91; H.-E. Richter: Die Krise der Männlichkeit in der unerwachsenen Gesellschaft. Gießen 2006, 199ff., 207ff.

[296] M. Merleau-Ponty: Abenteuer der Dialektik (1955). Frankfurt/M. 1974, 118; hierzu E. Levinas: Über die Intersubjektivität. Anmerkungen zu Merleau-Ponty, in: A. Metraux; B. Waldenfels (Hg.): Leibhaftige Vernunft. Spuren von Merleau-Ponty's Denken. München 1986, 48–55.

[297] K. Meyer-Drawe: Illusionen von Autonomie. Diesseits von Ohnmacht und Allmacht des Ich. München 1990.

[298] E. Illouz: Gefühle in Zeiten des Kapitalismus. Frankfurt/M. 2006, 122.

Computer, sondern tauchen in die neue, dreidimensionale Welt ein, vertreten von einem Abbild ihrer selbst.» Dieser unser virtueller Klon (Abbild) findet sein echtes Leben in der virtuellen Welt und wird sich – wie Lara Croft – in ein Urbild verwandeln, das ein lebendiges, begrenztes, sterbliches Abbild hat.[299] Medien verobjektivieren kontingente Alltagserfahrungen, abstrahieren sie vom Erfahrungskontext und standardisieren sie, um sie per Sendung den Usern als Information für ihrerseits notwendige Erfahrungen zuzuspielen. Im Hintergrund steht die Suggestion, dass – wie im metaphysisch-analogischen Jenseits-Diesseits-Verhältnis – eine ungebrochene 1-zu-1-Abbildung geschähe.

Wie die Beratungsindustrie machen Medien Gefühle und Probleme greifbar, vergleichbar, transportierbar, verkäuflich und sie den Problembeladenen und Emotionalen weg.[300] Wie das Kapitalismus-System Erfahrungen in Geld und anderen Tauschmitteln öffentlicher Geltung darstellt, so ziehen die Medien-Verwalter Erfahrungen gleichsam durch das Medium, um sie für den Gebrauch verdaulich zu machen und in ihrer unterstellten Allgemeingültigkeit – die an der Quotenzahl abgelesen wird – zu normieren. Dem einzelnen User wird klar gemacht: Tua res agitur, um deine Sache = Heilwerden dreht es sich. Medien arbeiten wie Durchlauferhitzer vom kühlen Lebensalltag zum heißen Lebenstrip, aber das Wasser bleibt eben Wasser. Erfahrungen werden dadurch unendlich wiederholbar, also mit Ewigkeitswert versehen; sie werden imitierbar wie in der Erlösungsreligiosität; und sie müssen in ihrer medial vermittelten Notwendigkeit im Privaten auch imitiert werden, will man nicht aus der sakralisierten Informationsgesellschaft herausfallen. Alles Not-Wendige ist im Netz zu sehen, zu hören, zu haben, wir müssen es uns nur privat aneignen, von der Familiensoap über Volksmusik und Nanny-Kindererziehung bis zur Sexualität mit und ohne Gewaltszenen. Probleme werden im reality-TV wirklich darstellbar und damit manipulierbar und lösbar, indem die idealisierte Medien-Version des privat-alltäglichen Einzelnen, der nach-religiösen Liebes-Zweierbeziehung und der Familienintimität veröffentlicht, veräußerlicht und veräußert wird. Wir gleichen uns im

---

299 G. Hamann; J. Uehlecke: Die nächste Kolonie des Kapitalismus, in: DIE ZEIT Nr. 2 vom 4. Januar 2007, 17; vgl. D. Haraway: Die Neuerfindung der Natur. Primaten, Cyborgs und Frauen. Frankfurt/M. 1995; S. Dungs: Anerkennen des Anderen im Zeitalter der Mediatisierung, 316ff.

300 E. Illouz: Gefühle, wo 115ff. auf Medien (Netze) eingegangen wird.

Medium (an), das uns als User sowohl gleich macht als auch insofern vereindeutigt, als alle User dieselbe Sache haben und realisieren (sollen – wollen). «Der Mensch hofft, das verlorene Paradies offenbar doch wiederzufinden und verfällt dem Hokuspokus, den scheinheiligen Versprechungen der Medien.»[301]

«Jede Existenz ist sich selbst telepräsent ... Das Fernsehen und die Medien sind längst aus ihrem medialen Raum herausgetreten, um das ‹reale› Leben von innen her zu bewältigen und sich dort genau so einzunisten, wie sich ein Virus in einer normalen Zelle einnistet.»[302] Die «Idee des Virtuellen» soll soteriologisch, heilswirksam zur radikalen Verwirklichung dieser Welt werden, also zu dem, was die abrahamitischen Religionen Judentum, Christentum und Islam als Vollendung der Schöpfungswelt durch Gott (Jahwe, Allah) am Ende der Zeiten erwarten. Haben wir hier eine nach-metaphysische, post-religiöse oder neu-religiöse Variante eines präsentisch-eschatologischen Heilwerdens ohne heilsgeschichtlich-teleologische Erlösungsdynamik vor uns, wenn wir unser Heil in der Selbst-Mediatisierung, also im Aufgehen in die Medien, im Einswerden mit dem Medium, sogar in der Transformation ins Medium finden sollen und können?

Das Ziel der auf Hochtouren laufenden und selbst als Zwang begrüßten Mediatisierung ist eindeutig:[303] «die vorweggenommene Lösung der Gleichung ‹Welt›»[304]. Solche vereindeutigende Mediatisierung schließt

---

301 H. Seitz: Spiele im Dazwischen, in: Die Kunst der Handlung. Katalog. Köln 2005.

302 J. Baudrillard: Die Illusion und die Virtualität. Bern 1994, 7f.

303 U. Gerber: Auch den Medienzwang finden wir entlastend, in: S. Dungs; U. Gerber (Hg.): Der Mensch im virtuellen Zeitalter. Frankfurt/M. 2003, 25–37.

304 J. Baudrillard: Die Illusion und die Virtualität, 13; vgl. B. Becker: Virtuelle Identitäten: Die Technik, das Subjekt und das Imaginäre, in: dies.; M. Paetau (Hg.): Virtualisierung des Sozialen. Die Informationsgesellschaft zwischen Fragmentierung und Globalisierung. Frankfurt/M./New York 1997, 163–183; J. Baudrillard: Der symbolische Tausch; S. Dungs: Anerkennen des Anderen im Zeitalter der Mediatisierung. Hamburg 2006, bes. 316ff., 330ff.; Kirchenamt der EKD ; Deutsche Bischofskonferenz: Chancen und Risiken der Mediengesellschaft. Gemeinsame Texte Nr. 10, 1997; Th. Dörken-Kucharz: CyberSpaceErfahrungen, in: J. Moltmann (Hg.): Wo ist Gott? Gottesräume – Lebensräume. Neukirchen-Vluyn 2002, 99–105.

«das beschleunigte Ende der Welt und damit unser selbst» und die «unmittelbare Auflösung der Welt» ein. Jean Baudrillard und andere sehen darin einen fundamentalisierenden Prozess «ohne Hoffnung auf irgend ein Heil, auf irgend eine Apokalypse oder Erlösung»[305]. Entsprechend wird in unserer «Gesellschaft der Wissensinformation und Medialität» die Nachfolge einfordernde Erleichterungsikone Lara Croft positivistisch verwandelt in das Informationszeichen schlechthin zwecks unio mystica.[306] So werden wir selbst Informationszeichen, zur Simulation, zum Simulacrum und Code mit einer Selbstbezüglichkeit, die eben die Selbstbezüglichkeit der Mediatisierung ist[307]. Das von manchen ausgerufene Ende der Geschichte schließt den mediatisierten «Tod des Menschen» mit ein.

Tautologie statt Differenz, Selbigkeit statt Selbstständigkeit, Gleichheit statt Einzigartigkeit. Medien offenbaren nichts außer sich selbst. Ambivalenzen, Traumatisierungen, Stigmatisierungen, Sehnsüchte, Hoffnungen werden nicht als leibliche Lebenserfahrungen symbolisch übermittelt, sondern als vorübergehend-vorläufige Störungen in Kauf genommen um des happy end willen. Entsprechend ist «die Romanze im Netz ... der Beziehung im echten Leben unvergleichlich überlegen, weil sie den Körper auslöscht und so einen scheinbar vollständigeren Ausdruck des eigenen authentischen Selbst ermöglicht». Das Körper-Haben ist ein missliches Hindernis für das Vergnügen der Interaktion mit dem Computer[308] – genau entgegengesetzt zum christlichen Bekenntnis von der Inkarnation Gottes im Menschen Jesus von Nazaret um der Menschwerdung der Menschen willen. Das Heilsame erhält im Netz als codierte körperlose Identität des Users Dauergegenwart mit kleinen Systemfehlern. Der anwesend-abwesende Gott christlicher Glaubensvorstellung in seiner Polarität, Entzogenheit und gleichzeitigem Vorgegebensein erhält vereindeutigende Konkurrenz in Gestalt z.B. der CD-ROM (als der post-

---

305 J. Baudrillard: Die Illusion und die Virtualität, 13f.

306 J.-L. Nancy: Philosophische Salons I. Hg. E. Schweeger. Frankfurt/M. 2004, 9.

307 J. Baudrillard: Die Illusion und die Virtualität, 90ff.: Die Metaphysik des Codes; vgl. S. Dungs; U. Gerber (Hg.): Der Mensch im virtuellen Zeitalter. Frankfurt/M. 2003, bes. 39ff. zur Videoüberwachung, 143ff. zu Menschenbildern im Cyberspace.

308 E. Illouz: Gefühle in Zeiten des Kapitalismus, 114.

modernen Nachfolgerin der runden Hostie christlicher Provenienz).[309] ROM = «read only memories» zeigt schon terminologisch das Zirkelverfahren. Und das neueste Handy suggeriert als Alleskönner obendrein die Erfahrung, die früher Christen und Christinnen mit der Ubiquität, der Allgegenwart Gottes verbunden haben: Das Handy verbindet – wie sonst Gott – alle mit allen. Das Netz und mit ihm die «Netzistenz» machen die Welt gegenwärtig, ohne Überschuss. Der alles durchschauende Gott ist zu einer (pantheistisch-technokratischen) Medien-Allgegenwart mutiert und kommt dem Allmachtswahn infantiler Sehnsucht nach absoluter Transparenz (in medial erfüllender Fortsetzung von «1984») entgegen und erlöst die User mit dem Angebot des medial vorgegebenen Kernselbsts als Internetselbsts. Wenn zudem Google, Yahoo u.a. unsere privaten User-Daten sammeln und z.B. an USA-Speicher- und Auswertungsstellen weiterleiten, wenn RFID-Chips uns Hausarbeit, Einkaufen, sogar Erinnern und Planen abnehmen, wenn Nano-Chips unser Inneres und Äußeres minutiös und permanent aufzeichnen und kontrollieren können, wenn «Wearable Technologies» (vollverkabelte Kleidung, z.B. Raumanzüge für den Erden-Alltag, Outdoorjacke mit GPS-Ortungsfunktion, Handschuhe mit integriertem MP3-Player und Solarzellen, intelligente Kinderschlafanzüge u.a.) alle diese Funktionen der All-Kommunikation und der Selbst-Durchschaubarkeit mit Mode identifizieren, dann sind wir bald «ganz ich selbst».

Medien erzeugen ein zwanghaftes Interesse an Persönlichkeiten und von ihnen inszenierten Events inkl. Talkshows und nicht an Diskursen über Probleme. Entsprechend müssen Religionen, Konfessionen, Kirchen ihre Selbstpräsentationen in der medial bestimmten Öffentlichkeit umstilisieren. Kirchen werden leerer und Besuche kirchlicher Veranstaltungen lassen nach. Zugleich finden TV-Sendungen mit Papst und Dalai Lama, mit «Urbi et Orbi» an Weihnachten und Ostern (inkl. Sündenablass für die daran Glaubenden) und Treffen mit Würdenträgern anderer Religionen, Kirchentage und religiöser Rock Anklang, weil sie populäre Erwartungen befriedigen. Das Wiedererkennen des Papstes, des Peters-

---

[309] J. Hörisch: Brot und Wein. Die Poesie des Abendmahls. Frankfurt/M. 1992, 7ff.; E. Finger: Die Zukunft war gestern. McLuhan, Enzensberger, Sennett, Postman, Luhmann: In den vergangenen Jahrzehnten wurde das Fernsehen kulturkritisch durchdekliniert. Einige Thesen haben sich gut gehalten. Ein Rückblick auf die Visionen der Medientheorie, in: DIE ZEIT vom 28. Dezember 2006, 41.

domes und Petersplatzes auf dem Bildschirm ist heute wichtiger als Kirchenlehre, Messbuch und Beichte. Vermittlung von Religion geschieht immer weniger im sonntäglichen Gottesdienst- und Messe-Besuch, durch Predigt und im Diskurs und als Willensbildung, sondern über telegene Personen, Orte und Ereignisse – und, wenn möglich, sogar ohne Inhalt. Medien erzeugen künstliche Nähe, Vertrautheit und Gegenwart und sie verhindern zugleich sinnlich-leibhaftige Kommunikation. Raum und Zeit der User transzendieren sie durch Virtualisierung in unserer «flachen Welt» mit kaum noch vertikalen Ausschlägen und verewigen alles in codierten Konserven.[310] Absolute Informiertheit als medial vermittelte Allwissenheit. Medien wirken holistisch, pantheistisch, schöpfungsmäßig, indem sie als gestaltende Dynamik und Struktur unserer Informations-Welt wirksam sind. So kann sich jede und jeder gut aufbewahrt, sicher aufgehoben und bestens verstanden sehen und hören in dieser alternativlosen, sich selbst immunisierenden *Medien-Religion*.[311]

In dem «medialen Multiversum» mit der Computerwelt «Second Life» kann sich heute jede und jeder selbst ihre und seine Patchwork-Medio/Video-Biografie basteln, einschließlich einer entsprechenden Patchwork-Religiosität.[312] Aus dem bisherigen Massenmedium TV wird ein Medium für die Masse mit dem konsequenten selbstreferentiellen Ich-Bezug. Droht unsere Spätmoderne auseinanderzubrechen in eine Moderne der *Einheit* und Gleichheit mit Differenzen und in eine Moderne der *Differenz* mit Einheiten und Gleichheit?[313] Im ersten Fall werden, theologisch mit Luther und protestantischer Tradition gesprochen, die beiden Reiche von Gottes Gnade (Heil) und menschlicher Gestaltung (Wohl) in ihrer von Gott gesetzten Differenz unterlaufen. Das Unverfügbare oder theologisch: die rechtfertigende Zuwendung Gottes, «wann und wie es Gott gefällt», die gemäß Luther im Reich des Wirklichen als Schöpfungskraft

---

310 Th. L. Friedman: Die Welt ist flach. Eine kurze Geschichte des 21. Jahrhunderts. Darmstadt 2006.

311 Chr. Türcke: Fundamentalismus; S. Bovenschen: Soviel Körper war nie. Der Traum ist aus, denn wir sind alle Cyborgs: Die Marginalisierung des Leibes und seine Wiederkehr als Konstrukt der Medien, in: DIE ZEIT vom 14. November 1997.

312 G. Hamann; J. Uehlecke: Die nächste Kolonie des Kapitalismus, in: DIE ZEIT vom 4. Januar 2007, 17.

313 G. Gamm: Wahrheit als Differenz. Studien zu einer anderen Theorie der Moderne. Frankfurt/M. 1986.

situiert ist und vom Anderen her als Gabe Gottes auf mich zukommt, wird gewaltsam hereingeholt in das uns verfügbare Reich des Möglichen. Dadurch schleicht sich die angesprochene suizidale Passivität, die sich in der erlösenden «Selbstunterwerfung unter die Zwänge einer pseudo-vereinheitlichenden Medienwelt» äußert, in das Selbstverhältnis ein[314]. Das Subjekt wird aber nie mit sich selbst identisch, ist unser aller Erfahrung. Wir bleiben von Dynamiken in unseren Beziehungen und von unserer Leiblichkeit durchzogen, die wir nicht in die Hand bekommen (können). Wir sind und bleiben von anderen Menschen und von der Schöpfung abhängig und werden zugleich durch sie befreit zu eigenen Lebensentwürfen – was die Medien-Welt gerade nicht möchte. Diese Primärempfänglichkeit für den Anruf des Anderen ist aber keine Eigenschaft oder eigene Kompetenz, wie es die römisch-katholische Vorstellung von der Selbsttranszendierung von uns Menschen und unserem desiderium naturale nach erlöster Vollkommenheit und damit nach Gott annimmt.[315] Begegnung ist Gabe, Geschenk.

Viele vertreten weiterhin die Meinung, «dass in der christlichen Erlösungs- und vor allem Versöhnungsreligiosität Optionen lebendig sind, deren überschießende Wirklichkeitsansprüche schon immer quer zu aller möglichen Realität liegen. Sie speisen sich aus den Erfahrungen, dass wir den uns begegnenden anderen Menschen ‹als solchen› nicht verstehen, einholen, einverleiben können, indem auf unserer Seite immer Narzissmus, Beschlagnahmung, Bilder, so etwas wie ein Klonen des anderen Menschen mitlaufen, und dass auf der Seite des anderen Menschen eine Eigenständigkeit aufleuchtet, die vor unserem Wahrnehmen existiert, die unser Werten des anderen schon immer durchstreicht, die uns als Bilder-Verbot gegenübertritt.»[316]

---

314 S. Dungs; U. Gerber (Hg.): Der Mensch im virtuellen Zeitalter, 11f.

315 J. Butler: Kritik der ethischen Gewalt. Frankfurt/M. 2003, 87; S. Dungs: Anerkennung des Anderen im Zeitalter der Mediatisierung, 379f.

316 U. Gerber: Auch den Medienzwang finden wir entlastend, in: S. Dungs; U. Gerber: Der Mensch im virtuellen Zeitalter, 26; R. Esterbauer: Gott im Cyberspace? Zu religiösen Aspekten neuer Medien, in: A. Kolb; R. Esterbauer; H.-W. Ruckenbauer (Hg.): Cyberethik. Stuttgart/Berlin/Köln 1998, 115–134; A. Keppler: Mediale Erfahrung, Kunsterfahrung, religiöse Erfahrung. Über den Ort von Kunst und Religion in der Mediengesellschaft, in: A. Honer; R. Kurt; J. Reichertz (Hg.): Diesseitsreligion, 183–199; A. J. Bucher: Medienethik als Zukunftsaufgabe, in: Ethica 9 (2001) 149–162; J. Wei-

## Positivismus ohne Alternativen: Kapitalismus und Wissenschaftsgläubigkeit

Hieß die Heilsparole bei *Descartes*: Cogito, ergo sum, und ist der Errettungscode der *Medien:* Video, ergo sum, so lautet das rettende Motto des *Kapitalismus*: Habeo (consumo), ergo sum. Betrachtet man diese drei Wege des Heilsbegehrens etwas genauer, dann fällt die Sehnsucht nach Vereinigung in einem Paradies für alle hier auf Erden auf: entweder mit einem cartesianischen All-Geist, oder mit einem medialen Universum oder mit einem (medial) globalisierten Pan-Kapital. Derartige Hypostasierungen werden Götzen genannt und deren Gebrauch Götzendienst.[317] Erich Fromm zeichnete solche Prozesse nach mit dem Ergebnis, «dass die Geschichte der Menschheit bis zum heutigen Tage in erster Linie die Geschichte der Götzenverehrung ist, von den primitiven, aus Lehm und Holz geformten Götzen bis zu den modernen Idolen von Staat, Führer, Produktion und Konsum, denen ein zum Götzen gemachter Gott seinen Segen gibt» – repräsentiert durch die «goldenen Kälber» der Standbilder (2. Mose 32), der Konsum-Tempel, Banken-Kathedralen, Wohn-Burgen, Auto-Salons, Maschinen-Messen und neuerdings nach Peter Sloterdijk auch Menschen-Parks.[318] In der von E. Fromm beschriebenen «Religion des Industriezeitalters» steht der Götze Kapital (Besitz) im Mittelpunkt.

---

zenbaum: Die Macht der Computer und die Ohnmacht der Vernunft. Frankfurt/M. 1978.

317 Chr. Türcke: Werte sind Götzen, in: SPIEGEL spezial Nr. 9/2006: Weltmacht Religion, 127–129; F. Segbers: Gott gegen Gott. Von der Alltagsreligion im Kapitalismus, in: W. Gräb (Hg.): Religion als Thema der Theologie. Gütersloh 1999, 63–90; J. Moltmann: Es ist genug für alle da. Predigt über Apostelgeschichte 4,31–35, in: R. Weth (Hg.): Gottes Geist und Gottes Volk im Umbruch Europas. Gütersloh 1994, 107–114; D.Baecker: Kapitalismus als Religion. Berlin 2003; D. Zilleßen (Hg.): Markt. Religion und Moral des Marktes. Münster 2002.

318 E. Fromm: Ihr werdet sein wie Gott (engl. 1966). Reinbek 1980, 37 u.ö. – Zu dem Film «In den Süden» des Regisseurs Laurent Cantet von 2005 heißt es in einem Kommentar (Frankfurter Rundschau vom 21. Sept. 2006, 26): «Der reine Sex (ohne Liebe) wird wie der totale Konsum (ohne Ziel) und die Reise in ferne Gefilde, die Weltreise (ohne Grenze) zur Erfüllung und Gestalt der säkularen Religion des schrankenlosen Kapitalismus. Der Sextourist vereint sie in sich, ist seine fleischgewordene Gestalt. Er macht sich die Erde

Luther habe, so analysierte Erich Fromm, in Nordeuropa «eine rein patriarchale Form des Christentums» etabliert, die einerseits das mütterliche Element aus der Kirche eliminiert habe und andererseits die Arbeit zum einzigen Weg gemacht habe, um Liebe und Anerkennung zu erlangen. Er beschreibt die Entstehung dieser «neuen geheimen Religion des Industriezeitalters», die zwar vom protestantischen Christentum mit initiiert wurde, mit dem «echten Christentum» aber unvereinbar sei: «Die Religion des Industriezeitalters stützt sich auf einen neuen Gesellschafts-Charakter, dessen Kern aus folgenden Elementen besteht: Angst vor mächtiger männlicher Autorität und Unterwerfung unter diese, Heranzüchtung von Schuldgefühlen bei Ungehorsam, Auflösung der Bande menschlicher Solidarität durch die Vorherrschaft des Eigennutzes und des gegenseitigen Antagonismus. ‹Heilig› sind in der Religion des Industriezeitalters die Arbeit, das Eigentum, der Profit und die Macht, obwohl sie – in den Grenzen ihrer allgemeinen Prinzipien – auch den Individualismus und die persönliche Freiheit förderten. Durch die Umwandlung des Christentums in eine rein patriarchalische Religion war es möglich, die Religion des Industriezeitalters in christliche Terminologie zu kleiden.»[319] Sieht man einmal davon ab, dass Luther in seinem Gottes-Bild mit der Betonung der Barmherzigkeit die biblische Ambivalenz von Barmherzigkeit und Autorität (Gerechtigkeit) Gottes wieder gesehen hat und dass E. Fromm die Zwei-Reiche-Vorstellung von Luther m.E. zu wenig beachtet hat, so hat der Protestantismus in der Tat die Perspektive auf den sündigen und zu rechtfertigenden Einzelnen fokussiert und dessen Arbeiten und Produktion als weltlichen Gottesdienst aufgewertet. Dieses Individuum fragt dann im Zeitalter der Industrialisierung nach seinem Wert im Produktions- und Konsumzusammenhang und ist entsprechend auf Wertsteigerung bedacht. In der Industrie-Religion wird der Mensch als ganzer zur Ware und gleichzeitig zum Verkäufer, zum Selbst-Verkäufer. In der Ware wird der Einzelne zwar ganz präsent, verkauf- und kaufbar, aber er bindet sich eben gerade nicht an die Ware, an den anderen Menschen, an den Partner. Er möchte in diesen Symbo-

---

und ihre Bewohner aufs Neue untertan. Der Tourist wird damit zum sanften Terroristen.»

319 E. Fromm: Haben oder Sein. Die seelischen Grundlagen einer neuen Gesellschaft. Stuttgart 1976, 141; vgl. Chr. Frey: Die Reformation Luthers in ihrer Bedeutung für die moderne Arbeits- und Berufswelt, in: H. Löwe; C.-J. Roepke (Hg.): Luther und die Folgen. München 1983, 110–134.

len und Symbolfiguren – in einem Allmachtswahn – sich selbst zur Vollendung bringen, sich selbst und mit sich selbst identisch werden.[320] Es ist die gleiche Sehnsucht nach Identität ohne «zwei Seelen in meiner Brust», wie sie der Pantheismus erfüllen soll, der das Ich in ein mütterlich-göttliches All (Pan) projiziert. Dieselbe Identitätsphantasie bietet die Medienwelt an, indem sie das Virtuelle des Users als das Wirkliche präsentiert und entsprechend das ursprünglich Virtuelle in die reale ambivalente Alltagswelt zurückverbannt.[321] Oder Identisch-Werden durch eine Ideologie, etwa durch Neoliberalismus oder den Restkommunismus Kubas, die sich ökonomisch, national, ethnisch, oft rassistisch verabsolutiert zur einzig gültigen Macht zwecks – eingeredeter – Sicherheit einerseits und zur Manipulierbarkeit der Beteiligten andererseits.

E. Fromm ging einen Schritt weiter und benannte die «zentrale Leidenschaft des Menschen: seinen Wunsch, zur Mutter-Erde zurückzukehren», identisch zu werden mit seiner Herkunft. So heißt es in 1. Mose 3, 19: «Erde bist Du, und zur Erde musst Du zurück», was die übliche Bestattungsformel bei Begräbnissen ist. Der Mensch begeht mit seiner Rückkehr in die Erde so etwas wie einen Inzest-Suizid. Diesem suizidären Inzest als Selbstaufgabe in der Verschmelzung mit der Erdmutter-Göttin ist durch das Gebot gewehrt, den Sabbat als Verbotstag für die inzestuöse Bearbeitung der Mutter-Erde einzuhalten.[322] Für die Bearbeitung stehen die Götzen wie Besitz, Macht, Ehre, Intellekt, Sexualität u.a.m.[323] Das Selbst (oder Ich) spaltet sich auf in solche hierarchisierten Heilsbesetzungen, um darin sich selbst (erlösend) zu finden. Es «hört auf zu

---

320 K. Meyer-Drawe: Illusionen von Allmacht; O. Kallscheuer: Die Wissenschaft vom lieben Gott. Eine Theologie für Recht- und Andersgläubige, Agnostiker und Atheisten. Frankfurt/M. 2006, 231ff. kritisch zum Pantheismus; H.-E. Richter: Die Krise der Männlichkeit in der unerwachsenen Gesellschaft, 9–14 u.ö.

321 E. Illouz: Gefühle in Zeiten des Kapitalismus, 131 u.ö.

322 E. Fromm: Der Sabbath, in: ders.: Psychoanalytische Interpretationen biblischer Texte. Hg. Y. Spiegel. München 1972, 174–184: «Der Sabbath galt ursprünglich der Erinnerung an die Tötung des Vaters und die Gewinnung der Mutter, das Arbeitsverbot gleichzeitig der Buße für das Urverbrechen und seine Wiederholung durch Regression auf die prägenitale Stufe.» (184)

323 E. Fromm: Ihr werdet sein wie Gott, 37; ders.: Haben oder Sein, 163–165: «Der neue Mensch», eine Art Manifest des radikalen Humanismus von E. Fromm.

wachsen»[324], indem es sich dem Götzen unterwirft. Es versucht, Heil, Erlösung, Sich-selbst-Werden im Tausch mit Kapital zu erlangen. Dies geht aber nicht, denn dieser Tausch bringt dem Menschen den Tod des toten Kapitals und gerade nicht sein Leben als einzigartiger Mensch. Kapital bringt identitätsstiftende Illusionen: dass es rechtfertigen und versöhnen könnte, und es bringt illusorische Identitätsstiftungen: dass es sicher machen könne. (Dies zeigt die Geschichte vom Sündenfall in 1. Mose 3: Adam und Eva verscherzen sich mit der Illusion der Selbst-Werdung durch ihr Einlassen auf ein Drittes ((Schlange, Wissen um gut und böse)) ihr einzigartiges, von Gott gewolltes Leben.) Sünde ist in diesem Industrie-Religions-System «Kapital» zum Ungehorsam gegen den Kapital-Gott geworden und wird mit Bestrafung, Sühne und erneuter Unterwerfung getilgt. In der «Existenzweise des Seins» als einer «nicht-autoritären Struktur» hingegen, schreibt E. Fromm, ist «Sünde ungelöste Entfremdung und wird durch volle Entfaltung von Vernunft und Liebe ... überwunden»[325]. Das Grundproblem des *Kapitalismus* liegt in seiner Sakrifizierung oder, wie H.-E. Richter analysiert hat, in der phallokratischen Besetzung mit gottähnlicher Allmacht: Alles wird zum Kult, zum Fetisch, zum Bild, zum Heiligen im Schaufenster, in der Vitrine, in der Einkaufstasche, und es wird unserem normalen Gebrauch entzogen.[326]

Diese Ausführungen erinnern an die legendarische Erzählung von der dreifachen Versuchung Jesu durch den Satan und an Hiobs Kampf mit Gott. Zur Versuchungsgeschichte um Jesus: Ginge Jesus auf das Angebot des Versuchers ein und verwandelte Steine in Brot, spränge Jesus von der Tempelzinne und unterwürfe er sich dem Versucher, indem er diesen anbetete, um die Herrschaft über die Welt zu erlangen (Matthäus 4, 1-11), dann erübrigten sich Glauben, Lieben und Hoffen. Die Strategie des Versuchers steht hier für das Vereindeutigen und Fundamentalisieren, für das Sich-Verkaufen und für das Hereinfallen auf eine Werbung, die Allmachtsphantasien bdient. Oder klassisch-theologisch formuliert: «Die Entgötzung der Welt basiert auf der Einsicht des Glaubens, dass Gott der allmächtige Schöpfer auch der alleinige Grund des Heils ist und dass dieses Heil dem Menschen als freie Gabe Gottes zukommt, die

324 E. Fromm: Ihr werdet sein wie Gott, 37f.

325 E. Fromm: Haben oder Sein, 122.

326 Vgl. H. Böhme: Fetischismus und Kultur. G. Agamben: Profanierungen.

nicht verdient, sondern allein im Glauben angenommen sein will»[327]. Auf kritische Profani(si)erung kommt es im christlichen Glauben an.

Der Kampf Hiobs mit Gott und mit seinen Freunden zeigt, dass Hiob mit Gott nicht innerhalb des kausal-finalen Vergütungsschemas und der auf ausgleichender Gerechtigkeit beruhenden Tauschpartnerschaft umzugehen gewillt ist, wie es seine Freunde dann ihm gegenüber machen und auf eine Schuld bei Hiob pochen. Gerechtigkeit zwischen uns Menschen ist keine Frage göttlichen Wirkens, sondern unsere menschliche Aufgabe. Das Schicksal, das Hiob widerfährt, war für ihn nicht (auf)lösbar, nicht als ungerecht abwendbar; es blieben ihm Empörung, Protest, Trauern, das Erwachsen-Werden im Glaubensstreit; er wollte die Stelle des unverfügbaren Gottes und seine eigene Mitte glaubend und hoffend – spätmodern kann man sagen: selbstdekonstruktiv – offen halten.

So wie der *Kapitalismus* mit der *Religion des Industriezeitalters* über Erleichterungsstadien hinaus deutliche Züge von rituellem Vereindeutigen und sakrifizierendem Fundamentalisieren angenommen hat, die beide kein kritisches Zurückfragen mehr zulassen, so gilt dies auch für den *Wissenschafts-Positivismus*. Sogenannte exakte (empirische) Wissenschaften etablieren sich weiterhin mit dem Anspruch objektiver Wahrheit und entsprechend als absolut gültige Autoritäten und werden durch diesen Fundamentalismus zu ihrem eigenen Mythos der Alles-genau-Erklärer, worauf immer noch viele Bürger und Bürgerinnen in ihrer Unsicherheit und Orientierungssuche mit Wissenschaftsgläubigkeit antworten. «Man kann versucht sein, deren (sc. Gentechnologie, Hirnforschung u.a.) Methodologien als Varianten des Theologisierens zu sehen.»[328] Zugleich weisen

---

327 Chr. Schwöbel: Du sollst keine anderen Götter haben neben mir. Zur Aktualität des Problems des Götzendienstes in der postmodernen Gesellschaft, in: M. Welker; M. Wolf (Hg.): Der lebendige Gott als Trinität. Jürgen Moltmann zum 80. Geburtstag. Gütersloh 2006, 337; Y. Beukler, Professor für Online-Recht an der Universität Yale, weist darauf hin, dass die Wissenschafts- und die Medien-Welt gleichermaßen kapitalistisch sind, «im Kern eine Marktwirtschaft und darauf ausgerichtet, dass Nutzer miteinander Geschäfte machen können» (G. Hamann; J. Uelecke: Die nächste Kolonie des Kapitalismus, in: DIE ZEIT vom 04.01.2007, 17f.).

328 P. Gross: Selbstinterpretation als Selbstermächtigung, in: R. Hitzler; M. Pfadenhauer (Hg.): Gegenwärtige Zukünfte. Wiesbaden 2005, 251.

aber auch viele Wissenschaftler und Wissenschaftlerinnen ihre Arbeit wissenschaftstheoretisch methodisch wie inhaltlich als relativ aus im Blick auf gesetzte Annahmen und grundsätzliche Erkenntnisgrenzen. Sie akzeptieren so etwas wie Metaphysik (Wolf Singer), sogar Mystik, und sie halten Technologien für grundsätzlich ambivalent.[329] Hier ist eine Auseinandersetzung im Gange zwischen den «Positivisten», die von der grundsätzlichen, vollständigen Erforschbarkeit der Welt ausgehen, und den «Relativisten», die Grenzen der forschenden Vernunft sehen und die kontingente, die Objekte verändernde Kommunikation der Wissenschaft Betreibenden einbeziehen.[330] Differenz, Wandel, Vielfalt prägen unsere Wirklichkeit «bis hinein in den ‹prä-lebendigen› Grund, der uns und alles Leben trägt»[331].

Einschneidend sind neben der Atomtechnologie, der erörterten Informationstechnologie und der noch relativ jungen Nanotechnologie vor allem Gentechnologie und Hirnforschung, weil durch beide das Problem der Freiheit bzw. Determiniertheit und damit der Verantwortlichkeit des Menschen aufgeworfen ist. Ist das Funktionieren unseres Gehirns neurobiologisch als geschlossenes System darzustellen, so dass im Falle einer Straftat eben «die Chemie nicht stimmte» und der Täter nicht zur Verantwortung gezogen und schuldig gesprochen werden kann? Gilt dasselbe im Blick auf unser Genom, so dass die Gene schuldig wären? Gibt es einen neurobiologischen Religions- oder Gottes- und Glaubens-Bereich im Gehirn und ein Glaubens- und Gottes-Gen, so dass auch der Glaube ein neurobiologisch bzw. genetisch gegebenes oder verhindertes

329 Interview mit W. Singer, in: DIE ZEIT vom 12. Mai 2005, 44; K. L. Pfeiffer: Evidenzerfahrung des Grundes. Jenseits der vermeintlichen Entzauberung der Welt: Auch in der modernen Wissenschaft ist die mystische Erfahrung als Denkmodell bedeutsam, in: FR vom 22.November 2005, 26.

330 U. Schnabel: Warum Menschen glauben. Wissenschaftler versuchen, die Kraft der Religion zu erklären – mit Hirnströmen und Gottes-Genen, in: DIE ZEIT vom 12. Mai 2005, 43–45, mit einem Interview mit W. Singer, Direktor am Max-Planck-Institut für Hirnforschung in Frankfurt/M., und W. Huber, Ratsvorsitzender der Evangelischen Kirche in Deutschland und Bischof; vgl. S. Volck: Ausweg aus der Bildungsmisere durch Chaos? Gedanken zur Chaostheorie in der Religionspädagogik, in: S. Dungs; H. Ludwig (Hg.): profan – sinnlich – religiös. Theologische Lektüren der Postmoderne. Frankfurt/M. 2005, 149–166, bes. 164–166.

331 Potsdamer Manifest 2005: Neues Denken (5. Abschnitt).

Funktionieren» besonderer, aber beschreibbarer und damit behandelbarer Art wäre? Wenn bei der Erforschung dieser Fragen von einer gesetzlich bestimmten Welt ausgegangen wird, dann wird Menschsein naturalisiert und kausalisiert darstellbar. Und dann schließen sich in der Tat Freiheit und Determiniertheit aus, wie die «Inkompatibilisten» annehmen, indem eine rein naturwissenschaftliche Widerlegung der Willensfreiheit durch den Nachweis möglich ist, dass geistige Prozesse des Gehirns determiniert sind. (Das Interessante ist dabei, dass auch z.B. Luther die Determiniertheit des Willens insofern vertreten hat, als in Sachen des *Heils* allein Gottes Zuwendung uns dieses Heil bringt. Diese Aussage ist ein Bekenntnissatz auf Grund einer entsprechenden persönlichen Erfahrung und keine objektive, im Blick auf bestimmte Annahmen empirisch nachprüfbare Aussage.) Michael Pauen u.a. halten den «Inkompatibilisten» entgegen, dass die Frage nicht lautet: *ob* eine Handlung determiniert ist, sondern *wie* und durch *wen*.[332] Der Determinismus ist seinerseits eine *Glaubenseinstellung*, wie Benjamin Libet (entgegen seiner früheren Meinung) formuliert hat.[333] Dahinter steht die Frage nach dem Wissenschaftsbegriff: ob Wissenschaft Wirklichkeit (im Sinne von gegebener Realität) abbildet, «als solche» vergegenwärtigt und darstellt in einem Abbild-, Korrespondenz-, Analogie-Verhältnis, was man auch als Wissenschafts-Pantheismus oder «Identitismus» bezeichnen könnte.[334]. Hirn-Forschung dieser Provenienz läge dann auf der Schiene der Selbstvergegenwärtigungs- und Selbstidentifizierungsmöglichkeit von uns Menschen mittels neurobiologischer (und Gen-)Wissenschaften und -Technologien. Diese versprechen ihrerseits – auf ihrem Weg zu Akzeptanzbeschaffung und Nobelpreis-Anerkennung – im Zuge der Individualisierung und Eigenverantwort-

---

332 M. Pauen: Illusion Freiheit? Mögliche und unmögliche Konsequenzen der Hirnforschung. Frankfurt/M. 2004; ders.: Freiheit: Wie viel Spielraum bleibt in einer gesetzlich bestimmten Welt?, in: EU (Ethik und Unterricht) 2/2005, 4–10, zit. 7; F. Hermanni; P. Koslowski (Hg.): Der freie und der unfreie Wille. Philosophische und theologische Perspektiven. München 2004; A. Klein: Anschläge auf die Freiheit? Neurobiologische und metaphysisch-theoretische Problematisierungen einer ethischen Zentralkategorie, in: ZEE 48 (2004) 179–196; Das Manifest. Elf führende Neurowissenschaftler über Gegenwart und Zukunft der Hirnforschung, in: Gehirn & Geist Heft 06/2004.

333 B. Libet: Wie das Gehirn Bewusstsein produziert. Frankfurt/M. 2005.

334 J. Langlet: Der freie Wille: eine Illusion, in: EU (Ethik und Unterricht) 2/2005, 22–29, zit. 29.

lichkeit eine (für die Mehrzahl der Bürger und Bürgerinnen viel zu teure) individuelle Behandlung, indem sie sich anders als die bisherigen instrumentell-äußerlichen Technologien (Werkzeuge, Prothesen u.a.m.), aber wie die Informationstechnologie mit Handy, Internet u.a.m. und wie Nanotechnologie mit Chips u.a.m., zur «Infrastruktur des Lebens» machen. «Wir sind auf dem besten Wege, unser Selbstverständnis als Menschen und unser Verständnis von Gesellschaft technisch zu definieren: die Identität eines Menschen als genetischen Fingerabdruck, die Biografie eines Menschen als seine gesundheitliche E-Card, Lernen als Umgang mit Datenspeichern, Gesellschaft als Vernetzung von PCs.»[335] Was diesem Heilsziel dient, wird weiterhin Fortschritt genannt (obwohl gerade dieses Ziel der Moderne immer mehr obsolet wird), politisch gut geheißen und finanziert als Möglichkeit, unsere Lebens-Restrisiken allmählich auszumerzen. Der «männliche Bemächtigungswillen» vollzieht seinen kindlich-kompensatorischen «Gotteskomplex»: «Unterdrückung von Ergebenheit und Gnadenhoffnung, Flucht in die Allmachtserwartung: Wissenschaft als Weg zur Selbstvergöttlichung. Entsorgung von Liebe, Güte, Leiden bei der erniedrigten Weiblichkeit.»[336] Und solche Männlichkeit bedarf nicht einer Religion, die Liebe und Leiden als in der Männergestalt Jesu von Nazaret gelebt wahrnimmt, sondern eine ‹mannhafte›, mächtige Kirche, wie z.B. den römischen, zölibatären Katholizismus. Noch einen Schritt weiter: Wissenschaft macht Gott überflüssig[337] – wenn dies ginge, denn: «‹Gott› kann ein von Gott redendes Wort unserer Sprache immer nur werden»[338].

---

[335] G. Böhme: Technik ohne Grenzen, in: FR vom 16. Januar 2007, 27; vgl. P. Gelhaus: Gentherapie und Weltanschauung. Darmstadt 2006; A. Kissler: Der geklonte Mensch. Freiburg 2006; U. Gerber; H. Meisinger (Hg.): Das Gen als Maß aller Menschen? Frankfurt/M. 2004; Th. Lemke: Die Polizei der Gene; J. Moltmann: Wissenschaft und Weisheit. Zum Gespräch zwischen Naturwissenschaft und Theologie. Gütersloh 2002; ders.: Gott in der Schöpfung. Ökologische Schöpfungslehre. München 1985, wo es u.a. um die Auseinandersetzung mit Pantheismus und Panentheismus geht und um «die Welt als Werk und als Maschine» (314ff.).

[336] H.-E. Richter: Die Krise der Männlichkeit, 12.

[337] Vgl. W. Bender; J. Deninger: Religionskritik I. München 1973, 29ff. zu A. Comte; 111ff.; zu J. Huxley, L. Wittgenstein, H. Albert, M. Bense.

[338] E. Jüngel: Gott – als Wort unserer Sprache, in: ders.: Unterwegs zur Sache. Theologische Bemerkungen. München 1972, 104.

Kommentar eines Naturwissenschaftlers: «Eine vollständige naturwissenschaftliche Beschreibung der Welt, in der keine Subjekte als Zentren von Vorstellungen, Wünschen und Bewertungen vorkommen, macht die Begriffe der Möglichkeit ebenso wie der Entscheidung sinnlos. Das Mögliche, d.h. das Nicht-Seiende, das wir uns vorstellen können und in der Entscheidung wählen und wollen, ist im bloß Tatsächlichen nicht aufzufinden. Scheidet die Perspektive des Subjekts als illusionär aus, dann hat niemals eine andere Möglichkeit existiert als das faktische Geschehen. Wählen und entscheiden kann nur ein Wesen, dem es selbst um etwas geht. Nicht Gehirne entscheiden daher, wie Roth meint, sondern Personen.»[339] Und beim Person-Werden geht es zuerst um unser Bestimmtwerden durch Andere und dann selbstverständlich um unsere eigenen Möglichkeiten. Oder als Glaubensaussage theologisch formuliert: Zuerst werden wir durch Gottes schöpferische Gnade konstituiert und schon immer gehalten, und in dieser geschenkten Glaubensdynamik gestalten wir als Christen und Christinnen unsere Beziehungen, unser eigenes Leben und die Schöpfungswelt. Das Mögliche meint die Selbstobjektivierung von uns Menschen im Arbeiten, Planen, Sich-etwas-Ausdenken, in der Wissenschaft wie in der Kunst und vieles mehr, also unser Wirken als endlich-sterbliche Menschen, während unsere geschöpfliche «Wirk-Lichkeit» (als unsere Lebendigkeit) als schöpferische Inszenierung von Gottes schon immer geschehender «Wirk-Lichkeit» uns entzogen und Geschenk bleibt.

*Wissenschafts-* und *Kapital-Positivismus* haben – wie fundamentalisierende, sakrifizierende Medien – über Erleichterungsstadien hinaus unbefragte Züge eines verdeckten Vereindeutigens bis hin zu einem gewaltsamen Fundamentalisieren. Was Religion(en), Sozialpolitik, Kultur, Sport, Bildung nicht auffangen können, das erhält seinen festen Ort und letzten Halt sowohl in exakten» Wissenschaften als auch im Geld-Wert und im Grad der Mediatisierung des Users. Alles wird zum Kultischen, alles wird sakrifiziert, so dass christlicher Glaube ständig die Scheidung der Geister» in Liebe vollziehen muss (1. Korinther 12,4-6).

Aber gerät nicht ohnehin die fundamentalisierende, sakrifizierende Übersicht ins Wanken, wie Umbrüche im Verständnis von Wissenschaft und Brüche im globalisierenden neoliberalistischen Kapitalismus-System

---

[339] Th. Fuchs: Neurobiologie und Willensfreiheit. Vortrag in Esslingen am 24.02.2005.

zeigen?[340] Werden auch Wissenschaft und Kapital ihres quasi-religiösen Status entkleidet, entmythologisiert, profanisiert? Was wird dann das letzte, tragbare Fundament sein – wenn wir in der fragmentierten Gesellschaft überhaupt eines benötigen oder nicht eher die Sinnsuche aufgeben[341] oder uns in der Postmoderne ohne Eindeutigkeit einrichten?[342]

## Politisch-quasireligiöse Heilsversprechen

Neben – und ebenso oft im Bunde mit – Wissenschaft, Kapital und Medien haben *Politische Ideologien oder Weltanschauungen* immer wieder religiösen Charakter angenommen und sich als quasi-religiöse Heilslehren und -verwirklichungen etabliert. Die totalitären Systeme des 20. Jahrhunderts: der (russische) Kommunismus (und in seinem Schlepptau z.B. Kuba), der italienische Faschismus und der deutsche Nationalsozialismus werden entsprechend als «politische Religionen» bezeichnet.[343] Führer und propagandistische Missionare, Hofstaat und Claqueure, reine und sakrosankte Lehren, heilige Schriften und Traditionen, Ketzer und Ketzergerichte, Märtyrer und Apostaten, Verfolgung Andersdenkender und Mission, gehorsamer Glaube und sanktionsbelegte Befolgung der Binnen-Moral, besondere Kleidung wie Uniformen und indoktrinierende Erziehung, Rituale wie der Hitler-Gruß und Reichsparteitage, Festtage und sogar ein neuer Kalender, faschistoide Architektur und phallo-

---

340 Vgl. N. Schneider; F. Vogelsang (Hg.): In welcher Wirklichkeit leben wir? Naturwissenschaftliche, philosophische und theologische Zugänge. Neukirchen-Vluyn 2007; J. Moltmann: Gott im Projekt der modernen Welt. Beiträge zur öffentlichen Relevanz der Theologie. Gütersloh 1997, 141ff.: Freiheit in Gemeinschaft zwischen Globalisierung und Individualismus: Marktwert und Menschenwürde.

341 G. Minois: Geschichte des Atheismus. Von den Anfängen bis zur Gegenwart. Weimar 2000, 651.

342 Z. Bauman: Moderne und Ambivalenz. Das Ende der Eindeutigkeit (1992). Hamburg 2005, 364ff.; P.Gross: Jenseits der Erlösung, 115ff.

343 H. Maier (Hg.): Totalitarismus und Politische Religionen. Konzepte des Diktaturvergleichs. Band I, Paderborn/München/Wien/Zürich 1996; Band II, 1997; Band III, 2003; ders.: Religionsähnliche Elemente in totalitären Systemen, in: G. Pfleiderer; E. W. Stegemann (Hg.): Politische Religion, 159–175; A.Adam: Politische Theologie, 144ff.

kratische Strukturen machten und machen die genannten und überhaupt solche modernen Diktaturen zu «politischen Religionen» ohne Religionsstifter.[344] Hans Meiers Fazit lautet: «Es ist kein Zweifel: Viele Anhänger der modernen Diktatoren verstanden ihren politischen Auftrag nicht als Anti-Religion, sondern als Religion. Viele fühlten sich als Glieder einer neuen Kirche, als Adepten einer neuen Rechtgläubigkeit. Ohne diesen quasi-religiösen Eifer ihrer Anhänger sind viele Züge der modernen Despotien kaum erklärbar: die Unempfindlichkeit gegenüber Kritik und Anfechtung, das Bewusstsein, auf der richtigen Seite zu stehen und eine historische Mission zu erfüllen, die Gehorsams- und Leidensbereitschaft – oft bis zur Selbstverleugnung und Selbstvernichtung.»[345] Die Sehnsucht nach dem Einfachen und Sicheren in einer fragmentierten Welt am Ende der Eindeutigkeit, der Wunsch nach Identität und Ursprünglichkeit gegenüber multiplem Personsein und Synkretismus, die Option auf klare Vorgaben und williges Mitmachen-Können gegen ermüdende Daueranspannung und Verpflichtung, das Angebot von ein wenig mehr Emotionalität und kommunikativen Riten gegen die kalte «okzidentale» Rationalität – alle diese Defizit- und Sehnsuchtserfahrungen und elementaren Wünsche prägen die Menschen in ihrer emotionalen, sozialpsychologischen, kulturellen und religiösen Befindlichkeit in diesen sich auf spezifische Weise modernisierenden Diktaturen. Inwieweit können und sollen solche Bedürfnisse im Rahmen unserer demokratischen Gesellschaft erfüllt werden, ohne dass dies in fundamentalistische Diktatur führt.[346]

---

[344] E. Voegelin: Die politischen Religionen. Wien 1938; Cl. E. Bärsch: Die Politische Religion des Nationalsozialismus. Die religiöse Dimension der NS-Ideologie in den Schriften von Dietrich Eckhart, Joseph Goebbels, Alfred Rosenberg und Adolf Hitler. München 1998; Th. K. Kuhn: Das neuzeitliche Christentum und die Genese des Nationalismus als «politischer Religion», in: G. Pfleiderer; E. Stegemann (Hg.): Politische Religion, 131–157.

[345] H. Maier: Politische Religionen. Die totalitären Regime und das Christentum. Freiburg/Basel/Wien 1955, 7.

[346] A.a.O., 108–116: zum Fundamentalismus; vgl. J. Moltmann: Gott im Projekt der modernen Welt. Beiträge zur öffentlichen Relevanz der Theologie. Gütersloh 1997, 189ff., wo von den «geistlosen Alternativen von Modernismus und Fundamentalismus» gehandelt wird (198); D. Halm u.a.: Religiöse Rückbesinnung, in: Frankfurter Rundschau vom 02.08.2005, 7; K. Armstrong: Im Kampf für Gott. Fundamentalismus in Christentum, Judentum und Islam. München 2004.

Dies fängt scheinbar harmlos bei Schulkleidung, Leitkultur und registrierender Überwachung an, geht über Beispiele für die Initiierung und die konsequente Realisierung fundamentalisierender Politischer Religion und Theologie – bis zum Wirklichkeitsverlust – von bekennenden Christen wie dem US-amerikanischen Präsidenten G. W. Bush mit seiner von Gott aufgetragenen Sendungsvision und endet bei fundamentalistischen Politiksystemen und Fanatikern.[347] Letztere gestalten ihre Politik meistens reduktionistisch als religiös-nationales Wiedergeburtsgeschehen, als Befreiungs- und Stabilisierungsakte in Abgrenzung vor allem gegen den andersglaubenden (christlichen), libertinär-dekadenten Westen und mit entsprechenden festen Feindbildern. Statt Demokratie wird eben Theokratie verwirklicht, statt säkularem Grundgesetz ordnet die religiöse Scharia das Leben und Zusammenleben, statt einer streng-laizistischen oder etwas zurückgenommenen «balancierenden» Trennung von Staat und Religion herrscht Staats-Religion unter weitgehendem (aggressivem) Ausschluss anderer Religionen u.a.m. Solcher religiös-politischer Fundamentalismus schließt im Normalfall einen entsprechenden kulturellen, wirtschaftlichen, wissenschaftlich-bildungspolitischen, rechtlichen Fundamentalismus ein. Dies ist in unserer Gesellschaft mit einem Hang zum Grundsätzlichen immer dann problematisch und als Bewährungsprobe der Demokratie zu handeln, wenn fudamentalisierende Gruppierungen ihren Minderheitenstatus gegen die Mehrheit der Bürger und Bürgerinnen religiös, religionspolitisch, politisch durchsetzen möchten mit dem Postulat des Minderheitenschutzes: z.B. wenn Freikirchliche oder Sekten-Angehörige aus religiösen Gründen die Unterrichtung ihrer Kinder in öffentlichen Schulen ablehnen, wenn die Scientology-Sekte die Anerkennung als Kirche durchsetzen will, wenn Muslimas und Muslime auf dem Schächten, dem Tragen des Kopftuches, der Befreiung ihrer Kinder von Klassenfahrten, vom Sport- und Sexualkundeunterricht usw. bestehen. Hier dürfen Gesellschaft und Staat und ebenso die Religionsgemeinschaften (nach GG Art. 7,3) nicht hinter unsere grundgesetzlich

---

347 J. Schwarz (Hg.): Der politische Islam. Intentionen und Wirkungen. Paderborn/München 1993; U. Steinbach: Euro-Islam? Ein Wort, zwei Konzepte, viele Probleme, in: Neue Zürcher Zeitung vom 25.04.2005, 21; W. Ende; U. Steinbach (Hg.): Der Islam in der Gegenwart. 5. Aufl. München 2005; U. Gerber (Hg.): Auf die Differenz kommt es an – Interreligiöser Dialog mit Muslimen. Leipzig 2006, 7ff., 19ff., 79ff., 199ff.

verbürgte, strukturierte und strukturierende, aufgeklärte, freiheitliche Demokratie als gemeinsamen Prozess zurückfallen.[348]

Fundamentalisieren und Vereindeutigen jeglicher Art vollzieht sich als Herrschafts-, Macht- und Gewaltausübung, als Ausschalten von Kritik, Zweifel und Alternativen und als das Auslöschen der geschöpflichen Einzigartigkeit eines jeden Menschen. Die Achtung der Würde jedes einzelnen Menschen in der Differenz zu den Anderen oder, theologisch gesprochen, seine Gott-Ebenbildlichkeit werden der religiös, politisch, nationalistisch, ökonomisch gerechten Sache geopfert. Immer ging und geht es um religiöses, politisches, soziales, rechtliches, rassistisches, sexistisches, kulturelles, technologisches Vereindeutigen als einer Lebenseinstellung und Lebenshaltung, die die andere, nämlich die gewaltsame Seite des kritischen demokratischen Aufklärens bildet, was oft verschleiert und vielfach ausgeblendet wird.[349] Fundamentalisieren und Vereindeutigen können nicht heilsam sein.

## Quasireligiöser Ideologie-Horizont: immer noch eschatologischer Fortschritt

Welche Bedürfnisse, Motive, Motivationen und Interessen stehen hinter der Vereindeutigungssucht und -wucht, hinter der Sehnsucht nach Einheit, Gleichheit und Uniformität selbst über Leichen,[350] nach dem end-

---

348 Grundlegend bei E.-W. Böckenförde: Notwendigkeit und Grenzen staatlicher Religionspolitik, in: U. Gerber (Hg.): Auf die Differenz kommt es an, 207–216.

349 G. Böhme; H. Böhme: Das Andere der Vernunft. Frankfurt/M. 1983; vgl. C. Six; M. Riesebrodt; S. Haas (Hg.): Religiöser Fundamentalismus. Vom Kolonialismus zur Globalisierung. Innsbruck/Wien/München/Bozen 2005.

350 Als Beispiel bei G. Aly: Hitlers Volksstaat. Frankfurt/M. 2005; ders.: Volkes Stimme. Skepsis und Führervertrauen im Nationalsozialismus. Frankfurt/M. 2006, wonach die Vernichtung (als Opferung) von Außenseitern und Differenten wie Juden, behinderten, homosexuellen Menschen, standhaften Sozialisten, Sinti und Roma u.a. um der nationalsozialistischen Einheit, Gleichheit und Uniformität willen im Mittelpunkt dieser quasi-religiösen Ideologie stand. H.-E. Richter hat die auch für die meisten Religionen signifikanten Verhaltensweisen: «Unterwerfungssucht und automatischen Gehorsam als Antrieb von Massenbewegungen unter Stalin, Hitler und Mao», analysiert

und vollgültigen Heil, nach dem innerweltlichen Eschaton?[351] Als Beispiel kann die «Internationale» angeführt werden: «Es rettet uns kein höh'res Wesen, kein Gott, kein Kaiser, noch Tribun. Uns aus dem Elend zu erlösen, können wir nur selber tun». Selbst-Erlösung auf eine vom Elend befreite Gesellschaft hin?[352]

Im Gegensatz zum *erleichterungsreligiösen* Lahmlegen der Heilsgeschichte, indem man sich mit der bestehenden Welt ohne Erwartung eines Heilstelos arrangiert, weil deren rasende Beschleunigung sich überdreht und im Stillstand endet[353], wird der *Fundamentalisierer* von der heilsgeschichtlichen Gewissheit des guten Endes für die Gehorsamen und von der entsprechenden apokalyptischen Vision der *vollendeten Heils-Welt* angetrieben. So war die nationalsozialistische Ideologie und Praxis von der immanenten Heils-Vision und Realisierung des Dritten (ewig währenden) Reiches bestimmt, oft genug begrüßt und willig begleitet durch «Heil Hitler». So ging es dem Marxismus in seiner kommunistisch-aggressiven Gestalt darum, die (ursprünglich sich von selbst einstellende) klassenlose Gesellschaft zu erkämpfen.[354] So legitimierte sich die kapitalistische und rechtfertigt sich die neoliberale Wirtschaftsgestaltung mit dem Heilsversprechen einer Gesellschaft oder gar einer globalisierten Welt in fortschreitendem Wohlstand. Wissenschaft und Forschung ver-

---

(in: Die Krise der Männlichkeit in der unerwachsenen Gesellschaft. Gießen 2006, 231ff.). Als Gegenbeispiel aus Geschichte und Prozess der EU bei Chr. Landfried: Das politische Europa. Differenz als Potential der Europäischen Union. 2. überarb. u. erw. Aufl. Baden-Baden 2006. Neuere Deutungen von S. Freuds Todestrieb-Theorie sehen deren phantasmagorischen Kern in dessen reiner Negativität, welche die Differenz zum Anderen auslöscht, diesen sich vereindeutigend-aggressiv einverleibt und Alterität auszutilgen trachtet. Ähnlich bei H. Platta: Identitäts-Ideen. Zur gesellschaftlichen Vernichtung unseres Selbstbewusstseins. Gießen 1998.

351 P. Gross: Jenseits der Erlösung. Bielefeld 2007, 29ff.

352 N. Bolz; W. van Reijen (Hg.): Heilsversprechen. München 1998, darin N. Bolz: Selbsterlösung, 209–221.

353 H. Rosa: Beschleunigung. Die Veränderung der Zeitstrukturen in der Moderne. Frankfurt/M. 2005, bes. 161ff., 460ff.: Rasender Stillstand? Das Ende der Geschichte.

354 Vgl. G. Schramm: Fünf Wegscheiden der Weltgeschichte. Ein Vergleich. Göttingen 2004, 276ff., 372ff.; vgl. H. Gollwitzer: Die kapitalistische Revolution. München 1974.

(schlimm)bessern, heilen und erleichtern nicht nur, sondern sie werben mit dem ‹intakten Menschen›, dem vorsorgemäßig durch life sciences perfektionierten Menschen. Mit Sport, Bergsteigen, Autorennen, Reisen, mit unserem ganzen Lebensstil fröhnen wir der Ersatzreligion des mehr, höher, stärker, schneller, weiter, exotischer ...[355], dem Fortschritt als solchem.

Der spätmoderne *Fundamentalisierer* hat internalisiert, «daß die moderne Geschichtsphilosophie dem biblischen Glauben an eine Erfüllung entspringt und dass sie mit der Säkularisierung ihres eschatologischen Vorbildes endet»[356]. Aber Karl Löwith hat auf eine Ambivalenz aufmerksam gemacht: «Wie sollte man sich die Geschichte als einen kontinuierlichen Prozess in Form eines geradlinigen Fortschreitens vorstellen können, ohne die Unterbrechung durch einen *terminus a quo* und *ad quem,* d.h. ohne Anfang und Ende? Das moderne Geschichtsdenken hat darauf keine eindeutige Antwort. Es entfernt aus seinem fortschrittlichen Denken die christlichen Elemente der Schöpfung und Vollendung, während es sich aus der antiken Weltschau die Idee einer endlosen und kontinuierlichen Bewegung aneignet, ohne ihre Kreisstruktur zu übernehmen. Der neuzeitliche Geist ist unentschieden, ob er christlich oder heidnisch denken soll. Er sieht auf die Welt mit zwei verschiedenen Augen: mit dem des Glaubens und mit dem der Vernunft. Daher ist seine Sicht notwendigerweise trübe, verglichen mit dem entweder griechischen oder biblischen Denken.»[357] In dieser Ambivalenz muss sich der spätmoderne Mensch ständig entscheiden: Zum einen erfährt er in *Erleichterungsreligiösem* das Ende oder Verpuffen oder das ziellose Kontinuieren der Geschichte (im Sinne der antiken Weltschau), zum anderen erfährt er in *Vereindeutigungsreligiösem* den technoiden, spirituellen, heilssozialen Fortschritt als permanente Verbesserung einer im Argen liegenden Welt. Die Vision eines technokratischen Verbesserungswahns paart sich hier mit spirituellen Gesundungspraktiken und heilssozialen Vorwärtsparolen – eine quasireligiöse fundamentalisierende Fortschritts-Dynamik.

---

[355] Kritisch bei C. Amery: Global Exit. Die Kirchen und der totale Markt. München 2002.

[356] K. Löwith: Weltgeschichte und Heilsgeschehen (1952). Stuttgart/Weimar 2004, 12.

[357] A.a.O., 222.

# VII. Begegnung als diese Welt: Religion(en) der Alterität

## Der spätmoderne Kontext im 21. Jahrhundert

In Anknüpfung an die vor allem lutherisch geprägte(n) Rechtfertigungs- und Versöhnungsreligion(en) geht es um deren bereits angedeutete Weiterinterpretation in der Spätmoderne. Die Leitplanken scheinen klar zu sein: Benedikt XVI., manche Konservative, Konvertiten zum Islam und andere sicheren Halt Suchende sprechen diesen Rechtfertigungs-Protestantismus der *spätmodernen Beliebigkeit* schuldig, insofern zu Recht, als der Protestantismus als «Religion der Freiheit» dieses Phänomen mit verursacht hat. (Allerdings halte ich den Begriff der Beliebigkeit in diesem Zusammenhang für zu unpräzise bis diffamierend und entsprechend unbrauchbar.) Benedikt XVI. verabschiedet sich seinerseits folgerichtig von der protestantisch mittransformierten spätmodernen Lebens- und Diskussionswelt der typisch westlichen Gesellschaften zurück in die vorneuzeitlich-metaphysische römisch-katholische Orthodoxie und holt sich in einer religionspolitischen Neuorientierung die östliche Orthodoxie (als dritte Christentumsvariante) als (neue) Verbündete. Der Papst liegt hier mit seiner medial nach außen schmackhaft gemachten, im Kern harten römischen Orthodoxie im Trend einer *Rekonservatisierung mit fundamentalisierenden Zügen.*[358] Von dieser Warte aus ist die Beliebigkeit dann wohl in der «Freiheit eines Christenmenschen» (Luther) zu sehen, die allen Anhängern und Anhängerinnen römisch-katholischer Rechtgläubigkeit Unsicherheit und Desorientierung bringen und Angst und Schrecken einjagen muss. Eine solche Freisetzung kann in der Tat Reaktionen von Beliebigkeit bis Aggressivität hervorrufen. Aber deswegen dürfen und

---

[358] Benedikt XVI.: Glaube und Vernunft. Die Regensburger Vorlesung. Kommentiert von Gesine Schwan, Adel Theodor Khoury, Karl Kardinal Lehmann. Freiburg 2006; P. Neuner; B. Kleinschwärzer-Meister (Hg.): Ökumene zwischen «postmoderner Beliebigkeit» und «Rekonfessionalisierung». Münster 2006; im Blick auf die entsprechende weltweite Gefährdung der Demokratien bei U. Marti: Demokratie – das uneingelöste Versprechen. Zürich 2006; Forschungsjournal Neue Soziale Bewegungen: Postdemokratie. Ein neuer Diskurs? Stuttgart 2006.

können wir unseren postmodernen Lebens- und Denkkontext mit seinen Ambivalenzen wie Freiheit und Abhängigkeit, Selbstständigkeit und Unterwerfung (z.B. unter den Markt, das Wissenschaftsdiktat, Massenmedien, fundamentalisierende Bewegungen), Selbstinszenierung und Solidarität, Eigenverantwortung und fortschreitende Juridifizierung u.a.m. nicht verabschieden in einem Rückwärtssalto hinein in Formen vorneuzeitlicher Erlösungsreligiosität wie die des römischen Katholizismus oder des traditionellen Islam oder eines evangelikalen Fundamentalismus. Wir müssen und können sowohl mit den Risiken der selbstreflexiven Spätmoderne aufklärend-kritisch, präventiv-sozialpolitisch, anerkennungsethisch umgehen als auch die (in sich ebenfalls ambivalenten) Chancen der Postmoderne wie Selbstständigkeit, Solidarität, Pluralität, Multioptionalität, ebenso Empörung, Wut, Begeisterung, Leidenschaft, Zorn u.a.m. wahrnehmen (im Rahmen unseres Grundgesetzes). Dann kann man den Protestantismus zeitgemäß verstehen als die «Religion der Moderne» und eine spätmoderne Interpretation zur Diskussion stellen.[359]

Ein solcher Protestantismus, der sich (seit Luther) zur Rechten mit dem katholisch-päpstlichen Sakramenten- und Lehr-Positivismus und mit fundamentalisierenden Heilsangeboten und zur Linken mit dem (täuferischen, freikirchlichen) Spiritualismus auseinandersetzen musste, hat sich in der Spätmoderne zur Linken zudem einer Beliebigkeits-Mentalität zu erwehren, die er selbst paradoxerweise mit hervorgerufen hat. Solche Inszenierungen reichen von quasi-religiösen, nahezu autistischen Selbstinszenierungen in Mode und Tätowierung, von Wellness und (autoaggressivem, schönheitschirurgischem) Körperstyling, von Selbstdarstellungssucht und Sich-Hinwegsetzen über bislang anerkannte Kommunikationsformen bis zu Mord und Totschlag (z.B. in Jugendbanden).

---

[359] Mit der Analyse dieses Kontextes z.B. bei F. W. Graf gehe ich einig (Moses Vermächtnis. Über göttliche und menschliche Gesetze. München 2006; ders.: Wiederkehr der Götter. München 2004; ders.: Der Protestantismus, in: H. Joas; K. Wiegandt (Hg.): Säkularisierung und die Weltreligionen. Frankfurt/M. 2007, 78–124)), nicht immer aber kann ich seinen affirmativ-kulturprotestantischen Interpretationsrahmen akzeptieren. Die genannten Erfahrungen und Haltungen finden sich bei H. M. Enzensberger: Josefine und ich. Eine Erzählung. Frankfurt/M. 2006, 82; P. Sloterdijk: Zorn und Zeit. Politisch-psychologischer Versuch. Frankfurt/M. 2006; K. Dethloff; L. Nagl; F. Wolfram (Hg.): Religion, Moderne, Postmoderne. Philosophisch-theologische Erkundungen. Berlin 2002, bes. 9ff.: Einleitung.

Kann und darf man im Blick auf solche Erfahrungen und Handlungen von Quasi- oder Ersatz-Religion sprechen, wie es vor allem die Werbung der Medien aus ökonomischen und Vereindeutigungs-Interessen mit der «Wiederkehr der Religion» intensiv tut? Es geht eher um die Verdrängung und Verabschiedung der am Anderen orientierten, auf Alterität setzenden Rechtfertigungs-Religiosität und auch der auf Eigenbeteiligung setzenden Erlösungsreligiosität.[360]

Durch eine weitere Beobachtung zu den Widersprüchen und Ambivalenzen der (Spät-)Moderne erhält diese Problemlage eine schärfere Kontur. Viele holen sich zur Verarbeitung der Modernisierungsschübe und deren Folgen lebensweltliche Praktiken aus kulturell-religiösen Traditionen der Vormoderne oder aus anderen Kulturkreisen, die nur mit Brüchen in unsere heutige westliche Alltagswelt integriert werden können: z.B. rationale Zukunftssicherung und ökonomisches Kalkül einerseits und zugleich andererseits Risiko-Events, Horoskop, ans Ekstatische grenzende emotionale Aufladung von Ritualen wie Trauungen oder Weihnachten und Ostern und Mandala-Meditation, Pochen auf das nackte Hier als auch zugleich exotisch-esoterische Anleihen bei Yoga, Meditation, Seelenbeschwörung, Reisen in die exotische weite Welt und Rückkehr zu mittelalterlicher Messe und Ritterspielen. Ebenso steht die Verwendung modernster Technologien zugleich neben einer kreationistischen oder sonstwie mythologischen Weltanschauung (was man in radikalerer Weise auch im Islam sehen kann). So bildet «Gott ist tot» nicht den «Übergang zu einer säkularen Gesellschaft, sondern zum Erwachen von Abertausenden neuer Götter».[361] Aber es geht auch nicht um die Säkularisierung der Gesellschaft im Sinne des von D. Bonhoeffer einst erwarteten, aber nicht eingetretenen Endes der Religion[362]. Es geht um die Bestimmung eines Religionsexperimentes, das im Glauben an die Rechtfertigung durch Gott am Wohl und Wehe des Anderen und der Schöpfung orientiert ist und dem Glaubenden Mündigkeit, Erwachsen-Werden, Fähigkeit zum eigenen Antworten schenkt. Dabei liegen Religion

---

360 P. Gross: Jenseits der Erlösung. Die Wiederkehr der Religionen und die Zukunft des Christentums. Bielefeld 2007, bes. 29ff., 191ff.

361 H. Böhme: Fetischismus und Kultur. Eine andere Theorie der Moderne. Reinbek 2006, zit.22f., 157ff., 411ff.

362 Vgl. Chr. Tietz: Unzeitgemäße Aktualität. Religionskritik in Zeiten der Wiederkehr der Religion, in: I. Dalferth; H.-P. Grosshans (Hg.): Kritik der Religion. Tübingen 2006, 243–258.

und Phantasie, Glauben und Projektion, Religion und Kultur untrennbar und auch nicht durch Säkularisierung auflösbar ineinander – mindestens seit der Erwählung Abrahams durch Gott, seit dem Exodus der Israeliten aus Ägypten, seit der Kreuzigung Jesu, die allesamt das Ende «des Glaubens an einen bloß logischen Gott» bezeugen.[363]

## Radikaler Pluralismus der Heils- und Glaubensangebote

Die Konfessionalisierung des Christentums durch den Westfälischen Friedensbeschluss von 1648, durch den den gegeneinander kämpfenden Katholiken, Lutheranern und Reformierten von obrigkeitlicher Seite aus Toleranz verordnet wurde (die eben nur bedingt eine christliche Tugend war), sprengte die monolithische Römische Kirche in die *drei Konfessionen* auf. Diese erste innerchristliche Pluralisierung erfuhr in der Aufklärungsepoche eine Ausweitung auf die beiden *abrahamitischen Schwesterreligionen* Judentum und Islam, denen Gotthold E. Lessing in «Nathan der Weise» gleicherweise die Wahrheit des einen, vernünftigen Gottes zusprach. Mit zunehmender Globalisierung der (industriellen) Wirtschaft, den politischen Expansionen und Kolonialisierungen, mit Reisen und regem Austausch von allerlei Papieren und Dokumenten usw. traten die drei abrahamitischen Religionen im europäischen Bereich im Laufe des 18. und vor allem des 19. Jahrhunderts in eine Religionen-Reihe mit den anderen großen *Weltreligionen* wie Buddhismus, Hinduismus, Konfuzianismus, Taoismus, Shintoismus.[364] Und im 20. Jahrhundert tritt das in Europa dominante Christentum im Zuge der durchbrechenden Individualisierung, Pluralisierung und Enttraditionalisierung in Konkurrenz zu den genannten Weltreligionen und zu anderen Religionen, zu *Neu-Religionen* und Sekten, zu politischen *Ideologien* wie Faschismus und Nationalsozialismus und zu (politisch-)ökonomischen *Weltanschauungen* wie dem Kommunismus, zu quasi-religiösen und «säkularen» Kulten, Events und

---

[363] O. Kallscheuer: Die Wissenschaft vom lieben Gott, 461; vgl. R. Sennett: Autorität (1980). Frankfurt/M. 1990, 237f.

[364] H. Küng; J. van Ess; H. von Stietencron; H. Bechert: Christentum und Weltreligionen. Zürich 1984; H. Küng: Spurensuche. Die Weltreligionen auf dem Weg. München/Zürich 1999; P. B. Clarke: Atlas der Weltreligionen. Entstehung – Entwicklung – Glaubensinhalte. München 1994; H. Waldenfels: Begegnung der Religionen. Theologische Versuche I. Bonn 1990.

Heilsangeboten. Ob jemand in die Kirche, Synagoge, Moschee oder in die Disco, zum Fußballspiel, in die Oper, in einen Wellness-Tempel oder in die Ein- oder Zweisamkeit geht, um Gottes- oder Göttinnen-Erfahrung zu finden und «heil» zu werden, dies ist dessen individuelle Wahlmöglichkeit aus persönlichem Interesse. Das Christentum wird dadurch wie alle anderen Heils- und Glaubensangebote zu einer Ware und muss an Frau, Mann und Kind bringen, was sein Proprium ist. Was mag gefragt sein für Bürger und Bürgerinnen unserer spätmodernen Gesellschaft? «Neue Komplexitäten fördern und erfordern ein Differenzierungsvermögen, das plurale Strukturen berücksichtigt. Ältere Identitätskonzepte basierten noch auf relativ einheitlichen sozialen Voraussetzungen. Die viel gepriesene Authentizität strebte eine möglichst umfassende persönliche Kongruenz zwischen Anspruch und Wirklichkeit an. Heute ist es unabdingbar, Identitäten zu entwickeln, die vielfältige Widersprüche zulassen und in der Lage sind, mit Offenheiten umzugehen, ohne alles offen zu lassen und in Beliebigkeit abzudriften. Neue Identität zeichnet sich durch die Bereitschaft aus, Ambivalenzen einzugestehen, und entsagt jener bedrückenden Gemütlichkeit, die trügerischen Halt verspricht.»[365] Alles ist pluralistisch geworden. Und wie verhält sich eine *Religion der Alterität* in diesem Kontext?

In diesem Gesellschafts-, Heils- und Glaubenspluralismus wird der religiöse Kunde König, und er kann und muss seinen Gott wählen, an den er «sein Herz hängt». Nicht mehr Gott (er-)wählt den Menschen, sondern der Mensch wählt sich seinen Gott aus, seine Religion, sein Glaubensleben. Rechtfertigung ist «zum Fremdwort geworden. Wer sich rechtfertigt, entschuldigt sich. Rechtfertigung des Sünders meint aber etwas anderes als die Entschuldigung Gottes, dass dieser das Böse leider nicht verhindern konnte» (als Theodizee)[366]. Oder die Selbstrechtfertigung des spätmodernen Menschen «als ob es Gott nicht gäbe» (als Anthropodizee) – und heute meistens die Suspendierung jeglicher Rechtfertigung und Legitimierung zugunsten der Selbstinszenierung. Die Gesellschaft verliert ihren Baldachin und im gleichen Zuge wird das Individuum in seinem Gottes-Komplex sakralisiert und zugleich wird das bis-

---

[365] U. Mäder: Normalität und Identität im Risiko, in: uni nova (Basel) 104/2006, 13.

[366] M. Honecker: Gnade und Dienst. Über Rechtfertigung und Gerechtigkeit, in: Evangelische Kommentare 1990/Heft 3, 150.

lang vorherrschende Christentum zur «unsichtbaren Religion.»[367] Christliche Religion wird mit der und für die Öffentlichkeit noch zelebriert mit ihren bisherigen Makroritualen an Weihnachten, bei Trauungen, Taufen und Beerdigungen, bei Konfirmationen, Kommunionen und noch an Ostern. Medien, Wissenschaft, Technologie, Ökonomie versuchen in dieses Vakuum einzurücken und sich als allgemeingültige, eindeutige, integrative, heilsgetränkte Sinn-, Kommunikations- und Lebensretter und als Hoffnungsträger und Heilsbringer zu stilisieren. Aber auch diese Monopolisierungsversuche zersplittern immer öfter an der fragmentierten Gesellschaft und haben entsprechend nur partielle Reichweiten und Orientierungsmacht.[368] Jedem Fragment sein Gott und seine Göttin? Damit wird aber auch immer unklarer, was Religion sei. Und die Räume des Politischen und des Religiösen fliessen einerseits ineinander, so dass Politik in Gefahr gerät, sich kompensatorisch und integrationspolitisch als Heilsbringerin zu gerieren, und dass Religion in Gefahr gerät, sich zur Integrationshelferin und Akzeptanzbeschafferin für politisch gewollte Moral, Macht und Ökonomisierung zu transformieren und z.B. die Nation zu sakralisieren[369]. Gleichzeitig sind laizistische Tendenzen vor-

---

[367] H.-G. Soeffner: Gesellschaft ohne Baldachin. Über die Labilität von Ordnungskonstruktionen. Weilerswist 2000; Th. Luckmann: Die unsichtbare Religion. Frankfurt/M. 1991; D. Kamper; Chr. Wulf (Hg.): Das Heilige. Seine Spur in der Moderne. 3. Aufl. Frankfurt/M. 1997; H.-E. Richter: Der Gotteskomplex. Die Geburt und die Krise des Glaubens an die Allmacht des Menschen (1979). Gießen 2005; ders.: Die Krise der Männlichkeit in der unerwachsenen Gesellschaft. Gießen 2006, bes. 131ff. Aus anderer Perspektive hat Richard Sennett gezeigt, dass Kapitalismus und Säkularismus im 19. Jh. den Wert «zwischenmenschliche Nähe» hervorgebracht haben: «Menschliche Wärme ist unser Gott.» Persönlicher Sinn ist nicht mehr öffentlich vorgegeben, sondern wird in Familie, Freundschaft, in der Liebe zu zweit (U. Beck), in Intimität gesucht als gleichzeitigem Wunsch nach Stabilität und Identität – und damit ist Intimität als Tugend pervertiert zum Ersatz für das zu Ende gehende öffentliche Leben (Verfall und Ende des öffentlichen Lebens. Die Tyrannei der Intimität (1974). Frankfurt /M. 1986, 329ff.).

[368] Chr. Wulf: Religion und Ritual, in: Ethik und Unterricht: edition ethik kontrovers 11/2003, 31–36.

[369] Vgl. D. Zilleßen: Religion, Kultur, Ethik: Eine Politik schwieriger Beziehungen, in: ders. (Hg.): Religion, Politik, Kultur. Uwe Gerber zum 60. Geburtstag. Münster/Hamburg/London 2001, 27–41; L. Hölscher: Religion im Wandel. Von Begriffen des religiösen Wandels zum Wandel religiöser Be-

handen, die Religion – bei uns vorab die christlichen Konfessionen und neuerdings den Islam – zu privatisieren und aus der Öffentlichkeit herauszuhalten zu versuchen, auf Grund eines Bildes von Christentum und Religion, das leider in den meisten Fällen noch vorneuzeitlicher ist als diese selbst. Es gibt diese von vielen Bürgern und Bürgerinnen vorausgesetzte und beschworene Überschaubarkeit nicht mehr.

In diesem pluralisierten und individualisierten Patchwork-Kontext artikulieren sich auch die christlichen Konfessionen. Sie artikulieren sich in Konkurrenz zu anderen Heilsangeboten, sie müssen sich ständig transformieren, sich kritisch reformieren und umorganisieren. Sie versuchen, im Kontext gesellschaftlicher Entwicklungen, von Umbrüchen und Rückschritten ihren religiösen Ort, ihre dezidierte Stimme, ihre spezifischen Angebote im deutschen, europäischen und weltweiten (ökumenischen) Rahmen zu finden, zu etablieren, zu modellieren – mit mehr oder weniger Mut, Offenheit und Entschiedenheit. Luther pochte stets auf die fortlaufende Reformation der protestantischen Kirche(n): ecclesia semper reformanda[370]. Dietrich Bonhoeffer, Paul Tillich, Helmut Gollwitzer, Dorothee Sölle und andere haben stets den mangelnden Mut der protestantischen Kirchen zur permanenten Reform angeprangert.

## Annäherungen an Protestantische Alteritätsreligion

Die «protestantische Gestalt der christlichen Tradition» wird von dem Ratsvorsitzenden der Evangelischen Kirche in Deutschland, Bischof Wolfgang Huber, «als Anleitung zur Fähigkeit des Unterscheidens» umschrieben, die in der paulinisch-lutherischen Botschaft von der Rechtfertigung des sündigen Menschen gründet: «Nur im Geschenk des Glaubens und nicht durch eigene Leistung ist der Mensch vor Gott anerkannt

griffe, in: W. Gräb (Hg.): Religion als Thema der Theologie. Gütersloh 1999, 45–62; H.-G. Haupt; D. Langewiesche (Hg.): Nation und Religion in der deutschen Geschichte. Frankfurt/M./New York 2001.

370 M. Greschat: Protestantismus in Europa. Geschichte – Gegenwart – Zukunft. Darmstadt 2005, der in der Ökumene keine Hilfe und die Chance des Protestantismus in der Ausgestaltung der Lehre von der Rechtfertigung des Sünders allein durch Gott sieht. Die «Gemeinsame Erklärung zur Rechtfertigungslehre» von 1999 hält er für eine Verkürzung aus protestantischer «Neigung zur Selbstaufgabe».

und gerechtfertigt.» Gott versöhnt sich mit dem Sünder, indem er im Tausch mit dessen Sünde diesem dafür vertrauensvollen Glauben, mutiges Hoffen und aktives Gestalten in Nächstenliebe schenkt. (Der Begriff des Tausches ist hier insofern irreführend, als dieser Tausch allein von dem barmherzig-versöhnend-rechtfertigenden Gott ausgeht und keinerlei Gegenleistung erbracht wird. Der «fröhliche Tausch», wie Luther über die Annahme des Sünders durch Gott an seines Sohnes Jesus Christus Statt frohlockte, wird asymmetrisch, einseitig und allein von Gott aus vollzogen, so wie schon der Bundesschluss Gottes mit Abraham und die Erwählung des Volkes Israel von Gott ausgingen.)[371] Darin liegt für Glauben und Theologisieren der Christen und Christinnen die permanente Aufgabe, zwischen dem rechtfertigend-versöhnenden Gott und dem (eigenen) sündigen Menschsein zu unterscheiden, was uns als Menschen aber gerade nicht möglich ist, sondern selbst schon wieder Geschenk Gottes im Glauben ist.[372] Hier kann man einwenden, dass wir als auswegslose Sünder tun können, was wir wollen und uns auch nicht am Anderen orientieren müssen. Dann nimmt man aber einen Standpunkt der Wahlfreiheit außerhalb der Gott-Mensch-Beziehung ein, vergleichbar der Wahl-Situation, dass ich den anderen (mich liebenden) Menschen schon immer verfehle (weil er nicht ich ist oder gerade weil er ich ist) und deswegen entweder sage, dass mein Verhalten ohnehin gleichgültig sei, oder dass ich dem Anderen in Erinnerung an erfahrene und in Hoffnung auf zu erfahrende Liebe meine eigene Antwort gebe und mich von

---

371 K. Barth hat dies in seiner Lehre von der Erwählung formuliert (Die Kirchliche Dogmatik Band II/2), so dass G. C. Berkouwer von einem monopleurischen, einseitigen, aber für beide verpflichtenden Gnaden-Verhältnis spricht (Der Triumph der Gnade in der Theologie Karl Barths. Neukirchen 1957, 104).

372 W. Huber: Die jüdisch-christliche Tradition, in: H. Joas; K. Wiegandt (Hg.): Die kulturellen Werte Europas. Frankfurt/M. 2005, 82f.; ders.: Der Protestantismus und die Ambivalenz der Moderne, in: J. Moltmann (Hg.): Religion der Freiheit. Protestantismus in der Moderne. München 1990, 29–65; ders.: Im Geist der Freiheit. Für eine Ökumene der Profile. Freiburg 2007; vgl. J. Moltmann: Gott im Projekt der modernen Welt. Beiträge zur öffentlichen Relevanz der Theologie. Gütersloh 1997, 175ff.: Protestantismus – «Die Religion der Freiheit», bes. das Fazit, 187; ders.: Protestantismus als «Religion der Freiheit», in: ders.: Religion der Freiheit. Protestantismus in der Moderne. München 1990, 11–28.

ihm abhängig mache. Glauben und Liebe versetzen nicht in den Himmel und nicht in die Ewigkeit, sondern sie machen mit der Inkarnation Gottes in dem Menschen Jesus die Leiblichkeit, Endlichkeit, Kontingenz, Verletzbarkeit, Sterblichkeit zu ihrem Erfahrungsraum.

Menschsein wird als von Gott geschaffene und erhaltene *Beziehungswirklichkeit* vollzogen und gedeutet: «Weder was der Mensch besitzt noch was er selbst aus sich macht, ist entscheidend. Sein Menschsein gründet vielmehr in den Beziehungen, in denen sich Leben vollzieht: Die Beziehungen zu Gott und zum Nächsten, zur Mitwelt und zu sich selbst *konstituieren* menschliche Existenz. In einem solchen Bild vom Menschen sind Individualität und Sozialität, Freiheit und Verantwortung miteinander verbunden.»[373] Präziser und im Sinne eines lutherischen Protestantismus weniger mißverständlich ist es allerdings, zuerst von Beziehungen *von* Gott *zu* mir, *vom* Nächsten *zu* mir, *von* der Schöpfung *zu* mir und dann darin eingeschlossen, davon angestossen und getragen, von meinen (antwortenden) Beziehungen *zu* Gott, *zu* den anderen Menschen und *zu* der Schöpfung zu sprechen. Oder philosophisch formuliert: «Das Subjekt verwirklicht sich als antwortendes Ich.»[374] Rechtfertigungstheologisch problematisch ist deswegen die übliche Zuordnung «Ich und Du – Mensch und Gott», denn diese müsste lauten: «Ich und Du – Gott und Mensch», d.h. sich selbst nicht als Ich wahrzunehmen, sondern als angesprochenes Du, das sein Ich als Antworten erfährt.

---

[373] W. Huber: Die jüdisch-christliche Tradition, 82f. Die feministische Theologin Carter Heyward hat eine feministische, relationale Theologie der Beziehung entworfen: Und sie rührte sein Kleid an. Eine feministische Theologie der Beziehung. Stuttgart 1986; hierzu M. Jakobs: Frauen auf der Suche nach dem Göttlichen. Die Gottesfrage in der feministischen Theologie. Frauen-Forschung Band 1. Münster 1993, bes. 142ff.

[374] K. Meyer-Drawe: Illusionen von Autonomie. München 1990, 154. Dieser Unterschied zur Orientierung am Subjekt Mensch wird im folgenden Buch-Titel deutlich bei W. Zager (Hg.): Ich und Du – Mensch und Gott. Im Gespräch mit Martin Buber. Neukirchen-Vluyn 2006; anders bei S. Dungs: Anerkennen des Anderen im Zeitalter der Mediatisierung. Hamburg 2006, z.B. 19ff. u.ö.

## Das Alteritäts-Konzept von Emmanuel Levinas

Die wohl konsequentesten und präzisesten, bisweilen aber auch schwierigen Formulierungen zum Leben in der *Alterität,* nämlich vom Anderen, von Gott, her und auf den Anderen, auf Gott, zu, hat der jüdische Religionsphilosoph E. Levinas (1905–1995) vorgetragen,[375] hier zunächst paraphrasiert durch Slavoj Zizek: «Wie bezieht sich Subjektivität auf Transzendenz? Es scheint zwei Grundformen dieses Bezuges zu geben, exemplifiziert durch die Namen Sartres und Levinas': zum einen die ‹Transzendenz des Ego› (Sartre), d.h. die Vorstellung vom Subjekt als der Kraft der Negativität, vom Subjekt, das sich selbst transzendiert und nie eine positive Entität ist, die identisch mit sich selbst wäre; zum anderen die Vorstellung von der Existenz des Subjekts als in der Offenheit gegenüber einer irreduzibel-unergründlich-transzendenten Andersheit gegründet – ein Subjekt gibt es hiernach nur insofern, als es nicht absolut, nicht selbstgegründet ist, sondern in einer Spannung zu einem undurchschaubaren Anderen verbleibt; Freiheit gibt es nur durch den Bezug auf eine Lücke, die den Anderen unergründlich macht.»[376] Und jetzt E. Levinas im Originalton und mit Bezug auf die Erzählung von der (Nicht-)Begegnung zwischen Gott und Mose, der Gott sehen möchte, wovor Gott ihn aber bewahrt, weil Mose als Mensch in der direkten Begegnung mit Gott sterben müsste (2. Mose 33): «Der Gott, der vorbeigegangen ist, ist nicht das Modell, dessen Abbild das Antlitz wäre. ‹Nach Gottes Ebenbild sein› bedeutet nicht, dass man die Ikone Gottes ist, sondern es bedeutet, dass man sich in einer Spur befindet. Der geoffenbarte Gott unserer jüdisch-christlichen Spiritualität bewahrt die ganze Unendlichkeit seiner Abwesenheit, die in der personalen ‹An-ordnung› selbst liegt. Er zeigt sich nur durch seine Spur, wie im Kapitel 33 des Buches *Exodus (sc. 2. Mose).* Auf ihn zugehen heißt nicht, dieser Spur, die kein Zeichen ist,

---

375 E. Levinas: Die Spur des Anderen. 4. Aufl. Freiburg/München 1999; ders.: Wenn Gott ins Denken einfällt. 4. Aufl. Freiburg/München 2004; vgl. S. Malka: Emmanuel Levinas. Eine Biographie. München 2003; D. Plüss: Das Messianische. Judentum und Philosophie im Werk E. Levinas'. Stuttgart/Berlin/Köln 2001; F. Miething; Chr. von Wolzogen (Hg.): Après vous. Denkbuch für E. L. zum 100. Geburtstag. Frankfurt/M. 2006.

376 S. Zizek: Die politische Suspension des Ethischen. Frankfurt/M. 2005, 22; vgl. L. Ohly: Der reale Andere und die Realität Gottes. Sartre und Levinas, in. NZSTh 48(2006) 184–199.

folgen. Es heißt, auf die Anderen zugehen, die sich in der Spur dieser Illeität halten. Durch diese Illeität, die ihren Ort jenseits der Berechnungen und der gegenseitigen Verhältnisse der Ökonomie und der Welt einnimmt, hat das Sein einen Sinn. Einen Sinn, der keine Finalität ist. Denn es gibt hier kein Ende, keinen Endpunkt. Das Verlangen nach dem absolut Anderen kann nicht wie ein Bedürfnis in einem Glück verlöschen.»[377] Der Andere und ich, Gott und ich gehen in dieser Begegnung nicht ineinander auf, wie es die klassische Vorstellung von der Einwohnung Gottes (oder das Bild von der imitierenden, dadurch Erlösung findenden Ikone) nahelegen könnte, die aber ihrerseits stets an Wort und Sakrament(e) als den externen Verursachern dieses Begegnens gebunden bleibt und deren Exteriorität nicht aufhebt.[378] In noch deutlicherer Weise formulierte E. Levinas: «Die Beziehung mit dem Anderen hebt die Trennung nicht auf. Sie entsteht nicht im Rahmen einer Totalität; sie stiftet keine Totalität, der sich das Ich und der Andere integrieren würden. Ebenso wenig setzt die Konstellation des Von-Angesicht-zu-Angesicht die Existenz universaler Wahrheiten voraus, in denen die Subjektivität aufgehen könnte und deren Betrachtung genügen würde, um das Ich und den Anderen in eine Beziehung der Gemeinschaft treten zu lassen. Was das letztere angeht, muß man vom Gegenteil ausgehen: Die Beziehung zwischen mir und dem Anderen beginnt in der *Ungleichheit ...*»[379]

Gegen Vereindeutigen und Fundamentalisieren wurden im vorhergehenden Kapitel ähnliche Stimmen angeführt: «dass die Nichtidentität die Identität übersteigt»[380], dass die *Asymmetrie* des Anderen zu mir «vor den Fallen der Verschmelzungseinheit, ob in der Liebe, in der Freundschaft

---

377 E. Levinas: Humanismus des anderen Menschen. Hamburg 1989, 5.

378 K. Lehmkühler: Inhabitatio. Die Einwohnung Gottes im Menschen. Göttingen 2004, bes. 217ff.; 238ff. zu Luther; vgl. M. Brecht: Neue Ansätze zur Lutherforschung in Finnland, in: Luther 61 (1990) 36–40.

379 E. Levinas: Totalität und Unendlichkeit. Versuch über die Exteriorität. 3. Aufl. Freiburg/München 2002, 366.

380 W. Welsch: Haus mit vielen Wohnungen, in: Evangelische Kommentare 8/1994, 478; vgl. U. Gerber: Pluralismus und Dogmatismus in der Theologie, in: Offene Kirche Nr. 8/Oktober 1986, 15–17; ders.: Theologie zwischen Aufklärung und Fundamentalismus, in: Chr. Stoodt; E. Weber (Hg.): Inter legem et evangelium. Festschrift für L. Graf zu Dohna. Frankfurt/M. 1994, 59–70.

oder in der Brüderlichkeit in kommunitaristischem oder kosmopolitischem Maßstab» schützt,[381] dass Religion «dem Fremden die Einrede gegen alle unumstößlichen Fixierungen zu lassen» habe[382], dass das «universale Ordnungsprinzip des Kosmos ... Ungleichheit ist ... Alles, was lebt, tut dies auf Grund von Unterschieden = Ungleichheit», die auch als *Einzigartigkeit* und als *Kontingenz* bezeichnet werden kann.[383] Oder im Blick auf Moral formuliert: «Wie am deutlichsten Emmanuel Levinas gesehen hat, steht am Anfang der Moral nicht eine Restriktion, sondern die Aufhebung einer Restriktion: die Bereitschaft nämlich, sich durch das Wohl und Wehe des Anderen bestimmen zu lassen.»[384] Diese Ansprechbarkeit und Offenheit für Andere kann aber keine dieser Begegnung vorauslaufende Pflicht oder Möglichkeit, also z.B. das römisch-katholische desiderium naturale und die damit gegebene Selbsttranszendierung, oder ein Gebot sein, sondern Pflichten, Normen, Gebote sind Folge dieser Begegnung – wie das Volk Israel die Zehn Gebote im Rahmen des von dem erwählenden Gott mit ihm geschlossenen Bundes erhielt, zu halten hatte und in diesem Bund halten konnte (2. Mose 20; 5. Mose 5). Luther hat es ähnlich formuliert, wenn er mit der Rechtfertigung des Sünders dessen Fähigkeit und Notwendigkeit gegeben sah, die eigenen Dekaloge zu machen und zu halten als die eigene Antwort auf den anderen Menschen. Dabei gilt, wie Ulrich H. J. Körtner formuliert hat: «Menschlicher Einsatz für Versöhnung ist daher nicht zu verstehen als Fortsetzung des göttlichen Handelns, sondern als dessen Inanspruchnahme» in dessen Eigenverantwortung.[385] Ob bei der (lutherischen) Rechtfertigungs-Vorstellung ein «Rechtfertigungszentrismus» vorliegt, der das weltliche Engagement, also eine protestantische Ethik nicht mehr artikulieren kann – dieses Problem wurde im IV. Kapitel bereits angesprochen –, ist noch weiter zu erörtern.

---

381 P. Ricoeur: Wege der Anerkennung. Erkennen, Wiedererkennen, Anerkanntsein. Frankfurt/M. 2006, 324.

382 D. Zilleßen: Religion, Kultur, Ethik, 41.

383 Leserzuschrift in: uni nova (Basel) 103/2006, 38.

384 M. Seel: Sich bestimmen lassen. Studien zur theoretischen und praktischen Philosophie. Frankfurt/M. 2002, 297.

385 U. H. J. Körtner: Evangelische Sozialethik. Grundlagen und Themenfelder. Göttingen 1999, 132; vgl. zum Geschehen der Vergebung durch Gott und der zwischenmenschlichen Vergebung bei K. Schreiber: Vergebung. Eine systematisch-theologische Untersuchung. Tübingen 2006.

Kehren wir nochmals zurück zu E. Levinas' Beschreibung der Begegnung mit dem Anderen, mit Gott. Für die religiöse, jüdisch-christliche Spiritualität gibt es im Sinne von E. Levinas keinen jederzeit von uns aus wählbaren Zugang, so dass auch die Versöhnungs- und Erlösungsreligion(en) kein von uns aus wählbarer Zugang in dem gängigen Sinne sein können, dass man diesen Weg einfach von sich aus wählen, einschlagen und in die christliche Religion (wie in einen Verein mit dem Oberhaupt Gott) eintreten oder sie ohne Kirchenbindung zivilreligiös tragen kann als Vermittlung von Erlösung bzw. Versöhnung. Dies wäre eine kulturelle Positivierung und Vereindeutigung von Religion. Und wenn DIE ZEIT vom 9. März 2006 stellvertretend für viele Propheten neuer Religiosität und zivilreligiös mitindizierter Correctness vorführt: «Wie Werte, Glaube und Manieren neuen Halt geben», dann wird Religion demgegenüber bei E. Levinas und in der Rechtfertigungsreligion unter dem Vorzeichen der *Gabe* erfahren und interpretiert, die gerade keinen ausweisbaren Halt und keine fundamentale Sicherheit gibt,[386] die keine festen Werte einer (christlichen) Leitkultur als Handlungsmaßstab vorgibt und die keine Manieren als Glücksgarantie umfasst. In solchen Stützen und Fundamenten begegnen wir immer nur uns selbst. Halt ist doppeldeutig: sicherer Halt (als Fundamentalismus) auf der einen und auf der anderen Seite das Halt (Stop) vor der Illusion des sicheren Haltes und halt wie Mose hinterherschauen (oder vor dem brennenden Dornbusch halten). Mose war «erfüllt» in der Erfahrung dieses «Mangels», Gott nicht direkt «von Angesicht zu Angesicht» sehen und ihn für sich haben zu können. Mose hatte nichts (Festes, Bleibendes, Nachahmbares) von Gott; diese Begegnung war für ihn umsonst, weil von Gott geschenkt, ohne Gegenleistung.[387] Gott und die Mitmenschen bleiben in ihrem So-Sein, in ihrer

[386] Vgl. W. Huber: Das Vermächtnis Dietrich Bonhoeffers und die Wiederkehr der Religion, in: Berliner Theologische Zeitschrift 23/2006, Heft 2, bes. 319f. zu Mündigkeit, Pluralismus, Fundamentalismus, Wiederkehr der Religion.

[387] Umso erstaunlicher ist es, wenn die evangelische Bischöfin Margot Käßmann in einem Gespräch mit Willigis Jäger sagt: «Auch ich suche in Gott die Kraftquelle, aber das heißt auch, dass ich mich vor diesem Gott verantworten muss. Das Leben ist doch ein Geschenk. Du musst es so leben, dass du jeden Tag versuchst, es Gott zurückzugeben und zu sagen: Das habe ich mit deinem Geschenk gemacht» (chrismon 04/2006, 37) – sicher nicht im Sinne Luthers.

Lebendigkeit und Einzigartigkeit uns gegenüber, sie bleiben eigenständig und uns bei allem Einfühlungsvermögen und -willen entzogen. Sie bleiben «als solche» in ihrer Eigenexistenz – so wie wir auch für uns selbst – eine Lücke, eine offene Stelle, eine Wunde und produktiver Mangel. Gott und Mensch(en) sind mir schon immer vorausgegangen und sie kommen mir quer. Gott hat uns als seine Geschöpfe schon immer in seinen ambivalenten Schöpfungsdialog hineingestellt und uns unser Leben anvertraut, er hat uns in seine Spur (im Sinne von E. Levinas) gezogen und uns als Geschöpfe in diese Schöpfung gesandt, sonst wären wir tot. Wir kommen stets hinterher und sind deswegen von der Gewalt einer absoluten Wahrheit, des Fundamentalismus, des Vereindeutigens und des Wunsches nach Sicherem und Einheitlichem, der «Sehnsucht nach diesem Innehalten» schon immer eingeholt,[388] was christliche Theologie Sünde nennt im Anschluss an die Sündenfall-Erzählung in 1. Mose 3. Das Andere von uns, nämlich unsere von Gott geschenkte geschöpfliche Einzigartigkeit, unser gerechtfertigtes Menschsein, unser versöhntes Leben, bleibt Gabe des gnädig-barmherzigen Gottes. Aber «Gabe gibt es nur, wenn es keine Reziprozität gibt, keine Rückkehr, keinen Tausch, weder Gegengabe noch Schuld»[389] – oder theologisch formuliert: sola gratia von Gott und allein im geschenkten Glauben von uns Menschen. Wie lassen sich diese Glaubenserfahrung und theologische Deutung in einer nicht-religiösen Interpretation in einer post-säkularen oder schon immer auch religiös bestimmten Gesellschaft artikulieren?

## Ansätze nicht-religiöser Alteritäts-Religion: zum Beispiel Dietrich Bonhoeffer

Dietrich Bonhoeffer (1906–1945) hat sich in seiner Erwartung der Heraufkunft eines *religionslosen Zeitalters* und über die *Mündigkeit der Welt* getäuscht.[390] Aber sein Anliegen einer *nicht-religiösen* Interpretation der

[388] Nadja Uhl: Ich habe einen Traum, in: DIE ZEIT vom 29. März 2007, 70.

[389] J. Derrida: Falschgeld. Zeit geben I. München 1993, 22f.; vgl. K. Wolf: Philosophie der Gabe. Stuttgart 2006.

[390] R. K. Wüstenberg: Dietrich Bonhoeffer, in: U. Hahn; U. Tworuschka (Hg.): Hoffnung hat einen Grund. Persönlichkeiten des Jahrhunderts. Zürich/Düsseldorf 1999, 39–48; ders.: Eine Theologie des Lebens. Dietrich Bonhoeffers «nichtreligiöse Interpretation» biblischer Begriffe. Leipzig 2006, 149, zum

christlichen Botschaft ist bei aller Wiederkehr von Religion(en) und Religiositäten noch gültig und wird immer wieder aufgegriffen und weitergeführt: ob es nämlich der Theologie gelingt, «*weltlich* von Gott zu reden in einer *Welt ohne Gott.* Zumal sie dadurch bei ihrer Sache bleibt: bei dem Gott, der in Jesus Christus in die Welt eingegangen ist, also nirgends sonst als in dieser Welt zu suchen ist.»[391] Profanes, religionsloses Christentum verstehe ich auch im Sinne D. Bonhoeffers dahingehend, dass von menschlichen, sinnlich-endlichen Erfahrungen, Einstellungen und Handlungen gehandelt wird, ohne dass dabei von vornherein und irgendwie dogmatisch-kriteriell ein ausweisbarer, abgrenzbarer profaner und ebenso wenig ein ausweisbarer, abgrenzbarer religiöser Erfahrungs- und Handlungsbezirk vorausgesetzt oder angestrebt werden könnten. Und dies im Gegensatz z.B. zur römisch-katholischen Erlösungsreligion: «Die Distinktionen von ‹kirchlich› und ‹weltlich›, ‹heilig› und ‹profan› kennzeichnen im römisch-katholischen Symbolsystem scharfe Grenzlinien zwischen imaginativen Welten und Lebensräumen ... Die ‹Welt› wird hier konsequent nur als die dem Heiligen kontrastierende, minderwertige Sphäre des Alltagslebens gedacht.»[392] Und Sinn und Funktion der römisch-katholischen Erlösungsreligion ist es entsprechend, die Welt ihres profan-bösen Charakters durch Sakrament, Messfeier-Beteiligung, Aske-

---

Paradigmenwechsel in der Bonhoeffer-Interpretation; Chr. Gremmels: Religionslosigkeit?, in: Bonhoeffer-Rundbrief 76 (2005) 24; H. G. Pöhlmann: Gottesdenker. Reinbek 1984, 105–122; R. Wind: Dem Rad in die Speichen fallen. Die Lebensgeschichte des Dietrich Bonhoeffer. Weinheim/Basel 1990; D. Bonhoeffer: Widerstand und Ergebung. Brief und Aufzeichnungen aus der Haft (1951). 9. Aufl. München 1959 (Werke Band VIII. Gütersloh 1998): «Wir gehen einer völlig religionslosen Zeit entgegen» (178); «Gibt es religionslose Christen?» (179); nicht-religiöse Interpretation gegenüber Entmythologisieren als liberales Theologisieren bei R. Bultmann (183, 239ff.); Verdrängung Gottes ins Private, Innerliche usw. (233f.); als Weiterführung bei E. Jüngel: Gott als Geheimnis der Welt. Zur Begründung der Theologie des Gekreuzigten im Streit zwischen Theismus und Atheismus. 3. Aufl. Tübingen 1978, bes. 21f., 73–83, 132–134.

391 H. G. Pöhlmann: Gottesdenker, 119. Der Begriff «säkulare Religion» taucht in anderen Zusammenhängen auf bei W. Ustorf: Missionsreligion und säkulare Religion bei Jakob Spieht (1856–1914), in: Zeitschrift für Kirchengeschichte 117 (2006) 63–84.

392 F. W. Graf: Der Protestantismus, 101/102.

se, Wallfahrt usw. zu entkleiden, sie zu christianisieren, letztlich sie zu überwinden. Wie sich eine solche wissend-abgrenzende Kontrastierung von heilig und profan grausam auswirken kann, zeigen z.B. religiös motivierte terroristische Aktionen von Islamisten, wenn die fundamentalistischen Gleichungen heilig = Islam und profan = Nicht-Islam (vor allem die westliche Welt mit den glaubenslosen USA an der Spitze) kurzgeschlossen werden. Und fatalerweise wurde dieser religiös inszenierte Dualismus in gleicher Weise von der protestantisch-fundamentalisierenden Gegenseite, nämlich von G. W. Bush, angewandt zur Legitimierung des völkerrechtlich widerrechtlichen Irak-Krieges (und anderer Aggressionen). Spätmodern-pluralistische, demokratische, freiheitliche und zugleich rechtsstaatliche westliche Gesellschaft, die mit dem Ende der Großen Erzählungen wie Gott/Christentum, Kaiser, Nation, Kapitalismus, Wissenschaft, Fortschritt, Freiheit jegliche Eindeutigkeit verloren hat und in ein Stadium der Ambivalenzen eingetreten ist, hält das Verhältnis von Heiligem und Profanem, von Religion und Welt-Gesellschaft für nicht auflösbar und entsprechend auch religionspolitisch in einer Balance, die ständig auf dem Boden des jeweiligen Grundgesetzes zu vollziehen ist gegen religiös motivierten, mehr oder weniger radikal kontrastierenden Dualismus von heilig und profan sowie gegen eine milde bis diktatorisch durchgesetzte theokratische Identifizierung beider Bereiche.

Das Profane geriert sich bisweilen – und in protestantischem Sünden-Verständnis: immer schon und immer auch – als religiös im Sinne sakralisierender, kultischer, mythologisierender Heraushebung aus dem weltlichen Nutzungszusammenhang, z.B. Stars, besondere Autos, Fetische, Absolutheitsansprüche u.a.m. Das Religiöse wird dort schon immer profan, wo es seine eindeutige Identifikation als Heiliges verliert, z.B. im protestantischen Arbeitsethos, im Eintreten für Opfer oder in D. Bonhoeffers Rede vom Schicksal als Fügung Gottes (und seinem Hinweis, Begriffe wie Schöpfung, Fall, Versöhnung, Glaube, Vorbild u.a. nichtreligiös zu interpretieren)[393]. «Profanierung» wird von D. Bonhoeffer dann abgelehnt, wenn diese als liberales Reduktionsverfahren der Entmythologisierung auf ein «Wesen» des Christentums im (umstrittenen) Sinne R. Bultmanns geschieht,[394] aber auch wenn K. Barth zwar die

[393] D. Bonhoeffer: Widerstand und Ergebung, 260.
[394] A.a.O., 220.

Religion als Selbsterlösungsversuch des Menschen kritisiert, dann aber an ihre Stelle eine christlich-positivistische, trinitätstheologisch untermauerte Offenbarungslehre gesetzt hat, «wo es dann heißt ‹friß, Vogel, oder stirb›»[395]. Solchen Positivierungen gegenüber muss eine «*Arkandisziplin* wiederhergestellt werden, durch die die *Geheimnisse* des christlichen Glaubens vor Profanierung geschützt werden»[396]. Es ist m. E. D. Bonhoeffers Gespür für das Geheimnis und seine Achtung des Geheimnisses «Jesus als der Christus», dass wir von Gott im Horizont unserer Welt reden müssen und können, ohne dazu sofort alles Heilsgeschichtliche und Jenseitige wissen zu müssen. Wir dürfen Jesus Christus, Gott, Glauben usw. weder in dem offenbarungspositivistischen Christozentrismus K. Barths trinitäts-theologisch verobjektivieren noch in einer existentialen Interpretation im Gefolge R. Bultmanns (im Anschluss an M. Heideggers Existentiale) anthropologisieren. Und genauso darf das Tun des Christen nicht von vornherein ethisch verrechnet werden, sondern auch hier gilt, dass «das rechte Tun des Christen in der Welt nur aus dem ‹Arkanum› heraus geleistet werden kann»[397]. Hier laufen zwei Intentionen dialogisch parallel: D. Bonhoeffer hält an der biblischen, theologischen, kirchlichen Tradition fest, wie er es auf vorbildliche Weise mit seiner Christologie-Vorlesung vorgeführt hat, und zugleich interpretiert er diese «mit einer alle Grenzen sprengenden Radikalität des Eingehenwollens auf die moderne Zeit»[398]. Das Arkanum, das Entzogene, nämlich der vorausgehende, leidende Gott verweist an die mündige, religionslose Welt. «Schärfer kann man», interpretiert Eberhard Jüngel, «die Einsicht in die Nichtnotwendigkeit Gottes ... nicht zum Ausdruck bringen.»[399] Denn dies bedeutet zugleich die Ablehnung einer «Diesseits-Religion», die ihrerseits den Jenseits-Diesseits-Dualismus einfach um das Gott-Jenseits durch dessen Abspaltung oder durch dessen Identifizierung mit dem Diesseits ver-

---

395 A.a.O., 184.

396 A.a.O., 184f.; vgl. A. Pangritz: Aspekte der «Arkandisziplin» bei Dietrich Bonhoeffer, in: Theologische Literaturzeitung 119 (1994) 755–768; H. Ott: Wirklichkeit und Glaube. Erster Band: Zum theologischen Erbe Dietrich Bonhoeffers, Zürich 1966, 128ff.

397 E. Feil: Die Theologie Dietrich Bonhoeffers. Hermeneutik – Christologie – Weltverständnis. München/Mainz 1971, 394.

398 H. Ott: Wirklichkeit und Glaube I, 132; D. Bonhoeffer: Wer ist und wer war Jesus Christus? Seine Geschichte und sein Geheimnis. Hamburg 1962.

399 E. Jüngel: Gott als Geheimnis der Welt, 78.

kürzt und gerade nicht die in der Begegnung des menschgewordenen Gottes mit uns Menschen geschenkten und aufgezwungenen Glaubenserfahrungen zulassen möchte. Und ebenso wenig kann es um die oft befürchtete Auflösung der Theologie in Anthropologie gehen, weil wir von uns selbst als Geschöpfe ebenso viel sagen können wie wir von Gottes Schöpferbegegnung mit uns sagen können.[400]

Ein *religionsloses, profanes Christentum* steht D. Bonhoeffers theologischer Meinung nach quer zu jeglichem (metaphysischem) Erklärungs-, (psychologisierendem) Bedürfnis- und (verinnerlichendem) Selbsterfahrungs-Christentum des religiösen Menschen, in welchem Gott und Mensch im Medium eines populistischen Erfüllungs-Gottes (deus ex machina) und sakralisierter Heilsbedürfnisse kurzgeschlossen werden.[401] Die traditionell-religiöse Vorstellung von einem jenseitig-metaphysischen, über uns thronenden, allmächtigen Gott, die Theismus genannt wird, wird ebenso verabschiedet wie der Lückenbüßer-Gott: «Gott als moralische, politische, naturwissenschaftliche Arbeitshypothese ist abgeschafft, überwunden; ebenso aber als philosophische und religiöse Arbeitshypothese (Feuerbach!). Es gehört zur intellektuellen Redlichkeit, diese Arbeitshypothese fallen zu lassen bzw. sie so weitgehend wie irgend möglich auszuschalten. Ein erbaulicher Naturwissenschaftler, Mediziner etc. ist ein Zwitter ... Und wir können nicht redlich sein, ohne zu erkennen, dass wir in der Welt leben müssen – ‹etsi deus non daretur›. Und eben dies erkennen wir – vor Gott! Gott selbst zwingt uns zu dieser Erkenntnis. So führt uns unser Mündigwerden zu einer wahrhaftigen Erkenntnis unserer Lage vor Gott. Gott gibt uns zu wissen, dass wir leben müssen als solche, die mit dem Leben ohne Gott fertig werden. Der Gott, der mit uns ist, ist der Gott, der uns verlässt (Markus 15,34)! Der Gott, der uns in der Welt leben lässt ohne die Arbeitshypothese Gott, ist der Gott, vor dem wir dauernd stehen. Vor und mit Gott leben wir ohne Gott.

---

400 R. Bultmann: Welchen Sinn hat es, von Gott zu reden?, in: ders.: Glauben und Verstehen. Ges. Aufsätze. Erster Band (1933). 3.Aufl. Tübingen 1958, 26–37.

401 D. Bonhoeffer: Widerstand und Ergebung, 242, 244 u.ö.; vgl. P. Gross: Ich-Jagd, 263: «Die nach dem religiösen Blackout notwendige innerweltliche Erlösung ist in der außerweltlichen mitangelegt. Sie resultiert aus christlichem Futurismus. Die universellen, innerweltlichen Heilsversprechungen brechen angesichts der Weltdesaster zusammen. Je end- und resultatloser die operativen Aktionen sich darstellen, desto heftiger tritt das entropische, Gleichgewicht und Ganzheit suchende Moment in den Vordergrund.»

Gott lässt sich aus der Welt herausdrängen ans Kreuz, Gott ist ohnmächtig und schwach in der Welt und gerade und nur so ist er bei uns und hilft uns. Es ist Matth. 8,17 ganz deutlich, daß Christus nicht hilft kraft seiner Allmacht, sondern kraft seiner Schwachheit, seines Leidens! Hier liegt der entscheidende Unterschied zu allen Religionen. Die Religiosität des Menschen weist ihn in seiner Not an die Macht Gottes in der Welt, Gott ist der deus ex machina. Die Bibel weist den Menschen an die Ohnmacht und das Leiden Gottes; nur der leidende Gott kann helfen. Insofern kann man sagen, dass die beschriebene Entwicklung zur Mündigkeit der Welt, durch die mit einer falschen Gottesvorstellung aufgeräumt wird, den Blick freimacht für den Gott der Bibel, der durch seine Ohnmacht in der Welt Macht und Raum gewinnt. Hier wird wohl die ‹weltliche Interpretation› einzusetzen haben.»[402]

Mit dieser Ablehnung eines religiös funktionierenden, einerseits rein individuellen und innerlichen und andererseits objektivierend-metaphysischen und auf das Heilige partialisierten Gottes ohne Diesseitigkeit, Lebendigkeit, Weltbezogenheit, Inkarnation ist für D. Bonhoeffer die im leidenden Christus begründete *Glaubenserfahrung der Alterität* verbunden.[403] Alterität ist hier in doppeltem Sinne gemeint: zuerst, dass die Christen und Christinnen eine Umkehrung ihres menschlichen Seins durch Jesu Kreuzestod und dessen Dasein-für-andere als die Christus-Gabe Gottes erhalten und dass sie untrennbar mit dieser Gabe verbunden dann ihrerseits «ein neues Leben im ‹Dasein-für-andere›, in der Teilnahme am Sein Jesu» führen können und zu führen haben in der Welt ohne Gott.[404] Dabei ist der «Kreuzestod Jesu ... das eigentlich Zwingende in der Erkenntnis, dass wir in der Welt leben und erkennen müssen, ‹etsi deus non daretur›. Das eigentlich Zwingende dieser Erkenntnis ist im Leiden Gottes, in der Ohnmacht und Schwäche Gottes wirksam ... – das ist im Sinne Bonhoeffers *religionsloses* Gottesverständnis.»[405]

---

402 D. Bonhoeffer: Widerstand und Ergebung, 241f.; vgl. 210f., 215f.

403 Vgl. Chr. Tietz: Unzeitgemäße Aktualität. Religionskritik in Zeiten der Wiederkehr der Religion, in: I. Dalferth; H.-P. Grosshans (Hg.): Kritik der Religion. Tübingen 2006, 243–258; bei D. Bonhoeffer: Widerstand und Ergebung, 180ff.

404 D. Bonhoeffer: Widerstand und Ergebung, 259f.

405 E. Jüngel: Gott als Geheimnis der Welt, 79.

Jesus Christus ist die Mitte des Lebens, und zwar die uns entzogene Mitte unseres Lebens, die weder religiös noch profan darstellbar ist.[406] Er ist mit seiner Auferstehung nicht der Garant für ein paradiesisches Leben nach dem Tod, nicht der Auskunftgeber über das Jenseits seit Ostern und auch nicht der Informant über den (selbst-)erlösenden Weg dorthin, wie es üblicherweise Katholiken wie Protestanten gleichermaßen vor allem in ihren triumphalen Ostersonntag-Auslegungen kundtun. Dies wäre Weltlosigkeit und Gottlosigkeit in einem. Entsprechend geht es im christlichen (wie im jüdischen) Glauben nicht um *Erlösung*, wenn darunter (z.B. katholische) Erlösungsmithilfe und Weltflucht verstanden werden: «Auf den Einwand, dass auch im A. T. die Erlösung (aus Ägypten und später aus Babylon, vgl. Deuterojes.) eine entscheidende Bedeutung habe, ist zu erwidern, dass es sich hier um *geschichtliche* Erlösungen handelt, d.h. *diesseits* der Todesgrenze, während überall sonst die Erlösungsmythen gerade die Überwindung der Todesgrenze zum Ziel haben ... Die christliche Auferstehungshoffnung unterscheidet sich von der mythologischen darin, dass sie den Menschen in ganz neuer und gegenüber dem Alten Testament noch verschärfter Weise an sein Leben auf der Erde verweist.»[407] Christlich wird Auferstehung so vorgestellt, dass es *hinter/über* unserer Lebens-Welt eine zweite, grenzenlose Wirklichkeit gibt, so dass für Jesus mit seiner Auferstehung an Ostern und für alle Menschen am Ende der Zeiten das (ein) Leben nochmals, wenn auch in anderer Weise, beginnt. Sterben macht deswegen mehr Angst als Leben und evoziert ständig Bilder von Auferstehung und Weiterleben, weil wir dieses «ewige Leben» als endgültiges Leben fürchten und dennoch erhoffen.[408] Diesen mythologischen Dualismus versucht *Alteritätsreligion* – im Sinne D.Bonhoeffers – zu dekonstruieren, indem sie nach der Betroffenheitsmacht dieses Theologumenons der Auferstehung fragt. Die Macht des Jenseits über das Diesseits suggeriert, dass wir das Diesseits von dort her überschauen könnten. Wie haben wir in unserer Geschöpflichkeit die Macht des Diesseits als Schöpfung erfahren, dass wir damit das Bild von der Auferstehung des gekreuzigt-gestorbenen Jesus von Nazaret, der mit seinem Ruf «Vater, warum hast du mich verlassen?»

[406] D. Bonhoeffer: Widerstand und Ergebung, 211.

[407] A.a.O., 225f.

[408] E. Jüngel: Die Welt als Möglichkeit, in: ders.: Unterwegs zur Sache. Theologische Bemerkungen. München 1972, 206–233.

aufbegehrte und trauerte (unterstelle ich), verbinden? Auferstehung verbürgt keinen objektiven *Sinn* und bringt keine *Lösung*. Auferstehung war die sinn-gebende *Antwort* der ersten Christen und Christinnen auf den Tod Jesu. Wir müssen und können unsere Antwort auf diese Antwort geben im Wissen darum, dass wir den Sinn dieser im Neuen Testament erzählten Antwort nicht finden, weil es ihn als *den* Sinn der Auferstehungsbotschaft nicht geben kann. Im Wieder-Lesen unterstellen wir antwortend Sinn.[409] Auch auf die zeitgenössische Interpretation der Auferstehungsbotschaft: Die Sache Jesu geht weiter (W. Marxsen), antworten wir mit unserer Sinn-Setzung und zeigen damit, dass es keine endgültige Lösung gibt und wir uns auf dem permanenten Gesprächs- und Auseinandersetzungspfad befinden.

Ein weiterer Gedanke drängt sich auf: dass Gott kein Lückenbüßer für die Trennung oder die *Differenz* zwischen uns Menschen – und damit auch zwischen ihm als Schöpfer und uns Menschen als Geschöpfen – sein kann. Gott hält vielmehr diese Lücke «gerade unausgefüllt und hilft uns dadurch, unsere ... Gemeinschaft miteinander – wenn auch unter Schmerzen – zu bewahren»[410]. Die schmerzhafte und qualvolle Differenz, die ebenso Dankbarkeit und stille Freude hervorbringt – dies ist christlicher Glaube als «Teilnehmen am Leiden Gottes im weltlichen Leben»[411], «das Teilhaben am Leiden Gottes in Christus»[412]. Es gibt keinen Weg ins leidens- und verantwortungslose «Kinderland»; der allmächtige Gott verlässt mit seinem Verlassen des Himmels und mit der Mensch-Werdung uns Menschen, damit wir im Teilnehmen an seiner Ohnmacht *erwachsen* werden.[413] (Vielleicht hat Dorothee Sölle zu Recht

---

409 J. Derrida; H.-G. Gadamer: Der ununterbrochene Dialog. Frankfurt/M. 2004; vgl. J. Habermas; J. Derrida: Philosophie in Zeiten des Terrors. Darmstadt 2004.

410 D. Bonhoeffer: Widerstand und Ergebung, 131; vgl. ders.: Schöpfung und Fall. Theologische Auslegung von Genesis 1 bis 3. 4. Aufl. München 1958 (1933): «Darum ist die Schöpfungsgeschichte in der Kirche allein von Christus her zu lesen, und erst dann auf ihn hin.»

411 A.a.O., 244.

412 A.a.O., 245; vgl. H. Zahrnt: Die Sache mit Gott. Die protestantische Theologie im 20.Jahrhundert. München 1966, 155ff.: Vom Jenseits zum Diesseits (zu F. Gogarten und D. Bonhoeffer).

413 A.a.O., 241.

eingewandt, dass D. Bonhoeffer über der Betonung der Verantwortung «die Struktur der Angewiesenheit» zu wenig beachtet habe?[414]) Meinte D. Bonhoeffer dies nicht auch mit der «arkanischen» Differenz, die von Gott mit dem «inkarnatorischen» Auftreten Jesu unaufhebbar vollzogen wurde und wird?

Wir fragen abschliessend mit Heinz Zahrnt: «Wie also sieht die Verwirklichung des ‹Christlichen› in der weltlich gewordenen Welt ... aus?» Es geht nicht um das «Fertigwerden mit der Wirklichkeit der Welt ohne Gott», dies wäre «Säkularismus» (F. Gogarten). Es geht auch nicht um die «Ergänzung der Wirklichkeit der Welt durch Gott», dies wäre Religion als Sakralisierung. Es geht um das «Aushalten der ganzen Wirklichkeit der Welt vor Gott» (D. Bonhoeffer).[415] Und dieser Gott ist «dann als Gott und nicht ohne die Welt gedacht, wenn der so verstandene Gott die Weltlichkeit der Welt ohne Gott zu denken erlaubt» und zwingt. «Gott existiert coram mundo, indem er am Kreuz die Welt als die ihn nicht ertragende erträgt».[416] Diese Einsicht aus Glaubenserfahrung gilt es ständig nicht-religiös, profan zu interpretieren.

## Ansätze profaner Alteritäts-Religion: zum Beispiel Paul Tillich

«Alles ist profan, und alles Profane ist potentiell religiös ... Vor der Radikalität dieses Gedankens, wie er oft bei Luther auftritt, schreckte und schreckt der Protestantismus (sc. der Katholizismus ohnehin) immer wieder zurück.»[417] Dabei heißt «*religiös* sein» das «unbedingte Ergriffensein» in *profanen* Formen und in Formen, die im engeren Sinne als religiös gelten. Es gibt keine reine Offenbarung oder Gott selbst, es gibt keine

---

[414] D. Sölle: Stellvertretung. Ein Kapitel Theologie nach dem «Tode Gottes». Stuttgart/Berlin 1965, 127.

[415] H. Zahrnt: Die Sache mit Gott, 216.

[416] E. Jüngel: Gott als Geheimnis der Welt, 81.

[417] P. Tillich: Gesammelte Werke. Band VII. Hg. R. Albrecht. Stuttgart 1962, 92f.; H. Zahrnt: Die Sache mit Gott, 382ff.: Die Wirklichkeit Gottes in der Wirklichkeit der Welt (zu P. Tillich); R. Achenbach: Paul Tillich, in: U. Hahn; U. Tworuschka (Hg.): Hoffnung hat einen Grund, 265–273; H. G. Pöhlmann: Gottesdenker, 80–104; F. W. Kantzenbach: Programme der Theologie. Denker, Schulen, Wirkungen. Von Schleiermacher bis Moltmann. München 1978, 255–270.

Religion als Präsentmachen Gottes oder eine eindeutige Erfahrung oder ein exakt abgrenzbares Sammelsurium menschlicher Selbsterlösungsstrategien, wie es z.B. K. Barth gemeint hat und wie es Fundamentalisten auf ihre Weise der Kontrastierung von heilig = ihre Religion/Konfession und profan = ausgeschlossener großer Rest der Welt machen. Unsere Welt, unser Glauben, unser Handeln lassen sich nicht von Religion reinigen, weder «offenbarungspositivistisch» (wie D. Bonhoeffer K. Barths Ansatz bei der christozentrischen Selbstoffenbarung Gottes kritisierte), noch entmythologisierend im Sinne R. Bultmanns noch atheistisch. Wird Gott symbolisch als Grund und zugleich als Abgrund unseres Lebens und der Welt begriffen, dann bleiben Gott und Welt, Göttliches und Menschliches verwechselbar, und dann bleibt jedes Glauben zugleich ein Zweifeln. Dann dürfen und müssen wir die Darstellung der Beziehung Gottes zu uns Menschen unter den Bedingungen unserer gefallenen Existenz sowohl mit personalen Symbolen wie Vater, Sohn, Erlöser, Herr als auch mit relationalen Symbolen wie Unbedingtes, Tiefe, Sinn, Sein-Selbst, Macht vollziehen.[418]

Dieser «dritte Weg», den Paul Tillich (1886–1965) gegangen ist, führt allerdings insofern zum «Ende der protestantischen Ära», als im Protestantismus konsequent die übliche Trennung zwischen einer heilig-sakralen und einer säkular-profanen Sphäre aufgehoben wird: «Vor der Unbedingtheit des Unbedingten – religiös gesprochen: vor der Majestät Gottes – gibt es keine bevorzugte Sphäre, keine Personen, Schriften, Gemeinschaften, Einrichtungen, Handlungen, die an sich heilig sind, und ebenso wenig solche, die an sich profan sind.»[419] Manche haben eingewandt, «dass Gott und Welt so ineinanderfließen, dass der Mensch vor

---

418 F. W. Kantzenbach: Programme der Theologie, 257; vgl. B.-E. Benktson: Christus und die Religion. Der Begriff der Religion bei Barth, Bonhoeffer und Tillich. Stuttgart 1967; W. Schüßler: Jenseits von Religion und Nicht-Religion. Der Religionsbegriff im Werk Paul Tillichs. Paderborn 1989; ders.: «Was uns unbedingt angeht». Studien zur Theologie und Philosophie Paul Tillichs. Münster/ Hamburg/London 1999.

419 P. Tillich: Protestantische Profanität, in: ders.: Auf der Grenze. Stuttgart 1962, 98–102; vgl. H. Zahrnt: Die Sache mit Gott, 430; H. G. Pöhlmann: Gottesdenker, 82: «Während Barth den ganzen Akzent auf die Transzendenz oder Überweltlichkeit Gottes legt, liegt Tillich alles an der Immanenz oder Innerweltlichkeit Gottes.» H. G. Pöhlmann spricht deswegen von «horizontaler Theologie» bei P. Tillich.

lauter Gott nicht mehr die Welt und vor lauter Welt nicht mehr Gott erkennt»[420]. P. Tillich ging sogar noch weiter, indem er den Protestantismus in seiner historisch-vergänglichen Erscheinungsweise dem «Ende der protestantischen Ära» entgegengehen sah, das protestantische Prinzip der «*Erfahrung des Unbedingten in der Welt*» hingegen für unbegrenzt und unvergänglich hielt.

P. Tillich deutete in diesem Gefälle Luthers Rechtfertigungslehre profan, horizontal weiter als *Bejahtsein* ohne Vorleistungen gegen alle Selbstrechtfertigungsversuche und als unser *Bejahen* gegen Entfremdung.[421] Diese Annahme geschieht durch den Sünder wie durch den Zweifler in der Erfahrung der *selbstbejahenden «Macht des Seins»* im «absoluten Glauben». Das traditionelle supranaturalistische oder metaphysische «extra me» (Exteriorität) des versöhnend-rechtfertigenden Gottes zeigt sich im Symbol der schon immer geschehenden «Macht des Seins». Diese «Macht des Seins» oder Macht Gottes wird z.B. von Carter Heyward feministisch-beziehungstheologisch (ganz im Sinne von P. Tillich) interpretiert: «Die Erfahrung der Beziehung ist fundamental und grundlegend für den Menschen, sie ist gut und machtvoll, und nur innerhalb dieser Erfahrung, wie sie hier und jetzt geschieht, können wir erkennen, dass die *Macht in Beziehung* Gott ist. Die Möglichkeit, Gott ‹Macht in Beziehung› zu nennen, ist so fremd für den überwiegenden Teil des traditionellen christlichen Denkens, dass die theologische Erforschung dieser Möglichkeit eine beharrliche hermeneutische Parteilichkeit erfordert: Die Liebe zum Nächsten wie zu sich selbst – *anstatt* der Liebe zu Gott – muß *die* Norm christlichen Lebens und christlicher Theologie sein. Das erfordert neue Symbole oder Bilder, durch die wir die Bedeutung unserer gemeinsamen Macht ausdrücken.»[422] Dieselbe Intention steckt in der Vorstellung, dass die von uns erfahrene, erlebte und gestaltete Welt sich schon immer als eine uns entzogene «Wirk-lichkeit» vollzieht. Theologisch kann man sagen, dass der Schöpfungsdialog, in dem wir in Beziehungen leben und handeln, schon immer weitergegangen ist. In diesen Beziehungen als

---

420 H. Zahrnt: Die Sache mit Gott, 437.

421 Schon 1924 äußerte sich P. Tillich: Rechtfertigung und Zweifel. Vorträge der theologischen Konferenz zu Gießen. 39. Folge. Gießen 1924, 19–32; dann am weitestgehenden in: P. Tillich: Der Mut zum Sein, 122ff.: «Schuld und der Mut, sich zu bejahen als bejaht»; 125ff.

422 C. Heyward: Und sie rührte sein Kleid an. Eine feministische Theologie der Beziehung. Stuttgart 1986, 44.

Expressionen und Gestaltungen der «transpersonalen dynamis» wird uns versöhnende Rechtfertigung zuteil, wodurch wir den Anderen und die Schöpfungswelt so lieben, dass sie nicht uns gehören, sondern sich selbst, dass die Kraft und Macht unserer Beziehungen gerade in der schöpferischen Differenz liegt. Dies meint m. E. auch die Korrelationsmethode, wonach der Mensch die Frage ist, der suchende und nach sich selbst fragende Mensch, bevor er überhaupt eine Frage stellen kann (dies nennt P. Tillich «Situation») – aber er ist nicht die Antwort, die allein im Offenbarungsereignis des Seins-Selbst gegeben wird (als «Botschaft») und als Antwort «von außen» sofort wieder unserem Fragen ausgesetzt ist. Dieses «System» sucht «die Fragen, die in der Situation enthalten sind, mit den Antworten, die in der Botschaft enthalten sind, in Korrelation zu bringen. Es leitet die Antworten nicht aus den Fragen ab, noch gibt es Antworten, die nichts mit der Frage zu tun haben.» Diese Methode ist «selbst eine theologische Aussage und wie alle theologischen Aussagen nur möglich mit Leidenschaft und Mut zum Wagnis».[423] Im «profanen Horizont korrelativer Anstrengungen» nimmt sich die Existenz in ihrer Entfremdung wahr im Modus des Transitus, des Aufbruches und des Exodus, der Suche und der Fremde, und nicht im Modus einer metaphysischen, sakramentalen oder mystischen Heimat im Sein-Selbst, in Gott[424]. Rechtfertigung hat es mit Exodus, mit körperlicher und geistiger Bewegung, mit erotischer Sinnlichkeit zu tun: «Religion in diesem Horizont bewahrt ... auch eine kindliche Dimension, indem sie das Schwanken, das Fallen, das Aufstehen, Umgeworfen- und Aufgehobenwerden, das Lachen, das Weinen, den Rollentausch ins Spiel des Lebens bringt. Das Leben gelingt, wenn mich im Stehen nicht schon mögliches Fallen ängstigt und im Fallen nicht alle Hoffnung auf neues Stehen versiegt. Dann kann aus Fallen Stehen werden. Dann können aus Gegnern Freunde, aus Freunden Gegner, aus Söhnen Väter, aus Vätern Söhne, aus Mächtigen Ohnmächtige, aus Schwachen Starke werden, weil die andere Rolle keinen tödlichen Schrecken mehr zeigt. Religion als dogmatisch-rituelle Normen- und Wertetradition hat in den sozialen Lebenswelten

---

423 P. Tillich: Systematische Theologie. Band I. 3. Aufl.Stuttgart 1956, 15; vgl. U. Gerber: Indem Liebe uns unbedingt angeht. P. Tillichs Verständnis von Liebe, in: Tillich Journal 4: interpretieren – vergleichen – kritisieren – weiterentwickeln. Münster/Hamburg/London 2001, 151–157.

424 U. Gerber: Mythos «Heimat»?; H. Luther: Religion und Alltag. Bausteine zu einer Praktischen Theologie des Subjekts. Stuttgart 1992.

zunehmend mehr Akzeptanz und Raum in Form liberaler *civil religion* oder fundamentaler Privatreligionen. Beides wird staatlich gefördert, insofern es kurzfristig (und kurzsichtig) für ‹Ruhe als erster Bürgerpflicht› sorgt. Dagegen kann Religion in einem weiteren, umfassenden Sinne (als Suchbewegung) gerade der Ausbildung eines notwendigen Kompetenzprofils selbständiger Bürger entsprechen. Eine Religionspädagogik, die solch einen Religionsbegriff führt, kann Menschen die kritische Partizipation an gesellschaftlichen Lebensprozessen (und ihren Traditionen) ermöglichen, um sie dadurch zu befähigen, eigene solidarische Lebenszusammenhänge zu gewinnen.»[425]

Kehren wir zurück zu P. Tillichs Verständnis von *Rechtfertigung*. Das auf Luther zurückgehende Verständnis des Rechtfertigungs-Geschehens ist in der Sicht von P. Tillich im Protestantismus immer mehr intellektualisiert, entleert, entsakramentalisiert worden, so dass in diese Lücke einerseits der Katholizismus nachgerückt ist, der die spätmoderne Sehnsucht nach Überschaubarkeit, Einheit und magischem Sakramentalismus mit Sicherheit, Entlastung von eigener Entscheidung, Autorität, Führung zu bedienen versucht, und dass andererseits eine platte, ambivalenz- und alternativenfreie Profanisierung eingezogen ist, die sich von Humanität, Lebensqualität, Abhängigkeit von Anderen und Anderem wie der Schöpfung und von deren Bewahrung lossagt.[426] P. Tillich seinerseits hielt an einigen «Postulaten an die Zukunft» für das nachprotestantische Zeitalter fest: *prophetisch-protestantischer Protest* gegen jegliches Verabsolutieren und Vereindeutigen durch Kirche, Staat, Religionsgemeinschaften o.ä.; *Sakramente, Symbole, Mystik, Heilen* als Desiderate für die Gestaltung protestantischen Glaubens;[427] die *universal-profane Erfahrung des Unbedingten im Bedingten,* der Transzendenz im Diesseits, des Neuen Seins in unserer Welt. Dieses nach-protestantische Christentum hat P. Tillich als «evange-

---

425 B. Beuscher; D. Zilleßen: Religion und Profanität, 57f.

426 Vgl. H. Zahrnt: Die Sache mit Gott, 456.

427 P. Tillich: Protestantische Gestaltung, in: ders.: Auf der Grenze, 89–109; ders.: Die protestantische Verkündigung und der Mensch der Gegenwart, in: a.a.O., 110–126, u.a. auch zum römischen Katholizismus; ders.: Vom Heilen, in: ders.: Die neue Wirklichkeit. München 1962 (dtv 70), 96–108.

lischen Katholizismus» bezeichnet, der über den klassischen Katholizismus wie Protestantismus und Humanismus hinausgeht.[428]

Den letzten Schritt hat P. Tillich in seiner Vorlesung als Gastprofessor 1961 in Hamburg vollzogen mit seinem Theologumenon von der Abwesenheit Gottes: «Wir leben in einer Periode, in der Gott für uns der abwesende Gott ist. Aber wenn wir Gott als den abwesenden erfahren, *wissen* wir um ihn; wir erleben sein Nicht-bei-uns-sein als eine leere Stelle, wie sie bleibt, wenn jemand oder etwas, das zu uns gehört, uns verlassen hat. Gott ist uns stets unendlich nahe und unendlich fern. Nur wenn wir beides erfahren, wissen wir wirklich um ihn.»[429] Diesen «evangelischen Katholizismus» hat sich P. Tillich in der Zeit der Abwesenheit Gottes als eine zum kirchlichen Protestantismus distanzierte Bewegung vorgestellt, die getragen sein wird von einer «avantgardistischen Gruppe» und von «evangelischen Katholiken» durch deren ökumenische Präsenz in allen Kirchen und in der Welt.[430]

Den Ertrag der Diskussion mit P. Tillich sehe ich in einigen grundlegenden Problematisierungen des Theologisierens in unserer gegenüber P. Tillichs Lebens- und Reflexionshorizont veränderten *spätmodernen* Gesellschaft: (1) P.Tillich sah Kultur als «Form der Religion» und die Religion als «Substanz der Kultur», d.h. Religion als Erfahrung dessen, was bzw. der/die mich unbedingt angeht, gibt die Interpetationsperspektive ab, aber nicht als exkludierendes Fundament oder Absolutheit beanspruchender Fixpunkt, sondern «auf der Grenze».[431] Während einer seiner Gefolgsdenker, John Hick, mit seiner Pluralistischen Theologie der Religionen «einen metareligiös-traditionsübergreifenden, d.h. über-pluralistischen religionsphilosophischen Standpunkt» einnimmt und «die Rückbindung an den Bezugsrahmen der christlichen Tradition» aufhebt,[432] blieb P. Tillich bewusst auf der je kontingent erfahrenen und zu deuten-

---

[428] P. Tillich: Der Protestantismus. Prinzip und Wirklichkeit. Stuttgart 1950, enthält die grundlegenden Beiträge; ders.: Ende der Protestantischen Ära? I, in: Gesammelte Werke. Band VII, 152,157.

[429] P. Tillich: Die Gegenwärtigkeit des göttlichen Geistes, in: ders: Auf der Grenze, 76.

[430] Vgl. H. Zahrnt: Die Sache mit Gott, 465f.; vgl. E. Amelung: Die Gestalt der Liebe, 214.

[431] Vgl. E. Amelung: Die Gestalt der Liebe, 212–214.

[432] R. Bernhardt: Ende des Dialogs? Die Begegnung der Religionen und ihre theologische Reflexion. Zürich 2005, 206f.

den Grenze von Religion und Kultur, schloss dabei christlichen Exklusivismus und Superiorismus – etwa des katholischen Pyramiden-Modells mit dem Christentum an der Spitze – aus und blieb *christlicher Theologe*. – (2) Entsprechend meinte P. Tillich, dass es eigentlich keine Atheisten geben könne, und zwar aus zwei (korrelativ zu sehenden) Gründen: weil der Mensch immer die *Frage nach sich selbst* und damit nach dem, was bzw. wer ihn unbedingt angeht, ist und bleibt, und weil die Kraft des *Neuen Seins* in Jesus als dem Christus schon immer universal wirkt. Diese Erfahrung hatte P. Tillich zur Unterscheidung von latenter und manifester Kirche bzw. Christentum geführt. – (3) Dieses Problem zeigt sich auch in der nicht weiter entfalteten Unterscheidung eines engeren Begriffs von Religion, der die konkreten Erscheinungsformen von Religion(en) umfasst, und einem weiteren Begriff von Religion, der die latenten (anonymen) Christgläubigen und alle, die das, was bzw. wer uns *unbedingt* angeht, erfahren (haben), umfasst. Mit den christlichen Vorstellungen von Erlösung schließt P. Tillich – in nicht-exklusiver Interpretation – alle Menschen ein, da wir schon immer nach dem Sein-Selbst fragen, das als Neues Sein in dem personhaften Leben Jesu als des Christus manifest geworden ist und als Paradox der Erlösung: «bejahen, dass man bejaht ist», eben allen Menschen gilt. Dieses Neue Sein ergreift als «göttliche Macht» den Menschen und zieht ihn in sich hinein (Wiedergeburt als Teilnahme am Neuen Sein); dieses Neue Sein nimmt diejenigen an, «die in Wirklichkeit von ihm entfremdet sind» (Rechtfertigung als Annahme des Neuen Seins); die Macht des Neuen Seins formt «den einzelnen und die Gemeinschaft» innerhalb und außerhalb der Kirche um (Heiligung als Umwandlung durch das Neue Sein).[433] – (4) P. Tillich hat die Anliegen von Luthers *Versöhnungs-* und *Rechtfertigungs*lehre aufgenommen: das «Gott allein»; Gottes rechtfertigendes Handeln schafft den Glauben und dessen Gestaltwerdung in der Liebe; es geht um die «neue Schöpfung» (wie bei Paulus) in der Erfahrung der Liebe und der Befähigung zur Liebe und um die Ausrichtung auf neue Gemeinschaft usw. Aber es gibt auch interessante Differenzen. So verstand P. Tillich unter dem Wort nicht allein das biblisch-verkündigte Wort von Gesetz und Evangelium, sondern die Manifestation des universal wirksamen, konkreten Logos, so dass es eine unmittelbare Gott-Mensch-Begegnung gibt, deren personhafte Konkretion in Jesus als dem Christus geschehen ist. Entsprechend

---

433 P. Tillich: Systematische Theologie. II, 189–194.

wird Auferstehung als die Erfahrung verstanden, dass sich das Bild Jesu als des Christus mit der Erfahrung des Neuen Seins als Überwindung der Entfremdung verbunden hat. Während bei Luther die vergebende Versöhnung Gottes mit dem ihm dadurch gegenüber bleibenden, «differenten» Menschen im Vordergrund stand, setzte P. Tillich (wohl auch auf Grund seiner Beschäftigung mit Philosophen der Romantik, bes. Schelling) auf die Wiedervereinigung des Getrennten, auf die Aufhebung des Entfremdeten, auf die Freiheit von den Zweideutigkeiten des Lebens. Vielleicht kann man sagen, dass es Luther «zentral um die Überwindung der Sünde im Sinne der incurvatio in se und nicht um die Überwindung der Endlichkeit im Sinne von Begrenzung» ging?[434] Schlug hier P. Tillichs Verwurzelung im Idealismus durch?

Der Kernimpetus von P. Tillichs Theologisieren heißt: «die christliche Antwort in allen Bereichen der modernen Kultur mit existentiellen Fragen zu korrelieren»[435], was man auch als *Elementarisierung* des christlichen Glaubens bezeichnen kann. Beim Elementarisieren geht es nicht um Vereinfachung wie in erleichterungsreligiösen Strömungen, auch nicht um ein Rationieren wie üblicherweise in konfessionell ausgewiesenen Katechismen, Lehrplänen, handlichen Dogmatiken und sonstigen christlichen Vademeca, auch nicht um Reduzierungen auf das sogenannte Wesentliche, das proprium (das dann doch, Gott sei Dank, niemand findet), und ebenso wenig um das Original-Protestantische, das (fundamentalistisch) Glauben ohne Kultur und eine eindeutige Gottes-Begegnung mit Welt-Verlust wäre.[436] Das Elementare ist unser Umgehen mit unseren konkreten sinnlichen Wahrnehmungen und deren schon immer von uns vollzogenen Deutungen und entsprechend das «Vieldeutige, Risikoreiche, Kritische. Der in seiner elementaren Vieldeutigkeit mich ‹Beschlagnahmende› ist der Befreiende und nicht das (anderweitig notwen-

[434] J. Track: Der theologische Ansatz Paul Tillichs. Eine wissenschaftstheoretische Untersuchung seiner «Systematischen Theologie». Göttingen 1975, 402, wo auch kritische Anfragen gestellt werden; vgl. R. Mugerauer: Versöhnung als Überwindung der Entfremdung.

[435] A. J. Reimer: Paul Johannes Tillich, in: EKL. Fünfter Band. 3. Aufl. Göttingen 1997, 614–616, zit. 614; vgl. J. Clayton: Paul Tillich, in: TRE. Band XXXIII. Berlin/New York 2002, 553–565.

[436] Vgl. G. Reilly: Elementarisierung und Korrelationsdidaktik, in: Katechetische Blätter 126 (2001) 90–93.

dige) gemeinsame Wissen in unseren Verständigungen»[437]. Elementarisierung entdeckt dieses unbenennbare Begehren nach humaner Kommunikation,[438] das schon immer in unseren Bedürfnissen wirksam ist, ohne darin begreifbar zu werden. Deswegen schließen solche lebensweltlichen Erfahrungen Glauben und Unglauben, Hoffnungen und Ängste schon immer ein, was P. Tillich in «Der Mut zum Sein» (1969) an den Phänomenen der Angst und des Mutes diskutiert hat und was hier mit *profan-religiösem Theologisieren* intendiert ist. Das grundlegende Begehren nach heilsamem Kommunizieren und Leben, das als die Macht des Seins-Selbst unsere Geschöpflichkeit und Lebendigkeit ausmacht, manifestiert sich schon immer in den *ambivalent gewordenen* Alltagserfahrungen. Letztere lassen sich kritisch erschließen ohne eine theologische Bestimmung eines religiösen Sonderbereiches, was wir als *nicht-religiöse Interpretation* bezeichnet haben. Und diese geschieht deswegen *als symbolische Interpretation,* weil es um unsere (relative) Wahrnehmungs-, Reflexions-, Handlungswelt geht und nicht um eine irgendwie objektive Welt an sich. Oder abschließend im Blick auf die Gottes-Frage mit P. Tillichs Schlusssatz aus «Der Mut zum Sein»: «Der Mut zum Sein gründet in dem Gott, der erscheint, wenn Gott in der Angst des Zweifels untergegangen ist.»

## Ein Zwischenruf: Rechtfertigung im protestantischen, jüdischen und feministisch-theologischen Diskurs

Hat der Protestantismus mit der Lehre vom Gerechtwerden durch Gottes Barmherzigkeit ohne des «Gesetzes Werke» – mindestens im Gefolge Luthers – den «Verantwortungsgedanken» aufgegeben? Es ist der verständlich-bekannte (auch innerprotestantische) Disput darüber, inwieweit die versöhnende Rechtfertigung durch Gott real, wirksam, effizient, effektiv und nicht nur imputativ, motivatorisch, anstossend war, und entsprechend der gerechtfertigt-versöhnte Mensch «automatisch», wie im Gleichnis von der selbstwachsenden Saat (Markus 4,26-29), sich in Liebe

---

[437] U. Gerber: Berufsschulreligionsunterricht, 526.

[438] D. Zilleßen; U. Gerber: Und der König stieg herab von seinem Thron, 9; F. Dolto: Über das Begehren. Die Anfänge der menschlichen Kommunikation. Stuttgart 1988. – Im französischen Dekonstruktivismus ist das Begehren eine grundlegende Kategorie.

um das Wohl und Wehe des Nächsten kümmert, also individual- wie sozialethisch handelt. Was steckt im asymmetrischen, einseitig von Gott kommenden versöhnenden Rechtfertigungs- und Glaubensgeschenk an Umwandlung und Neuwerdung, an Handlungsmotivation, Handlungsanleitung und an Handlungsplausibilität, die ihrerseits in symmetrischen Beziehungen (der weltlichen Gerechtigkeit) individual- wie sozial- und global-ethisch vollzogen werden? Theologisch: Ergeht an die Gerechtfertigt-Wiedergeborenen das Evangelium Gottes auch in Gestalt von Geboten, dem sogen. tertius usus legis in renatis, der als theologische Ethik, z.B. mittels Glaubensanalogien aus der Offenbarung von oben nach unten (evtl. unter Bezug auf Naturrecht), ausgelegt wird (so intentional in der reformierten Tradition von Calvin bis K. Barth)? Oder wird von der Fokussierung auf das interpersonale Geschehen der Rechtfertigung des Sünders durch Gott im Rahmen einer Zwei-Reiche-Lehre lutherischer Provenienz theologisch die Weltlichkeit aller Ethik und damit die Unmöglichkeit einer im strengen Sinne theologischen Ethik behauptet? Im ersten theologischen Ansatz besteht die Möglichkeit einer theologischen Ethik, aber auch die Gefahr der Sakrifizierung durch Moral. Im zweiten theologischen Ansatz wird auf die Freiheit des Christenmenschen und seine persönliche Entscheidung abgehoben, aber es besteht die Gefahr der Profanisierung durch eine Eigengesetzlichkeit der Welt. Im Hintergrund steht, wie bereits angesprochen, die Verhältnisbestimmung von heilig und profan. Wie wird dann jeweils die Vorstellung von der *Rechtfertigung des Sünders* verstanden?

### a) «Rechtfertigungszentrismus» ohne Ethik?

Der «Rechtfertigungszentrismus» könne dem menschlichen Handeln und damit der Ethik keinen Raum in der Theologie geben, wird eingewandt.[439] Darauf könnte man antworten, dass es um die explizit theologische Ortsbestimmung der Ethik im säkularen Bereich (iustitia civilis) gehe, weil sonst der Glauben moralisiert und in Handlungen verobjektiviert, soteriologisch als «gutes Werk» beurteilbar und rational rekonstruierbar wäre. Der Glaube konkretisiere sich als Geschenk Gottes an den leiblich betroffenen, ganzen Menschen schon immer in dessen geist-

[439] Vgl. die Diskussion bei Chr. Arn: Ethiktransfer. Zürich/Chur 2006, 170ff.: «Rechtfertigungszentrismus» und Ethik.

gewirkter Zuwendung zum Anderen und zu sich selbst. Die Frage des von den meisten Kritikern des «Rechtfertigungszentrismus» ins Feld geführten Semipelagianismus sei hier insofern kein Einwand, als der Versöhnt-Gerechtfertigte keinen freien Willen in Heils-Erfahrungen habe, wohl aber die «Freiheit eines Christenmenschen» in der Weltgestaltung «automatisch» gemeinsam mit Anderen, z.B. im Sinne des konziliaren Prozesses von Gerechtigkeit, Frieden und Bewahrung der Schöpfung, ausübe ohne Rekursmöglichkeit auf Gott (D. Bonheffer). Letztere wird von manchen Kritikern eingeklagt, um theologisch begründete normative Aussagen und die Dynamik des Glaubens für das Handeln plausibel machen zu können. Diese Intention hatte Karl Barth in «Rechtfertigung und Recht» (1938) und in «Christengemeinde und Bürgergemeinde» (1946) mit seiner Lehre von den Analogien im Glauben (analogia fidei) im Modell der «Königsherrschaft Christi» (gegenüber der lutherischen Zwei-Reiche-Lehre) ausformuliert. Es geht um die theologische, durch die Selbstoffenbarung in Jesus Christus gegebene Möglichkeit analogisierender, ethisch-normativer Deduktionen aus der trinitarisch-christozentrischen Offenbarungswelt in unsere abbildhafte, gleichnishafte menschliche Welt hinein, die gleichnisbedürftig ist, aber ebenso von Gott als gleichnisfähig von der Christengemeinde zur Bürgergemeinde hin erschaffen ist. Es geht um Entsprechungen zwischen göttlicher und menschlicher Gerechtigkeit in «christlicher, geistlicher, prophetischer Erkenntnis»[440]. Und gegen den übersteigerten Individualismus im Gefolge Luthers, z.B. bei R. Bultmann und in G. Ebelings Luther-Interpretation, könne

---

[440] K. Barth: Rechtfertigung und Recht. Theologische Studien Heft 1, 1938; ders.: Christengemeinde und Bürgergemeinde. ThSt Heft 20, 1946; beide in: ThSt Heft 104. 2. Aufl. Zürich 1979, 55: Die Bürgergemeinde «hat also keine vom Reich Jesu Christi abstrahierte, eigengesetzlich begründete und sich auswirkende Existenz, sondern sie ist – außerhalb der Kirche, aber nicht außerhalb des Herrschaftskreises Jesu Christi – ein Exponent dieses seines Reiches»; 62: «Die Christengemeinde ist nicht Selbstzweck. Sie dient Gott und eben darum und damit den Menschen. Es ist wohl wahr: der tiefste, der letzte, der göttliche Sinn der Bürgergemeinde besteht darin, Raum zu schaffen für die Verkündigung und für das Hören des Wortes und insofern allerdings für die Existenz der Christengemeinde», 74: «Der Weg von hier (sc. Christengemeinde) nach dort (sc. Bürgergemeinde) verlangt auf der ganzen Linie christliche, geistliche, prophetische Erkenntnis; vgl. kritisch bei M. Honecker: Das Recht des Menschen, 155ff.

die «Gleichursprünglichkeit von Individualität und Sozialität» eingebracht werden.[441] Diesen Vorschlag kann man als gut gemeinte Synthese betrachten, die aber – so die Gegenkritik – weder im Blick auf die individuell geschehende Rechtfertigung durch Gott noch im Blick auf das Welt-Reich mit der vorausgesetzt-uneinholbaren individuellen Würde des Einzelnen konkret vollziehbar ist. Entweder man geht *theologisch* von der *Einzigartigkeit* eines jeden Menschen als Geschöpf Gottes aus und fragt ethisch nach der Sozialität, also nach Gleichheit, Gerechtigkeit usw., oder man setzt bei der ethisch-rechtlichen Gleichheit aller Menschen ein und kann zwar die unterschiedlichen Bedürfnisse, Interessen und Differenzen, nicht aber die Einzigartigkeit und Differenz der Geschöpfe artikulieren.

Ein weiterer Einwand besagt, dass im Rechtfertigungszentrismus das Leben vor dem Tod nicht wichtig sei. Aber z.B. Luthers Theologisieren und Lebensgestaltung waren (bei aller von Heiko Oberman betonten Naherwartung[442]) weltzugewandt und hatten und haben, wie bereits angesprochen, ohne Zweifel ambivalente Wirkungen hervorgerufen.

### b) Luthers «Irrationalismus»?

Eine weitere Frage lautet, ob nicht «die maßlose Ergebenheit des Christen gegenüber der Autorität des Staates» und «die Vorliebe für die etablierte Ordnung und der Widerstand gegen fundamentalen gesellschaftlichen Wandel» von einer folgenreichen Fokussierung auf «Individualgewissen und Individualethik» auf Grund des individualisierenden «coram Deo» zeugen? Und ist diese Konzentration nicht verbunden mit der fatalen Neigung zu Konservativismus und Gehorsam einerseits und zugleich andererseits zu Leistungs- und «Heiligungsaktivismus», entsprechend zu Elitenkultur und «Sozialpaternalismus», zu Rigorismus und «Innerlichkeitsanarchie»[443]? D. Bonhoeffer z.B. hatte diesen Trend unter Berufung auf Luther durch seine letzten Christologumena zu überwin-

---

[441] W. Huber: Der Protestantismus und die Ambivalenz der Moderne, 59, gegen T. Rendtorffs Individualismus.

[442] H. A. Oberman: Die Reformation; J. Fried: Aufstieg aus dem Untergang, hat gezeigt, dass und wie sich Endzeitglauben und Aufklärung dialektisch entfaltet haben.

[443] F. W. Graf: Der Protestantismus, bes. 102–108.

den versucht: Jesus, «der Mensch für andere»[444], und: «Inanspruchnahme der mündigen Welt durch Jesus Christus»[445]. Hat Luther im Gefolge Augustins (und des Paulus) einen «Irrationalismus» vertreten, der von einem «fundamentalen Misstrauen gegen die Tat» zeugt, wie F. W. Marquardt, M. Brumlik und andere eingewandt haben?[446] Oder hat er nicht gerade auf die (von Benedikt XVI. vehement eingeklagte) griechisch-metaphysisch orientierte Vernunft als Norm theologischer Aussagen verzichtet und konsequenterweise die Trias von Glaube, Liebe und Hoffnung als nicht erklärbare, geheimnisvolle Gaben des barmherzigen Gottes bezeichnet und die in Nächstenliebe zu übernehmende Verantwortung im Weltlichen und für das Weltliche dadurch zweifellos individualisiert, aber auch sogar radikalisiert: «Neue Dekaloge machen wir»[447]? Diese Dekaloge und Gebote entspringen der Differenz zwischen Gott, der sich im beanspruchenden Anderen mir manifestiert, und mir, der ich dann im Vollzug weltlicher Gerechtigkeit dem Anderen antworte[448].

---

444 C. J. Green: Soteriologie und Christologie bei Bonhoeffer und Luther, in: Chr. Gremmels (Hg.): Bonhoeffer und Luther. Zur Sozialgestalt des Luthertums in der Moderne. München 1983, 125.

445 H. E. Tödt: Glauben in einer religionslosen Welt. Muß man zwischen Barth und Bonhoeffer wählen?, in: Evangelische Kommentare Heft 9/1976, 150, wobei H. E. Tödt auf D. Bonhoeffers Verantwortungsethik verweist.

446 F. W. Marquardt; M. Brumlik u.a. zit. bei S. Engelbrecht: Religion ohne Verantwortung? Warum Juden und auch christliche Theologen die lutherische Rechtfertigungslehre kritisieren, in: Zeitzeichen Heft 3/2001, 57–59; im gleichen Sinn gegen Augustin bei M. Düwell; Chr.Hübenthal; M. H. Werner (Hg.): Handbuch Ethik. Stuttgart/Weimar 2002, 5, wo allerdings dann Luthers Ansatz fehlt und das «Großprojekt der Moderne» auf Naturwissenschaften und Pico della Mirandola zurückgeführt wird. Katholische Theologie ist auf diesem Auge weiterhin – trotz der Kompromisseinigung in Sachen Rechtfertigung – blind.

447 Luther: Thesen zur Doktorpromotion von H. Weller und N. Medler, in: WA 39 I, 47, 27f. (These 3); vgl. J. Moltmann: Politische Theologie – Politische Ethik. München/Mainz 1984, 124ff.; zum Charakter asymmetrischer Gabe statt symmetrischen Tausches bei M. Rosenberger; F. Reisinger; A. Kreutzer (Hg.): Geschenkt – umsonst gegeben? Gabe und Tausch in Ethik, Gesellschaft und Religion. Frankfurt/M. 2006.

448 Zu theologischen Differenz-Entwürfen vgl. Chr. Danz: Einführung 221ff.; U. Gerber (Hg.): Auf die Differenz kommt es an – Interreligiöser Dialog mit Muslimen. Leipzig 2006; politisch bei Chr. Landfried: Das politische Europa.

In der Wirkungsgeschichte des (lutherischen) Protestantismus haben «neue Dekaloge» bisweilen sowohl Quietismus als auch blinden Aktivismus – besonders während des Nationalsozialismus – hervorgerufen und Leidvolles bewirkt. Eine Weiterführung könnte sein, die Barthsche Konzipierung des Gesetzes oder Gebotes als «Form» des Evangeliums in der *alteritätstheologischen* Perspektive ohne den trinitarisch-offenbarungspositivistischen Überbau zu diskutieren. Die Alternative kann nicht die Barthsche Enthebung des Glaubens in ein religionsfreies, rein christliches Heilsgebäude mit analogisierenden Deduktionen sein,[449] aber auch nicht eine Moralisierung und Rationalisierung des Glaubens um seiner aus welchen Gründen auch immer notwendigen Plausibilität willen. Die «Passivität» des Versöhnt- und Gerechtfertigtwerdens durch Gott kann nicht in eine Übernahme seitens des Menschen umschlagen,[450] so die Argumentation der betreffenden (lutherisch orientierten) Theologen und Theologinnen.

(c) Antijudaistischer «Rechtfertigungszentrismus»?

Die dritte Frage lautet, ob Luther bzw. ein Strang des Luthertums mit der Rechtfertigungs-Lehre antijudaistisch argumentiert (hat)? Nämlich: Wenn Jesus als der Christus das jüdische Gesetz erfüllt habe, dann sei der Jude, so Micha Brumlik, zum Gesetzestreuen ohne Christusglauben degradiert. Darauf kann man lutherischerseits antworten: Der Christusglauben markiert zwar eine Differenz zum Judentum, aber nicht im Blick auf die eschatologische Situation der Glaubenden, denn Christen und Christinnen *erwarten* den Juden Jesus als den gekommenen Christus, aber sie können diesen nie «hinter» oder «für» sich haben (wie es bei Karl Barth bisweilen den Anschein haben mag). Das heißt zugleich, dass das

Differenz als Potential der Europäischen Union. 2. Aufl. Baden-Baden 2006; insgesamt bei S.Dungs: Anerkennung des Anderen im Zeitalter der Mediatisierung, mit Literatur.

449 Vgl. kritisch bei B. Beuscher; D. Zilleßen: Religion und Profanität. Weinheim 1998, bes. 23–39: zu K. Barth, M. Luther und P. Tillich; als Kritik seitens der Theorie des neuzeitlichen Christentums bei T. Rendtorff: Radikale Autonomie Gottes. Zum Verständnis der Theologie Karl Barths und ihrer Folgen, in: ders.: Theorie des Christentums. Gütersloh 1972, 161–181.

450 Vgl. E. Levinas: Die Stellvertretung, bes. 251 im Zusammenhang mit der creatio ex nihilo.

Christentum einen universalen Gültigkeitsanspruch zwar *für sich selbst* in der Differenz zum Judentum und zu anderen Religionen erheben kann, nicht aber *für* oder *gegen* diese. Und wenn M. Brumlik die Differenz zwischen Christentum: sonntägliches Bekenntnis zur Umkehr im Glauben, und dem Judentum: Umkehr im tätigen Handeln (z.B. rituell verdeutlicht am Jom Kippur), eben in der Differenz von Rechtfertigung in *Innerlichkeit* und der Umkehr in sittlicher Freiheit tätigen *Handelns* sieht, dann hat er einen Typus des Luthertums und des Protestantismus im Auge, den zu kritisieren auch im Sinne Luthers wäre (abgesehen von Luthers Judenhass, der in Kapitel IV gebrandmarkt wurde).

Eine weiterführende Verständigung könnte m.E. über das Phänomen der *Alterität* in ihrer asymmetrischen, einseitig initiierten und ihrer symmetrischen, mutuellen (gegenseitigen) Form versucht werden. So fasst M. Brumlik im Gefolge von E. Levinas Alterität asymmetrisch als das Vernehmen des appellativen Anspruchs des Anderen[451] und als die Tatsache, «dass das Subjekt als ethisches seine Perspektive nicht verlassen kann zugunsten einer ‹objektiven› Überschau über das Verhältnis»[452]. Das Subjekt bleibt an das Unbedingte des biblischen Gebotes, nicht zu töten (5. Gebot), gebunden. Diese Grunderfahrung seiner Unfreiheit formuliert sich in einer *appellativen Ethik der Verschonung* aus.[453] (Es geht bei M. Brumlik also nicht um den zwanglosen Zwang des besseren Argumentes der Diskursethik im Sinne von J. Habermas, der die Moralität, die Freiheit und die Rationalität transzendental-subjektlogisch identifiziert. Es geht um das aller solcher Einsichtigkeit und Identifizierung vorausliegende Wahrnehmen des Anderen im gegebenen Horizont des Tötungs-Verbotes.) Das Ethische ist damit in das Religiöse hineingezogen oder entgrenzt, sofern M. Brumlik in dieser Asymmetrie im Sinne von E. Levinas «einen Erläuterungsvorschlag für die sinnvolle Verwen-

---

[451] M. Brumlik: Anerkennung als pädagogische Idee, in: B. Hafeneger; P. Henkenborg; A. Scherr (Hg.): Pädagogik der Anerkennung. Grundlagen, Konzepte, Praxisfelder. Schwalbach/Ts. 2002, 13–25; ders.: Levinas' Ethik des Antlitzes, in: ders.: Schrift, Wort und Ikone. Wege aus dem Verbot der Bilder. Frankfurt/M. 1994, 95–115.

[452] W. Krewani: Emmanuel Levinas. Denker des Anderen. Freiburg/München 1992, 155.

[453] M. Brumlik: Levinas' Ethik des Antlitzes, in: ders.: Schrift, Wort und Ikone, 113f.

dung des Begriffs von Gottes Weisung» sieht[454]. Der traditionelle Begriff «Gott» steht für die Unbedingtheit des Anspruches auf Verschonung des Anderen. Und «diese befreiende Erniedrigung Gottes» ist im Judentum an die *Schrift* und deren *Lektüre* gebunden[455]. Diese *alteritätstheologische Perspektive* (von M. Brumlik) kann auch protestantische Theologie einnehmen, indem sie auf das gelesene, ausgelegte, verkündigte biblische Wort der Versöhnung und Rechtfertigung durch Gott hört. Ein solcher Protestantismus macht die Erfahrung des Zuspruchs der versöhnenden Rechtfertigung im Horizont des Karfreitags, der als damaliger Sterbetag des jüdischen Reformers Jesus von Nazaret unser menschlicher Lebens- und Sterbehorizont ist und uns an die Anderen und an die Gestaltung unserer Welt verweist (D. Bonhoeffer), indem wir auf die Seite der Opfer und der geschundenen Schöpfung treten (R. Girard). In solchen Momenten wird die Sakralisierung der Gewalt bis hin zum Sühnopfertod Jesu als einer heilsgeschichtlichen Veranstaltung Gott-Vaters aufgehoben.[456] Der Tod Jesu erscheint dann als Gewalttat von Menschen gegen diesen Menschen, als Opferung eines Menschen zur Stabilisierung der Opfernden, als Schuldig-Sprechung eines unschuldigen Menschen und als dessen Stigmatisierung zum Sündenbock. Aber dieser Sühnopfer-Gedanke «hat nichts mit der ursprünglichen Bedeutung und Deutung des Todes Jesu zu tun», urteilt die feministische Theologin Elisabeth Moltmann-Wendel. Er starb – und stirbt – um der Liebe willen.[457]

In diesem Interpretationshorizont geht es um Verständigung in und als Differenz-Erfahrung und nicht um Gemeinsamkeiten. Der von Gott Ge- und Berufene lebt in der Differenz und versucht diese disputativ auszuloten, der auf Identität ohne Zweifel Setzende benötigt Gemeinsamkeit(en) und Gleichheit ohne Diskurs.

---

454 A.a.O., 114.

455 A.a.O., 54–60.

456 R. Girard: Ich sah den Satan vom Himmel fallen wie einen Blitz. Eine kritische Apologie des Christentums. München 1999, wo es um die Unschuld der schuldigen Opfer und die Aufhebung dieses Gewaltmechanismus geht.

457 E. Moltmann-Wendel: Das Land, wo Milch und Honig fließt, 180f.; vgl. dies.; G. Kegel (Hg.): Feministische Theologie im Kreuzfeuer. Der Streit um das «Tübinger Gutachten», 13ff.; U. Gerber: Die feministische Eroberung der Theologie. München 1987, 11ff.

(d) «Frauengerechte» Rechtfertigungstheologie?

Feministische Theologinnen führen fünf *androzentrismus-kritische Punkte zur Rechtfertigungslehre* in verschiedener Gewichtung und Betonung an[458]: (1) dass wir heute Gott nicht mehr (wie einst Luther) als strafenden Gott und uns als schuldig erführen und entsprechend nicht mehr nur juristisch über Gott und gar nicht mehr in Sühnopfer-Kategorien über das Leben und den Tod Jesu von Nazaret sprechen könnten. Es geschah keine Satisfaktion, sondern die Hingabe Jesu als sein Eintreten für die Opfer. – (2) Der Mensch sei der göttlichen Rechtfertigung gegenüber nicht bloß passiv, sondern «*rezeptiv*», was semipelagianische Vorstellungen vom Mitwirken des Menschen bei seinem Heilwerden einschlösse.[459] – (3) Der Mensch sei nicht generell total *sündig*. – (4) Sünde sei nicht als mangelnder Gehorsam Gott gegenüber, sondern als *Verlust von Beziehung(en)* zu verstehen. Deswegen muss sie nicht bestraft werden (wie es in Luthers androzentrischer Gottes-Vorstellung gefordert sei), sondern sie müsse geheilt werden durch den barmherzigen, liebenden Gott. – (5) Rechtfertigung sei als Geschenk besser als «*rezeptive Gerechtigkeit*» und als capacitas passiva (passive Aufnahmefähigkeit) in einem Verhältnis auf Gegenseitigkeit zu beschreiben.[460]

Rechtfertigung durch Gott heißt heute im Blick auf Frauen (und Männer), dass sie «unabhängig von ihren Taten und Untaten» dem Druck entkommen konnten, «sich rechtfertigen zu müssen und es nicht zureichend zu können».[461] Solche trans- und vormoralisch geschehende

---

458 E. Moltmann-Wendel: Ich bin gut, ich bin ganz, ich bin schön, in: dies.: Das Land, wo Milch und Honig fließt, 155–169; dies.: Gibt es eine feministische Rechtfertigungslehre?, in: Evangelische Theologie 60 (2000) 48–59; H. Kuhlmann: Abschied von der Perfektion. Überlegungen zu einer «frauengerechten» Rechtfertigungstheologie, in: J. Dingel (Hg.): Feministische Theologie und Gender-Forschung. Leipzig 2003, 96–122; C. Heyward: Und sie rührte sein Kleid an.

459 E. Moltmann-Wendel: Das Land, wo Milch und Honig fließt, 129, 161, zum Semipelagianismus.

460 H. Kuhlmann: Abschied von der Perfektion, 112–114; vgl. Chr. Gestrich: Rechtfertigung aus Glauben, 129–140; W. Härle: Zur Gegenwartsbedeutung der «Rechtfertigungs»-Lehre, in: ZThK 95(1998) 101–139; E. Wolf: Die Rechtfertigungslehre als Mitte und Grenze reformatorischer Theologie, in: G. Sauter (Hg.): Rechtfertigung als Grundbegriff , 281–294.

461 H. Kuhlmann: Abschied von der Perfektion, 103.

Rechtfertigung «verändert die eigene Person, diese verwandelt sich und wird neu geboren. Rechtfertigung trägt den Charakter einer Bewegung»[462]. An diesen Heilwerdungsprozessen sind wir Menschen zwar beteiligt, aber wir können unser Heil nicht selbst inszenieren. «Die Kraft, das Zutrauen, das wir für uns bekommen, wird zum Vertrauen, das wir in andere investieren». Das Heil erhalten wir «von außen», aber diese Gabe macht uns «ganz» zu Gegenseitigkeit in voller Rezeptivität und in voller Aktivität[463]. Es ist wie bei den Erfahrungen von Liebe und von Anerkennung, dass eine andere Person «von sich aus», also asymmetrisch, und meine Errungenschaften und Defizite beiseiteschiebend, also ohne Ansehen meiner Person, sich mir zuwendet und mir eine neue Einstellung gibt. Helga Kuhlmann fasst zusammen: «Die Wertschätzung anderer so in das eigene Selbstverständnis aufzunehmen, dass sich eine Person selbst schätzt, den liebenden Blick Gottes und den einer Person auf die eigene Person zu imitieren, das meint Rechtfertigung als iustitia receptiva.»[464]

Zwei Anfragen sind hier zu stellen: Geschieht die Selbstkonstituierung des Menschen als Subjekt in der Weise, dass er erfahrene Wertschätzung in sein Selbstverständnis aufnimmt mit dem Ergebnis der Selbstwertschätzung? Ist dies nicht die klassische Illusion der Selbst-Konstituierung und Autonomie, die in Kapitel VI als Identitäts-Vision kritisch dargestellt wurde? Ich verstehe diese feministisch-theologische Ausführung positiv als den grundlegenden Aspekt der Leibbezogenheit der Rechtfertigungs-Lehre?

Aber, so lautet die zweite Anfrage, soll und kann ich überhaupt den «liebenden Blick Gottes und den einer Person» auf mich selbst imitieren, oder geht es nicht umgekehrt um die je eigene persönliche Aneignung der Rechtfertigung in der Differenz Gottes zu uns Menschen und von uns Menschen untereinander? Rechtfertigung von Gott aus schließt das Sich-Versöhnen Gottes mit uns Menschen ein, indem er uns Leben in der Differenz zu ihm schenkt. Leben können wir nur, indem Gott von uns wegtritt und uns um der Differenz willen verlässt. Diese Macht der Differenz ist uns nicht verfügbar, sondern entzogen. Dieses vorweg wirksam gewesene und nicht begreifbare Nichts versuchen wir dennoch

---

462 A.a.O., 107.

463 E. Moltmann-Wendel: Das Land, wo Milch und Honig fließt, 130.

464 H. Kuhlmann: Abschied von der Perfektion, 114.

ständig körperlich-sinnlich und reflektierend einzuholen und als die begehrte Fülle unseres Lebens und unserer Beziehungen zu vergegenwärtigen, zu substanziieren, an konkreten Erlebnissen aufweisbar und damit wiederholbar zu machen (was mit dem traditionellen Begriff der Erbsünde bezeichnet werden kann). Diese Differenz, dieses Nichts oder diese leere Fülle kann – profan, nicht-religiös interpretierend – als die Macht der Rechtfertigung Gottes in unseren asymmetrischen Beziehungen vom Anderen her gedeutet werden[465]. Wir können und müssen unsererseits leibbezogen antworten im Vertrauen darauf, dass uns unsere vermutenden, unterstellenden, erinnernden, den Anderen schon immer verfehlenden Antworten vergeben werden. Wenn dies in feministischen Theologien mit «Selbstverwirklichung» gemeint ist, dann geht es um die «Hoffnung auf ein gutes, gerechtes und friedliches Leben mit den anderen und mit den nichtmenschlichen Geschöpfen»[466], das wir selbst nicht herstellen können, wohl aber in der Hoffnung auf Sünden-Vergebung in der weltlichen Dimension mitgestalten können und müssen.

## Selbstüberschreitung und Dekonstruktion des (protestantischen) Christentums: zum Beispiel Jean-Luc Nancy

Das Christentum hat so etwas wie eine immanente Konstruktionsdynamik, derer man nicht ansichtig werden kann, die man weder in Profanität überführen noch nicht-religiös oder nur-religiös interpretieren kann und die mit dem Straßburger Philosophen J.-L.Nancy als «das noch im Kommen begriffene Ungedachte des Christentums selbst» bezeichnet werden kann.[467] Dieses Ungedachte konkretisiert sich in *Liebe,* die von der Psychoanalyse freilich als Illusion entlarvt ist, und in *Glauben,* das nicht identisch ist mit dem inhaltlich bestimmten Glauben und das nicht der (religiösen) Rationalität entstammt. Daraus schließt J.-L.Nancy: «dass das Christentum vielleicht niemals mit der Religion zusammenfiel, sondern dass es im Gegenteil in sich selbst eine Dimension des Auszuges aus der Religion aufweist».

---

465 Vgl. J.-L. Nancy: Ereignis der Liebe, wo das Walten der Differenz im «Ereignis der Liebe» phänomenologisch rekonstruiert wird.

466 H. Kuhlmann: Abschied von der Perfektion, 119.

467 J.-L. Nancy· Entzug der Göttlichkeit, 76.

Im *Buddhismus* gebe es zwar «eine Abwesenheit Gottes ..., aber keine vollständige Abwesenheit eines ‹Glaubens›». Der *Konfuzianismus* kenne dies nicht, und es ist überhaupt umstritten, ob man ihn als Religion bezeichnen kann. *Judentum, Christentum* und *Islam* gehören als abrahamitische monotheistische (Offenbarungs-, Buch-, Stifter-)Religionen zusammen, lassen sich aber nicht historisierend im Sinn von Fortschritt oder Regression aufeinander beziehen, sondern bestenfalls im Bild der Dialektik. Aber alle drei vertreten einen Monotheismus als «Entzug aller Götter». Während die polytheistischen Götter anwesend sind, sich auf ein postmortales Jenseits beziehen und entsprechend Erlösung als Ewigkeits-Lösungen des Todes-Problems anbieten[468] und religiöse Heilswege auferlegen, haben Christen und Christinnen keine solche «letzte Ausflucht ins Ewige», auch nicht im Bild der Auferstehung (D. Bonhoeffer)[469]. Hier «definiert sich Gott im Gegenteil wesentlich durch den Entzug, durch die Abwesenheit» (J.-L.Nancy), die die glaubend-liebend-hoffenden Christen und Christinnen an diese unsere Welt verweist ohne Beratungs- und Lösungsrekurs auf einen Gott, den es «gibt». Am deutlichsten ist dieser Entzug im *Islam*, in dem Gott (außer in seiner Koran-Offenbarung an Mohammed) «der unendlich ferne Heilige (ist), der mit den Menschen keine der Beziehungen unterhält, wie er sie im Christentum oder Judentum pflegt»[470].

Im Christentum lebt der *Protestantismus* grundsätzlich in dieser Spannung des Entzuges Gottes[471], anders als der römische Katholizismus und die Orthodoxen Kirchen, die Gott partiell, z.B. in der Eucharistie, im geweihten Kirchenbau, im geheiligten Priester vergegenwärtigen und dadurch einen heiligen Bezirk im Profanen aus- bzw. eingrenzen. Mit diesem unbequemen, querliegenden Protestantismus ist heute zu fragen, «ob der Okzident diesen Entzug des Göttlichen schon wirklich voll ermessen hat, der das Monotheistisch-Göttliche selber konstituiert und

---

468 D. Bonhoeffer: Widerstand und Ergebung, 182.

469 A.a.O., 226f.

470 J.-L. Nancy: Entzug der Göttlichkeit, 76f.

471 J.-L. Nancy hat dies gezeigt z.B. am Körper-Verständnis in der Abendmahlsformel «hoc est enim corpus meum», in: ders.: Corpus. Berlin 2003, 9–11; am Verständnis von Schöpfung und Globalisierung mit der These: «Im übrigen ist es tatsächlich die Ambivalenz des Unbenennbaren, die uns ängstigt: ein Jenseits, zu dem uns keine Andersheit auch nur die geringste Analogie bieten kann», in: ders.: Die Erschaffung der Welt, 16.

der bewirkt, dass es in der Mitte dieses Dispositivs das Christentum gewesen sein wird, das durch seine Geschichte *den Tod Gottes* wirklich vollendet»[472]. Dieser Tod Gottes ist nicht eine atheistische Bestreitung des Christentums, sondern «das Ergebnis oder die logische Konsequenz des Christentums selbst», die auf ihrer Rückseite derzeit «eine Art Versuchung zur Rückkehr zur Religion» produziert. Der gelebte, schmerzhaft und ebenso befreiend erfahrene und erinnerte Atheismus gehört zur «*Autodekonstruktion*» des reformatorischen Christentums hinzu; er ist diesem inhärent. Es ist nicht der rationalistische und utilitaristisch-lebenspragmatische Atheismus, der seinerseits ein höchstes religiöses Prinzip, z.B. eine absolute Vernunft oder ein höchstes Glück, philosophisch und kulturell beibehält, und der teilweise der Erleichterungs- und teilweise der Vereindeutigungskritik unterliegt. Hier wäre auch Hegels Synthese des karfreitaglichen Todes Gottes mit dem österlich zu sich selbst kommenden Weltgeist kritisch zu diskutieren. Hegel hat das Göttliche in ein philosophisches Gesamtsystem transformiert, ohne die Notwendigkeit philosophischer «Überschreitungen» auf Grund von Kontingenz-Erfahrungen gesehen zu haben, die etwa Nietzsche gewagt hat.[473]

Die «durch den göttlichen Entzug eröffnete Leere» kann (nach Nietzsche) entweder mit der Wiederaneignung des Göttlichen durch den Menschen etwa in Gestalt des Übermenschen gefüllt werden. Oder sie wird durch den «wirklichen Erlöser des Herzens» gefüllt, der einem völlig leer-offenen Glauben Raum gibt. Dann wird «das Göttliche im Menschen zur Dimension des Entzugs, der Absenz, selbst des Todes». Gott streift seine Göttlichkeit ab und tritt in eine kommunikative Differenz zum Menschen, «insofern er im Menschen diese Dimension des Entzugs selbst eröffnet». Diese Differenz ist schon in der Schöpfungserzählung in 1. Mose 1,1–2,4a sichtbar, indem Gott (Jahwe) durch das Wort schafft und dadurch die Gestirne ihrer sonst geglaubten Göttlichkeit entkleidet werden, und indem die beiden Menschen, Frau und Mann, als Ebenbild(er) des Schöpfer-Gottes, also als Gegenüber des Schöpfers erschaffen werden (und nicht als Geschöpfe göttlichen Blutes wie z.B. im Gilgamesch-Epos oder als Ableger göttlichen Geistes wie z.B. in der

---

472 J.-L. Nancy: Entzug der Göttlichkeit, 77.

473 A.a.O.; vgl. S. Dungs: Anerkennen des Anderen im Zeitalter der Mediatisierung, 46ff., 171ff., 251ff., 284ff., wo so etwas wie Überschreitungen (bei Hegel) angedeutet werden.

griechischen Philosophie mit der Idee der unsterblichen Geist-Seele[474]). Der Selbstentzug Gottes wird theologisch als *Kenose*, als die Entleerung Gottes von seiner Göttlichkeit bezeichnet[475], wie es in dem Christus-Hymnus in Philipper 2,5-11, bes. in den Versen 6 und 7, heißt: «Christus Jesus, der, als er in Gottes Gestalt war, es nicht für einen Raub hielt, wie Gott zu sein, sondern sich selbst entäußerte, indem er Knechtsgestalt annahm und den Menschen ähnlich wurde.» Wäre Gott, das Göttliche, das Unbedingte und Unvordenkliche, das Entzogen-Wirksame der Schöpfung erlebbar gegenwärtig und für uns zugänglich als Grund oder Geber unseres Glaubens, Liebens und Hoffens – so wie manche Menschen eben Gott zu spüren meinen –, dann wären unser Glauben, Lieben und Hoffen erfüllt, und wir könnten als Göttlich-Gewordene in der Umkehrung der Inkarnation Gottes den erfüllten Augenblick, nämlich uns selbst genießen. Dieser Gott wäre der präsent-anwesende Gott oder der Gott, der sich ab und zu in seinem Verhältnis zu uns Menschen entzieht oder sich verhüllt darstellt. Er wäre im Sinne von J.-L.Nancy aber nicht der Gott, der diese Dimension des Entzuges, der Differenz *von sich aus in uns eröffnet* (vielleicht ähnlich wie das Zimzum als Schöpfung im Judentum den Entzug Gottes anzeigt[476]). Gott ist «weltlich grundlos», er ist unbedingt für uns Menschen.[477]

Nimmt man *dekonstruierend* an, dass sich traditionelle Begriffspaare wie heilig – profan (religiös – säkular, ebenso Frau – Mann) nicht mehr als hierarchisierende, binäre Unterscheidungsmerkmale verwenden lassen und auf ihre schon immer macht- und gewaltträchtige Konstruktionen hin zu befragen sind, dann kann der Begriff des *Geheimnisses,* im Sinne von D. Bonhoeffers Arkanum, weitere Klärung bringen. Dieses Geheimnis ist eben nicht als etwas oder jemand zu verstehen, das gelüftet werden bzw. der vollständig, in seinem an sich sein in Erscheinung treten

---

474 Vgl. S. M. Maul: Das Gilgamesch-Epos. Neu übersetzt und kommentiert. München 2005; U. Gerber: Anthropologie, 11f. zum babylonischen Enuma elisch; 12–14 zum jüdisch-christlichen Menschenbild; 15 zum griechisch-philosophischen Menschenbild.

475 Vgl. U. Gerber: Kenosis, 1027–1029 bzw. in: Enzyclopedia of Christianity. 2003, 13f.

476 Vgl. G. Scholem: Über einige Grundbegriffe, bes. 53ff.: Schöpfung aus Nichts und Selbstverschränkung Gottes.

477 E. Jüngel: Gott als Geheimnis der Welt, 44.

könnte, sondern es ist und bleibt ein Mysterium im Sinne einer Wahrheit, «die nicht aufhört, sich in sich selbst zu entziehen». Auf Seiten von uns Menschen evoziert dies die (paulinische) Erfahrung, *in* dieser Welt zu sein, ohne aber *von* dieser Welt zu sein.[478] Damit ist «der Glaube an...» aufgehoben in «das Glauben», dessen Füllungen im Nachhinein in einer solch offenen Sprache auszulegen sind, dass keine absoluten Wahrheiten, keine unfehlbaren Dogmen und keine Glaubenspflichten entstehen können und dass alle Bekenntnisaussagen grundsätzlich kritisierbar bleiben. Man kann «das Christentum nur mit diesen protestantischen Augen sehen» – und dann einen Blick auf den «katholischen Glauben» werfen, der ebenfalls solche offenen Stellen und Überschreitungen aufweist[479].

Die Diskussion mit dem spätmodernen, dekonstruktiven oder dekonstruierenden Entwurf von protestantischem Christentum und protestantischer Theologie bei J.-L.Nancy hat den Gedanken der Selbst-Differenzierung Gottes und damit der *Alterität* in Gott selbst in seiner Mensch- und Welt-Beziehung in den Vordergrund gestellt. Im folgenden abschliessenden Kapitel VIII werden Kontexte dieser als Differenzgeschehen wahrgenommenen Alteritäts-Religion erörtert.

»Als die Erde erbebte und die Sonne am Himmel erlosch, geschah es nicht wegen der Kreuzigung, sondern wegen des Schreis, der vom Kreuz kam und der bekannte, dass Gott von Gott verlassen war. Und nun mögen sich die Anhänger der Revolutionen unter den Religionen einen Glauben und unter den Göttern einen Gott aussuchen ... Sie werden keinen zweiten Gott finden, der selbst ein Rebell war. Mehr noch, auch die Atheisten mögen sich einen Gott aussuchen. Sie werden nur einen einzigen finden, der ihre Einsamkeit in Worte gefasst hat, nur eine einzige Religion, in der Gott eine Sekunde lang Atheist zu sein schien.»[480]

---

[478] J.-L. Nancy: Entzug der Göttlichkeit, 80.
[479] A.a.O.
[480] G. K. Chesterton: Orthodoxie, 259.

# VIII. Kontexte der profanen Alteritäts-Religion

## Alteritätstheologische Wahrnehmungen

Für die Epochalisierung in fünf Etappen stand auch J. Baudrillards Dreier-Schema von Imitation – Produktion – Simulation Pate, das nach dessen Meinung auf das Ende der Geschichte und den Tod des Menschen durch seine eigene Simulation nach dem IT-Slogan «Immer online sein» hinausläuft. Dies wäre gemäß J. Baudrillard zugleich auch das Ende aller befreienden, kritischen Religion – und in anderer Weise die Erfüllung von D. Bonhoeffers Erwartung einer religionslosen Zeit –, indem nämlich der «gottlose Westen» durch eine fundamentalistische Religion des Konsums, durch eine Spiritualität des Verbrauchens, durch eine fetischistische Anbetung und Verwendung von (sakramentalen) Waren und durch gläubiges Hoffen auf Wachstum in eine Leere implodiere. Erlösung und Versöhnung gehen auf dem Erleichterungsweg zu diesem profan-religiösen Fundamentalismus mehr oder weniger unter, wie auch P.Gross in «Jenseits der Erlösung» beschrieben hat.[481]

Demgegenüber wurde im vorhergehenden Kapitel VII zur *profanen Alteritäts-Religion* in einer ansatzweise dekonstruktiven Interpretation von *Ambivalenzen* unserer spätmodernen Gesellschaft zu zeigen versucht, wie sich vor allem protestantisches Christentum in seinen profan-religiösen Transformationen als spätmoderne Manifestation christlichen Glaubens verhält und definiert. Freilich: Im Kontext einer «Rückkehr zur Metaphysik» mit letzten Wahrheiten und ersten Prinzipien, mit «Lebenssinnorientierung» als einem «metaphysischen Bedürfnis», bisweilen (vor allem im römisch-katholischen Theologisieren) auch Selbsttranszendierung genannt, und den drei metaphysischen Grundfragen: ob es Gott gebe?, wie die Welt im ganzen verfasst sei?, wie und als was (wer) ich mich zu verhalten habe?, ist protestantisches Theologisieren gefragt, ob es weiterhin oder nochmals das Andere bzw. den Anderen seiner selbst als solchen zu realisieren beansprucht – oder ob es die Einsicht in sich aufnimmt, dass auch die Theologie «nicht zur Sache kommen kann» und dass sie jegliche Erkenntnis eines Ersten und eines Letzten immer wieder

---

[481] P. Gross: Jenseits der Erlösung, IX–XII; A. Adam: Politische Theologie, 157–163.

abstossen muss.[482] Auch theologisch lässt sich Wahrheit weder darstellen noch sich aneignen. «Das Universelle kann nicht in Form einer Anwesenheit gegeben werden. Wenn der ‹eine und einzige Gott› als anwesender gegeben wird (in einem Namen, einer Doktrin, einer Macht), so ist er im selben Augenblick weder einer und einziger noch ‹Gott›.» (J.-L. Nancy) Diese Differenz, die für uns Menschen als solche unerfahrbar bleibt, macht als Bestimmung von uns Menschen und zugleich als Aufforderung an uns aus, dass wir unseren Kräften nach nur auf der menschlicherfahrbaren, planbaren Seite leben, ohne einen Königskinder-Weg in die andere Seite haben zu können. Diese Differenz ist unser Schicksal und unsere Befreiung zugleich.[483] Der Andere taucht auf, durchbricht meinen Horizont, beschlagnahmt mich völlig, kehrt mich um von mir weg und ermächtigt mich zu neuem Wahrnehmen und Handeln dem Anderen wie mir selbst gegenüber.[484] Diese Vorstellung wird weiter ausgearbeitet:

• Der Andere-Fremde steht schon immer *sinnlich-leibhaftig* quer zur incurvatio in se ipsum meinerseits. Er bringt «in der Spur Gottes» Versöhnung und Rechtfertigung, Anerkennung meiner Person und Befreiung zu eigenen Lebensexperimenten als Antworten auf diesen Anderen. In diesem asymmetrischen Begegnen treten Grunderfahrungen wie Abhängigkeit, Verletzlichkeit, Geborgenheit, Akzeptanz und Gemeinschaft zutage im kritisch-emanzipatorischen Gegenzug zu einer «Verantwortungsgesellschaft», in der die Selbstgestaltungskompetenz, die employability des Einzelnen, das Selbstmanagement und die Selbstoptimierung verabsolutiert zu werden drohen. Diese neoliberal ideologisierte, pseudoreligiös-heilsträchtige Aufladung der nahezu totalen Verantwortung des Einzelnen für sich selbst verdeckt, dass wir für das Heilsame, das Gelingende, für unser Anerkannt- und Befreitwerden, theologisch gesprochen für

---

[482] U. J. Wenzel (Hg.): Vom Ersten und Letzten, 20; M. Lutz-Bachmann: «Nachmetaphysisches Denken» und Religion. Der Beitrag von Jürgen Habermas zu einem offenen Problem, in: ders. (Hg.): Metaphysikkritik, Ethik, Religion. Würzburg 1995, 33–50.

[483] Vgl. P. Nick: Ohne Angst verschieden sein. Differenzerfahrungen und Identitätskonstruktionen in der multikulturellen Gesellschaft. Frankfurt/M./New York 2003

[484] Vgl. J. Senft: Anerkennung des Andern. Paradigma sozialethischer und religionspädagogischer Bildung, in: Orientierung 61 (1997) 28–30, unter Verweis auf Levinas.

Rechtfertigung durch Gnade im Glauben, nicht zuständig und verantwortlich, sondern ent-lastet sind.[485] Und der oft gemiedene Begriff der Sünde (aus 1. Mose 3) besagt in diesem Zusammenhang, dass wir diese beiden ineinander verwobenen Dimensionen der uns entzogenen Wirklichkeit und der uns im Rahmen unserer menschlichen Möglichkeiten aufgetragenen Realität schon immer unsererseits vermischen und Selbsterlöser und Versöhner für Andere spielen. Das Entzogene, die göttliche Macht und Gnade, den Glauben machen wir schon immer verfügbar.

• Unsere Lebendigkeit als für uns selbst ungreifbares «Begehren» geht in der Erfüllung und Befriedigung unserer Bedürfnisse, die man als Manifestationen dieses Begehrens bezeichnen kann, nicht auf. Diese unserer Körperlichkeit, Sinnlichkeit und Geschöpflichkeit eingeschriebene Differenz erweist sich ständig als ambivalent: Einerseits möchten wir Begehren und Bedürfnisse, Lebendigkeit und Befriedigen kurzschließen durch die vor allem werbungsgelenkte Stilisierung unserer Bedürfnisse zu Heiligem, durch simulative Aufhebung dieser Differenz in ein selbstreferentielles System von Informationszeichen und durch gentechnologische, überhaupt durch technokratische, drogen- und projektionsgesteuerte Perfektionierungsmaßnahmen. Andererseits macht der Andere in seinem Querkommen diese Differenz zum Heilsamen für uns, zu unserer Lebendigkeit, zu unserer Lebens-Dynamik und zu unserer Mitschöpferkraft. Dieses grundsätzliche (ambivalente) *Gefährdetsein* unseres Lebens, dieser «depressive Defekt» und zugleich produktive Mangel,[486] wird z.B. in der Geschichte von der Sturmstillung durch Jesus in Markus 4,35–41 mythologisch erzählt: indem die Jünger in ihrem «Dasein zur Sorge» und «in ihrem Dasein zum Tode» von dem zunächst schlafenden, von ihnen

---

485 Vgl. Chr. Schnabl: Gerecht sorgen. Grundlagen einer sozialethischen Theorie der Fürsorge. Fribourg/Freiburg i.B./Wien 2005, 444ff.: Soziale Anthropologie anerkannter Abhängigkeit; und die Darstellung der Gegenbewegung bei U.Bröckling: Das unternehmerische Selbst. Soziologie einer Subjektivierungsform. Frankfurt/M. 2007; L. Heidbrink: Handeln in der Ungewissheit. Paradoxien der Verantwortung. Berlin 2007.

486 A. Ehrenberg: Das erschöpfte Selbst. Frankfurt/M. 2004, 217ff.: Handeln um jeden Preis; U. Gerber: Berufsschulreligionsunterricht: Kultur des «Verhaltens zum Unverfügbaren», in: Th. Schreijäck (Hg.): Christwerden im Kulturwandel. Freiburg/Basel/Wien 2001, 534ff.: Differenz konstituiert Subjektivität.

um seiner Hilfe willen geweckten Meister Jesus gerettet werden. Unsere Erfahrung des *Angewiesenseins* auf andere Menschen und deren Fürsorge, auf Nahrung, Licht, Luft, Sonne, also auf die gesamte Schöpfungswelt, und letztlich die Erfahrung unserer *Sterblichkeit* brechen durch unser Abwehren aller *Abhängigkeitserfahrungen* immer wieder durch. Mit der Berufung auf Autonomie, Machbarkeit und Optimierung überspielen wir paradoxerweise gerade unsere *Eigenständigkeit* und *Einzigartigkeit* als Geschöpfe, indem wir nämlich einem vermeintlich universal gültigen, in der Realität von neoliberaler Ökonomie, Politik und Medienlandschaft uns verpassten Konstrukt, einem Mythos von Autonomie und der Ideologie (und Lüge) von einem zu sich selbst kommenden Individuum aufsitzen.

• Durch die gesteigerte Individualisierung, Pluralisierung, Fragmentierung, Beschleunigung, Globalisierung und andere Modernisierungsschübe treten vermehrt Risse und Brüche, Unerwartbares und Chaotisches in unseren Beziehungen und Biographien, in der Sozial- und Arbeitsmarktpolitik, in Wissenschaft (wie etwa der Theologie) und Sport (Doping u.a.) usw. zutage, also in Bereichen, in denen wir die Oberhoheit zu haben meinten. Diese *Widerfahrnisse* schleudern uns aus dem gängig-geltenden, ökonomisch und medial dominierten Ordnungssystem heraus und zeigen uns, dass wir schon immer auch in unerwartbaren Kontingenzen leben. Wir gestalten unser Leben und Zusammenleben im Horizont von Unbestimmbarem. Asymmetrische Geschehnisse wie etwa unser Geborenwerden, oder die Liebe eines anderen Menschen zu uns, oder aber auch die Fragilität und die Stärke unseres eigenen Körpers markieren die eigentlichen Schnittpunkte unseres Lebens. Das macht uns zugleich klar, dass wir von uns aus (symmetrisch) keine heilsame Beziehung herzustellen vermögen, dass wir demnach keinen gelingenden Lebensentwurf als Eigenleistung gestalten, keine Politik und Kultur ohne Schuld und Vergebung durch den Anderen betreiben und dass wir ohne die ununterbrochene Schöpfungsdynamik gar nicht leben können – und dass wir von uns aus und aus eigener Kraft weder Vergebung noch Lebendigkeit stiften und vollziehen können. «Etwas abstrakt lässt sich dieses Problem als das Problem der Unbestimmbarkeit beschreiben – also der Umgang mit dem Zufall, dass man hier und jetzt und so ist und die Grundlage seiner eigenen Freiheit nicht selbst frei wählen konnte. Dazu gehört natürlich der Tod, über den man nichts weiß und über den man deshalb reden muss. Solche Formulierungen sind ‹moderne› Formulierungen. Sie implizieren keine anthropologische Bestimmung von Religion, sondern umreißen den Kontext, in dem Fragen (sc. Brüche, Risse, Desorientierungen) religiöse Formen annehmen. In diesem kulturellen Kontext ist ‹Glaube› das Medium, in dem religiöse Fragen gestellt werden.»[487]

• In der ambivalent gewordenen Spätmoderne ohne Eindeutigkeit(en) laufen verschiedene Strömungen und Tendenzen teils komplementär, teils konträr gleichzeitig ab. Die mit der Individualisierung und Pluralisierung fortgeschrittene persönliche «*Entscheidungshaftigkeit*» und Eigen-Verantwortlichkeit prägen auch und gerade die Religion, so dass man den Satz: Ich entscheide mich für eine Religion, umformulieren muss in: Meine Entscheidung(en) ist (sind) meine Religion.[488] – Die *Fragmentierung* unserer Gesellschaft in viele, nahezu autonome Lebens- und Organisationsbreiche und die damit einhergehende Auflösung des bislang relativ stabilen Netzes «Gesellschaft» haben das teilweise (privatisierende) Verschwinden von Religion mitbewirkt. Zugleich wird der Wunsch nach christlichen Kindergärten, Schulen, Krankenhäusern u.a.m. laut, die man als Repräsentanten eines praktisch-prosozialen Umgangs mit der Unbestimmbarkeit unseres Lebens und Sterbens schätzt. Darin zeigt sich – wie in der typisch westlichen Gesellschaft insgesamt so auch in den Konfessionen und manchen Religionen – sowohl eine Verschiebung des Religiösen auf das praktische Umgehen miteinander und auf die Religiosität der Kommunikationsform (einschließlich deren derzeit betriebener Mediatisierung) als auch als verständliches Pendant eine Abkehr von den Inhalten der betreffenden Konfession oder Religion. – Eine *Synkretisierung* auch der bislang relativ homogenen und immunen christlich-kirchlichen Konfessionen bleibt in der ambivalenten Spätmoderne ebenso wirksam wie es Tendenzen von Rekonfessionalisierungen sind. – Mit der *Fragmentierung* unserer Gesellschaft als Öffentlichkeit[489] und ihrer teilweisen Auflösung entstehen Wunsch und Bedürfnis nach Bürgerengagement,

---

[487] A. Nassehi: Warum die Welt katholischer wird? Nicht in der Botschaft, sondern in ihrer Unbestimmbarkeit liegt die Kraft der Religion, in: DIE ZEIT vom 12. April 2007, 54.

[488] Vgl. U. Beck; E. Beck-Gernsheim: Das ganz normale Chaos der Liebe. Frankfurt/M. 1990, bes. 222ff.: Die irdische Religion der Liebe; U. Beck: Die irdische Religion der Liebe, in: Frankfurter Allgemeine Magazin, Heft 528 vom 12. April. 1990, 52–70.

[489] Vgl. B. Peters: Der Sinn von Öffentlichkeit. Frankfurt/M. 2007.

nach Kleingruppen und beinahe kommunitaristischer Vergemeinschaftung und nach potent und einflussreich sich einmischenden Gruppierungen wie etwa NGOs. Entsprechend werden sich neue *Vergesellschaftungsformen* auch von Religion(en) und Konfession(en) herausbilden als soziale Verwirklichungen der Sehnsucht nach Gemeinschaft, sicher aber sofort ineins mit deren Fundamentalisierung.

• Die Vorstellung einer *Heilsgeschichte* ist obsolet geworden. Mit dem Ende des Fortschrittsglaubens, auf dem das Projekt der Moderne basierte, verblasst auch die profane wie die religiöse Vollendungsgeschichte, die sich in ihrer radikalen Beschleunigung selbst stillstellt und sich (digital) auflöst.[490] Aber Geschichte lässt sich nicht beenden – weder durch Hegel noch durch moderne Technik für einen perfekten Menschenpark noch durch eine präsentisch-eschatologische Existenzumwandlung[491] denn ihre kontingente Anfangslosigkeit und ihr Überraschungscharakter schlagen in allen unseren eben nur abstrakt machbaren Festlegungen von Geschichte durch und lassen ihre Erfüllung als säkularisierte Heilsgeschichte nicht zu. Die gedeutete Uhr-Zeit und die Glaubens- oder Kairos-Zeit bleiben in ihrem Verschlungensein zugleich paradox zueinander. Die Glaubens-Zeit bricht herein, ohne als messbare Zeit, als Geschichte erfahren zu werden; sie bleibt fremd, sonst würde Gott heilsgeschichtlich fassbar werden können (was z.B. im Entwurf von W. Pannenberg gemeint sein könnte[492] und was der heilsgeschichtlich-verobjektivierte Horizont des dreigliedrigen Glaubensbekenntnisses na-

---

490 K. Löwith: Weltgeschichte und Heilsgeschehen. Die theologischen Voraussetzungen der Geschichtsphilosophie (1949/1952). Stuttgart/Weimar 2004; H. Rosa: Beschleunigung, zur Dialektik von Verzeitlichung (Fortschritt usw.) und Entzeitlichung im «rasenden Stillstand» der Spätmoderne (446 u.ö.); U. H. J. Körtner (Hg.): Geschichte und Vergangenheit. Rekonstruktion – Deutung – Fiktion. Neukirchen-Vluyn 2007.

491 Vgl. K. Löwith: Weltgeschichte; ders.: Von Hegel zu Nietzsche. 3. Aufl. Stuttgart 1953, 44–64: Der endgeschichtliche Sinn von Hegels Vollendung der Geschichte der Welt und des Geistes; zur präsentischen Eschatologie von R. Bultmann bei H.Ott: Geschichte und Heilsgeschichte, bes. 110ff.; P. Gross: Jenseits der Erlösung, 8–11.

492 W. Pannenberg: Dogmatische Thesen zur Lehre von der Offenbarung, in: ders. (Hg.): Offenbarung als Geschichte. Kerygma und Dogma Beiheft 1. Göttingen 1961, 91–114.

helegt). «Zeit erfahren wir gegenläufig: die von uns als teleologisch-fortschreitend, ablaufend gemeinte Zeit als darstellbare, messbare, planbare, vereinbare Zeit und die dagegenlaufende, ‹von vorne› auf uns zukommende Zeit, die wir aber nie erwarten können, die wir nie einsehen, vereinbaren, abwenden können.» «Alle Zeit besteht aus Zukunft, dem Werdedasein.»[493]

• Unser *Sprechen* lässt sich nicht völlig instrumentalisieren, digitalisieren, mediatisieren, denn im Sprechen antworten wir auf den Anderen, der unser Antworten provoziert und möglich macht. So stellt sich ständig die Frage: Wer spricht eigentlich, wenn ich spreche? Binde ich mich – zur Sicherheit, zur Korrektheit des Glaubens – z.B. an die Sprache des dreigliedrigen traditionellen Glaubensbekenntnisses und spreche dieses einfach nach, obwohl es sich an unseren Alltagserfahrungen ständig bricht und in den meisten Formulierungen unverständlich bleibt (so wie sich auch viele muslimische Glaubenserfahrungen und Bekenntnisaussagen an unserer typisch westlichen Spätmoderne brechen)?[494] Sprache und Sprechen gehen schon immer über sich selbst hinaus und kommen aus dem Unvordenklichen, indem sie in, mit und unter Wissensvermittlung, Information und Vereinbarungen die Wahrnehmung des Anderen und damit verbundene Gefühle, Einfälle, auch Verpflichtungen evozieren. Es gibt klare Vereinbarungen zwischen uns, aber kein eindeutiges Miteinandersprechen, kein exaktes Sich-miteinander-Verständigen, sonst würden wir alles in einem Satz erledigen können – und das wäre ein Sprach-Allmachtswahn, denn wir sind nicht der gott-menschliche Logos und haben nicht das Schöpfungswort Gottes (1. Mose 1). Entsprechend geht Theologisieren mit der Bitte um Vergebung über neues Anordnen der Tradition hinaus in der Hoffnung auf das Geschenk singulären, erfinderischen, experimentellen, elementarisierenden Redens, was auch als Profanieren bezeichnet werden kann. Es ist ein Reden von dem ganz anderen Gott, der uns in seiner Selbstdifferenz unbedingt angeht und unsere

493 U. Gerber: Theologie als Wahrnehmungslehre, 203f.; R. Zitelmann: Mose, der Mann aus der Wüste. Weinheim/Basel 1991, 267.

494 Vgl. K.-P. Jörns: Notwendige Abschiede, 70ff., 344ff.

Entscheidungen schon immer getroffen hat.[495] Theologisch drückt dies die geläufige These aus, dass Theologisieren eine Art des Betens sei.

• Eine der Gefahren im Protestantismus ist der «papierne Papst», nämlich die metaphysische *Hypostasierung der Bibel* als des vorgegeben-gültigen Wortes Gottes. Statt als ein Modus symbolischer Kommunikation zu gelten, wird das biblisch verbürgte Wort Gottes kerygma-theologisch schnell zum protestantischen unfehlbaren Papst. Göttliches Wort und letzter Sinn werden identifiziert. Das Wort vermittelt heute schon im Glauben end-gültigen Sinn. Deswegen sollen historisch-kritische Exegese und andere (hermeneutische) Auslegungsverfahren den Sinn, z.B. eines Paulus-Textes, approximativ erheben. In dieser Sinn-Findung kann sich das gläubige Selbstbewusstsein partiell und vorläufig wiedererkennen. Diese Prämisse wird mit einem *dekonstruktiven Vorgehen* insofern aufgehoben, als «die einzige Möglichkeit, den Anderen zu ‹entdecken›, und d.h. zunächst, ihn zu denken, in einer Reduktion des Sinns auf das, was ihn möglich macht und das nicht selbst Sinn ist, bestehen muß, also weder in einer Restitution eines begründenden Sinnzentrums gegen den sogenannten Sinnverlust, noch in seiner Zerstörung. Daß, sollte man diesen Nicht-Sinn ‹finden›, aber sofort die Gefahr gegeben ist, ihn erneut als Grund zu bestimmen und damit das Denken wieder zu fundieren. Doch erst, wenn das Wissen weiß, dass es sich nicht fundieren kann, ist es ihm möglich, sein eigenes Sprachspiel als ein mögliches zu begreifen.»[496] Auch Theologisieren geschieht im Verzicht auf (vorgegebenen) Sinn um des selbst (unterstellend) zu setzenden Sinnes willen, weil Religion nicht die Offenbarung des Sinnes von Welt(en) und Mensch(en) ist, auch nicht die Selbstpräsentation eines allmächtigen Urhebers, eines ubiquitären Vaters, eines omnipotenten Helfers und eines allwissenden Erklärers ist.[497] Religion gehört von uns aus auf diese Seite einer ewigen Ordnung, aber das Chaotische, Enthüllende ist ihre tragende Seite. Religion macht Weltsein zum Problem. So geht es zeitgemäßem Protestan-

---

[495] J. Derrida: Die unbedingte Universität, bes. 69–78; vgl. zur Relation von persönlichem Sagen zum unpersönlichen Gesagten im Sinne von E. Levinas bei S. Dungs: Anerkennen des Anderen im Zeitalter der Mediatisierung, 274; insgesamt bei M. Wimmer: Der Andere und die Sprache. Vernunftkritik und Verantwortung. Berlin 1988.

[496] M. Wimmer: Von der Identität, 167 Anm. 40.

[497] E. von Wedel: Als Jesus sich Gott ausdachte, 15ff.

tismus «um die Anerkennung einer Rätselhaftigkeit der Welt, einer unlösbaren Zerrissenheit, und um die Anerkennung der Suche nach einem Standort, nach einer Heimstätte für jene andere Welt, von der man nur sagen kann, dass sie in gar keiner Weise mit dieser zu tun hat. Es ist vielleicht übertrieben zu sagen, religiös sein hieße, ein zerrissener, ein unharmonischer, ein unfriedlicher Mensch sein, aber die Richtung stimmt, vielleicht müßte man eher sagen, sich seine Zerrissenheit einzugestehen, seine Verlassenheit anzuerkennen (nicht um sie zu bewältigen), um sich in dieser Verlassenheit gleichzeitig den Menschen zu nähern und von dieser Welt zu entfernen.»[498]

Die *theologische* Rekonstruktion dieser und weiterer Konkretionen geht von der provozierenden, skandalösen, bereits angesprochenen Annahme aus, dass Gott mit seinem Sich-Entzweien den anderen Menschen für mich zur versöhnenden, heilbringenden Begegnungsgestalt seines mich anerkennenden Wirkens bestellt. Dieses Geschehen kann als Grund-Wahrnehmung und als elementare theologische Aussage der *Alteritäts-Religion* bezeichnet werden. Diese auch in protestantischer Theologie eher ungewohnte Positionierung soll im Folgenden weiter entfaltet werden.[499]

## Anerkennung und Gewissheit allein durch den Anderen-Fremden (Gott)

Eine der Beschreibungen der *Alteritäts-Religiosität* besagt, dass Gott der ganz Andere sei, wie es Karl Barth als Vertreter der Dialektischen Theologie formuliert hatte. Gott manifestiert sich als das Nicht-Menschliche (und zugleich in der Person Jesus von Nazaret als der weiblich Menschliche), das dem Unmenschlichen zum Verwechseln ähnelt und ständig die Frage nach Gottes Gerechtigkeit herausfordert (Theodizee-Frage).

---

498 P. Gross: Selbstinterpretation, 255.

499 Vgl. U. H. J. Körtner: Tendenzen und Konzeptionen deutschsprachiger Dogmatik; in ethik-pädagogischer Perspektive neben M. Wimmer u.a. bei D. Zilleßen: Wieviel Wert haben Werte? Ethisches Lernen im Religionsunterricht, in: Jahrbuch der Religionspädagogik Band 9/1992, 51–71; in religionspädagogischer Exemplarität bei D. Zilleßen; U. Gerber: Und der König stieg herab von seinem Thron. Das Unterrichtskonzept religion elementar. Frankfurt/M. 1997.

Diese unergründliche Andersheit und Fremdheit trägt Gott in sich selbst.[500] «Wir sind nur dann eins mit Gott, wenn dieser nicht mehr eins ist mit sich selbst, sondern sich selbst aufgibt, den radikalen Abstand ‹verinnerlicht›, der uns von Ihm trennt. Unsere radikale Erfahrung der Trennung von Gott ist genau jenes Merkmal, das uns auch mit ihm vereint.»[501] Dieser ‹Selbstentzweiung› Gottes soll im Folgenden an zwei Personen-Beispielen nachgegangen werden, die in anderen Zusammenhängen unter anderen Gesichtspunkten bereits erwähnt wurden, nämlich die Begegnungen Gottes mit Mose einerseits und mit Hiob und Jesus andererseits.

### Beispiel 1: Gott begegnet Mose

Gott offenbart sich dem Mose in einem brennenden Dornbusch. Gott wählt ein von ihm und von Mose unterschiedenes Medium seines Offenbarens; er trennt sich also von sich selbst und manifestiert sich – mythologisch – im Dornbusch als von ihm gewähltem heiligem Offenbarungsort. Gott tritt nicht als er selbst dem Mose gegenüber, nicht «von Angesicht zu Angesicht», theologisch: als Deus nudus, als nackter Gott,[502] denn dann müsste Mose verbrennen, sterben; er könnte kein Mensch mehr sein. Gott bleibt, wie Luther formuliert hatte, für uns zugleich der Deus revelatus und der Deus absconditus. Mit Gott als solchem können wir Menschen nicht kommunizieren, selbst wenn es z.B. die römisch-katholische Wandlungslehre für die Eucharistie nahelegt, oder wenn Geistbegabte, Mystikerinnen und Meditierende behaupten, sie seien Gott oder Göttin selbst begegnet, sie hätten ihn und sie gespürt, gefühlt und seien eins geworden (wobei z.B. Eckehart, wie später P. Tillich, von dem «Gott über Gott» gesprochen hat). Es geht, wenn es um uns Menschen geht, um die Mensch-Werdung Gottes als seine Selbst-Differenzierung, als seine Entzweiung. Und es geht, wenn es um Gott geht, um unsere Menschwerdung und nicht um unsere Vergottung (wie es Erlösungs-

[500] S. Zizek: Liebe ohne Gnade, in: DIE ZEIT vom 15. Juni 2000, 52.

[501] S. Zizek: Das Reale des Christentums, in: ders.: Die Puppe und der Zwerg, 92.

[502] Ob deswegen eine Trinitätslehre klassischer Provenienz notwendig ist, soll an anderer Stelle geklärt werden. Einen interessanten Vorschlag von E. Levinas aus macht L. Ohly: Der reale Andere und die Realität Gottes, in: NZSTh 48 (2006) 184–199. – Zur Person Mose vgl. E. Zenger, Mose; R. Zitelmann: Mose.

religionen wie z.B. der römische Katholizismus und Orthodoxe (Ost-) Kirchen im Gegensatz zu Versöhnungsreligionen nahe legen). *Versöhnung* und *Rechtfertigung* geschehen von dem anderen, fremden Gott her. *Erlösung* hingegen setzt auf eine von Gott sakramental gegebene gnadenhafte erste und ständig durch Sakramente, vor allem der Eucharistie, aufgefrischte und verstärkte Verwandlung durch Identifikation des Menschen mit dem Göttlichen und der daraufhin erfolgenden Identifizierung seitens des Menschen durch eigene «gute Taten». *Versöhnung* geschieht ohne, ja gegen solche Identifikationsmöglichkeiten, wie die Erzählung vom Hinterherschauen des Mose hinter dem vorbeigegangenen (nicht: vorbeigehenden) Gott zeigt (2. Mose 33).

Beispiel 2: Gott begegnet Hiob und Jesus

Das Leiden Jesu als des Christus sei präfiguriert in der Figur des Hiob, lautet eine Deutung der eher exemplarisch als historisch gemeinten Person des Hiob. (Das Hiob-Buch ist zusammengesetzt aus einer in poetischer Sprache gehaltenen Dichtung von 3,1-42,6 mit dem weisheitlichen Urteil, dass Gott Unrecht bestraft und also Hiob eine Verfehlung begangen haben muss, und einer Prosaerzählung mit Prolog in 1,1-2,13 und 42,7-17, in derHiob als demütiger Dulder gezeigt wird, dem am Ende wieder Glück beschert wird durch Gott.[503]) Hiob weist die Meinung zurück, dass sein Leiden einen Sinn als Prüfung oder als Bestrafung haben könnte. «Auch Christi Leid ist sinnlos», argumentiert S. Zizek[504], «es ist kein Akt sinnvollen Austausches. Der Unterschied liegt natürlich darin, dass im Falle Christi die Kluft, die den verzweifelten leidenden Menschen (Job) von Gott trennt, in Gott selbst verlagert wird, als Seine eigene radikale Spaltung oder vielmehr Seine Selbstaufgabe. Das bedeutet, man sollte eine ungleich radikalere Lesart von Christi ‹Vater, warum hast du mich verlassen?› wagen als üblich: Da wir es hier nicht mit der Kluft zwischen Mensch und Gott zu tun haben, sondern mit dem Riß in

---

503 E. Kutsch: Hiob, in: EKL. Zweiter Band. 3. Aufl. Göttingen 1989, 531–534.

504 S. Zizek: Der Atheismus Gottes – Christentum, Buddhismus und die Gewalt der Liebe, in: F. Uhl; A. R. Boelderl (Hg.): Die Sprachen der Religion. Berlin 2003, 84–86; vgl. E. von Wedel: Als Jesus sich Gott ausdachte, 140; zum Beispiel mit dem Kind bei H.-E. Richter: Der Gotteskomplex, bes. 9ff., 19ff.; ders.: Die Krise der Männlichkeit in der unerwachsenen Gesellschaft., bes. 9ff.; 139ff.

Gott selbst, kann die Lösung nicht darin liegen, dass Gott in all seiner Majestät (wieder)erscheint und Christus den tieferen Sinn seines Leids offenbart (dass er der Unschuldige war, der geopfert wurde, um die Menschheit zu erlösen). Christi ‹Vater, warum hast du mich verlassen?› ist nicht die Klage an den *allmächtigen,* launischen Gottvater, dessen Wege uns sterblichen Menschen unerforschlich sind, sondern die Klage, die auf den *ohnmächtigen* Gott anspielt: Es verhält sich vielmehr so wie mit dem Kind, das – nachdem es an die Mächtigkeit seines Vaters geglaubt hat – plötzlich mit Schrecken entdeckt, dass sein Vater ihm nicht helfen kann ... Kurz, mit diesem ‹Vater, warum hast du mich verlassen?› stirbt in Wirklichkeit Gottvater und offenbart so seine absolute Ohnmacht, woraufhin er im Gewand des Heiligen Geistes wieder von den Toten aufersteht.» Was also Gott offenbart, «ist nicht seine verborgene Macht, sondern lediglich seine Ohnmacht als solche». Man kann diese Ohnmacht nicht unterlaufen oder überspielen durch die Vorstellung von einer allmächtigen Jenseitswelt Gottes oder von einer heilsgeschichtlichen Notwendigkeit des Leidens Jesu (oder einer göttlichen Sinnstiftung am Ostersonntag). Jesu Leiden war umsonst, ohne gegenseitigen Tauschwert, es geschah asymmetrisch von ihm aus als seine Solidarität mit den Opfern sakrifizierter Gewalt. «Das Leiden am Kreuz ist der Preis, den Jesus zu zahlen bereit ist, um der Menschheit eine wahrhaftige Repräsentation des Ursprungs anzubieten, dessen Gefangene sie bleibt, und um den Opfermechanismus langfristig seiner Wirksamkeit zu berauben.»[505] «Im Tod Jesu, der auf der Linie von II Kor 5,18-21 als Versöhnung stiftendes Selbstopfer Gottes verstanden werden kann, kommt die Logik des Opfers im Prinzip an ihr Ende.»[506]

Dieser dichte Gedankengang soll nochmals etwas weiter erläutert werden. Der sein Volk und jeden Menschen als sein Geschöpf erwählende, alle Menschen zu Zeugen berufende, seine Geschöpfe begehrende Gott in seiner Undurchdringlichkeit geht Mose, geht Hiob, geht Jesus, geht Menschen an – im Gegensatz zu Sokrates, bei dem es um eine innere Erinnerungsreise ging und nicht um den Schock äußerer Begegnung. Mose und Hiob erfahren sich in ihrer Trennung von Gott und

---

505 R. Girard: Ich sah den Satan vom Himmel fallen wie einen Blitz. Eine kritische Apologie des Christentums. München/Wien 2002, 180.

506 U. H. J. Körtner: Religion und Gewalt. Zur Lebensdienlichkeit von Religion in ihrer Ambivalenz, in: ZEE 47 (2003) 132.

Differenz zu Gott, indem sie diese als Wunsch des direkten Kommunizierens mit Gott artikulieren. In diesem «Moment der äüßersten Zurückweisung» sind Menschen, bin ich «absolut nahe bei Gott, da ich mich selbst in der Lage des verlassenen Christus befinde. Es gibt keine ‹direkte› Identifizierung mit der göttlichen Majestät (oder eine Annäherung an sie): Ich identifiziere mich selbst mit Gott nur dadurch, dass ich mich mit der einzigartigen Figur des von Gott verlassenen Gottessohnes identifiziere. Kurz gesagt: Das Christentum gibt der Hiob-Geschichte (dem von Gott Verlassenen) eine spezifische Wendung: es ist Christus (Gott) selbst, der den Platz Hiobs einzunehmen hat. Die Identität des Menschen mit Gott ist nur in/durch Gottes radikale Selbstverlassenheit bestätigt, wenn seine Distanz zu Gott sich überschneidet mit der inneren Distanz Gottes zu sich selbst. Es ist dieses Paradox, das den Raum für die vom Christentum gebrachte ‹frohe Botschaft› öffnet.»[507]

Dies bedeutet: Christlich-*protestantische* Identifizierung mit dem Göttlichen ist nicht möglich, weil Gott uns in dem leidenden Gottessohn in der Gestalt des Menschen Jesus von Nazaret begegnet. Begegnungen mit Gott sind gebrochen und nicht unmittelbar und direkt. Solche Begegnungen sind nicht so greifbar, wie es die Realpräsenz Gottes bei der eucharistischen Wandlung suggeriert. Sie sind auch nicht einsehbar im Sinne griechisch-metaphysischer Theo-Logik[508] und ebenso wenig vorhersehbar, auch wenn es manche Apokalyptiker und Berufene behaupten. Deswegen ist eine angemessene Redeweise von Gott die *erzählende Theologie (*narrative Theologie), vor allem in der Weise der biblischen, in der Mehrzahl von Jesus selbst verwendeten Gleichnisse. In Gleichnisreden geht es nicht um Beschreibungen von Eigenschaften Gottes, der Menschen und der Natur, sondern um eine Begegnungs-, Erfahrungs-

---

507 S. Zizek: Die Brisanz des christlichen Erbes, in: Informationen Philosophie März 2002/1, 7–17, zit. 14; vgl. E.von Wedel: Als Jesus sich Gott ausdachte, 43ff., 98ff., 118ff.; S.Laeuchli: Die Mimesis vom Barmherzigen Samariter, in: D. Zilleßen (Hg.): Religion, Politik, Kultur. Uwe Gerber zum 60. Geburtstag. Münster 2001, 133–144, wo eine christologisch-jesuanische Deutung ähnlich der von S. Zizek vollzogen wird.

508 H. Schmidinger: Zur Geschichte einer Aufklärung. Ausgangspunkte heutiger Religionskritik, in: Kl. Dethloff; L. Nagl; F. Wolfram (Hg.): Religion, Moderne, Postmoderne. Philosophisch-theologische Erkundungen. Berlin 2002, 345–363.

und Handlungspointe, z.B. um das wundersame (automatische) Wachsen der Saat (Markus 4,26–29). Es geht nicht um beschreibende, statische Analogien zwischen dem Himmelreich und unserer Menschenwelt, sondern: Mit dem herannahenden Reich Gottes verhält es sich wie ... mit dem Wachsen der Saat, wie mit einem Senfkorn (Markus 4,30-32). Jesus verhielt und verstand sich in dieser Weise selbst als «Gleichnis für den Vater und trat stellvertretend für ihn auf.»[509] Manche sehen in der Metapher insofern dieselbe Intention, als diese jegliche absolut und endgültig «wahre Beschreibung der Strukturen des Seins» verwehrt. «Die Befreiung der Metapher ist es, die es den Philosophen von neuem ermöglicht, von Gott, von Engeln, von Erlösung usw. zu sprechen, und es ist auch und vor allem der für die spätmodernen Gesellschaften charakteristische Pluralismus, der die Religionen wieder sichtbar werden lässt. Andererseits scheint sich die Wiedergeburt des Religiösen notwendig als Anspruch zu gestalten, eine letzte Wahrheit zu erreichen, zwar als Gegenstand des Glaubens und nicht des rationalen Beweises, aber doch tendenziell unter Ausschließung gerade jenes Pluralismus der Weltanschauungen, der die Voraussetzung ihrer Möglichkeit zu sein scheint.»[510]

Dieser fundamentalisierende Anspruch enthält die Annahme, dass wir Gott, Menschen und Welt in unserer Annäherung an sie noch nicht ganz verstanden hätten, sie aber mittels Analogien und im Falle Gottes mit Gottes-Beweisen u.ä. reicher, komplexer, tiefer verstehen werden und Gott als erstes Prinzip und als den letzten Sinn und als die letzte Wahrheit verstehen können und verstehen sollten. Ein solcher Anspruch wird hier aufgegeben in der Meinung, dass es für uns sterbliche Menschen kein endgültiges Verstehen gibt, sondern dass wir in unaufhörlichen Verstehensprozessen dem Anderen immer neu, fremd, gleichsam kreisend begegnen. Dies ist, wie bereits gesagt, kein Mangel, sondern die Chance und Verpflichtung, in eigener Entscheidung im Antworten auf den Anderen Sinn zu stiften, Sinnlosigkeit auszuhalten und Scheitern als gelingendes Lebensmoment zu vollziehen.[511] Unsere Praktiken lassen sich nicht reflexiv einholen und vereindeutigen. Praxis, praktisches Leben ist

---

509 E. von Wedel: Als Jesus sich Gott ausdachte, 104.

510 G. Vattimo: Jenseits des Christentums, 31; E. Jüngel: Gott als Geheimnis der Welt, 357ff.: Das Problem analoger Rede von Gott; 383ff.: Das Evangelium als analoge Rede von Gott.

511 M. Branz: Gelungenes Scheitern, 266f.

immer unsicher, schwankend und zugleich positionierend. Die uns allen einsozialisierte Idee des Sinn- und Bedeutungshaften erhält im «Sprechen ohne Normativität» ihre Eingrenzung auf das Begreifen und zugleich ihre Entgrenzung und ihren uneinholbaren Überschuss durch den Verweis auf den schon immer auf mich zukommenden Anderen[512].

In diesem Überschuss, dass nämlich Gott (und der Andere) stets mir voraus und außerhalb von mir selbst bleibt, oder in diesem (positiven) «Mangel (in der erfahrenen, bewussten äussersten Entfernung) wird der Mensch Gott am nächsten sein. In nichts kann sich die ‹fundamentale Unvollkommenheit Gottes›, die Unvollkommenheit der Liebe absichern und begründen als im unerkennbaren Anderen ... Die Liebe, die frei macht, rechtfertigt den Gottlosen, ohne dass er zuvor oder danach sich mit ‹Gott› identifizieren müsste (sc. eine Leistung, ein «gutes Werk» erbringen müsste) ... Die Gnade des Anderen ist die Akzeptanz der Gottesferne des Menschen (Sünde: Sund). Es gibt kein unschuldiges Handeln ... Der fremde Gott ist der Liebende, weil er nahe ist, ohne zu nahe zu treten.»[513]

Würden wir Gott direkt begegnen, dann könnten wir nicht mehr Mensch sein. Wir müssten sofort sterben. Nur der Gott, der der Menschen Fremdheit bis zur Gottlosigkeit als eigene Differenz aktualisiert, *rechtfertigt* den Menschen und *versöhnt sich mit ihm.* Gott ist darin der Gott der Menschen, dass er sein Gottsein aufgibt und sich an das Menschsein des Menschen Jesus von Nazaret und aller Menschen (als seiner Geschöpfe) bindet.[514] Insofern geht Gott alle Menschen an; sonst wäre er ein Spezialthema mit Vertrautem und Andersartigem, das man sich schrittweise vertraut machen kann. Die Wirkung(en) des versöhnend-rechtfertigenden Gottes geht (gehen) jeglichem Erfahren und Deuten, jeglichem Theologisieren und Gottesdienst voraus und kann (können) und muss (müssen) im gebrochenen Erinnern, im Behaupten und Revidieren, im Zweifel (im Sinne von P. Tillich) und in nicht-religiöser In-

---

512 Vgl. A. Kern; Chr. Menke (Hg.): Philosophie der Dekonstruktion, bes. 8–12; darin G. Gamm: Perspektiven nachmetaphysischen Denkens, 103–124; darin E. Angehrn: Dekonstruktion und Hermeneutik, 177–199.

513 D. Zilleßen: Religion, Kultur, Ethik, 38.

514 Vgl. E. Jüngel: Gott als Geheimnis der Welt. 3. Aufl. Tübingen 1978, 166f.: Ist Gott notwendig?; 44f.: Die theologische Grundaporie christlicher Rede von Gott; 409ff.: Zur Menschlichkeit Gottes.

terpretation (in der Intention von D. Bonhoeffer) thematisiert werden.[515] In der radikalen Menschlichkeit und Profanität, die es als solche eben gerade nicht gibt und die wir deswegen in unseren Begegnungen im Vertrauen auf Vergebung und Rechtfertigung unterstellen dürfen und müssen «als ob es Gott gäbe», wird der *Divinisierung* (Sakralisierung), der *Sakramentalisierung* des Menschen und der *Moralisierung* Gottes gewehrt.

Der versöhnend-rechtfertigende Gott hebt die verbindlich-verbindende religiöse Ordnung auf und lässt den Sünder, die Sünderin gelten, anerkennt diese durch andere Menschen (wie es das Gleichnis von den Arbeitern im Weinberg, die alle denselben Lohn erhalten zum Lebensunterhalt, treffend beschreibt in Matthäus 20,1–16). Er verlässt die ihm zugeschriebene und von ihm erwartete Ordnung und begegnet in unerwarteter menschlicher Gestalt, in der Anomalie und dem Skandalon der Menschwerdung, um in nicht begründbarer Barmherzigkeit und in überraschender Zuwendung auf die Seite der Opfer zu treten. Dafür wird er als Mensch von Menschen verlassen, angeklagt, bestraft, getötet, geopfert im Namen des «richtigen» Gottes. Diese Gewalt am menschlichen, fremden, skandalösen Gott wird, wie René Girard gezeigt hat,[516] im Christentum vergöttlicht zur Heilsveranstaltung des «richtigen» Gottes, der in der moralisch und juridisch einzig sinnvollen Strafaktion der Opferung seines Sohnes Satisfaktion und Sühne erhält und die Menschheit wieder in Ordnung bringt. Dieser Sohn aufersteht dann und sitzt zur «Rechten des Vaters», damit die Auswirkungen der Erlösungs-Sühne uns Irdischen zugute kommen können. Dieser seine gekränkte Ehre gegen Genugtuung tauschende Gott ist uns vertraut (wobei tauschen niemals gelingendes Leben bringen, höchstens die Lebensbedingungen verändern kann[517]). Er ist, im Hinblick auf Texte der hebräischen Bibel, der christlichen Bibel und des Koran, den drei abrahamitischen Religionen bekannt, und er ist im Sinne von R. Girard allen Religionen inhärent, die sich auf Opferung(en) gründen. Dieser Gott handelt nämlich im Rahmen unserer juridisch legitimierten Moral-Verfehlung-Sanktions-Kettenprojektion und macht diese für Himmel und Erde verbindlich. Dieser Gott ist zwar *anders* als wir Menschen, indem er z.B. reiner Geist ist, in einem Jenseits wohnt, und indem er konsequent gerecht im Sinne von Ge-

515 B. Waldenfels: Grundmotive einer Phänomenologie des Fremden, 7–14.

516 R. Girard: Das Ende der Gewalt, 187ff., 232ff..

517 J. Baudrillard: Der symbolische Tausch; J. Derrida: Falschgeld.

nugtuung, von «verteilender Gerechtigkeit» (anders als im Gleichnis von den Arbeitern im Weinberg) handelt. Aber er ist uns dabei *nicht fremd,* weil wir eine Geist-Seele haben, mit der wir am rein geistigen Jenseits partizipieren können, und weil wir legalistisch auf juridische ausgleichende Gerechtigkeit verpflichtet sind und uns im Alltagskampf bestens darauf verstehen (als Ausdruck der sogenannten Erbsünde). Dieser Gott und wir Menschen haben etwas gemeinsam, was sich von einer übergeordneten, dritten Seite aus definiert, nämlich die denknotwendige Satisfaktions-Ordnung (als Erfindung von uns Menschen, die dann sakralisiert und auch Gott zugeschrieben wird).

Der *versöhnend-rechtfertigende, anerkennende Gott hingegen* bleibt diesem vermenschlichten (nicht: Mensch gewordenen) Gott gegenüber der fremde Gott. *Radikale Fremdheit* oder Differenz ist gemäß Bernhard Waldenfels eine solche Fremdheit, «die weder auf Eigenes zurückgeführt, noch einem Ganzen eingeordnet werden kann, die also in diesem Sinne irreduzibel ist. Eine solch radikale Fremdheit setzt voraus, dass das sogenannte Subjekt nicht Herr seiner selbst ist und dass jede Ordnung, die ‹es gibt› und die immer auch anders sein könnte, sich in Grenzen hält. Fremdheit in ihrer radikalen Form besagt, dass das Selbst auf gewisse Weise *außer sich selbst* ist und dass jede Ordnung von Schatten des *Außerordentlichen* umgeben ist. Solange man sich dieser Einsicht verschließt, bleibt man einer *relativen* Fremdheit verhaftet, einer bloßen Fremdheit für uns, die einem vorläufigen Stand der Aneignung entspricht.»[518] «Im Fremden bin ich außer mir und außerhalb der jeweils bestehenden Ordnungen.»[519] Aus diesem Fremden, aus diesem zu uns differenten menschgewordenen Gott kommt unser Glauben als Antworten, das mehr besagt «als ein sinnhaftes Verstehen, mehr als eine normengeleitete Verständigung»[520]. Glauben bleibt dem ordnenden Zugriff entzogen (und ist deswegen weder Erfüllung einer Selbsttranszendenz noch Sinnstiftung) und geschieht vom Fremden-Anderen her aus dem Nichts (wie die Schöpfung ex nihilo), ohne bestimmbaren Anfang, ohne bestimmbaren Grund, ohne bestimmbares Ziel, schlichtweg umsonst (in beiden Bedeutungen

---

518 B. Waldenfels: Grundmotive einer Phänomenologie des Fremden, 116, vgl. 20f.

519 A.a.O., 125.

520 A.a.O., 131f.

des Wortes).[521] Von hier aus ist die traditionelle heilsgeschichtliche Konzeption des *dreigliedrigen christlichen Glaubensbekenntnisses* zu hinterfragen – konsequenterweise: *aufzugeben.* Christliche Symbole, Riten, theologische Konstrukte haben ihre Zeit(en). Kirchen und überhaupt Religions-Institutionen zeigen ihre Sensibilität unter anderem dadurch, dass ihre Mitglieder die Verständlichkeit, Korrekturmöglichkeit und die Abschaffung vor allem der Bekenntnisse erörtern oder, wie in vielen reformierten Gemeinden, keine Bekenntnisbindung haben. Es geht nicht um Anpassung der christlichen Überlieferungen an den Zeitgeist, sondern um eine auch laien-theologisch diskutierende und Konsense bildende Gemeinschaft der Glaubenden.

## Alterität statt Dialogizität: Sonst verschwindet der Andere

Wiederholt wurde gezeigt, dass es bei der *Alteritäts-Religion* nicht um die Konstituierung eines religiösen Bewusstseins, nicht um einen sakramental vermittelten Habitus, noch um Komplexitätsreduktion, Sinnstiftung und harmonisierende Integrationsleistungen geht. Solche Funktionalisierungen des Glaubens verstellen den Riß zwischen Gott und Mensch und zwischen uns Menschen und halten an einem letzten Gemeinsamen, an etwas Sich-Durchhaltendem oder etwas Transzendentalem im Sinne Kants oder einem allumfassend-letzten Sinn fest.[522] Sie machen die *Fremdheit* des *rechtfertigend-versöhnenden, anerkennenden Gottes* zu einem positivierten Negativum, das durch Selbstoffenbarungen Gottes und durch seine Satisfaktionsveranstaltung mittels seines Sohnes insofern aufgehoben werde, als Gott sich in diesen Prozessen restlos offenbar mache unter dem Vorbehalt, dass wir dies aber erst «am Ende der Zeiten» voll erfassen könnten (weshalb dann alle anderen Religionen zu Selbsterlösungsversuchen degradiert werden können, wie es z.B. Karl Barth getan hat). *Alterität* hingegen lebt von der absoluten Differenz des radikal *menschlich* handelnden, völlig verwechselbaren und darin fremden, abwesenden

---

521 Vgl. E. Jüngel: Gott als Geheimnis der Welt, 16ff.: Ist Gott notwendig?

522 Vgl. M. Lutz-Bachmann: Die Einheit der Vernunft und die Sprache der Religionen, in: F. Uhl; A. R. Boelderl (Hg.): Die Sprachen der Religion. Berlin 2003, 333–347.

Gottes zu und mit uns Menschen.[523] Aus dieser Differenz resultiert die *menschliche Sinnlichkeit.* Auf dieser Körpergebundenheit muss Theologie beharren, weil sich darin offene und kontingente Begegnungsräume eröffnen, in denen Kirche(n) im Vertrauen auf Vergebung agieren können und müssen. In unserem theologischen und interreligiösen Dialogisieren bricht der Andere-Fremde, den ich schon immer zum Anderen «von mir», also zu meinem Glaubens- und Gedanken-Klon machen möchte, in meine Erinnerungen und Hoffnungen «von außen» leiblich-kommunikativ, kontingent ein, in einzigartiger, unwiederholbarer, verwandelnder, messianischer Weise (wie in Pasolinis Film «Teorema»). Diese asymmetrisch vom Anderen her geschehene (nicht: geschehende, weil sonst einsehbare) Verwandlung, Neueinstellung, Ver-Rückung lässt diesen und mich selbst in einem neuen Licht, in einer fremden Konstellation erscheinen, die ich als mein (symmetrisches) Antworten performativ im Glauben an die Vergebung meiner Sünden durch Gott vollziehe. Würde ich dem Anderen-Fremden auf gleicher Augenhöhe antworten (können), dann würde seine Fremdheit in unsere gemeinsame Sache aufgelöst, ent-fremdet, mir vertraut und verfügbar gemacht werden. Ich selbst kann meinerseits freilich nur symmetrisch antworten und bleibe stets in dieser Ant-Wort-Situation. (Asymmetrischer) «Dialog» ist nicht gleich (symmetrischer) Dialog.

Alterität meint einseitig gestifteten Dialog, so dass der Begriff des Dialoges hier vielleicht besser nicht verwendet wird. In diesem differenzierenden Sinne kann man die theologisch als *Versöhnung* und *Rechtfertigung* interpretierten Begegnungsweisen profan oder nicht-religiös als *asymmetrisch* geschehendes *Anerkanntwerden durch den Fremden-Anderen* bezeichnen.[524] Ich kann andere Menschen *als* meine Ehefrau, als Partnerin, Kind, als Freund, Kollege, Mitspielerin usw. achten, anerkennen und sie im Blick auf ihre Funktion als Ehefrau, Partnerin usw. behandeln. Ich achte sie im Blick auf etwas Gemeinsames, auf etwas Drittes, auf Gewohnheiten und Vereinbarungen, auf unsere Werke, wie Luther sagte. Aber ich kann diese Menschen nicht *von mir selbst aus* vorsätzlich *als Personen* achten,

---

523 Vgl. U. Gerber: Berufsschulreligionsunterricht: Kultur des «Verhaltens zum Unverfügbaren», in: Th. Schreijäck (Hg.): Christwerden im Kulturwandel. Freiburg/Basel/Wien 2001, bes. 539–541.

524 Vgl. die weitgreifende Diskussion bei S. Dungs: Anerkennen des Anderen, bes. 17ff.

*abgesehen* von ihren und meinen *Funktionen* (oder Werken), denn sonst könnte ich in ihr Herz sehen. (Die «unantastbare Würde des Menschen», die in Artikel 1 unseres deutschen Grundgesetzes als uneinholbar und nie endgültig definierbar «im Bewusstsein unserer Verantwortung vor Gott und den Menschen» vorausgesetzt wird, würde antastbar, weil sie durch bestimmte Eigenschaften bestimmbar würde, was z.B. eine Gefahr darstellt, wenn man Würde mit Vernünftigkeit oder sonstigen wie auch immer nachprüfbaren Eigenschaften gleichsetzt.) Das heißt: Ich bleibe auf Anerkennung meiner Person, auf Rechtfertigung, Versöhnung und Vergebung durch die Anderen «in der Spur Gottes» angewiesen. Und zugleich bestimme ich den Anderen unaufhörlich. Diese Paradoxie ist unauflösbar.

Auf ein Beispiel für den Dialog ohne den konkret-kontingenten Anderen soll hier eingegangen werden, nämlich auf die *Diskurs-Ethik* von Jürgen Habermas. Er folgt in seinen Kants Transzendentalphilosophie verpflichteten «Erläuterungen zur Diskursethik»[525] der Vorstellung von der gegenseitigen Anerkennung und einer grundsätzlichen Rollen- und Perspektivenübernahme, die davon ausgeht, dass wir uns gegenseitig in den Anderen hineinversetzen könnten. Hier wird diese Prämisse nicht geteilt und auch nicht die Vorstellung vom Dialog auf (transzendental) gleicher Augenhöhe im Sinne toleranten Geltenlassens oder eines Rekurses auf gemeinsames Gedankengut wie z.B. das abrahamitische Erbe in Judentum, Christentum und Islam. Denn solches Dialogisieren ist Austauschen, was selbstverständlich zum Funktionieren unserer Gesellschaft notwendig ist, aber es bleibt monologisch.[526] Mit *Rechtfertigung* und *Versöhnung* als *Geschehen* von *(asymmetrischem) Anerkanntwerden (Alterität)* ist unsere aus der Differenz zum Fremden-Anderen geborene vorrangige

---

525 J. Habermas: Erläuterungen zur Diskursethik. Frankfurt/M. 1991, bes. 113f., 98f.; vgl. M. Brumlik: Schrift, Wort und Ikone. Frankfurt/M. 1994, bes. 108ff. G. H. Mead hat die Theorie der Rollenübernahme soziogenetisch entfaltet (Mind, self and society. Chicago 1969, 82f.), vgl. D. Horster: Jürgen Habermas zur Einführung. Hamburg 1999, 115–143: Kritische Stimmen; dagegen haben argumentiert z.B. A. Schäfer; M. Wimmer: Selbstauslegung im Anderen. Münster/New York/München/Berlin 2006; S. Dungs: Anerkennen im Zeitalter der Mediatisierung, 17ff. kritisch zu symmetrischen Suspensionen der Asymmetrie in Anerkennungsbeziehungen; 78ff. kritisch zu A. Honneth; 104ff. kritisch zu W. Heitmeyer.

526 Vgl. B. Bender-Junker: Ethik in der Sozialen Arbeit, 51–61.

Verpflichtung diesem Anderen-Fremden gegenüber intendiert, die ich meinerseits nicht ohne Sünden-Schuld und nur stets unterstellend im Sinne des «als ob es Gott gäbe» und auf Vergebung hoffend verwirklichen kann. Ich kann diese Differenz als Kraft auch meiner einzigartigen Lebendigkeit weder herstellen, noch sie in mich hineinholen, noch sie richtig im Sinne von sündenschuldlos und sinnvoll-logisch beantworten; sie ist Gottes Weise seiner sich entziehenden, differenten Gegenwart. Mit Emmanuel Levinas kann man diese *Alteritätsprozesse* der *Rechtfertigung allein durch Gott, aus Gnade, im Glauben* umschreiben: «Hingebung, die in ihrem Desinter-esse gerade nicht ein Ziel verfehlt, sondern die – durch einen Gott, ‹der den Fremden liebt› eher, als dass er sich zeigt – umgewendet wird hin zum anderen Menschen, für den ich verantwortlich zu sein habe. Verantwortung ohne Sorge um Gegenseitigkeit: ich habe für den Anderen verantwortlich zu sein, ohne mich um die Verantwortung des Anderen für mich zu kümmern (sc. im Sinne des ‹Sorget nicht ...› von Matthäus 6,25–34). Beziehung ohne Wechselbeziehung oder Liebe zum Nächsten, die Liebe ohne Eros ist. Für-den-anderen-Menschen und dadurch Zu-Gott!»[527] Dies bedeutet nicht, wie manche z.B. gegen E. Levinas einwenden, dass der Fremde-Andere vergöttlicht wird und dass eigenes Leben aufgegeben werden muss. Solches «Dasein für andere» schließt freilich keinen Anspruch auf eigenes Leben in dem Sinne ein, dass ich mein Leben selbst herstellen und gelingen machen könnte.[528] Jedem Anspruch auf Leben geht der Zuspruch von Leben voraus, geht das (asymmetrische) Geschenk der nie einholbaren, nie herstellbaren, erwählten Lebendigkeit an mich durch den Anderen-Fremden in seiner Stellvertretung Gottes voraus.[529] Dieser andere Mensch, der mir bei aller unserer gegenseitigen (symmetrischen), funktionalen Kommunikation *als Mensch(Person) fremd* bleibt, schenkt mir «eigenes Leben» und zwingt mich zugleich zu «eigenem Leben», indem er meine Antwort auf ihn, mein Reden und Schweigen, mein Handeln und Verweigern, mein Hören, Riechen und Schmecken, mein Streicheln und Abstossen will und erwartet

---

527 E. Levinas: Wenn Gott ins Denken einfällt, 20.

528 Vgl. E. Beck-Gernsheim: Vom «Dasein für andere» zum Anspruch auf ein Stück «eigenes Leben», in: Soziale Welt 34 (1983) 307–340.

529 Vgl. D. Sölle: Stellvertretung. Ein Kapitel Theologie nach dem «Tode Gottes» (1965). Stuttgart 1982; E. Levinas: Die Stellvertretung, in: ders.: Jenseits des Seins oder anderes als Sein geschieht. Freiburg/München 1992, 251–263.

und darauf besteht. Mein aus dem unbestimmbaren Fremden-Anderen gekommenes Antworten geschieht als mein eigenes Leben, als mein von Vergebung und Anerkanntwerden lebendes *Glaubens-Leben.*

## Eine Alteritäts-Theologie der Religionen

Die bisherigen Entwürfe einer Theologie der Religionen – und gemeint sind die sogen. Weltreligionen – beziehen sich auf das nicht unumstrittene Dreierschema von Exklusivismus, Inklusivismus und Pluralismus. Die Theorie des *Pluralismus* nimmt als absoluten Bezugspunkt einen Meta-Gott, eine transzendente Gottheit an, ähnlich dem Vernunft-Gott in Lessings Ring-Parabel und dem vernünftigen Gott der Zivil-Religion. Der *Exklusivismus* schließt alle anderen Religionen theologisch entweder dadurch aus, dass das Christentum gerade keine Religion ist, weil Religion als Selbsterlösungsversuch gilt (so bei Karl Barth), oder dass eine Religion oder Konfession sich für die allein rettende hält, was sich in dem altkirchlichen «kein Heil außerhalb der Kirche» (extra ecclesiam nulla salus) oder am Islam zeigt, aus dem man gar nicht austreten kann. Der *Inklusivismus* mit seiner Variante des *Superiorismus* gibt sich anderen Religionen gegenüber offen, setzt aber die eigene Religion mehr oder weniger absolut.[530] Der interessante Versuch einer *Differenz-, Alteritäts-* oder *xenologischen Hermeneutik* von Theo Sundermeier blendet das in «der Differenzrelation von Eigenem und Fremdem beschlossene Konfliktpotential» um der Harmonie eines «osmotischen Modells» willen aus.[531] Weder die Vorstellung vom (vernünftigen) Glauben aller an den einen

---

[530] Vgl. die diskutierende Übersicht bei R. Bernhardt: Literaturbericht «Theologie der Religionen» (I), in: ThR 72 (2007) 1–35; (II), 127–149; Chr. Danz: Einführung in die Theologie der Religionen. Wien 2005.

[531] T. Sundermeier: Den Fremden verstehen. Eine praktische Hermeneutik. Göttingen 1996; kritisch bei Chr. Danz: Einführung in die Theologie der Religionen, 221ff.; A. Grünschloß: Der eigene und der fremde Glaube. Studien zur interreligiösen Fremdwahrnehmung in Islam, Hinduismus, Buddhismus und Christentum. Tübingen 1999, 307ff.; weitere Differenzierungen bei P. Schmidt-Leukel: Theologie der Religionen. Probleme, Optionen, Argumente. Neuried 1997, 99ff.

(vernünftigen) Gott,[532] noch die Vorstellung von der einen und einzig brauchbaren christlichen Religion als Bezugspunkt lässt sich aufrecht erhalten. Wir bekommen auch die christlich-gelebte oder gelebt-christliche Religion nicht als universal geltenden Bezugspunkt zu fassen; Universalität ist spätmodern ein Konsensbildungsprozess ohne festen, jenseitig oder transzendental verbürgten Bezugspunkt, auch nicht in Gestalt einer idealen Kommunikationsgemeinschaft namens Kirche oder einer universal gegebenen Vernunft bzw. eines vernünftigen Glaubens (etwa im Sinne von Benedikt XVI.). Das Dreierschema verbleibt in einem solchen traditionellen Bezugspunkt-Rahmen und kann Fragmentierungen, Zersplitterungen, Synkretismen nicht genügend abbilden, die sich auch in nicht-christlichen Religionen in nicht typisch westlich geprägten Gesellschaften durch Globalisierung u.a.m. verstärkt auswirken. Deswegen wird hier der Versuch gemacht, gleichsam von der motivatorischen Seite im weitesten Sinne Religionen in ihrer Differenziertheit in den Blick zu bekommen.

Wir sind auf theologische Konsensbildung angewiesen allein schon deswegen, weil wir uns unsere Religion in unserer gebrochenen Erinnerung immer anders, neu zurechtlegen und die Kontinuität einzig konstruktiv bzw. konstruierend herstellen und mit anderen Menschen kommunizieren können. Wir sind um der Differenz zwischen den Anderen und uns und in uns selbst willen auf konfliktorientierte Konsensbildungsprozesse verwiesen und überbrücken bzw. unterlaufen diese Differenz, diesen Riss schon immer mittels normativ-unhintergehbar gesetzter Glaubenssätze als Rettungsanker des schwankenden Glaubens.[533] Halten wir solche Glaubens-Konstrukte in eigener Überzeugung für wahr – oder fungieren diese als unumstößliche Vorgaben? Die Frage lautet also nicht: Was gilt ewig und muss geglaubt werden?, sondern: Wie kann und soll ich meinen Vorstellungen und Aussagen über meine Gottes-, Menschen-, Selbst- und Welt-Wahrnehmungen und -Erfahrungen im Diskurs mit Anderen mit ihren Wahrheiten, Meinungen, Optionen treu bleiben oder diese korrigieren oder aufgeben? Welche Bekenntnisse kann ich

[532] D. Zilleßen; U. Gerber: Und der König stieg herab von seinem Thron. Frankfurt/M. 1997, 11–13; vgl. Chr. Danz: Einführung in die Theologie der Religionen, 233 u.ö.

[533] Vgl. U. Gerber: Auf die Differenz kommt es an – Interreligiöser Dialog mit Muslimen. Leipzig 2006, 74–76: Differenz-Modell und Konflikt-Theorie.

selbst mitvertreten? Die meisten reformierten (Landes-)Kirchen kommen ohne ein verpflichtendes Bekenntnis aus. Aber umgekehrt kann der einzelne Glaubende und die Glaubende seinen und ihren Gott nicht als dem Lebensfluss entziehbare Wahrheit retten; der theologische Diskurs bleibt notwendig als Chance und Verpflichtung; er bildet das demokratische Element des alteritätsorientierten Glaubensverständnisses ab (das Luther mit dem «Priestertum aller Glaubenden» intendiert hatte). Eine entsprechende symbolische Geste stellt der jüdische Brauch dar, einen Platz am Tisch dem Anderen-Fremden, dem Gast, dem Wandernden, dem Messias frei zu lassen.

Das *inklusiv* bestimmte Verhältnis der Religionen setzt letztlich so etwas wie eine panreligiöse Rationalität oder eine prinzipielle «Gleichartigkeit oder Gleichheit aller Religionen» voraus.[534] Dann kann man sowohl auf dem Boden einer natürlichen (transzendentalen) Vernunft oder einer Zivil-Religion (der Aufklärung) als auch mittels einer entwicklungsgeschichtlichen Belegbarkeit den inklusiven und sogar einen superioren Charakter des Christentums erweisen. (Diese Argumentation passt in die römisch-katholische Erlösungsreligion hinein, z.B. mittels Karl Rahners Taufe aller Menschen zu «anonymen Christen».[535]) Manche sprechen von einem weichgespülten Exklusivismus. Im Rahmen des vorgestellten *Alteritäts-* und *Differenz-Modells,* das sich an der Begegnung des Anderen-Fremden mit mir in der «Spur Gottes» orientiert, wird von der De-Zentriertheit von uns Menschen ausgegangen:[536] dass wir schon immer im «ununterbrochenen Dialog» oder, theologisch gesprochen, in der Schöpfung (als creatio continua) als lebendigem Wort-Antwort-Spiel leben,

---

534 Chr. Danz: Einführung in die Theologie der Religionen, 63; vgl. den Überblick bei P. Schmidt-Leukel: Theologie der Religionen, 167–235.

535 K. Rahner: Gegenwart des Christentums. Freiburg 1963, 98ff., wo K. Rahner zwischen dem Volk Gottes (der anonymen Christen) und der konkreten Kirche unterscheidet; ders.: Kirche, Kirchen und Religionen, in: ders.: Schriften zur Theologie. Band VIII. Zürich/Einsiedeln/Köln 1967, 355–373; vgl. Chr. Danz: Einführung in die Theologie der Religionen, 66ff.; U. Gerber: Katholischer Glaubensbegriff. Gütersloh 1966, 246–268.

536 Vgl. G. Gamm: Der unbestimmte Mensch. Die gebrochene Mitte des Selbst als irreduzible Lücke im Sein, in: Lettre International 57/2002, 90–93.

wahrnehmen, Erfahrungen machen, deuten und handeln.[537] Hier kann man nur dann Willkür, totalen Relativismus, blinden Subjektivismus und Beliebigkeit finden[538], wenn man meint, dass wir unsere sinnlich-körperlichen Wahrnehmungen abbildhaft eins zu eins reflexiv einholen und sie zu Kriterien für die Bestimmung von guter und schlechter Religiosität bzw. Religion machen könnten. (Die Meinung des Anderen als beliebig zu bezeichnen, heißt, den Anderen als Menschen zu einer austauschbaren Sache zu machen.) Jedes Kriterium, das ich formuliere und anwende, ist mein Kriterium bzw. das Kriterium des Anderen mir gegenüber. Auch theologisch gibt es keine Wahrheit, die über die grundsätzliche Differenz von Gott zu uns Menschen und von uns Menschen untereinander hinüberspringen könnte – sie würde die Verheißung der Auferstehung als Verheißung an uns Menschen in dieser Schöpfungswelt über unsere Welt hinaus verlängern in ein mythologisches Jenseits (was D. Bonhoeffer scharf kritisiert hatte als «Lösung des Todesproblems»). Auch der jeweilige Beitrag von Religion(en) zu «humanem Menschsein» kann und muss (nur) als ethisches und politisches, am Grundgesetz orientiertes Kriterium formuliert werden, weil sonst Religion mit Politik verwechselt wird. Religion kann als die ‹Kompetenz›, als das Geschenk, als die Verwandlung bezeichnet werden, «vertrauensvoll mit dem labilen und fragmentierten Leben» in der grundlegenden Antlitz-Antwort-Differenz der Anderen zu mir in der Spur des fremden Gottes umzugehen.[539] Das darin greifende Ethos der bedingungslosen Verantwortung dem Anderen-Fremden gegenüber «verwirklicht sich als experimenteller Lebensstil und als politische Kultur, die keiner Macht dauerhaft den leeren Platz des Fremden erlaubt ... Die Beziehungen von Religion, Politik, Ethik sind schwierige Beziehungen, zumal dabei Ereignishaftes wirksam ist, was nicht definiert werden kann. Weil dem Unverfügbaren Dominanz gebührt, hat Religion über jedes Selbstverständnis und Selbstverhältnis hinaus den/das Fremde zu achten, dessen Mangel durch das reli-

[537] J. Derrida; H.-G. Gadamer: Der ununterbrochene Dialog. Frankfurt/M. 2004, 51–54, 98–104; vgl. S. Dungs: Anerkennen im Zeitalter der Mediatisierung, 274–276, zur Diachronie sinnlichen Wahrnehmens in der Theologie von U. Gerber.

[538] Chr. Danz: Einführung in die Theologie der Religionen, 238.

[539] D. Zilleßen; U. Gerber: Und der König stieg herab von seinem Thron, 11; hierzu J. Kunstmann: Religion und Bildung. Gütersloh/Freiburg 2002, 371–373.

giöse *Bewusstsein* gerade verstellt wird.»[540] Wir können aber dem Anderen-Fremden den leeren Platz der Macht und des Bestimmens, der ihm gebührt, nicht von uns aus geben. Deswegen hat Politik ihr kritisches Potential aus der Überzeugung zu schöpfen, dass sie dieses nicht sich selbst verdankt, dass sie sich von ihr nicht entscheidbaren Voraussetzungen, dass sie sich dem Unmöglichen ihrer selbst verdankt.[541] Dieses Unmögliche wird hier mit Gott, Rechtfertigung, Anerkanntwerden, Glauben *alteritätstheologisch* umschrieben im Wissen, dass wir vom Unmöglichen nicht reden können, aber davon reden müssen.[542] Das Unmögliche bleibt verwechselbar mit dem Profan-Ästhetischen, es ist nicht als Unmöglich-Göttliches herausdestillierbar. Glauben geschieht als ein Wahrnehmen und Interpretieren, als ob es den Dualismus von heilig und profan nicht gäbe, den wir aber stets unterstellen müssen. Wir bleiben in der paradoxen Glaubenssituation des Mose (2. Mose 33): im Nachhinein haben wir den uns anerkennenden Anderen-Fremden in Gottes Spur wahrgenommen, nicht aber Gott selbst und auch nicht den Anderen-Fremden selbst und auch nicht uns selbst. Dieses Glauben verweist uns schon immer an das Wohl und Wehe des Anderen-Fremden, der Anderen, der ganzen Schöpfungswelt. Solches Glauben geschieht als Beheimatung und Exodus, als Freude und Trauer, als Finden und Trennung, als Leben und Tod.[543]

---

[540] D. Zilleßen: Religion, Kultur, Ethik: Eine Politik schwieriger Beziehungen, 40f.

[541] Vgl. die sinngleiche Bemerkung von E.-W. Böckenförde: Notwendigkeit und Grenzen staatlicher Religionspolitik, in: U. Gerber (Hg.): Auf die Differenz kommt es an – Interreligiöser Dialog mit Muslimen, 207–216. – Hier wäre zu überlegen, ob und inwieweit die befreiungstheologische Variante von P. F. Knitter den hier intendierten alteritätstheologischen und differenzhermeneutischen Ansatz zu bereichern und zu korrigieren vermag (P. F. Knitter: Toward a Liberation Theology of Religions, in: J. Hick; P. F. Knitter (Ed.): The Myth of Christian Uniqueness. Toward a Pluralistic Theology of Religion. Maryknoll/New York 1987, 178–200 bzw. Befreiungstheologie der Religionen, in: ders.: Horizonte der Befreiung. Auf dem Weg zu einer pluralistischen Theologie der Religionen. Frankfurt/M. 1997, 177–200).

[542] Vgl. den immer noch aktuellen Beitrag von R. Bultmann: Welchen Sinn hat es, von Gott zu reden? (1925), in: ders.: Glauben und Verstehen. Gesammelte Aufsätze. Erster Band. 3. Aufl. Tübingen 1958, 26–37.

[543] Exemplarisch bei D. Zilleßen; U. Gerber: Und der König stieg herab von seinem Thron. Frankfurt/M. 1997.

## Literatur


R. Achenbach: Paul Tillich, in U. Hahn; U. Tworuschka (Hg.): Hoffnung hat einen Grund. Persönlichkeiten des Jahrhunderts. Zürich/Düsseldorf 1999, 265–273 (Paul Tillich)

G. Agamben: Homo sacer. Die souveräne Macht und das nackte Leben. Frankfurt/M. 2002 (Homo sacer)

G. Agamben: Das Offene. Der Mensch und das Tier. Frankfurt/M. 2003 (Das Offene)

G. Agamben: Profanierungen. Frankfurt/M. 2005 (Profanierungen)

A. Adam: Politische Theologie. Eine kleine Geschichte. Zürich 2006 (Politische Theologie)

U. Altermatt: Gewissheit statt Freiheit: Neue religiöse Bewegungen im Katholizismus, in: F. Stolz; V. Merten (Hg.): Zukunftsperspektiven des Fundamentalismus. Fribourg 1991, 91–99 (Gewissheit statt Freiheit)

G. Altner: Naturvergessenheit. Grundlagen einer umfassenden Bioethik. Darmstadt 1991 (Naturvergessenheit)

G. Aly: Hitlers Volksstaat. Frankfurt/M. 2005 (Hitlers Volksstaat)

G. Aly: Volkes Stimme. Skepsis und Führervertrauen im Nationalsozialismus. Frankfurt/M. 2006 (Volkes Stimme)

E. Amelung: Die Gestalt der Liebe. Paul Tillichs Theologie der Kultur. Gütersloh 1972 (Die Gestalt der Liebe)

C. Amery: Global Exit. Die Kirchen und der totale Markt. München 2002 (Global Exit)

C. Andresen: Antike und Christentum, in: TRE Bd. III. Berlin/New York 1978, 50–99 (Antike und Christentum)

Anselm von Canterbury: Cur deus homo? Warum Gott Mensch wurde?, in: Anselm v. C.: Leben, Lehre, Werke. Wien 1936, 447–466 (Cur deus homo?)

R. Anselm: Bestimmen – Gestalten – Vermitteln. Zu den konzeptionellen und methodologischen Grundfragen gegenwärtiger evangelischer Ethik als wissenschaftlicher Disziplin, in: ZEE 47 (2003) 300–306 (Ethik)

R. Anselm; W. Härle: Zweireichelehre, in: TRE Bd. XXXVI. Berlin/New York 2004, 776–789 (Zweireichelehre)

K. Armstrong: Im Kampf für Gott. Fundamentalismus im Christentum, Judentum und Islam. München 2004 (Im Kampf für Gott)

Chr. Arn: Ethiktransfer. Mitgestaltung von organisationalen und gesellschaftlichen Strukturen durch wissenschaftliche ethische Reflexion. Zürich/Chur 2006 (Ethiktransfer)

R. Aslan: Kein Gott außer Gott. Der Glaube der Muslime von Muhammad bis zur Gegenwart. München 2006 (Kein Gott außer Gott)

J. Assmann: Erinnertes Ägypten. Pharaonische Motive in der europäischen Religions- und Geistesgeschichte. Berlin 2007 (Erinnertes Ägypten)

Chr. Axt-Piscalar: Sünde: Reformation und Neuzeit, in: TRE Bd. XXXII. Berlin/New York 2000, 400–436 (Sünde)

D. Baecker: Kapitalismus als Religion. Berlin 2003 (Kapitalismus als Religion)

Cl. E. Bärsch: Die Politische Religion des Nationalsozialismus. Die religiöse Dimension der NS-Ideologie in den Schriften von Dietrich Eckhart, Joseph Goebbels, Alfred Rosenberg und Adolf Hitler. München 1968 (Die Politische Religion des Nationalsozialismus))

K. Baier (Hg.): Handbuch Spiritualität. Zugänge – Traditionen – Interreligiöse Prozesse. Darmstadt 2006 (Handbuch Spiritualität)

J. Barr: Fundamentalismus, in: EKL. Erster Bd. 3. Aufl. Göttingen 1986, 1404–1406 (Fundamentalismus)

K. Barth: Rechtfertigung und Recht (1938), in: ThSt Heft 104. 2. Aufl. Zürich 1979, 5–48 (Rechtfertigung und Recht)

K. Barth: Christengemeinde und Bürgergemeinde (1946), in: ThSt Heft 104. 2. Aufl. Zürich 1979, 49–82 (Christengemeinde und Bürgergemeinde)

K. Barth: Die Kirchliche Dogmatik. Bd. II/2: Die Lehre von Gott. 4. Aufl. Zürich 1959 (KD II/2)

H. W. Bartsch (Hg.): Kerygma und Mythos. Ein theologisches Gespräch. Hamburg 1948 (Kerygma und Mythos)

Th. Bauer; L. Kador; B. Mussinghoff (Hg.): Zukunft der Religion in Europa. Münster 2006 (Zukunft der Religion in Europa)

J. Baudrillard: Der symbolische Tausch und der Tod. München 1991 (Der symbolische Tausch)

J. Baudrillard: Die Illusion und die Virtualität. Bern 1994 (Die Illusion)

Z. Bauman: Moderne und Ambivalenz. Das Ende der Eindeutigkeit (1992). Hamburg 2005 (Moderne und Ambivalenz)

F. C. Baur: Die christliche Lehre von der Versöhnung in ihrer geschichtlichen Entwicklung von der ältesten Zeit bis auf die neueste. Tübingen 1838 (Versöhnung)

J. Baur: Luthers Rechtfertigungslehre und die soziale Gerechtigkeit, in: H. Foerster (Hg.): Reformation heute. Berlin/Hamburg 1967, 85–105 (Luthers Rechtfertigungslehre)

Chr. A. Bayly: Die Geburt der modernen Welt. Eine Globalgeschichte 1780–1914. Frankfurt/M. 2006 (Die Geburt der modernen Welt)

E. Beck-Gernsheim: Vom «Dasein für andere» zum Anspruch auf ein Stück «eigenes Leben», in: Soziale Welt 34 (1983) 307–340 (Vom «Dasein für andere»)

M. Beck: Integrationspolitik als Gesellschaftspolitik in der Einwanderungsgesellschaft, in: U. Gerber (Hg.): Auf die Differenz kommt es an – Interreligiöser Dialog mit Muslimen. Leipzig 2006, 19–48 (Integrationspolitik)

U. Beck ; E. Beck-Gernsheim: Das ganz normale Chaos der Liebe. Frankfurt/M. 1990 (Das ganz normale Chaos der Liebe)

U. Beck: Die irdische Religion der Liebe, in: FAZ Magazin, Heft 528 vom 12. April 1990, 52–70 (Die irdische Religion der Liebe)

U. Beck: Die feindlose Gesellschaft. Ausgewählte Aufsätze. Stuttgart 1995 (Reclam Universal-Bibliothek Nr. 9340) (Die feindlose Gesellschaft)

U. Beck; A. Giddens; S. Lash: Reflexive Modernisierung. Eine Debatte. Frankfurt/M. 1995 (Reflexive Modernisierung)

B. Becker: Virtuelle Identitäten: Die Technik, das Subjekt und das Imaginäre, in: dies; M. Paetau (Hg.): Virtualisierung des Sozialen. Die Informationsgesellschaft zwischen Fragmentierung und Globalisierung. Frankfurt/M. 1997, 163–183 (Virtuelle Identitäten)

W. Bender; J. Deninger: Religionskritik I. München 1973 (Religionskritik I)

B. Bender-Junker: Ethik in der Sozialen Arbeit zwischen Gerechtigkeit, Anerkennung und Sorge, in: S. Dungs; U. Gerber; H. Schmidt; R. Zitt (Hg.): Soziale Arbeit und Ethik im 21. Jahrhundert. Ein Handbuch. Leipzig 2006, 51–61 (Ethik in der Sozialen Arbeit)

Benedikt XVI.: Glaube und Vernunft. Die Regensburger Vorlesung. Kommentiert von Gesine Schwan; Adel Theodor Khoury; Karl Kardinal Lehmann. Freiburg 2006 (Glaube und Vernunft)

B.-E. Benktson: Christus und die Religion. Der Begriff der Religion bei Barth, Bonhoeffer und Tillich. Stuttgart 1967 (Christus und die Religion)

P. L. Berger: Erlösender Glaube? Berlin/New York 2006 (Erlösender Glaube)

H. Berkhof: 200 Jahre Theologie. Ein Reisebericht. Neukirchen-Vluyn 1985 (200 Jahre Theologie)

G. C. Berkouwer: Der Triumph der Gnade in der Theologie Karl Barths. Neukirchen 1957 (Der Triumph der Gnade)

R. Bernhardt: Der Absolutheitsanspruch des Christentums. Von der Aufklärung bis zur Pluralistischen Religionstheologie. Gütersloh 1990 (Absolutheitsanspruch)

R. Bernhardt: Love like Jesus and fight like David. Religiöse Dimensionen in der politischen Kultur der USA, in: G. Pfleiderer; E. W. Stegemann (Hg.): Politische Religion. Zürich 2004, 265–287 (Love like Jesus)

R. Bernhardt: Ende des Dialogs? Die Begegnung der Religionen und ihre theologische Reflexion. Zürich 2005 (Ende des Dialogs?)

R. Bernhardt; P. Schmidt-Leukel: Kriterien interreligiöser Urteilsbildung. Zürich 2005 (Kriterien)

R. Bernhardt: Literaturbericht «Theologie der Religionen» (I), in: ThR 72 (2007) 1–35; (II) 127–149 (Literaturbericht)

U. Berkewicz: Vielleicht sind wir ja verrückt. Eine Orientierung in vergleichendem Fanatismus. Frankfurt/M. 2002 (Vielleicht sind wir ja verrückt)

B. Beuscher: Postmoderne, in: TRE Bd. XXVII. Berlin/New York 1997, 89–95 (Postmoderne)

B. Beuscher; D. Zilleßen: Religion und Profanität. Entwurf einer profanen Religionspädagogik. Weinheim 1998 (Religion und Profanität)

B. Beuscher: «Die Kraft der Selbstkritik» – Zum Verhältnis von Kirche und Staat, in: U. Gerber (Hg.): Auf die Differenz kommt es an – Interreligiöser Dialog mit Muslimen. Leipzig 2006, 49–60 («Die Kraft der Selbstkritik»)

A. Beutel (Hg.): Luther Handbuch. Tübingen 2005 (Luther Handbuch)

A. Beutel: Aufklärung in Deutschland. Göttingen 2006 (Aufklärung)

A. Beutel: Lutherische Theologie in den Unübersichtlichkeiten unserer Zeit. Ein Vorschlag zur Orientierung, in: ZThK 103 (2006) 344–361 (Lutherische Theologie)

H. Bielefeldt: Muslime im säkularen Rechtsstaat. Integrationschancen durch Religionsfreiheit. Bielefeld 2003 (Muslime)

O. Blaschke (Hg.): Konfessionen im Konflikt. Deutschland zwischen 1800 und 1970: ein zweites konfessionelles Zeitalter. Göttingen 2002 (Konfessionen)

P. Blickle: Die Reformation im Reich. Stuttgart 1982 (Die Reformation)

H. Blumenberg: Kant und die Frage nach dem gnädigen Gott, in: Studium Generale. Siebenter Jahrgang. Berlin/Göttingen/Heidelberg 1954, 554–570 (Kant)

H. Blumenberg: Die Legitimität der Neuzeit. Frankfurt/M. 1966 (Die Legitimität)

W. Bock: Islamischer Religionsunterricht? Rechtsfragen, Länderberichte, Hintergründe. Tübingen 2006 (Islamischer Religionsunterricht)

E.-W. Böckenförde: Geschichte der Rechts- und Staatsphilosophie: Antike und Mittelalter. Tübingen 2002 (Geschichte)

E.-W. Böckenförde: Notwendigkeit und Grenzen staatlicher Religionspolitik, in: U. Gerber (Hg.): Auf die Differenz kommt es an – Interreligiöser Dialog mit Muslimen. Leipzig 2006, 207–216 (Religionspolitik)

G. Böhme: Natürlich Natur. Über Natur im Zeitalter ihrer technischen Reproduzierbarkeit. Frankfurt/M. 1992 (Natürlich Natur)

G. Böhme: Philosophie und Esoterik: Konkurrenten um die geistige Orientierung der Zukunft, in: N. Bolz; W. van Reijen (Hg.): Heilsversprechen. München 1996, 11–24 (Philosophie und Esoterik))

G. Böhme: Technik ohne Grenzen, in: Frankfurter Rundschau vom 16. Jan. 2007, 27 (Technik ohne Grenzen)

G. Böhme; H. Böhme: Das Andere der Vernunft. Frankfurt/M. 1983 (Das Andere der Vernunft)

H. Böhme: Fetischismus und Kultur. Eine andere Theorie der Moderne. Reinbek 2006 (Fetischismus und Kultur)

N. Bolz: Die Singgesellschaft. Düsseldorf 1997 (Die Singgesellschaft)

N. Bolz; W. van Reijen (Hg.): Heilsversprechen. München 1998 (Heilsversprechen)

D. Bonhoeffer: Schöpfung und Fall. Theologische Auslegung von Genesis 1–3 (1933). 4. Aufl. München 1958 (Schöpfung)

D. Bonhoeffer: Ethik. Hg. E. Bethge. 4. Aufl. München 1958 (Ethik)

D. Bonhoeffer: Widerstand und Ergebung. Briefe und Aufzeichnungen aus der Haft. 9. Aufl. München 1959 bzw. Werke Bd. VIII. Gütersloh 1998 (Widerstand und Ergebung)

D. Bonhoeffer: Wer ist und wer war Jesus Christus? Seine Geschichte und sein Geheimnis. Hamburg 1962 (Wer ist und wer war Jesus Christus?)

G. Bonner: Pelagius/Pelagianischer Streit, in: TRE Bd. XXVI. Berlin/New York 1996, 176–185 (Pelagius)

W. Bonß (Hg.): Modernisierung der Moderne. Frankfurt/M. 2001 (Modernisierung)

M. Bosch: Auf den Spuren Europas. Zur Diskussion religiöser Bildung bei der Annäherung an Europa, in: D. Zilleßen (Hg.): Religion, Politik, Kultur. Diskussionen im religionspädagogischen Kontext. Festschrift für Uwe Gerber. Münster 2001, 65–72 (Auf den Spuren Europas)

S. Bovenschen: Soviel Körper war nie. Der Traum ist aus, denn wir sind alle Cyborgs. Die Marginalisierung des Leibes und seine Wiederkehr als Konstrukt der Medien, in: DIE ZEIT vom 14. Nov. 1997 (Soviel Körper war nie)

R. Brague: Die Weisheit der Welt. Kosmos und Welterfahrung im westlichen Denken. München 2006 (Die Weisheit der Welt)

M. Branz: Gelungenes Scheitern. Scheitern in der Postmoderne, in: Kunstzeitschrift Kunstform Bd. 174/2005 (Gelungenes Scheitern)

M. Brecht: Neue Ansätze zur Lutherforschung in Finnland, in: Luther 61 (1990) 36–40 (Neue Ansätze zur Lutherforschung)

G. Brendler: Revolutionäre Potenzen und Wirkungen der Theologie Luthers, in: H. Löwe; C.-J. Roepke (Hg.): Luther und die Folgen. Beiträge zur sozialgeschichtlichen Bedeutung der lutherischen Reformation. München 1983, 160–180 (Revolutionäre Potenzen)

R. Bring: Luthers Rechtfertigungslehre und die soziale Gerechtigkeit, in: H. Foerster (Hg.): Reformation heute. Berlin/Hamburg 1967, 56–84 (Luthers Rechtfertigungslehre)

U. Bröckling: Das unternehmerische Selbst. Soziologie einer Subjektivierungsform. Frankfurt/M. 2007 (Das unternehmerische Selbst)

St. Bruce: God is Dead. Secularization in the West. Oxford 2002 (God is Dead)

M. von Brück: Wie können wir leben? Religion und Spiritualität in einer Welt ohne Maß. München 2002 (Wie können wir leben?)

M. Brumlik: Schrift, Wort und Ikone. Wege aus dem Verbot der Bilder. Frankfurt/M. 1994 (Schrift)

M. Brumlik: Anerkennung als pädagogische Idee, in: B. Hafeneger; P. Henkenborg; A. Scherr (Hg.): Pädagogik der Anerkennung. Grundlagen, Konzepte, Praxisfelder. Schwalbach/Ts. 2202, 13–25 (Anerkennung als pädagogische Idee)

G. Bruno: Über die Ursache, das Prinzip und das Eine. Stuttgart 1986 (Reclam Universal-Bibliothek Nr. 5113) (Über die Ursache)

G. Bruno: Über das Unendliche, das Universum und die Welten. Stuttgart 1994 (Reclam Universal-Bibliothek Nr. 5114) (Über das Unendliche)

A. J. Bucher: Medienethik als Zukunftsaufgabe, in: Ethica 9 (2001) 149–162 (Medienethik)

H. Bude; A. Willisch (Hg.): Das Problem der Exklusion. Hamburg 2006 (Das Problem der Exklusion)

R. Bultmann: Jesus Christus und die Mythologie. Das Neue Testament im Licht der Bibelkritik. Gütersloh 1980 (Jesus Christus und die Mythologie)

R. Bultmann: Welchen Sinn hat es, von Gott zu reden?, in: ders.: Glauben und Verstehen. Gesammelte Aufsätze. Erster Bd. 3. Aufl. Tübingen 1958, 26–37 (Welchen Sinn hat es, von Gott zu reden?)

J. Butler: Kritik der ethischen Gewalt. Frankfurt/M. 2003 (Kritik)

R. J. Campiche: Die zwei Gesichter der Religion. Faszination und Entzauberung. Zürich 2004 (Religion)

E. Carigiet; U. Mäder; M. Opielka; F. Schulz-Nieswandt (Hg.): Wohlstand durch Gerechtigkeit. Deutschland und die Schweiz im sozialpolitischen Vergleich. Zürich 2006 (Wohlstand)

G. K. Chesterton: Orthodoxie. Eine Handreichung für die Ungläubigen. Frankfurt/M. 2000 (Orthodoxie)

B. J. Claret (Hg.): Theodizee. Das Böse in der Welt. Darmstadt 2007 (Theodizee)

P. B. Clarke: Atlas der Weltreligionen. Entstehung – Entwicklung – Glaubensinhalte. München 1994 (Atlas der Weltreligionen)

J. Clayton: Paul Tillich, in: TRE Bd. XXXIII. Berlin/New York 2002, 553–565 (Paul Tillich)

S. M. Daecke: Der Mythos vom Tode Gottes. Ein kritischer Überblick. Hamburg 1969 (Der Mythos vom Tode Gottes)

J. Dalferth: Leiden und Böses. Vom schwierigen Umgang mit Widersinnigem. Leipzig 2006 (Leiden und Böses)

K.-W. Dahm; N. Luhmann; D. Stoodt: Religion – System –Sozialisation. Darmstadt/Neuwied 1972 (Religion)

Chr. Danz: Einführung in die Theologie der Religionen. Wien 2005 (Einführung)

R. Dellsperger: Das Zwinglijahr 1984 und die Zwingliforschung, in: Verkündigung und Forschung 34 (1989) Heft 2, 24–28 (Zwingli)

J. Derrida: Falschgeld. Zeit geben I. München 1993 (Falschgeld)

J. Derrida; G. Vattimo: Die Religion. Frankfurt/M. 2001 (Die Religion)

J. Derrida: Die unbedingte Universität. Frankfurt/M. 2001 (Die unbedingte Universität)

J. Derrida; H.-G. Gadamer: Der ununterbrochene Dialog. Frankfurt/Main 2004 (Der ununterbrochene Dialog)

J. Derrida; E. Roudinesco: Woraus wird Morgen gemacht sein? Ein Dialog. Stuttgart 2006 (Ein Dialog)

DER SPIEGEL: special Nr. 9/2006: Weltmacht Religion (Weltmacht Religion)

K. Dethloff; L. Nagl; F. Wolfram (Hg.): Religion, Moderne, Postmoderne. Philosophisch-theologische Erkundungen. Berlin 2002 (Religion)

A. Deuber-Manowski: Lara Croft. Modell, Medium, Cyberheldin. Frankfurt/M. 2001 (Lara Croft)

M. Dibelius: Jungfrauensohn und Krippenkind, in: ders.: Botschaft und Geschichte. Bd. I. Tübingen 1953, 1–78 (Jungfrauensohn)

Die Bekenntnisschriften: Die B. der evangelisch-lutherischen Kirche. 4. durchgesehene Aufl. Göttingen 1959 (Bekenntnisschriften)

A. Dinter; H.-G. Heimbrock; K. Söderblom (Hg.): Einführung in die Empirische Theologie. Gelebte Religion erforschen. Göttingen 2007 (Einführung in die Empirische Theologie)

P. Dinzelbacher: Unio mystica, in: EKL. Vierter Bd. 3. Aufl. Göttingen 1996, 1031–1034 (Unio mystica)

Th. Dörken-Kucharz: CyberSpaceErfahrungen, in: J. Moltmann (Hg.): Wo ist Gott? Gottesräume – Lebensräume. Neukirchen-Vluyn 2002, 99–105 (CyberSpaceErfahrungen)

K. Dörre: Rabiater Kapitalismus. Zum Spannungsverhältnis von wirtschaftlicher Dynamik, Sozialeigentum und regionalen Ungleichheiten, in: W. Heitmeyer (Hg.): Deutsche Zustände. Folge 5. Frankfurt/M. 2007, 238–248 (Rabiater Kapitalismus)

F. Dolto: Über das Begehren. Die Anfänge der menschlichen Kommunikation. Stuttgart 1988 (Über das Begehren)

V. Drehsen; W. Gräb; B. Weyel (Hg.): Kompendium Religionstheorie. Göttingen 2005 (Kompendium Religionstheorie)

U. Duchrow; H. Hoffmann (Hg.): Die Vorstellung von Zwei Reichen und Regimenten bei Luther. Gütersloh 1972 (Die Vorstellung von Zwei Reichen)

U. Duchrow: Christenheit und Weltverantwortung. Traditionsgeschichte und systematische Struktur der Zweireichelehre. 2. Aufl. Stuttgart 1983 (Christenheit und Weltverantwortung)

M. Düwell; Chr. Hübenthal; M. H. Werner (Hg.): Handbuch Ethik. Stuttgart/Weimar 2002 (Handbuch Ethik)

H. W. von der Dunck: Kulturgeschichte des 20. Jahrhunderts. 2 Bde. Darmstadt 2004 (Kulturgeschichte 1/2)

Chr. Duncker: Was ist los mit den Deutschen? Ein aktuelles empirisches Stimmungsbild und mittelfristige Trends. Frankfurt/M. 2005 (Was ist los mit den Deutschen?)

S. Dungs; U. Gerber (Hg.): Der Mensch im virtuellen Zeitalter. Wissensschöpfer oder Informationsnull. Frankfurt/M. 2003 (Der Mensch im virtuellen Zeitalter)

S. Dungs: Anerkennen des Anderen im Zeitalter der Mediatisierung. Sozialphilosophische und sozialarbeitswissenschaftliche Studien im Ausgang von Hegel, Levinas, Butler, Zizek. Münster 2006 (Anerkennen des Anderen))

G. Ebeling: Die «nicht-religiöse Interpretation biblischer Begriffe», in: ders.: Wort und Glaube. Tübingen 1960, 90–160 (Interpretation)

G. Ebeling: Dietrich Bonhoeffer, in: ders.: Wort und Glaube. Tübingen 1960, 294–299 (Bonhoeffer)

G. Ebeling: Luther. Einführung in sein Denken. Tübingen 1964 (Luther)

G. Ebeling: «Was heißt ein Gott haben oder was ist Gott?» Bemerkungen zu Luthers Auslegung des ersten Gebots im Großen Katechismus, in: ders.: Wort und Glaube. Zweiter Bd.: Beiträge zur Fundamentaltheologie und zur Lehre von Gott. Tübingen 1969, 287–304 (Was heißt ein Gott?)

G. Ebeling: Theologie zwischen reformatorischem Sündenverständnis und heutiger Einstellung zum Bösen, in: ders.: Wort und Glaube. Dritter Bd.: Beiträge zur Fundamentaltheologie, Soteriologie und Ekklesiologie. Tübingen 1975, 173–204 (Sündenverständnis)

G. Ebeling: Luther und der Anbruch der Neuzeit, in: ders.: Wort und Glaube. Dritter Bd.: Beiträge zur Fundamentaltheologie, Soteriologie und Ekklesiologie. Tübingen 1975, 29–59 (Luther und Neuzeit)

A. Ehrenberg:: Das erschöpfte Selbst. Frankfurt/M. 2004 (Das erschöpfte Selbst)

EKD (Evangelische Kirche in Deutschland): Identität und Verständigung. Standort und Perspektiven des Religionsunterrichtes in der Pluralität. Eine Denkschrift der EKD. Gütersloh 1994 (Identität und Verständigung)

EKD; Deutsche Bischofskonferenz: Chancen und Risiken der Mediengesellschaft. Gemeinsame Texte Nr. 10, 1997 (Chancen und Risiken der Mediengesellschaft)

EKD: Gerechte Teilhabe. Befähigung zu Eigenverantwortung und Solidarität. Eine Denkschrift des Rates der EKD zur Armut in Deutschland. Gütersloh 2006 (Gerechte Teilhabe)

EKD: Kirche der Freiheit im 21. Jahrhundert. Dokumentation des Zukunftskongresses der EKD Hannover 2007 (Kirche der Freiheit)

W. Ende; U. Steinbach (Hg.): Der Islam in der Geschichte. 5. Aufl. München 2005 (Der Islam)

S. Engelbrecht: Religion ohne Verantwortung? Warum Juden und auch christliche Theologen die lutherische Rechtfertigungslehre kritisieren, in: Zeitzeichen 2001, Heft 3, 57–59 (Religion ohne Verantwortung)

M. Enzensberger: Josefine und ich. Eine Erzählung. Frankfurt/M. 2006 (Josefine und ich)

K. D. Erdmann: Luther über Obrigkeit, Gehorsam und Widerstand, in: H. Löwe; C.-J. Roepke (Hg.): Luther und die Folgen. München 1983, 28–59 (Luther über Obrigkeit)

R. Esterbauer: Gott im Cyberspace? Zu religiösen Aspekten neuer Medien, in: A. Kolb; R. Esterbauer: H.-W. Ruckenbauer (Hg.): Cyberethik. Stuttgart/Berlin/Köln, 1998, 115–134 (Gott im Cyberspace?)

H. Fausel: D. Martin Luther. Stuttgart 1955 (Luther)

E. Feil: Die Theologie Dietrich Bonhoeffers. Hermeneutik – Christologie – Weltverständnis. 5. Aufl. Münster 2006 (Dietrich Bonhoeffer)

J.-B. Fellay: Integrisme et fondamentalisme, in: F. Stotz; V. Merten (Hg.): Zukunftsperspektiven des Fundamentalismus. Fribourg 1991, 79–83 (Integrisme)

A. Filos: Religiöse Toleranz im Verfassungsstaat. Rechtsprobleme der staatskirchlichen Strukturen in Griechenland, in: H. Lehmann (Hg.): Koexistenz und Konflikt von Religionen im vereinten Europa. Göttingen 2004, 130–139 (Religiöse Toleranz)

E. Finger: Die Zukunft war gestern. McLuhan, Enzensberger, Sennett, Postman, Luhmann: In den vergangenen Jahrzehnten wurde das Fernsehen kulturkritisch durchdekliniert. Einige Thesen haben sich gut gehalten. Ein Rückblick auf die Visionen der Medientheorie, in: DIE ZEIT vom 28. Dez. 2006, 41 ( Die Zukunft war gestern)

H. Fischer: Protestantismus: Begriff und Wesen, in: TRE Bd. XXVII. Berlin/New York 1997, 542–551 (Protestantismus)

H. R. Fischer; A. Retzer; J. Schweitzer (Hg.): Das Ende der großen Entwürfe. Frankfurt/M. 1992 (Das Ende der großen Entwürfe)

J. Fischer: Aktive und passive Sterbehilfe. Zur Analyse eines ethischen Konflikts, in: ders.: Handlungsfelder angewandter Ethik. Stuttgart/Berlin/Köln 1998, 63–94 (Sterbehilfe)

J. Fischer: Sterben hat seine Zeit. Zur deutschen Debatte über die Reichweite von Patientenverfügungen, in: ZThK 102 (2005) 352–370 (Sterben)

K. Flasch: Eva und Adam. Wandlungen eines Mythos. 2. Aufl. München 2002 (Eva und Adam)

P. Flores d'Arcais: Eine Kirche ohne Wahrheit?, in: ders.: J. Ratzinger: Gibt es Gott? Wahrheit, Glaube, Atheismus. Berlin 2006, 69–106 (Eine Kirche ohne Wahrheit?)

H. Folkers: Martin Luther. Vom unfreien Willen und der Freiheit eines Christenmenschen, in: KuD 52 (2006) 288–302 (Martin Luther)

Forschungsjournal Neue Soziale Bewegungen: Postdemokratie. Ein neuer Diskurs? Stuttgart 2006 (Forschungsjournal)

M. Foucault: Von der Subversion des Wissens. Hg. W. Seitter. Frankfurt/M./Berlin/Wien 1978 (Von der Subversion)

M. Frenschkowski: «Den Religionsbegriff rein halten»? Thesen und Beobachtungen zur Debatte um Scientology und andere Neue Religiöse Bewegungen, in: EvTh 60 (2000) 252–269 (Religionsbegriff)

Chr. Frey: Die Reformation Luthers in ihrer Bedeutung für die moderne Arbeits- und Berufswelt, in: H. Löwe; C.-J. Roepke (Hg.): Luther und die Folgen. München 1983, 110–134 (Die Reformation Luthers)

J. Fried: Aufstieg aus dem Untergang. Apokalyptisches Denken und die Entstehung der modernen Naturwissenschaft im Mittelalter. München 2001 (Aufstieg aus dem Untergang)

Th. L. Friedman: Die Welt ist flach. Eine kurze Geschichte des 21. Jahrhunderts. Darmstadt 2006 (Die Welt ist flach)

Friedrich-Ebert-Stiftung (Hg.): Sterben in Würde. Ethische, medizinische und rechtliche Herausforderungen. Bonn 2005 (Sterben in Würde)

Friedrich-Ebert-Stiftung (Hg.): Religion und säkularer Staat. Perspektiven eines modernen Religionsgemeinschaftsrechts. Berlin 2007 (Religion und säkularer Staat)

E. Fromm: Haben oder Sein. Die seelischen Grundlagen einer neuen Gesellschaft (1976). Stuttgart 1979 (Haben oder Sein)

E. Fromm: Ihr werdet sein wie Gott (engl. 1966). Reinbek 1980 (Ihr werdet sein wie Gott)

G. Gamm: Wahrheit als Differenz. Studien zu einer anderen Theorie der Moderne. Frankfurt/M. 1986 (Wahrheit als Differenz)

G. Gamm: Die Unausdeutbarkeit des Selbst. Über die normative Kraft des Unbestimmten in der Moralphilosophie der Gegenwart, in: ders.: Nicht nichts. Studien zu einer Semantik des Unbestimmten. Frankfurt/M. 2000, 207–227 (Die Unausdeutbarkeit des Selbst)

G. Gamm: Der unbestimmte Mensch. Die gebrochene Mitte des Selbst als irreduzible Lücke im Sein, in: Lettre International Nr. 57/2002, 90–93 (Der unbestimmte Mensch)

G. Gamm: Chantals Gesichter. Über die Unerreichbarkeit des Selbst, in: der blaue reiter. Journal für Philosophie nr. 15 (1/2002), 11–15 (Chantals Gesichter)

M. Geiger: Calvin, Calvinismus, Kapitalismus, in: ders. (Hg.): Gottesreich und Menschenreich. Ernst Stähelin zum 80. Geburtstag. Basel/Stuttgart 1969, 231–286 (Calvin)

P. Gelhaus: Gentherapie und Weltanschauung. Darmstadt 2006 (Gentherapie und Weltanschauung)

U. Gerber: Katholischer Glaubensbegriff. Die Frage nach dem Glaubensbegriff in der Katholischen Theologie vom I. Vatikanum bis zur Gegenwart. Gütersloh 1966 (Katholischer Glaubensbegriff)

U. Gerber: Christologische Entwürfe. Ein Arbeitsbuch. Bd. I: Von der Reformation bis zur Dialektischen Theologie. Zürich 1970 (Christologische Entwürfe)

U. Gerber: Müsste Luther nicht «weltlicher» interpretiert werden? Einige Notizen zum vergangenen Luther-Jahr 1983, in: ThZ 40 (1984), Heft 2: Festschrift für Bo Reicke, 200–210 (Luther)

U. Gerber: Pluralismus und Dogmatismus in der Theologie, in: Offene Kirche Nr. 8/Oktober 1986, 15–17 (Pluralismus und Dogmatismus)

U. Gerber: Die feministische Eroberung der Theologie. München 1987 (Die feministische Eroberung)

U. Gerber: New Age – Ein Beispiel neuzeitlichen Hoffnungs- und Utopieverlustes, in: Junge Kirche 50 (1989) 92–104 (New Age)

U. Gerber: Kenosis, in: EKL. Zweiter Bd. 3. Aufl. Göttingen 1989, 1027–1029 bzw. in: Encyclopedia of Christianity. 2003, 13f. (Kenosis)

U. Gerber: Natur, New Age und biblische Theologie, in: Welche Natur wollen wir? Hg. Ev. Akademikerschaft in Deutschland. Stuttgart 1990, 42f. (Natur, New Age und biblische Theologie)

U. Gerber: Gottes-Bilder, in: BRU. Magazin für die Arbeit mit Berufsschülern 1990/Heft 2, 9–11 (Gottes-Bilder)

U. Gerber: Glück haben und Glück machen. Stuttgart 1991 (Glück)

U. Gerber: Theologie zwischen Aufklärung und Fundamentalismus, in: Chr. Stoodt; E. Weber (Hg.): Inter legem et evangelium. Festschrift für L. Graf zu Dohna. Frankfurt/M. 1994, 59–70 (Theologie zwischen Aufklärung und Fundamentalismus)

U. Gerber: Anthropologie. Frankfurt/M. 1995 (Anthropologie)

U. Gerber: Religiosität in der Erlebnisgesellschaft, in: B. Beuscher; H. Schroeter; R. Sistermann (Hg.): Prozesse postmoderner Wahrnehmung. Wien 1996, 203–211 (Religiosität in der Erlebnisgesellschaft)

U. Gerber (Hg.): Religiosität in der Postmoderne. Frankfurt/M. 1998 (Religiosität)

U. Gerber: Die Möglichkeit, von Gott zu reden (Art. 10, 118–125: Die Möglichkeit); Die Menschwerdung Gottes – Die Zweinaturenlehre (Art. 25, 286–291: Menschwerdung); Präexistenz und Erhöhung Jesu Christi (Art. 26, 296–300: Präexistenz); Die drei Ämter Jesu Christi (Art. 27, 304–309: Die drei Ämter), in: H. Ott; K. Otte (Hg.): Die Antwort des Glaubens. Systematische Theologie in 50 Artikeln. 3. Aufl. Stuttgart 1999

U. Gerber: Theologie als Wahrnehmungslehre, in: ThZ 55 (1999), Heft 2/3: Zur Phänomenologie des Glaubens. Festschrift für Heinrich Ott, 199–211 (Theologie als Wahrnehmungslehre)

U. Gerber: Berufsschulreligionsunterricht: Kultur des «Verhaltens zum Unverfügbaren», in: Th. Schreijäck (Hg.): Christwerden im Wandel. Analysen, Themen und Optionen für Religionspädagogik und Praktischer Theologie. Ein Handbuch. Freiburg/Basel/Wien 2001, 525–546 (Berufsschulreligionsunterricht)

U. Gerber: Nachtheistische Gedanken zu einer theistischen Theodizee, in: EuS. Streitforum für Erwägungskultur 12 (2001), Heft 2, 174–176 (Nachtheistische Gedanken zu einer theistischen Theodizee)

U. Gerber: Indem Liebe uns unbedingt angeht. P. Tillichs Verständnis von Liebe, in: Tillich Journal 4: interpretieren – vergleichen – kritisieren – weiterentwickeln. Münster/Hamburg/London 2001, 151–157 (Indem Liebe uns unbedingt angeht)

U. Gerber: Gegenwärtige und zukünftige Problemfelder des Berufsschulreligionsunterrichtes, in: U. Gerber; P. Höhmann; R. Jungnitsch: Religion und Religionsunterricht. Eine Untersuchung zur Religiosität Jugendlicher an berufsbildenden Schulen. Frankfurt/M. 2002, 19–64 (Gegenwärtige und zukünftige Problemfelder)

U. Gerber: Auch den Medienzwang finden wir entlastend. Einige wahrnehmungs- und gesellschaftskritische Überlegungen, in: S. Dungs; U. Gerber (Hg.): Der Mensch im virtuellen Zeitalter. Wissensschöpfer oder Informationsnull. Frankfurt/M. 2003, 25–37 ( Medienzwang)

U. Gerber; H. Meisinger (Hg.): Das Gen als Maß aller Menschen? Frankfurt/M. 2004 (Das Gen)

U. Gerber: Mythos «Heimat»? Ein Gespräch mit U. G., in: BRU. Magazin für den Religionsunterricht an Berufsbildenden Schulen 2004, Heft 40, 4–8 (Mythos «Heimat»?)

U. Gerber: Auf die Differenz kommt es an – Interreligiöser Dialog mit Muslimen. Leipzig 2006 (Differenz)

U. Gerber: Religiöse Zugänge in der Spätmoderne. Glaubenswelten und Cyberzeiten, in: H. Goebel; A. Obermann (Hg.): Unterwegs in Sachen Religion. Festschrift für Dieter Boge. Berlin 2006 ( Religiöse Zugänge)

U. Gerber: «Säkular-professionelle» Soziale Arbeit beginnt mit Luther, in: S. Dungs; U. Gerber; H. Schmidt; R. Zitt (Hg.): Soziale Arbeit und Ethik im 21. Jahrhundert. Ein Handbuch. Leipzig 2006, 233–242 (Soziale Arbeit)

J. Gerlach: Zwischen Pop und Dschihad. Muslimische Jugendliche in Deutschland. Berlin 2006 (Zwischen Pop und Dschihad)

Chr. Gestrich: Zwingli als Theologe. Zürich/Stuttgart 1967 (Zwingli)

Chr. Gestrich: Rechtfertigung aus Glauben und christliches Leben, in: PTh 89 (2000) 129–140 (Rechtfertigung aus Glauben)

C. Gilligan: Die andere Stimme. Lebenskonflikte und Moral der Frau. München 1990 (Die andere Stimme)

R. Girard: Das Ende der Gewalt. Analyse des Menschheitsverhängnisses. Freiburg/Basel/Wien 1983 (Das Ende der Gewalt)

R. Girard: Ich sah den Satan vom Himmel fallen wie einen Blitz. Eine kritische Apologie des Christentums. München 2002 (Ich sah den Satan)

A. Glucksmann: Hass. Die Rückkehr einer elementaren Gewalt. Darmstadt 2002 (Hass)

J. Le Goff: Die Geburt des Fegfeuers. Vom Wandel des Weltbildes im Mittelalter. München 1991 (Fegfeuer)

H. Gollwitzer: Die kapitalistische Revolution. München 1974 (Die kapitalistische Revolution)

H. Gollwitzer: homo politicus, in: H. J. Schultz (Hg.): Luther kontrovers. Stuttgart/Berlin 1983, 100–108 (homo politicus)

H. Gollwitzer: Ich frage nach dem Sinn des Lebens. Gütersloh 1994 (Ich frage nach dem Sinn)

H. Göttner-Abendroth: Die Göttin und ihr Heros. Erw. Aufl. München 1993 (Die Göttin)

W. Gräb; J. Herrmann; K. Merle; J. Nottmeier: «Irgendwie fühl ich mich wie Frodo . . .». Eine empirische Studie zum Phänomen der Medienreligion. Frankfurt/M. 2006 (Medienreligion)

F. W. Graf: Protestantismus: Kulturbedeutung, in: TRE Bd. XXVII. Berlin/New York 1997, 551–580 (Protestantismus: Kulturbedeutung)

F. W. Graf: Die Wiederkehr der Götter. München 2004 (Wiederkehr der Götter)

F. W. Graf: Moses Vermächtnis. Über göttliche und menschliche Gesetze. München 2006 (Moses Vermächtnis)

F. W. Graf: Der Protestantismus, in: H. Joas; Kl. Wiegandt (Hg.): Säkularisierung und die Weltreligionen. Frankfurt/M. 2007, 78–124 (Der Protestantismus)

Chr. Gremmels; H. Pfeifer: Theologie und Biographie. Zum Beispiel Dietrich Bonhoeffer. München 1983 (Theologie)

Chr. Gremmels: Religionsfreiheit?, in: Bonhoeffer-Rundbrief 76 (2005) (Religionsfreiheit?)

C. J. Green: Soteriologie und Christologie bei Bonhoeffer und Luther, in: Chr. Gremmels (Hg.): Bonhoeffer und Luther. Zur Sozialgestalt des Luthertums in der Moderne. München 1983, 93–128 (Soteriologie und Christologie)

M. Greschat: Melanchthon neben Luther. Studien zur Gestalt der Rechtfertigungslehre zwischen 1528 und 1537. Witten 1965 (Melanchthon)

M. Greschat: Protestantismus in Europa. Geschichte – Gegenwart – Zukunft. Darmstadt 2005 (Protestantismus)

A. Grözinger; G. Pfleiderer (Hg.): «Gelebte Religion» als Programmbegriff Systematischer und Praktischer Theologie. Zürich 2002 (Gelebte Religion)

H. Groschopp: Alles ist weltlich, in: humanismus aktuell Heft 16/2005, 103–114 (Alles ist weltlich)

P. Gross: Die Multioptionsgesellschaft. Frankfurt/M. 1994 (Die Multioptionsgesellschaft)

P. Gross: Ich-Jagd. Im Unabhängigkeitsjahrhundert. Frankfurt/M. 1999 (Ich-Jagd)

P. Gross: Wohin soll ich mich wenden ... Religiosität in der Multioptionsgesellschaft, in: H. Schmidinger (Hg.): Chancen des Christlichen in der ökonomisierten Welt. Innsbruck/Wien 2004, 52–63 (Wohin soll ich mich wenden)

P. Gross: Selbstinterpretation als Selbstermächtigung – oder: Sechs Milliarden Personen suchen einen Autor, in: R. Hitzler; M. Pfadenhauer (Hg.): Gegenwärtige Zukünfte. Wiesbaden 2005, 244–257 (Selbstinterpretation als Selbstermächtigung))

P. Gross: Die Entsubstanzialisierung des Christentums und der Interreligiöse Dialog, in: U. Gerber (Hg.): Auf die Differenz kommt es an –Interreligiöser Dialog mit Muslimen. Leipzig 2006, 137–146 (Die Entsubstanzialisierung des Christentums)

P. Gross: Jenseits der Erlösung. . Die Wiederkehr der Religion und die Zukunft des Christentums. Bielefeld 2007 (Jenseits der Erlösung)

S. Grossmann: Schöpfer und Schöpfung in der feministischen Theologie, in: G. Altner (Hg.): Ökologische Theologie. Stuttgart 1989, 213–233 (Schöpfer)

B. Groys: Über das Neue. Versuch einer Kulturökonomie. 3. Aufl. Frankfurt/M. 2004 (Über das Neue)

A. Grünschloß: Der eigene und der fremde Glaube. Studien zur interreligiösen Fremdwahrnehmung in Islam, Hinduismus, Buddhismus und Christentum. Tübingen 1999 (Der eigene und der fremde Glaube)

H. Günther: Das Erdbeben von Lissabon. Berlin 1994 (Das Erdbeben von Lissabon)

S. Gürtler: Elementare Ethik: Alterität, Generativität und Geschlechterverhältnis bei E. Levinas. München 2001 (Elementare Ethik)

J. Habermas: Strukturwandel der Öffentlichkeit. Untersuchungen zu einer Kategorie der Bürgerlichen Gesellschaft. Neuwied/Berlin 1962 (Strukturwandel)

J. Habermas: Nachmetaphysisches Denken. Philosophische Aufsätze. Frankfurt/M. 1988 (Nachmetaphysisches Denken)

J. Habermas: Erläuterungen zur Diskursethik. Frankfurt/M. 1991 (Erläuterungen zur Diskursethik)

J. Habermas: Glauben und Wissen. Friedenspreis des Deutschen Buchhandels 2001. Frankfurt/M. 2001, auch in: ders.: Zeitdiagnosen. Zwölf Essays 1980–2001. Franfurt/M. 2003, 249–262 (Glauben und Wissen)

J. Habermas; J. Derrida: Philosophie in Zeiten des Terrors. Darmstadt 2004 (Philosophie)

H. Häring: Haus Gottes – Hüterin des Abendlandes? Joseph Ratzingers Katholizismus als europäisches Kulturprojekt, in: R. Faber (Hg.): Katholizismus in Geschichte und Gegenwart. Würzburg 2005, 159–187 (Haus Gottes)

W. Härle: Zur Gegenwartsbedeutung der «Rechtfertigungs»-Lehre, in: ZThK 95 (1998) 101–139 (Zur Gegenwartsbedeutung)

P. Hahne: Schluss mit lustig – das Ende der Spassgesellschaft. Lahr 2004 (Schluss mit lustig)

L. Haikola: Melanchthons und Luthers Lehre von der Rechtfertigung, in: V. Vajta (Hg.): Luther und Melanchthon. Göttingen 1960, 89–103 (Luther und Melanchthon)

D. Halm: Religiöse Rückbesinnung, in: Frankfurter Rundschau vom 02. April 2005, 7 (Religiöse Rückbesinnung)

D. Hamer: Das Gottes-Gen. Warum uns der Glaube im Blut liegt. München 2006 (Das Gottes-Gen)

G. Hammann; J. Uelecke: Die nächste Krone des Kapitals, in: DIE ZEIT vom 04. Jan. 2007, 17 (Die nächste Krone)

P. Handke: Spuren der Verirrten. Frankfurt/M. 2006 (Spuren)

H. Hanreich: Pantheismus, in: EKL. Dritter Bd. 3. Aufl. Göttingen 1992, 1011–1014 (Pantheismus)

D. Haraway: Die Neuerfindung der Natur. Primaten, Cyborgs und Frauen. Frankfurt/M. 1995 (Die Neuerfindung der Natur)

P. Cl. Hartmann (Hg.): Religion und Kultur im Europa des 17. und 18. Jahrhunderts. Frankfurt/M. 2006 (Religion und Kultur)

H.-P. Hasenfratz: Seelenwanderung: Religionsgeschichte, in: TRE Bd. XXXI. Berlin/New York 2000, 1–4 (Seelenwanderung)

H.-G. Haupt; D. Langewiesche (Hg.): Nation und Religion in der deutschen Geschichte. Frankfurt/M./New York 2001 (Nation und Religion)

L. Heidbrink; A. Hirsch (Hg.): Verantwortung in der Zivilgesellschaft. Zur Konjunktur eines widersprüchlichen Konzepts. Frankfurt/M. 2006 (Verantwortung)

L. Heidbrink: Handeln in der Ungewissheit. Paradoxien der Verantwortung. Berlin 2007 (Handeln in der Ungewissheit)

H.-G. Heimbrock; H. Streib (Hg.): Magie. Katastrophenreligion und Kritik des Glaubens. Eine theologische und religionstheoretische Kontroverse um die Kraft des Wortes. Kampen 1994 (Magie)

A. Heit: Versöhnte Vernunft. Eine Studie zur systematischen Bedeutung des Rechtfertigungsgedankens für Kants Religionsphilosophie. Göttingen 2006 (Versöhnte Vernunft)

W. Heitmeyer (Hg.): Deutsche Zustände. Folge 5. Frankfurt/M. 2007 (Deutsche Zustände)

F. Hermanni; P. Koslowski (Hg.): Der freie und der unfreie Wille. Philosophische und theologische Perspektiven. München 2004 (Der freie und der unfreie Wille)

C. Heyward: Und sie rührte sein Kleid an. Eine feministische Theologie der Beziehung. Stuttgart 1986( Und sie rührte sein Kleid an)

S. Helemans: Transformation der Religionen und der Großkirchen in der zweiten Moderne aus der Sicht des religiösen Modernisierungsparadigmas, in: Schweizerische Zeitschrift für Religions- und Kulturgeschichte 99 (2005) 11–35 (Transformation)

E. Herms: Leben in der Welt, in: A. Beutel (Hg.): Luther Handbuch. Tübingen 2005, 423–435 (Leben in der Welt)

F. J. Hinkelammert: Der Glaube Abrahams und der Ödipus des Westens. Opfermythen im christlichen Abendland. Münster 1989 (Der Glaube Abrahams)

E. Hirsch: Geschichte der neuern evangelischen Theologie im Zusammenhang mit den Allgemeinen Bewegungen des europäischen Denkens. 5 Bde. Gütersloh 1960 (Geschichte)

R. Hitzler; A. Honer: Bastelexistenz. Über subjektive Konsequenzen der Individualisierung, in: U. Beck; E. Beck-Gernsheim (Hg.): Riskante Freiheiten. Individualisierung in modernen Gesellschaften. Frankfurt/M. 1994, 307–315 (Bastelexistenz)

R. Hitzler: Individualisierung des Glaubens. Zur religiösen Dimension der Bastelexistenz, in: A. Honer; R. Kurt; J. Reichert (Hg.): Diesseitsreligion. Konstanz 1999, 351–369 (Individualisierung)

M. Hochgeschwender: Amerikanische Religion. Frankfurt/M. 2007 (Amerikanische Religion)

L. Hölscher: Religion im Wandel. Von Begriffen des religiösen Wandels zum Wandel religiöser Begriffe, in: W. Gräb (Hg.): Religion als Thema der Theologie. Gütersloh 1999, 45–62 (Religion im Wandel)

J. Hörisch: Brot und Wein. Die Poesie des Abendmahls. Frankfurt/M. 1992 (Brot und Wein)

J. Hörisch: Kopf oder Zahl. Die Poesie des Geldes. Frankfurt/M. 1996 (Kopf oder Zahl)

M. Honecker: Das Recht des Menschen. Einführung in die evangelische Sozialethik. Gütersloh 1978 (Das Recht des Menschen)

M. Honecker: Gnade und Dienst. Über Rechtfertigung und Gerechtigkeit, in: Evangelische Kommentare 1990/3, 150f. (Gnade und Dienst)

A. Honneth: Pathologien der Vernunft. Geschichte und Gegenwart der Kritischen Theorie. Frankfurt/M. 2007 (Pathologien)

M. Horkheimer; Th. W. Adorno: Die Dialektik der Aufklärung. Philosophische Fragmente. Frankfurt/M. 1969 (Die Dialektik der Aufklärung)

M. Horkheimer: Die Sehnsucht nach dem ganz Anderen. Hamburg 1970 (Sehnsucht)

G. Horning: Lehre und Bekenntnis im Protestantismus, in: C. Andresen; A. M. Ritter (Hg.): Handbuch der Dogmen- und Theologiegeschichte. Bd. 3: Die Lehrentwicklung im Rahmen der Ökumenizität. 2. Aufl. Göttingen 1998, 71–287 (Lehre und Bekenntnis)

D. Horster: Jürgen Habermas zur Einführung. Hamburg 1999 (Jürgen Habermas)

D. Horster: Jürgen Habermas und der Papst. Glauben und Vernunft, Gerechtigkeit und Nächstenliebe. Bielefeld 2006 (Habermas)

M. Horx: Wie wir leben werden. Unsere Zukunft beginnt jetzt. Frankfurt/M./New York 2. Aufl. 2006 (Zukunft)

W. Huber: Der Protestantismus und die Ambivalenz der Moderne, in: J. Moltmann (Hg.): Religion der Freiheit. Protestantismus in der Moderne. München 1990, 29–65 (Der Protestantismus)

W. Huber: Die jüdisch-christliche Tradition, in: H. Joas; Kl. Wiegandt (Hg.): Die kulturellen Werte Europas. Frankfurt/M. 2005, 69–92 (Die jüdisch-christliche Tradition)

W. Huber; J. Friedrich; P. Steinacker (Hg.): Kirche in der Vielfalt der Lebensbezüge. Die vierte EKD-Erhebung über Kirchenmitgliedschaft. Gütersloh 2006 (Kirche in der Vielfalt)

W. Huber: Das Vermächtnis Dietrich Bonhoeffers und die Wiederkehr der Religion, in: Berliner Theologische Zeitschrift 23 (2006), Heft 2, 313–322 (Das Vermächtnis)

W. Huber: Im Geist der Freiheit. Für eine Ökumene der Profile. Freiburg 2007 (Im Geist der Freiheit)

W. Huber: Dialog der Religionen in einer pluralen Gesellschaft. Überlegungen aus Evangelischer Perspektive, in: Evangelische Verantwortung 07+08/2007 (Dialog)

B. Huss: Seelenwanderung: Judentum, in: TRE Bd. XXXI. Berlin/New York 2000, 4–6 (Seelenwanderung)

I. Illich: In den Flüssen nördlich der Zukunft. Letzte Gespräche über Religion und Gesellschaft mit David Cayley. München 2006 (In den Flüssen)

E. Illouz: Gefühle in Zeiten des Kapitalismus. Frankfurt/M. 2006 (Gefühle)

H. J. Iwand: Glaubensgerechtigkeit nach Luthers Lehre. 3. Aufl. München 1959 (Glaubensgerechtigkeit)

E. Iserloh: Abendmahl: Reformationszeit, in: TRE Bd. I. Berlin/New York 1977, 106–131 (Abendmahl)

P. Jacobs (Hg.): Reformierte Bekenntnisschriften und Kirchenordnungen in deutscher Übersetzung. Neukirchen 1949 (Reformierte Bekenntnisschriften)

M. Jakobs: Frauen auf der Suche nach dem Göttlichen. Die Gottesfrage in der feministischen Theologie. FrauenForschung Bd. 1. Münster 1993 (Frauen)

W. James: Die Vielfalt religiöser Erfahrung. Eine Studie über die menschliche Natur. Frankfurt/M./Leipzig 1997 (Die Vielfalt religiöser Erfahrung)

B. Janowski; M. Welker (Hg.): Opfer. Theologische und kulturelle Kontexte. Frankfurt/M. 2000 (Opfer)

J. Chr. Janowski; B. Janowski; H. P. Lichtenberger (Hg.): Stellvertretung. Theologische, philosophische und kulturelle Aspekte. Tübingen 2004 (Stellvertretung)

B. Jaspert (Hg.): Bibel und Mythos. Fünfzig Jahre nach Rudolf Bultmanns Entmythologisierungsprogramm. Göttingen 1991 (Bibel und Mythos)

H. Joas: Religion postsäkular?, in: ders.: Braucht der Mensch Religion? 2. Aufl. Freiburg 2006 (Religion postsäkular?)

H. Joas; Kl. Wiegandt (Hg.): Säkularisierung und die Weltreligionen. Frankfurt/M. 2007 (Säkularisierung)

W. Joest: Die tridentinische Rechtfertigungslehre, in: KuD 9 (1963) 41–69 (Die tridentinische Rechtfertigungslehre)

W. Joest: Die Rechtfertigungslehre Luthers in ihrer Bedeutung für den modernen Menschen, in: H. Foerster (Hg.): Reformation heute. Berlin/Hamburg 1967 41–55 (Die Rechtfertigungslehre Luthers)

W. Joest: Gesetz und Freiheit. Das Problem des tertius usus legis bei Luther und die neutestamentliche Parainese. 4. Aufl. Göttingen 1968 (Gesetz und Freiheit)

W. Joest: Fundamentalismus, in: TRE Bd. XI. Berlin/New York 1983, 732–738 (Fundamentalismus)

K.-P. Jörns: Notwendige Abschiede. Auf dem Weg zu einem glaubwürdigen Christentum. Gütersloh 2004 (3. Aufl. 2006) (Notwendige Abschiede)

K.-P. Jörns: Lebensgaben Gottes feiern. Abschied vom Sühnopfermahl: eine neue Liturgie. Gütersloh 2007 (Lebensgaben)

E. Jüngel: Gott – als Wort unserer Sprache, in: ders.: Unterwegs zur Sache. Theologische Bemerkungen. München 1972, 80–104 (Gott – als Wort unserer Sprache)

E. Jüngel: Vom Tode des lebendigen Gottes, in: ders.: Unterwegs zur Sache. Theologische Bemerkungen. München 1972, 105–125 (Vom Tode des lebendigen Gottes)

E. Jüngel: Die Welt als Möglichkeit, in: ders.: Unterwegs zur Sache. Theologische Bemerkungen. München 1972, 206–233 (Die Welt als Möglichkeit)

E. Jüngel: Gott als Geheimnis der Welt. Zur Begründung der Theologie des Gekreuzigten im Streit zwischen Theismus und Atheismus. 3. Aufl. Tübingen 1978 (Gott als Geheimnis der Welt)

E. Jüngel: Das Evangelium von der Rechtfertigung des Gottlosen als Zentrum des christlichen Glaubens. Eine theologische Studie in ökumenischer Absicht. 3. Aufl. Tübingen 1999 (Das Evangelium von der Rechtfertigung)

Th. Jung: Jenseits der Geschichte – Jenseits des Humanen? Zur Kennzeichnung der Gegenwartsmoderne durch J. Baudrillard, in: S. Müller-Doohm (Hg.): Jenseits der Utopie. Theoriekritik der Gegenwart. Frankfurt/M. 1991, 364–395 (Jenseits der Geschichte)

S. Kalberg: Max Weber lesen. Bielefeld 2006 (Max Weber)

O. Kallscheuer: Die Wissenschaft vom lieben Gott. Eine Theologie für Recht- und Andersgläubige, Agnostiker und Atheisten. Frankfurt/M. 2006 (Die Wissenschaft vom lieben Gott)

I. Kant: Kritik der reinen Vernunft. Werke Bd. II. Hg. W. Weischedel. Darmstadt 1964 (Kritik der reinen Vernunft)

D. Kamper; Chr. Wulf (Hg.): Das Heilige. Seine Spur in der Moderne. 3. Aufl. Frankfurt/M. 1997 (Das Heilige)

F. W. Kantzenbach: Programme der Theologie. Denker, Schulen, Wirkungen. Von Schleiermacher bis Moltmann. München 1978 (Programme der Theologie)

W. Kasch: Die Stellung des Christen in der Gesellschaft, in: H. Foerster (Hg.): Reformation heute. Berlin/Hamburg 1967, 128–141 (Die Stellung des Christen)

F.-X. Kaufmann: Varianten des Wohlfahrtsstaats. Der deutsche Sozialstaat im internationalen Vergleich. Frankfurt/M. 2003 (Wohlfahrtsstaat)

A. Kepller: Mediale Erfahrung, Kunsterfahrung, religiöse Erfahrung – Über den Ort von Kunst und Religion in der Mediengesellschaft, in: A. Honer; R. Kurt; J. Reichert (Hg.): Diesseitsreligion. Konstanz 1999, 183–199 (Mediale Erfahrung)

A. Kern; Chr. Menke (Hg.): Philosophie der Dekonstruktion. Zum Verhältnis von Normativität und Praxis. Frankfurt/M. 2002 (Philosophie der Dekonstruktion)

M. Kettner: Gibt es vernunftmoralische Gründe für die Anerkennung religiöser Überzeugungen?, in: conceptus 28 (1995), nr. 72, 43–62 (Gibt es vernunftmoralische Gründe)

H. Keupp: Die verlorene Einheit oder: ohne Angst verschieden sein zu können, in: Universitas 9/1992, 867–875 (Die verlorene Einheit)

H. Kirchner: Luthers Stellung zum Bauernkrieg, in: H. Foerster (Hg.): Reformation heute. Berlin/Hamburg 1967, 218–247 (Luthers Stellung zum Bauernkrieg)

A. Kissler: Der geklonte Mensch. Freiburg 2006 (Der geklonte Mensch)

H. Kleger; A. Müller: Religion des Bürgers. Zivilreligion in Amerika und Europa. München 1986 (Religion des Bürgers)

A. Klein: Anschläge auf die Freiheit? Neurobiologie und metaphysisch-theoretische Problematisierungen einer ethischen Zentralkategorie, in: ZEE 48 (2004) 179–196 (Anschläge auf die Freiheit?)

A. Klein; M. Geist (Hg.): «Bonhoeffer weiterdenken ...» Zur theologischen Relevanz Dietrich Bonhoeffers (1906–1945) für die Gegenwart. Münster 2006 (Bonhoeffer)

M. Klein: Karl Barth, in: U. Hahn; U. Tworuschka (Hg.): Hoffnung hat einen Grund. Persönlichkeiten des Jahrhunderts. Zürich/Düsseldorf 1999, 9–15 (Karl Barth)

Th. Klie (Hg.): Valentin. Hallowen & Co. Zivilreligiöse Feste in der Gemeindepraxis. Leipzig 2006 (Valentin)

P. F. Knitter: Toward a Liberation Theology of Religions, in: J. Hick; P. F. Knitter (Ed. ): The Myth of Christian Uniqueness. Toward a Plualistic Theology of Religions. Maryknoll/New York 1987, 178–200 (Toward a Liberation) bzw. Befreiungstheologie der Religionen, in: P. F. Knitter: Horizonte der Befreiung. Auf dem Weg zu einer pluralistischen Theologie der Religionen. Frankfurt/M. 1997, 177–200 (Befreiungstheologie der Religionen)

E. Koch: Fegfeuer, in: TRE Bd. XI. Berlin/New York 1983, 69–78 (Fegfeuer)

U. Köpf: Erfahrung: Mittelalter und Reformationszeit, in: TRE Bd. X. Berlin/New York 1982, 109–116 (Erfahrung)

E.-B. Körber: Die Zeit der Aufklärung. Eine Geschichte des 18. Jahrhunderts. Darmstadt 2006 (Die Zeit der Aufklärung)

H. Körber: Krise der Gesellschaft – Krise des Individuums, in: Widersprüche Heft 32, Sept. 1989 (Krise der Gesellschaft)

U. H. J. Körtner: Evangelische Sozialethik. Grundlagen und Themenfelder. Göttingen 1999 (Evangelische Sozialethik)

U. H. J. Körtner: Religion und Gewalt. Zur Lebensdienlichkeit von Religion in ihrer Ambivalenz, in: ZEE 47 (2003) 121–135 (Religion und Gewalt)

U. H. J. Körtner: Wiederkehr der Religion? Das Christentum zwischen neuer Spiritualität und Gottvergessenheit. Gütersloh 2006 (Wiederkehr der Religion?)

U. H. J. Körtner: Tendenzen und Konzeptionen deutschsprachiger Dogmatik, in: ThR 71 (2006) 422–462 (Tendenzen und Konzeptionen deutschsprachiger Dogmatik)

U. H. J. Körtner (Hg.): Geschichte und Vergangenheit. Rekonstruktion – Deutung – Fiktion. Neukirchen-Vluyn 2007 (Geschichte und Vergangenheit)

A. Kolnai: Ekel, Hochmut, Haß. Zur Phänomenologie feindlicher Gefühle. Frankfurt/M. 2007 (Ekel, Hochmut, Haß)

P. Kondylis: Der Niedergang der bürgerlichen Denk- und Lebensform. Berlin 2007 (Der Niedergang)

D. Korsch: Versöhnung, in: TRE Bd. XXXV. Berlin/New York 2003, 22–40 (Versöhnung)

D. Korsch: Glaube und Rechtfertigung, in: A. Beutel (Hg.): Luther Handbuch. Tübingen 2005, 372–381 (Glaube und Rechtfertigung)

W. Krewani: Emmanuel Levinas. Denker des Anderen. Freiburg/München 1992 (Emmanuel Levinas)

U. Krolzik: Umweltkrise – Folge des Christentums? Stuttgart/Berlin 1979 (Umweltkrise)

G. Küenzlen: Die Religionssoziologie Max Webers. Eine Darstellung ihrer Entwicklung. Berlin 1980 (Die Religionssoziologie Max Webers)

H. Kuhlmann: Abschied von der Perfektion. Überlegungen zu einer «frauengerechten» Rechtfertigungstheologie, in: J. Dingel (Hg.): Feministische Theologie und Gender-Forschung. Leipzig 2003, 96–122 (Abschied von der Perfektion)

Th. K. Kuhn: Das neuzeitliche Christentum und die Genese des Nationalismus als «politischer Religion», in: G. Pfleiderer; E. W. Stegemann (Hg.): Politische Religion. Geschichte und Gegenwart eines Problemfeldes. Zürich 2004, 131–157 (Das neuzeitliche Christentum)

U. Kühn: Natur und Gnade. Untersuchungen zur deutschen katholischen Theologie der Gegenwart. Berlin 1961 (Natur und Gnade)

H. Küng: Rechtfertigung. Die Lehre Karl Barths und eine katholische Besinnung. Mit einem Begleitbrief von Karl Barth. 3. Aufl. Einsiedeln 1957 (Rechtfertigung)

H. Küng; J. van Ess; H. von Stietencron; H. Bechert: Christentum und Weltreligionen. Zürich 1984 (Christentum und Weltreligionen)

H. Küng: Spurensuche. Die Weltreligionen auf dem Weg. München/Zürich 1999 (Spurensuche)

H. Küng (Hg.): Dokumentation zum Weltethos. München 2002 (Weltethos)

J. Kunstmann: Religion und Bildung. Gütersloh/Freiburg 2002 (Religion und Bildung)

E. Kutsch: Hiob, in: EKL. Zweiter Bd. 3. Aufl. Göttingen 1989, 531–534 (Hiob)

Chr. Landfried: Das politische Europa. Differenz als Potential der Europäischen Union. 2. überarb. u. erw. Aufl. Baden-Baden 2006 (Das politische Europa)

J. Langlet: Der freie Wille: eine Illusion, in: EU. Ethik und Unterricht 2 (2005) 22–29 (Der freie Wille)

S. Laeuchli: Die Mimesis vom Barmherzigen Samariter, in. D. Zilleßen (Hg.): Religion, Politik, Kultur. Uwe Gerber zum 60. Geburtstag. Münster 2001, 133–144 (Die Mimesis)

K. Lehmkühler: Inhabitatio. Die Einwohnung Gottes im Menschen. Göttingen 2004 (Inhabitatio)

K. Lehmann; W. Pannenberg (Hg.): Lehrverurteilungen – kirchentrennend? In: Rechtfertigung, Sakramente und Amt im Zeitalter der Reformation und heute. Freiburg/Göttingen 1986 (Lehrverurteilungen)

S. Lehnartz: Global Players. Warum wir nicht erwachsen werden. Frankfurt/M. 2005 (Global Players)

Th. Lemke: Die Polizei der Gene. Formen und Felder genetischer Diskriminierung. Frankfurt/M. 2006 (Die Polizei der Gene)

R. Lempp: Die autistische Gesellschaft. Geht die Verantwortlichkeit für andere verloren? München 1996 (Die autistische Gesellschaft)

R. Leonhardt: Grundinformationen Dogmatik. Ein Lehr- und Arbeitsbuch für das Studium der Theologie. Göttingen 2001 (Grundinformationen Dogmatik)

R. Leonhardt: Luthers Rearistotelisierung der christlichen Ethik. Plädoyer für eine evangelische Theologie des Glücks, in: NZSTh 48 (2006) 167ff. (Luther)

V. Leppin: Zwingli, in: TRE Bd. XXXVI. Berlin/New York 2004, 793–809 (Zwingli)

V. Leppin: Martin Luther. Darmstadt 2006 (Martin Luther)

E. Levinas: Die Spur des Anderen, in: ders.: Die Spur des Anderen. Freiburg/München 1983, 209–235 bzw. 4. Aufl. 1999 (Die Spur des Anderen)

E. Levinas: Über die Intersubjektivität. Anmerkungen zu Merleau-Ponty, in: A. Metraux; B. Waldenfels (Hg.): Leibhaftige Vernunft. Spuren von Merleau-Ponty's Denken. München 1986, 48–55 (Über die Intersubjektivität)

E. Levinas: Humanismus des anderen Menschen. Hamburg 1989 (Humanismus)

E. Levinas: Die Stellvertretung, in: ders.: Jenseits des Seins oder anders als Sein geschieht. Freiburg/München 1992, 251–263 (Die Stellvertretung))

E. Levinas: Totalität und Unendlichkeit. Versuch über die Exteriorität. 3. Aufl. Freiburg/München 2002 (Totalität und Unendlichkeit)

E. Levinas. Wenn Gott ins Denken einfällt. Diskurse über die Betroffenheit von Transzendenz. 4. Aufl. Freiburg/München 2004 (Wenn Gott ins Denken einfällt)

B. Libet: Wie das Gehirn Bewußtsein produziert. Frankfurt/M. 2005 (Gehirn)

K. P. Liessmann: Die visionslose Gesellschaft. Mit Unsicherheiten leben, in: O. Ederer; M. Prisching (Hg.): Die unsichere Gesellschaft. Risiken, Trends, Zukünfte. Graz 2003 ( Die visionslose Gesellschaft)

K. P. Liessmann: Zukunft kommt! Über säkularisierte Heilserwartungen und ihre Enttäuschung. Wien/Graz/Klagenfurt 2007 (Zukunft kommt!)

W. Link: Das Ringen Luthers um die Freiheit der Theologie von der Philosophie. München 1940 (Das Ringen Luthers)

H. Löwe; C.-J. Roepke (Hg.): Luther und die Folgen. Beiträge zur sozialgeschichtlichen Bedeutung der lutherischen Reformation. München 1983 (Luther)

K. Löwith: Von Hegel zu Nietzsche. Der revolutionäre Bruch im Denken des neun zehnten Jahrhunderts. 3. Aufl. Stuttgart 1953 (Von Hegel zu Nietzsche)

K. Löwith: Weltgeschichte und Heilsgeschehen. Die theologischen Voraussetzungen der Geschichtsphilosophie (engl. 1949, dt. 1952). Stuttgart/Weimar 2004 (Weltgeschichte und Heilsgeschehen)

B. Lohse: Luthers Theologie in ihrer historischen Entwicklung und ihrem systematischen Zusammenhang. Göttingen 1995 (Luthers Theologie)

B. Lohse: Martin Luther. Eine Einführung in sein Leben und sein Werk. 3. Aufl. München 1997 (Martin Luther)

H. Lübbe: Modernisierungsgewinner. Religion, Geschichtssinn, Direkte Demokratie und Moral. München 2004 (Modernisierungsgewinner)

D. Lütz: Betroffene Bemerkungen eines Nichtbetroffenen. Die Gemeinsame Erklärung aus der Perspektive eines freikirchlichen Zaungastes, in: Rechtfertigung Kontrovers. Berlin 2002 (Betroffene Bemerkungen)

Th. Luckmann: Die unsichtbare Religion. Frankfurt/M. 1991 (Die unsichtbare Religion)

H.-J. Luhmann: Die Blindheit der Gesellschaft. München 2001 (Die Blindheit)

N. Luhmann: Funktion der Religion. Frankfurt/M. 1977 (TB 1982) (Funktion der Religion)

H. Luther: Religion und Alltag. Bausteine zu einer Praktischen Theologie des Subjekts. Stuttgart 1992 (Religion und Alltag)

M. Luther: An den christlichen Adel deutscher Nation (1520); Von der Freiheit eines Christenmenschen (1520); Sendbrief vom Dolmetschen (1530). Stuttgart 1962 (Reclam Universal-Bibliothek Nr. 1578) ( An den christlichen Adel; Von der Freiheit; Sendbrief)

M. Luther: De servo arbitrio (1525), in: O. Clemen (Hg.): Luthers Werke in Auswahl. Dritter Bd. 5. Aufl. Berlin 1959, 94–293 bzw. deutsch: Daß der freie

Wille nichts sei, in: G. Merz (Hg.): Martin Luther. Ausgewählte Werke. Ergänzungsreihe Erster Bd. 3. Aufl. München 1954 (Daß der freie Wille nichts sei)

M. Luther: Heidelberger Disputation (vom 25. 04. 1518), in: H. Fausel: D. Martin Luther. Stuttgart 1955, 87–92 (Luther)

M. Lutz-Bachmann: «Nachmetaphysisches Denken» und Religion. Der Beitrag von Jürgen Habermas zu einem offenen Problem, in: ders. (Hg.): Metaphysikkritik, Ethik, Religion. Würzburg 1995, 33–50 (Nachmetaphysisches Denken)

M. Lutz-Bachmann: Die Einheit der Vernunft und die Sprache der Religionen, in: F. Uhl; A. R. Boelderl (Hg.): Die Sprachen der Religion. Berlin 2003, 333–347 (Die Einheit der Vernunft)

F. Lyotard: Philosophie und Malerei im Zeitalter der Postmoderne. Berlin 1981 (Philosophie)

F. Lyotard: Das postmoderne Wissen. Ein Bericht. Graz/Wien 1986 (Das postmoderne Wissen)

Th. Macho: Die Faszination des Dreizehnten Apostels. Warum die Ausrufung einer Wiederkehr des Religiösen in der postsäkularen Gesellschaft mit Skepsis zu betrachten ist, in: Literaturen 2002, Heft 2, 14–19 (Die Faszination des Dreizehnten Apostels)

U. Mäder: Zum Wandel der sozialen Frage, in: S. Dungs; U. Gerber; H. Schmidt; R. Zitt (Hg.): Soziale Arbeit und Ethik im 21. Jahrhundert. Ein Handbuch. Leipzig 2006, 15–26 (Zum Wandel der sozialen Frage)

U. Mäder: Normalität und Identität im Risiko, in: Uni Nova (Universität Basel) 104/2006, 11–13 (Normalität und Identität)

J. Mädler: Transfigurationen ... Materielle Kultur in praktisch-theologischer Perspektive. Gütersloh 2006 (Transfigurationen)

T. Mahlmann: Das neue Dogma der lutherischen Christologie. Problem und Geschichte seiner Begründung. Gütersloh 1969 (Lutherische Christologie)

S. Malka: Emmanuel Levinas. Eine Biographie. München 2003 (Emmanuel Levinas)

H. Maier: Politische Religionen. Die totalitären Regime und das Christentum. Freiburg/Wien 1955 (Politische Religionen und das Christentum)

H. Maier: Religionsähnliche Elemente in totalitären Systemen, in: G. Pfleiderer; E. W. Stegemann (Hg.): Politische Religion. Geschichte und Gegenwart eines Problemfeldes. Zürich 2004, 159–175 (Religionsähnliche Elemente)

H. Maier: Totalitarismus und Politische Religionen. Konzepte des Diktaturvergleichs. Bd. I. Paderborn/München/Wien/Zürich 1996; Bd. II 1997; Bd. III 2003 (Totalitarismus und Politische Religionen)

H. Maier: Politische Religionen. Freiburg/Basel/Wien 1995 bzw. Gesammelte Schriften Bd. II. München 2007 (Politische Religionen)

K. Marti: Gott im Diesseits. Versuche zu verstehen. Stuttgart 2005 (Gott im Diesseits)

K. Marti: Schöne Aussichten. Einlassungen auf biblische Texte. Stuttgart 2007 (Schöne Aussichten)

U. Marti: Demokratie – das uneingelöste Versprechen. Zürich 2006 (Demokratie)

J. Matthes: Die Emigration der Kirche aus der Gesellschaft. Hamburg 1964 (Die Emigration der Kirche)

S. M. Maul: Das Gilgamesch-Epos. Neu übersetzt u. kommentiert. München 2005 (Das Gilgamesch-Epos)

K. Mayer-Drawe: Illusionen von Autonomie. Diesseits von Ohnmacht und Allmacht des Ich. München 1990 (Illusionen)

G. H. Mead: Mind, self and society. Chicago 1969 (Mind, self and society)

Chr. Meier: Die griechisch-römische Tradition, in: H. Joas; Kl. Wiegandt (Hg.): Die kulturellen Werte Europas. Frankfurt/M. 2005, 93–116 ( Die griechisch-römische Tradition)

M. Merleau-Ponty: Abenteuer der Dialektik (1955). Frankfurt/M. 1974 (Abenteuer der Dialektik)

M. Merleau-Ponty: Das Primat der Wahrnehmung (1933/1934/1946). Hg. L. Wiesing. Frankfurt/M. 2003 (Das Primat der Wahrnehmung)

M. G. Meyer: Zum Heil mit Halleluja und Heilerde. In Deutschland sind immer mehr christliche Sender zu empfangen – Medienwächter sind skeptisch, in: Frankfurter Rundschau vom 18. Dez. 2006, 19 (Zum Heil)

K. Michel u. a. (Hg.): Glauben. Kursbuch 93. Berlin 1988 (Glauben)

F. Miething; Chr. Von Wolzogen (Hg.): Apres vous. Denkbuch für Emmanuel Levinas zum 80. Geburtstag. Frankfurt/M. 2006 (Apres vous/Levinas)

J. Milbank: Theology and Social Theory. Beyond Secular Reason. Oxford 1990 (Theology)

G. Minois: Geschichte des Atheismus. Von den Anfängen bis zur Gegenwart. Weimar 2000 (Geschichte des Atheismus)

Pico della Mirandola: Oratio de hominis dignitate. Rede über die Würde des Menschen. Stuttgart 1997 (Reclam Universal-Bibliothek Nr. 9658) (Oratio)

A. Mitscherlich: Über Feindseligkeit und hergestellte Dummheit, in: ders.: Ansprachen anlässlich der Verleihung des Friedenspreises. Frankfurt/M. 1969 (Über Feindseligkeit)

A. Mitscherlich; M. Mitscherlich: Die Unfähigkeit zu trauern. Grundlagen kollektiven Verhaltens. München 1967 (Die Unfähigkeit zu trauern)

C. W. Mönnich: Bürger – Ketzer – Außenseiter. Die Geschichte des Protestantismus in ihren Hauptzügen. München 1989 (Bürger – Ketzer – Außenseiter)

T. Mörschel (Hg.): Macht Glaube Politik. Religion und Politik in Europa und Amerika. Göttingen 2006 (Macht Glaube Politik)

J. Moltmann: Der gekreuzigte Gott. Das Kreuz Christi als Grund und Kritik christlicher Theologie. München 1972 (Der gekreuzigte Gott)

J. Moltmann: Politische Theologie – Politische Ethik. München/Mainz 1984 (Politische Theologie)

J. Moltmann: Gott in der Schöpfung. Ökologische Schöpfungslehre. München 1985 (Gott in der Schöpfung)

J. Moltmann (Hg.): Religion der Freiheit. Protestantismus in der Moderne. München 1990 (Religion der Freiheit)

J. Moltmann: Es ist genug für alle da. Predigt über Apostelgeschichte 4,31–35, in: R. Weth (Hg.): Gottes Geist und Gottes Volk im Umbruch Europas. Gütersloh 1994, 107–114 (Es ist genug für alle da)

J. Moltmann: Gott im Projekt der modernen Welt. Beiträge zur öffentlichen Relevanz der Theologie. Gütersloh 1997 (Gott im Projekt der modernen Welt)

J. Moltmann. Wissenschaft und Weisheit. Zum Gespräch zwischen Naturwissenschaft und Theologie. Gütersloh 2002 (Wissenschaft und Weisheit)

E. Moltmann-Wendel: Das Land, wo Milch und Honig fließt. Perspektiven feministischer Theologie. Gütersloh 1985 (Das Land, wo Milch und Honig fließt)

E. Moltmann-Wendel; G. Kegel (Hg.): Feministische Theologie im Kreuzfeuer. Der Streit um das «Tübinger Gutachten». Gütersloh 1992 (Feministische Theologie im Kreuzfeuer)

E. Moltmann-Wendel: Gibt es eine feministische Rechtfertigungslehre?, in: EvTh 60 (2000) 348–359 (Feministische Rechtfertigungslehre?)

M. Mosebach: Häresie der Formlosigkeit. Die römische Liturgie und ihre Feinde. München 2007 (Häresie der Formlosigkeit)

W. Mostert: Luther: Wirkungsgeschichte, in: TRE Bd. XXI. Berlin /New York 1991, 567–594 (Luther: Wirkungsgeschichte)

K.-H. zur Mühlen: Jesus Christus: Reformationszeit, in: TRE Bd. XVI. Berlin/New York 1987, 759–772 (Jesus Christus)

K.-H. zur Mühlen: Das Lutherjahr 1983 und die Lutherforschung, in: Verkündigung und Forschung 34 (1989) Heft 2, 3–23 (Lutherjahr)

K.-H. zur Mühlen: Luther, in: TRE Bd. XXI. Berlin/New York 1991, 530–567 (Luther)

E. Mühlenberg: Christologie, in: EKL. Erster Bd. 3. Aufl. Göttingen 1986, 718–727 (Christologie)

W. E. Müller: Evangelische Ethik. Darmstadt 2001 (Evangelische Ethik)

W. E. Müller: Argumentationsmodelle philosophischer, katholischer und evangelischer Ethik. Stuttgart 2003 (Argumentationsmodelle)

W. Müller-Lauter: Atheismus: Systematische Darstellung, in: TRE Bd. IV. Berlin/New York 1979, 378–436 (Atheismus)

R. Mugerauer: Versöhnung als Überwindung der Entfremdung. Die Konzeption der Entfremdung und ihrer Überwindung bei Paul Tillich in der Auseinandersetzung mit anderen Konzeptionen. Marburg 1996 (Versöhnung als Überwindung der Entfremdung)

A. Muschg: Was ist europäisch? Reden für einen gastlichen Erdteil. München 2005 (Was ist europäisch?)

J.-L. Nancy: Entzug der Göttlichkeit. Zur Dekonstruktion und Selbstüberschreitung des Christentums. J.-L. Nancy im Gespräch mit S. Benvenuto, in: Lettre International Nr. 59/2002, 76–80 (Entzug der Göttlichkeit)

J.-L. Nancy: Ereignis der Liebe, in: N. Müller-Schöll (Hg.): Ereignis. Eine fundamentale Kategorie der Zeiterfahrung. Anspruch und Aporien. Bielefeld 2003, 21–36 (Ereignis der Liebe)

J.-L. Nancy: Corpus. Berlin 2003 (Corpus)

J.-L. Nancy: Die Erschaffung der Welt oder Die Globalisierung. Berlin 2003 (Die Erschaffung der Welt)

J.-L. Nancy: Philosophische Salons. Frankfurter Dialoge I. Hg. E. Schweeger. Frankfurt/M. 2004 (Philosophische Salons)

S. Neiman: Das Böse denken. Eine andere Geschichte der Philosophie. Frankfurt/M. 2006 (Das Böse denken)

P. Neuner; B. Kleinschwärzer-Meister (Hg.): Ökumene zwischen «postmoderner Beliebigkeit» und «Rekonfessionalisierung». Münster 2006 (Ökumene)

P. Nick: Ohne Angst verschieden sein. Differenzerfahrungen und Identitätskonstruktionen in der multikulturellen Gesellschaft. Frankfurt (New York 2003 (Ohne Angst verschieden sein)

J. Niewiadomski: Fundamentalismus in der katholischen Kirche, in: F. Stolz; V. Merten (Hg.): Zukunftsperspektiven des Fundamentalismus. Fribourg 1991, 85–89 (Fundamentalismus)

W. Nijenhuis: Calvin, in: TRE Bd. VII. Berlin/New York 1981, 568–592 (Calvin)

W. Niesel (Hg.): Bekenntnisschriften und Kirchenordnungen der nach Gottes Wort Reformierten Kirche. 2. Aufl. Zürich 1938 (Bekenntnisschriften reformiert)

F. Nüssel: Allein aus Glauben. Zur Entwicklung der Rechtfertigungslehre in der konkordistischen und frühen nachkonkordistischen Theologie. Göttingen 2000 (Allein aus Glauben)

H. A. Oberman: Die Reformation. Von Wittenberg nach Genf. Göttingen 1986 (Die Reformation)

L. Ohly: Der reale Andere und die Realität Gottes. Sartre und Levinas, in: NZSTh 48 (2006) 184–199 (Der reale Andere)

H. Ott: Geschichte und Heilsgeschichte in der Theologie Rudolf Bultmanns. Tübingen 1955 (Geschichte und Heilsgeschichte)

H. Ott: Wirklichkeit und Glaube. Erster Band: Zum theologischen Erbe Dietrich Bonhoeffers. Zürich 1966 (Wirklichkeit und Glaube I)

H. Ott: «Sendung» als Grundbegriff der Christologie, in: ThZ 40 (1984), Heft 2: Festschrift für Bo Reicke, 229–235 (Sendung)

L. Ott: Grundriß der katholischen Dogmatik. 5. Aufl. Freiburg/Basel/Wien 1961 (Grundriß der katholischen Dogmatik)

A. Pangritz: Aspekte der «Arkandisziplin» bei Dietrich Bonhoeffer, in: ThLZ 119 (1994) 755–768 (Arkandisziplin)

W. Pannenberg: Dogmatische Thesen zur Lehre von der Offenbarung, in: ders. (Hg.): Offenbarung als Geschichte. Göttingen 1961 (KuD Beiheft 1), 91–114 (Dogmatische Thesen)

M. Pauen: Illusion Freiheit? Mögliche und unmögliche Konsequenzen der Hirnforschung. Frankfurt/M. 2004 (Illusion Freiheit?)

M. Pauen: Freiheit: Wie viel Spielraum bleibt in einer gesetzlich bestimmten Welt?, in: EU. Ethik und Unterricht 2/2055, 4–10 (Freiheit)

B. Peters: Der Sinn von Öffentlichkeit. Frankfurt/M. 2007 (Der Sinn von Öffentlichkeit)

M. Petzoldt: Überhaupt religiös? Zur Frage nach der Vorfindlichkeit von Religion, in: I. Dalferth; H.-P. Grosshans (Hg.): Kritik der Religion. Tübingen 2006, 329ff. (Überhaupt religiös?)

H. Peukert: Bildung als Wahrnehmung des Andern, in: J. Lohmann; W. Weiße (Hg.): Dialog zwischen den Kulturen. Münster/New York 1994, 1–14 (Bildung)

K. L. Pfeiffer. Evidenzerfahrung des Grundes. Jenseits der vermeintlichen Entzauberung der Welt: Auch in der modernen Wissenschaft ist die mystische Erfahrung als Denkmodell bedeutsam, in: Frankfurter Rundschau vom 22. Nov. 2005, 26 (Evidenzerfahrung)

G. Pfleiderer; E. W. Stegemann (Hg.): Politische Religion. Geschichte und Gegenwart eines Problemfeldes. Zürich 2004 (Politische Religion)

A. Pieper: Gibt es eine feministische Ethik? München 1998 (Feministische Ethik)

C. Pietzcker: Einheit, Trennung und Wiedervereinigung. Psychoanalytische Untersuchungen eines religiösen, philosophischen und literarischen Musters. Würzburg 1996 (Einheit)

H. G. Pöhlmann: Gottesdenker. Reinbek 1984 (Gottesdenker)

H. Platta: Identitäts-Ideen. Zur gesellschaftlichen Vernichtung unseres Selbstbewusstseins. Gießen 1998 (Identitäts-Ideen)

D. Plüss: Das Messianische. Judentum und Philosophie im Werk E. Levinas'. Stuttgart/Berlin/Köln 2001 (Das Messianische)

R. Polak: Megatrend Religion? Neue Religiositäten in Europa. Ostfildern 2002 (Megatrend Religion?)

R. Preul: So wahr mir Gott helfe! Religion in der modernen Gesellschaft. Darmstadt 2003 (So wahr mir Gott helfe!)

E. H. U. Quapp: Pantheismus: theologiegeschichtlich, in: TRE Bd. XXV. Berlin/New York 1995, 635–641 (Pantheismus)

G. von Rad: Das erste Buch Mose. Genesis. 5. Aufl. Göttingen 1958 (Genesis)

K. Rahner: Gegenwart des Christentums. Freiburg 1963 (Gegenwart des Christentums)

K. Rahner: Kirche, Kirchen und Religionen, in: ders.: Schriften zur Theologie. Bd. VIII. Zürich/Einsiedeln/Köln 1967, 355–373 (Kirche, Kirchen und Religionen)

L. L. Rasmussen: Ethik des Kreuzes am gegebenen Ort, in: Chr. Gremmels (Hg.): Bonhoeffer und Luther. Zur Sozialgestalt des Luthertums in der Moderne. München 1983, 129–166 (Ethik des Kreuzes)

J. Radkau: Max Weber. Die Leidenschaft des Denkens. Darmstadt 2005 (Max Weber)

J. Rehm (Hg.): Verantwortlich leben in der Weltgemeinschaft. Zur Auseinandersetzung um das «Projekt Weltethos». Gütersloh 1994 (Kaiser TB 133) (Verantwortlich leben)

G. Reilly: Elementarisierung und Korrelationsdidaktik, in: KatBl 126 (2001) 90–93 (Elementarisierung)

A. J. Reimer: Paul Johannes Tillich, in: EKL. Fünfter Bd. 3. Aufl. Göttingen 1997, 614–615 (Paul Johannes Tillich)

H. Reller (Hg.): Handbuch religiöser Gemeinschaften. 6. Aufl. Gütersloh 2006 (Handbuch)

R. Remond: Religion und Gesellschaft in Europa. Von 1789 bis zur Gegenwart. München 2002 (Religion)

T. Rendtorff: Radikale Autonomie Gottes. Zum Verständnis der Theologie Karl Barths und ihrer Folgen, in: ders.: Theorie des Christentums. Gütersloh 1972, 161–181 (Radikale Autonomie Gottes)

Chr. Rickens: Die neuen Spießer. Von der fatalen Sehnsucht nach der überholten Gesellschaft. München 2006 (Die neuen Spießer)

F. Rickert: Vom Sonnengott zum Krippenfest. Leipzig 2001 (Vom Sonnengott)

P. Ricoeur: Wege der Anerkennung. Erkennen, Wiedererkennen, Anerkanntsein. Frankfurt/M. 2006 (Wege der Anerkennung)

M. Riesebrodt: Die Rückkehr der Religionen. Fundamentalismus und der «Kampf der Kulturen». München 2000 (Rückkehr der Religionen)

M. Riesebrodt: Cultus und Heilsversprechen. Eine Theorie der Religionen. München 2007 (Cultus)

H.-E. Richter: Der Gotteskomplex. Die Geburt und die Krise des Glaubens an die Allmacht des Menschen (1997). Gießen 2005 (Der Gotteskomplex)

H.-E. Richter: Die Krise der Männlichkeit in der unerwachsenen Gesellschaft. Gießen 2006 (Die Krise der Männlichkeit)

H.-E. Richter: Wir können von Natascha nur lernen, in: DIE ZEIT 39 vom 21. Sept. 06, 77 (Natascha)

J. A. T. Robinson: Gott ist anders. Honest to God. München 1964 (Gott)

J. Rohls: Protestantische Theologie der Neuzeit. Bd. 1: Die Voraussetzungen und das 19. Jahrhundert; Bd. 2: Das 20. Jahrhundert. Tübingen 1977 (Protestantische Theologie 1/2)

W. von Rohr; D. von Weltzien (Hg.): Das große Buch der Mystiker. München 2005 (Mystiker)

L. Roost Vischer; Th. Kessler: Islam als Herausforderung für die Integrationsarbeit, in: U. Gerber (Hg.): Auf die Differenz kommt es an – Interreligiöser Dialog mit Muslimen. Leipzig 2006, 149–164 (Islam)

H. Rosa: Beschleunigung. Die Veränderung der Zeitstrukturen in der Moderne. Frankfurt/M. 2005 (Beschleunigung)

H. Rosenau: Theodizee: dogmatisch, in: TRE Bd. XXXIII. Berlin/New York 2002, 222–229 (Theodizee)

M. Rosenberger; F. Reisinger; A. Kreutzer (Hg.): Geschenkt – umsonst gegeben? Gabe und Tausch in Ethik, Gesellschaft und Religion. Frankfurt/M. 2006 (Geschenkt)

L. Rosenmayr; F. Kolland: Mein «Sinn» ist nicht dein «Sinn». Unverbindlichkeit oder Vielfalt – Mehrere Wege im Singletum, in: U. Beck (Hg.): Kinder der Freiheit. Frankfurt/M. 1997, 256–287 (Sinn)

J. Roth: Allein gegen die Birke. Göttingen 2005 (Allein gegen die Birke)

G. Ruhbach: Frömmigkeit und Religiosität im ausgehenden 20. Jahrhundert, in: Verkündigung und Forschung 33 (1988), Heft 2: Religion heute, 43–71 (Frömmigkeit)

H.-J. Ruppert: New Age-Bewegung, in: Verkündigung und Forschung 33 (1988), Heft 2: Religion heute, 71–94 (New Age-Bewegung)

H.-J. Ruppert: Theosophie – unterwegs zum okkulten Übermenschen. Konstanz 1993 (Theosophie)

G. Sauter (Hg.): «Versöhnung» als Thema der Theologie. Gütersloh 1997 («Versöhnung» als Thema)

G. Sauter (Hg.): Rechtfertigung als Grundbegriff evangelischer Theologie. München 1989 (Rechtfertigung als Grundbegriff)

G. Sauter: Versöhnung, in: EKL Vierter Bd. 3. Aufl. Göttingen 1996, 1165–1169 (Versöhnung)

G. Sauter: Rechtfertigung, in: TRE Bd. XXVIII. Berlin/New York 1997, 315–364 (Rechtfertigung)

A. Schäfer; M. Wimmer: Selbstauslegung im Anderen. Münster/New York/ München/Berlin 2006 (Selbstauslegung im Anderen)

M. Scherer-Emunds: Die letzte Schlacht um Gottes Reich. Politische Heilsstrategien amerikanischer Fundamentalisten. Münster 1989 (Die letzte Schlacht)

R. Schieder: Civil Religion, in: Verkündigung und Forschung 33 (1988), Heft 2, 29–43 (Civil Religion)

R. Schieder: Wieviel Religion verträgt Deutschland? Frankfurt/M. 2001 (Religion)

U. Schiemanck; U. Volkmann (Hg.): Soziologie. Gegenwartsdiagnosen I. Opladen 2000 (Soziologie)

A. von Schirach: Der Tanz um die Lust. München 2007 (Der Tanz um die Lust)

G. Schiwy: Abschied vom allmächtigen Gott. München 1995 (Abschied vom allmächtigen Gott)

W. Schluchter (Hg.): Max Webers Sicht des okzidentalen Christentums. Interpretation und Kritik. Frankfurt/M. 1988 (Max Weber)

G. Schmid: Die Sekte des Jesus von Nazaret. Neue Aspekte einer Betrachtung des Christentums. Stuttgart 2006 (Die Sekte des Jesus)

G. Schmid; G. O. Schmid (Hg.): Kirchen, Sekten, Religionen, Religiöse Gemeinschaften, weltanschauliche Gruppierungen und Psycho-Organisationen im deutschen Sprachraum. Zürich 2006 (Kirchen, Sekten, Religionen)

M. Schmidt: Atheismus in der Geschichte des Abendlandes, in: TRE Bd. IV. Berlin/New York 1979, 351–364 (Atheismus)

K. D. Schmidt: Lutherische und katholische Rechtfertigungslehre. Lüneburg 1964 (Rechtfertigungslehre)

P. Schmidt-Leukel: Theologie der Religionen. Probleme, Optionen, Argumente. Neuried 1997 (Theologie der Religionen)

H. Schmidinger: Zur Geschichte einer Aufklärung. Ausgangspunkte heutiger Religionskritik, in: K. Dethloff; L. Nagl; F. Wolfram (Hg.): Religion, Moderne, Postmoderne. Philosophisch-theologische Erkundungen. Berlin 2002, 345–363 (Zur Geschichte einer Aufklärung)

U. Schnabel: Warum Menschen glauben. Wissenschaftler versuchen, die Kraft der Religion zu erklären – mit Hirnströmen und Gottes-Genen, in: DIE ZEIT vom 12. Mai 2005, 43–45 (Warum Menschen glauben)

H. Schnabel-Schüle: Die Reformation 1495–1555. Politik mit Theologie und Religion. Stuttgart 2006 (Die Reformation)

Chr. Schnabl: Gerecht sorgen. Grundlagen einer sozialethischen Theorie der Fürsorge. Fribourg/Freiburg/Wien 2005 (Gerecht sorgen)

H. Schnädelbach: Aufklärung und Religionskritik, in: Deutsche Zeitschrift für Philosophie 54 (2006) Heft 3, 331–345 (Aufklärung und Religionskritik)

N. Schneider; F. Vogelsang (Hg.): In welcher Wirklichkeit leben wir? Naturwissenschaftliche, philosophische und theologische Zugänge. Neukirchen-Vluyn 2007 (In welcher Wirklichkeit leben wir?)

G. Scholem: Über einige Grundbegriffe des Judentums. Frankfurt/M. 1970 (Grundbegriffe des Judentums)

G. Schramm: Fünf Wegscheiden der Weltgeschichte. Ein Vergleich. Göttingen 2004 (Fünf Wegscheiden)

K. Schreiber: Vergebung. Eine systematisch-theologische Untersuchung. Tübingen 2006 (Vergebung)

H.-H. Schrey (Hg.): Säkularisierung. Darmstadt 1981 (Säkularisierung)

W. Schüßler: Jenseits von Religion und Nicht-Religion. Der Religionsbegriff im Werk Paul Tillichs. Paderborn 1989 (Jenseits von Religion)

W. Schüßler: «Was uns unbedingt angeht». Studien zur Theologie und Philosophie Paul Tillichs. Münster/Hamburg /London 1999 («Was uns unbedingt angeht»)

J. Schwarz (Hg.): Der politische Islam. Intentionen und Wirkungen. Paderborn/München 1993 (Der politische Islam)

R. Schwarz: Gott ist Mensch. Zur Lehre von der Person Christi bei den Ockhamisten und bei Luther, in: ZThK 63 (1966) 289–351 (Gott ist Mensch)

P. Schwarzenau: Das göttliche Kind. Der Mythos vom Neubeginn. Stuttgart 1984 (Das göttliche Kind)

Chr. Schwöbel: Du sollst keine anderen Götter haben neben mir. Aktualität des Problems des Götzendienstes in der postmodernen Gesellschaft, in: M. Wolf (Hg.): Der lebendige Gott als Trinität. Jürgen Moltmann zum 80. Geburtstag. Gütersloh 2006, 315–337 (Du sollst)

W. Schultheiß (Hg.): Zukunft der Religionen. Religion, Kultur, Nation und Verfassung. Multiple Identitäten in modernen Gesellschaften. Frankfurt/M. 2003 (Zukunft der Religionen)

G. Seebaß: Geschichte des Christentums III: Spätmittelalter – Reformation – Konfessionalisierung. Stuttgart 2006 (Geschichte III)

M. Seel: Sich bestimmen lassen. Studien zur theoretischen und praktischen Philosophie. Frankfurt/M. 2002 (Sich bestimmen lassen)

F. Segbers: Gott gegen Gott. Von der Alltagsreligion im Kapitalismus, in: W. Gräb (Hg.): Religion als Thema der Theologie. Gütersloh 1999, 63–90 (Gott gegen Gott)

H. Seitz: Spiele im Dazwischen, in: Die Kunst der Handlung. Katalog. Köln 2005 (Spiele im Dazwischen)

J. Senft: Anerkennung des Andern. Paradigma sozialethischer und religionspädagogischer Bildung, in: Orientierung 61 (1997) 28–30 (Anerkennung des Andern)

R. Sennett: Verfall und Ende des öffentlichen Lebens. Die Tyrannei der Intimität. Frankfurt/M. 1986 (Verfall und Ende)

R. Sennett: Autorität. Frankfurt/M. 1990 (Autorität)

F. Sherman: Die Stellung des Christen in der Gesellschaft, in: H. Foerster (Hg.): Reformation heute. Berlin/Hamburg 1967, 106–127 (Die Stellung des Christen)

U. Siemon-Netto: Luther als Wegbereiter Hitlers? Zur Geschichte eines Vorurteils. Gütersloh 1993 (Luther)

H.-J. Simm (Hg.): Die Religionen der Welt. Ein Almanach zur Eröffnung des Verlages der Weltreligionen. Frankfurt/M./Leipzig 2007

W. Singer: Interview, in: DIE ZEIT vom 12. Mai 2005, 44 (Interview)

C. Six; M. Riesebrodt; S. Haas (Hg.): Religiöser Fundamentalismus. Vom Kolonialismus zur Globalisierung. Innsbruck/Wien/München/Bozen 2005 (Religiöser Fundamentalismus)

P. Sloterdijk; Th. Macho (Hg.): Weltrevolution der Seele. Ein Lese- und Arbeitsbuch der Gnosis von der Spätantike bis zur Gegenwart. Zürich 1993 (Weltrevolution der Seele: Gnosis)

P. Sloterdijk: Weltfremdheit. Frankfurt/M. 1993 (Weltfremdheit)

P. Sloterdijk: Zorn und Zeit. Politisch-psychologischer Versuch. Frankfurt/M. 2006 (Zorn und Zeit)

P. Sloterdijk: Der ästhetische Imperativ. Schriften zur Kunst. Hamburg 2007 (Der ästhetische Imperativ)

H.-G. Soeffner: Gesellschaft ohne Baldachin. Über die Labilität von Ordnungskonstruktionen. Weilerswist 2000 (Gesellschaft ohne Baldachin)

H.-G. Soeffner: Luther – Der Weg von der Kollektivität des Glaubens zu einem lutherisch-protestantischen Individualitätstyp, in: ders.: Die Ordnung der Rituale. Die Auslegung des Alltags 2. Frankfurt/M. 1992, 20–75 (Luther)

D. Sölle: Stellvertretung. Ein Kapitel Theologie nach dem «Tode Gottes». Stuttgart/Berlin 1965 (Neuaufl. 1982) (Stellvertretung)

D. Sölle: Atheistisch an Gott glauben. Solothurn 1968 (dtv 1021 ab 1983) (Atheistisch)

D. Sölle: Das Fenster der Verwundbarkeit. Theologisch-politische Texte. Stuttgart 1987 (Das Fenster der Verwundbarkeit)

D. Sölle: Gott denken. Einführung in die Theologie. Stuttgart 1990 (Gott denken)

F. Steffensky: Schwarzbrot-Spiritualität. Stuttgart 2006 (Schwarzbrot-Spiritualität)

F. Steffensky: Interview, in: BRIGITTE 26/2006, 113–115 (Interview)

U. Steinbach: Euro-Islam? Ein Wort, zwei Konzepte, viele Probleme, in: NZZ vom 25. April 2005, 21 (Euro-Islam?)

F. Stolz; V. Merten (Hg.): Zukunftsperspektiven des Fundamentalismus. Fribourg 1991 (Fundamentalismus)

P. Strasser: Der Gott aller Menschen. Eine philosophische Grenzüberschreitung. Graz/Wien 2002 (Der Gott aller Menschen)

T. Sundermeier: Den Fremden verstehen. Eine praktische Hermeneutik. Göttingen 1996 (Den Fremden verstehen)

U. Swarat; J. Oeldemann; D. Heller (Hg.): Von Gott angenommen – in Christus verwandelt. Die Rechtfertigungslehre im multilateralen ökumenischen Dialog. Hg. im Auftrag des Deutschen Ökumenischen Studienausschusses. Frankfurt/M. 2006 (Rechtfertigungslehre)

Ch. Taylor: Die Formen des Religiösen in der Gegenwart. Frankfurt/M. 2002 (Die Formen des Religiösen)

G. Theißen: Soziologie der Jesusbewegung. Ein Beitrag zur Entstehungsgeschichte des Urchristentums. Theologische Existenz heute Nr. 194. München 1977 (Soziologie)

G. Theißen; A. Merz: Der historische Jesus. Ein Lehrbuch. Göttingen 1996 (Der historische Jesus)

W. Thiede: Scientology – Religion oder Geistesmagie? Konstanz 1992 (Scientology)

W. Thiede: Vor fünfzig Jahren erfand Ronald Hubbard Scientology, in: Evangelische Kommentare 5/2000, 34–36 (Ronald Hubbard)

W. Thiede: Esoterik und Theologie. Leipzig 2007 (Esoterik)

W. Thierse (Hg.): Religion ist keine Privatsache. Düsseldorf 2000 (Religion ist keine Privatsache)

B. Tibi: Ist der Islam eine politische Religion?, in: G. Pfleiderer; E. W. Stegemann (Hg.): Politische Religion. Geschichte und Gegenwart eines Problemfeldes. Zürich 2004, 223–253 (Ist der Islam eine politische Religion?)

Chr. Tietz: Unzeitgemäße Aktualität. Religionskritik in Zeiten der Wiederkehr der Religion, in: I. Dalferth; H.-P. Grosshans (Hg.): Kritik der Religion. Tübingen 2006, 243–258 (Unzeitgemäße Aktualität)

P. Tillich: Rechtfertigung und Zweifel. Vorträge der theologischen Konferenz zu Gießen. 39. Folge. Gießen 1924, 19–32 (Rechtfertigung und Zweifel)

P. Tillich: Der Protestantismus. Prinzip und Wirklichkeit. Stuttgart 1950 (Der Protestantismus)

P. Tillich: Systematische Theologie. Bd. I. 3. Aufl. Stuttgart 1956; Bd. II. 3. Aufl. Stuttgart 1958 (Systematische Theologie I/II)

P. Tillich: Gesammelte Werke. Bd. VII. Hg. R. Albrecht. Stuttgart 1962 (Ges. Werke VII)

P. Tillich: Auf der Grenze. Aus dem Lebenswerk Paul Tillichs. Stuttgart 1962 (Auf der Grenze)

P. Tillich: Die neue Wirklichkeit. München 1962 (Die neue Wirklichkeit)

P. Tillich: Der Mut zum Sein. Berlin/New York 1991 (Der Mut zum Sein)

H.-E. Tödt: Glauben in einer religionslosen Welt. Muß man zwischen Barth und Bonhoeffer wählen?, in: Evangelische Kommentare 1976/ Heft 9 (Glauben in einer religionslosen Welt)

J. F. Tornau: Strategiespiel belohnt die Frommen, in: Frankfurter Rundschau vom 20. Dez. 2006 (Strategiespiel)

J. Track: Der theologische Ansatz Paul Tillichs. Eine wissenschaftstheoretische Untersuchung seiner «Systematischen Theologie». Göttingen 1975 (Der theologische Ansatz Paul Tillichs)

Chr. Türcke: Fundamentalismus – Maskierter Nihilismus. Springe 2003 (Fundamentalismus)

Chr. Türcke: Der Markt hat's gegeben, der Markt hat's genommen, in: Literaturen 2005, Heft 12, 6–11 (Der Markt)

Chr. Türcke: Werte sind Götter, in: DER SPIEGEL special Nr. 9/2006: Weltmacht Religion, 127–129 (Werte sind Götter)

N. Uhl: Ich habe einen Traum, in: DIE ZEIT vom 29. März 2007, 70 (Ich habe einen Traum)

B. Ulrich: Die sanfte Weltmacht. Welche Kraft und Herrlichkeit und Verlogenheit: Wie sich die katholische Kirche in diesem Jahrhundert verändern muss, in: DIE ZEIT vom 20. Dez. 2006, 2 (Die sanfte Weltmacht)

W. Ustorf: Missionsreligion und säkulare Religion bei Jakob Spieht (1856–1914), in: ZKG 117 (2006) 63–84 (Missionsreligion)

G. Vattimo: Jenseits des Christentums. Gibt es eine Welt ohne Gott? München/Wien 2004 (Jenseits des Christentums)

E. Voegelin: Die politischen Religionen. Wien 1938 (Die politischen Religionen)

B. Victor: Beten im Oval Office. Christlicher Fundamentalismus in den USA und die Internationale Politik. München 2005 (Beten im Oval Office)

S. Volck: Ausweg aus der Bildungsmisere durch Chaos? Gedanken zur Chaostheorie in der Religionspädagogik, in: S. Dungs; H. Ludwug (Hg.): profan – sinnlich – religiös. Theologische Lektüren der Postmoderne. Festschrift für Uwe Gerber. Frankfurt/M. 2005, 149–166 (Ausweg aus der Bildungsmisere)

R. Volp (Hg.): Chancen der Religion. Gütersloh 1975 (Chancen der Religion)

K. Vontobel: Das Arbeitsethos des deutschen Protestantismus. Bern 1946 (Das Arbeitsethos)

B. Waldenfels: Grundmotive einer Phänomenologie des Fremden. Frankfurt/M. 2006 (Grundmotive einer Phänomenologie des Fremden)

H. Waldenfels: Begegnung der Religionen. Theologische Versuche I. Bonn 1990 (Begegnung der Religionen)

F. Walter: Die ziellose Republik. Gezeitenwechsel in Geschichte und Gesellschaft. Köln 2006 (Die ziellose Republik)

F. Walter; M. Micus: Der Aufstieg aus den Armutsquartieren. Parallelgesellschaften können Raum für Entwicklung anbieten, wenn sie das Selbstbewusstsein ihrer Mitglieder fördern, in: Frankfurter Rundschau vom 28. Dez. 2006, 7 (Der Aufstieg aus den Armutsquartieren)

B. Wartenberg-Potter: Der Gerechtigkeit Gottes begegnen. Anmerkungen zum Diskurs über die Rechtfertigungslehre aus ökumenisch-feministischer Perspektive, in: EvTh 60 (2000) 366–370 (Gerechtigkeit Gottes)

M. Weber: Die protestantische Ethik und der Geist des Kapitalismus (1905). Erftstadt 2005 (Die protestantische Ethik)

M. Weber: Wirtschaft und Gesellschaft. Grundriss der verstehenden Soziologie. Frankfurt/M. 2005 (Wirtschaft und Gesellschaft)

E. von Wedel: Als Jesus sich Gott ausdachte. Die unerwiderte Liebe zum Vater. Stuttgart 1990 (Als Jesus sich Gott ausdachte)

W. Weimer: Credo. Warum die Rückkehr der Religion gut ist. München 2006 (Credo)

J. Weizenbaum: Die Macht der Computer und die Ohnmacht der Vernunft. Frankfurt/M. 1978 (Die Macht der Computer)

M. Welker: Was geht vor beim Abendmahl? 2. Aufl. Gütersloh 2004 (Abendmahl)

W. Welsch: Religiöse Implikationen und philosophische Konsequenzen postmodernen Denkens, in: A. Halder; K. Kienzler; J. Möller (Hg.): Religionsphilosophie heute. Düsseldorf 1988, 117–130 (Religiöse Implikationen)

W. Welsch: Identität im Übergang, in: ders.: Ästhetisches Denken. Stuttgart 1990, 168–200 (Reclam Universal-Bibliothek Nr. 8681) (Ästhetisches Denken)

W. Welsch: Unsere postmoderne Moderne. 3. Aufl. Weinheim 1991 (Unsere postmoderne Moderne)

W. Welsch: Haus mit vielen Wohnungen. Der Pluralismus lässt Absolutismus zu, wenn er privat bleibt, in: Evangelische Kommentare 8/1994, 476–479 (Haus mit vielen Wohnungen)

G. Wenz: Geschichte der Versöhnungslehre in der evangelischen Theologie der Neuzeit. 2 Bände. Gütersloh 1984–1986 (Versöhnungslehre)

U. J. Wenzel (Hg.): Vom Ersten und Letzten. Positionen der Metaphysik in der Gegenwartsphilosophie. Frankfurt/M. 1998 (Vom Ersten und Letzten)

J. Wichmann: Die Renaissance der Esoterik. Eine kritische Orientierung. Stuttgart 1990 (Esoterik)

M. Wimmer: Der Andere und die Sprache. Vernunftkritik und Verantwortung. Berlin 1988 (Der Andere und die Sprache)

M. Wimmer: Von der Identität als Norm zur Ethik der Differenz. Das Verhältnis zum Anderen als zentrales Problem einer pädagogischen Ethik, in: K.

Mayer-Drawe; H. Peukert; J. Ruhloff (Hg.): Pädagogik und Ethik. Beiträge zu einer zweiten Reflexion. 2. Aufl. Weinheim 1996, 151–180 (Von der Identität als Norm)

M. Wimmer: Dekonstruktion und Erziehung. Studien zum Paradoxieproblem in der Pädagogik. Bielefeld 2006 (Dekonstruktion und Erziehung)

R. Wind: Dem Rad in die Speichen fallen. Die Lebensgeschichte des Dietrich Bonhoeffer. Weinheim/Basel 1990 (Dem Rad in die Speichen fallen)

E. Wolf: Die Rechtfertigungslehre als Mitte und Grenze reformatorischer Theologie, in: EvTh 9 (1949/50) 298–308 bzw. in: ders.: Peregrinatio. Bd. I. 2. Aufl. München 1962, 113–134 bzw. in G. Sauter (Hg.): Rechtfertigung als Grundbegriff evangelischer Theologie. München 1989, 281–294 (Die Rechtfertigungslehre)

K. Wolf: Philosophie der Gabe. Stuttgart 2006 (Philosophie der Gabe)

R. K. Wüstenberg: Eine Theologie des Lebens. Dietrich Bonhoeffers «nichtreligiöse Interpretation» biblischer Begriffe. Leipzig 2006 (Eine Theologie des Lebens)

Chr. Wulf: Religion und Ritual, in: EU. Ethik und Unterricht: edition ethik kontrovers 11/2003, 31–36 (Religion und Ritual)

S. Zabala (Hg.): Richard Rorty – Gianni Vattimo: Die Zukunft der Religion. Frankfurt/M. 2006 (Rorty – Vattimo)

W. Zager: Ich und Du – Mensch und Gott. Im Gespräch mit Martin Buber. Neukirchen-Vluyn 2006 (Ich und Du)

H. Zahrnt: Die Sache mit Gott. Die protestantische Theologie im 20. Jahrhundert. München 1966 (Die Sache mit Gott)

H. Zander: Geschichte der Seelenwanderung in Europa. Alternative religiöse Traditionen von der Antike bis heute. Darmstadt 1999 (Geschichte der Seelenwanderung)

E. Zenger: Mose, in: TRE Bd. XXIII. Berlin/New York 1994, 330–341 (Mose)

D. Zilleßen: Wieviel Wert haben Werte? Ethisches Lernen im Religionsunterricht, in: Jahrbuch der Religionspädagogik Bd. 9/1992, 51–71 (Wieviel Wert haben Werte?)

D. Zilleßen: Religion, Kultur, Ethik: Eine Politik schwieriger Beziehungen, in: ders. (Hg.): Religion, Politik, Kultur. Uwe Gerber zum 60. Geburtstag. Münster/Hamburg/London 2001, 27–41 (Religion, Kultur, Ethik)

D. Zilleßen: Markt. Religion und Moral des Marktes. Münster 2002 (Markt)

D. Zilleßen; U. Gerber: Und der König stieg herab von seinem Thron. Das Unterrichtskonzept Religion elementar. Frankfurt/M. 1997 (Und der König stieg herab)

R. Zitelmann: Mose, der Mann aus der Wüste. Weinheim/Basel 1991 (Mose)

S. Zizek: Das Unbehagen im Subjekt. Wien 1998 ( Das Unbehagen im Subjekt)

S. Zizek: Das fragile Absolute. Warum es sich lohnt, das christliche Erbe zu verteidigen. Berlin 2000 (Das fragile Absolute)

S. Zizek: Liebe ohne Gnade, in: DIE ZEIT vom 15. Juni 200, 52 (Liebe ohne Gnade)

S. Zizek: Die Brisanz des christlichen Erbes, in: Informationen Philosophie März 2002/1, 7–17 (Die Brisanz des christlichen Erbes)

S. Zizek: Die Puppe und der Zwerg. Das Christentum zwischen Perversion und Subversion. Frankfurt/M. 2003 (Die Puppe und der Zwerg)

S. Zizek: Der Atheismus Gottes – Christentum, Buddhismus und die Gewalt der Liebe, in: F. Uhl; A. R. Boelderl (Hg.): Die Sprachen der Religion. Berlin 2003, 84–86 (Der Atheismus Gottes)

S. Zizek: Die politische Suspension des Ethischen. Frankfurt/M. 2005 (Die politische Suspension)